浙江省与克罗地亚
经贸合作发展报告

（2012—2021）

周艳 张芝萍 著

中国财经出版传媒集团
中国财政经济出版社
北京

图书在版编目（CIP）数据

浙江省与克罗地亚经贸合作发展报告：2012—2021 / 周艳，张芝萍著. --北京：中国财政经济出版社，2024.11. --ISBN 978-7-5223-3437-0

Ⅰ.F752.855；F752.755.53

中国国家版本馆CIP数据核字第2024PG7303号

责任编辑：周桂元　　　　　责任校对：张　凡
封面设计：卜建辰　　　　　责任印制：张　健

浙江省与克罗地亚经贸合作发展报告（2012—2021）
ZHEJIANGSHENG YU KELUODIYA JINGMAO HEZUO FAZHAN BAOGAO（2012—2021）

中国财政经济出版社 出版

URL：http://www.cfeph.cn
E-mail：cfeph@cfeph.cn

（版权所有　翻印必究）

社址：北京市海淀区阜成路甲28号　邮政编码：100142
营销中心电话：010-88191522
天猫网店：中国财政经济出版社旗舰店
网址：https://zgczjjcbs.tmall.com
北京厚诚则铭印刷科技有限公司印刷　各地新华书店经销
成品尺寸：170mm×240mm　16开　24.25印张　397 000字
2024年11月第1版　2024年11月北京第1次印刷
定价：98.00元
ISBN 978-7-5223-3437-0
（图书出现印装问题，本社负责调换）
本社质量投诉电话：010-88190744
打击盗版举报热线：010-88191661　QQ：2242791300

前　言

2023年正好是共建"一带一路"倡议提出十周年，中东欧国家作为"一带一路"进入欧洲大市场的"桥头堡"，其重要性不言而喻。2021年2月9日，国家主席习近平在中国—中东欧国家领导人峰会上的主旨讲话指出，"中国—中东欧国家合作是具有重要影响力的跨区域合作平台"。中国—中东欧国家合作机制自2012年建立以来，经过11年的实践，该平台从无到有、从初创到成熟，经历了跨越式发展历程，是中国外交的重要创新，也是推进中欧关系发展和"一带一路"建设的重要抓手。浙江省是全国"一带一路"建设的排头兵，与中东欧国家经贸合作是浙江省推进"一带一路"建设的重要平台和抓手。近些年来，浙江省与中东欧国家经贸合作成果丰硕，经贸合作走向机制化、双边贸易迈进高水平、双边投资实现多元化、区域合作呈现梯度化、基础设施加速互联化。从全国范围来看，浙江省作为我国的经济强省和对外开放的典型代表省份之一，其与中东欧国家间的经贸合作经验对于我国的其他省份具有重要的参考价值和现实意义。因此，系统梳理与回顾浙江省与中东欧国家之间的贸易合作、投资合作、产业合作显得尤为重要且很有必要。

在全球经济的复杂变迁中，国际经济合作与交流已成为推动国家和地区经济发展的关键因素，国家间的经济联系日益紧密，同时也面临着多样化的挑战。地缘政治变化、贸易保护主义的抬头以及全球经济的不确定性，对国际经济合作提出了新的要求。特别是在当前全球化进程面临新挑战以及国际经济环境不断变化的背景下，探索和深化国际经贸合作显得尤为重要。在这种背景下，中国提出的"一带一路"倡议，作为全球经济合作的新模式，旨在通过促进基础设施建设、投资合作以及人文交流，推动沿线国家的共同发展。这一倡议不仅为参与国提供了经济发展的新平台和机遇，也为全球经济增长注入了新的动力，成为推动国际合作的战略引擎。

作为中国经济发展的前沿阵地，浙江省不仅在国内经济中扮演着重要角色，其外向型经济特征和开放的市场环境使其成为"一带一路"建设的重要一环。凭借经济实力、创新能力以及国际化程度，浙江省积极参与全球经济合作，在"一带一路"倡议中的角色尤为突出。而克罗地亚，作为欧洲东南部的关键国家，坐拥亚得里亚海沿岸的战略位置，使其在中东欧国家中具有重要的地理优势。它连接了中欧和东欧，并且是通往地中海的关键通道，这使得克罗地亚在区域交通和物流中扮演着桥梁角色，在"一带一路"倡议这一国际合作框架中也扮演着独特角色。本书旨在系统梳理克罗地亚的国情及其与浙江省之间的经贸合作现状，深入探讨双方经贸合作的经验及未来发展潜力，以期为双方的合作提供新的视角和思路。

全书共分为四篇，共十章。第一篇为浙江省与克罗地亚经贸合作概览，系统梳理了克罗地亚的国情、对外贸易、对外投资及产业发展，从四个方面分析克罗地亚的整体发展情况。同时，对浙江省与克罗地亚的经贸合作进行总体分析，包括合作历程、合作政策、合作经验及机遇与挑战等。

第二篇为浙江省与克罗地亚的贸易合作。按照"发展现状呈现—贸易潜力测算—典型案例研究"的逻辑展开。首先，从贸易规模、贸易结构和贸易依存度三个层面分析双边贸易的发展现状；其次，采用量化指标测算双边贸易的竞争性、互补性和潜力；最后，通过三个典型案例，探讨浙江省与克罗地亚贸易合作的微观层面和可行路径。

第三篇为浙江省与克罗地亚的投资合作。首先，基于经验证据，对浙江省与克罗地亚双向投资的规模、领域及动机进行系统分析；其次，对克罗地亚的投资环境（包括硬环境和软环境）进行综合评价；最后，通过三个投资合作案例，深入剖析双向投资的机遇、挑战及政策需求等。

第四篇为浙江省与克罗地亚的产业合作。首先，基于现状分析，着重讨论教育产业、文化产业、科技产业和旅游产业四大板块的产业合作发展情况；在此基础上，通过四个产业合作案例，多角度探讨双方产业合作的经验与前景。

考虑到数据的多样性和时效性，本书在可获得数据的基础上，适当增加了2012年之前和2021年之后的一些数据，以丰富相关内容的分析与比较。

近年来，浙江省与克罗地亚的经贸合作在多个方面取得了显著成绩，双边贸易额稳步增长，投资领域不断拓展，合作机制日趋成熟。然而，挑战依然存在，包括地缘政治的不确定性、经济波动风险以及文化和法律差异等。展望未来，浙江省与克罗地亚的经贸合作面临着进一步深化合作、扩大领域以及提升合作水平的广阔前景。通过不断创新合作模式，优化政策环境，双方有望在"一带一路"倡议框架下实现更加全面和高质量的发展。

作者

2024 年 8 月

目　录

第一篇　浙江省与克罗地亚经贸合作概览

第一章　克罗地亚经贸发展概况……………………………………（ 3 ）
　　第一节　克罗地亚基本情况……………………………………（ 3 ）
　　第二节　克罗地亚对外贸易情况………………………………（ 22 ）
　　第三节　克罗地亚直接投资情况………………………………（ 48 ）
　　第四节　克罗地亚产业发展情况………………………………（ 55 ）
第二章　浙江省与克罗地亚经贸合作总体情况……………………（ 80 ）
　　第一节　浙江省与克罗地亚的经贸合作历程回顾……………（ 80 ）
　　第二节　浙江省与克罗地亚经贸合作政策梳理………………（ 83 ）
　　第三节　中国其他省份与克罗地亚经贸合作经验……………（ 86 ）
　　第四节　浙江省与克罗地亚经贸合作的机遇与挑战…………（ 88 ）

第二篇　浙江省与克罗地亚的贸易合作

第三章　浙江省与克罗地亚贸易现状………………………………（ 95 ）
　　第一节　浙江省与克罗地亚的贸易情况………………………（ 95 ）
　　第二节　浙江省与克罗地亚的贸易结构………………………（106）
　　第三节　浙江省与克罗地亚的贸易依存度……………………（116）
第四章　浙江省与克罗地亚贸易潜力………………………………（122）
　　第一节　浙江省与克罗地亚的贸易竞争性分析………………（122）
　　第二节　浙江省与克罗地亚的贸易互补性分析………………（129）
　　第三节　浙江省与克罗地亚的贸易潜力………………………（135）

第五章　浙江省与克罗地亚贸易合作案例 (145)
第一节　浙江世友木业与克罗地亚 Galeković 合作 (145)
第二节　浙江九洲药业与克罗地亚医药合作 (152)
第三节　浙江省汽车产业与克罗地亚的合作 (160)

第三篇　浙江省与克罗地亚的投资合作

第六章　浙江省与克罗地亚投资现状 (173)
第一节　浙江省与克罗地亚双向投资规模 (174)
第二节　浙江省与克罗地亚双向投资领域 (181)
第三节　浙江省与克罗地亚双向投资动机 (186)

第七章　克罗地亚的投资环境评价 (191)
第一节　克罗地亚投资的硬环境 (191)
第二节　克罗地亚投资的软环境 (209)

第八章　浙江省与克罗地亚投资合作案例 (228)
第一节　浙江泰格医药收购克罗地亚 Marti Farm 公司 (228)
第二节　浙江吉利控股集团与克罗地亚 RiMac Automobili 成立合资公司 (242)
第三节　浙江泰地控股集团成为克罗地亚巴德尔酒庄最大股东 (253)

第四篇　浙江省与克罗地亚的产业合作

第九章　浙江省与克罗地亚产业合作现状 (265)
第一节　浙江省与克罗地亚教育产业合作 (265)
第二节　浙江省与克罗地亚文化产业合作 (283)
第三节　浙江省与克罗地亚科技产业合作 (310)
第四节　浙江省与克罗地亚旅游产业合作 (328)

第十章　浙江省与克罗地亚产业合作案例 (346)
第一节　浙江省与伊斯特里亚省旅游产业合作 (346)

第二节　宁波舟山港与克罗地亚里耶卡港海运合作…………（349）
第三节　浙江省高校与克罗地亚高校教育合作………………（353）
第四节　浙江省万丰奥威与瓦拉日丁市航空复合材料产业
　　　　合作……………………………………………………（356）

参考文献……………………………………………………………（361）

后　　记……………………………………………………………（377）

第一篇

浙江省与克罗地亚经贸合作概览

第一章

克罗地亚经贸发展概况

克罗地亚作为欧洲中南部的一个国家,经济基础良好,是西巴尔干地区经济较为发达的国家之一。其工业基础广泛,涵盖食品加工、木材加工、造船、建筑、电力、石化、冶金、制药、机械制造和纺织等多个工业部门。从长远和全局角度来看,借助"一带一路"、中欧合作以及中国—中东欧国家合作等机制和平台,中国与克罗地亚的经贸合作必将迎来更加广阔的发展前景。本章对克罗地亚的经贸发展情况进行概括与研究分析。

第一节
克罗地亚基本情况

克罗地亚全称为克罗地亚共和国(克罗地亚语:Republika Hrvatska,英语:Republic of Croatia),简称克罗地亚,位于欧洲中南部,处于地中海及巴尔干半岛潘诺尼亚平原的交界处,首都为萨格勒布(Zagreb)。全国共设 20 个省和 1 个省级直辖市，下设 128 个市和 428 个区。克罗地亚主要民族为克罗地亚族，官方语言为克罗地亚语，当地人民以天主教为主要信仰。

一、建国历程

回顾克罗地亚历史，可以说，既是个古老的民族，又是个年轻的国家。早在公元 6 世纪末 7 世纪初，中东欧地区的斯拉夫人就已陆续移至巴尔干半岛定居。8 世纪末和 9 世纪初，克罗地亚人曾建立早期封建国家。10 世纪时，克罗地亚人即已建立了自己的封建国家——克罗地亚王国。然而，从 1102 年开始，克罗地亚长期被匈牙利王国和哈布斯堡王朝控制，一直持续到第一次世界大战。

1918 年第一次世界大战后，克罗地亚与塞尔维亚等南部斯拉夫民族联合建立"塞尔维亚人—克罗地亚人—斯洛文尼亚人王国"，1929 年改称南斯拉夫王国。1941 年，德国、意大利法西斯入侵南斯拉夫王国，扶持建立了"克罗地亚独立国"。1945 年第二次世界大战后，南斯拉夫各族人民赢得反法西斯战争胜利，同年 11 月 29 日宣告成立南斯拉夫联邦人民共和国，即后来的南斯拉夫社会主义联邦共和国。克罗地亚成为南联邦境内 6 个民族自治实体之一。1963 年改称南斯拉夫社会主义联邦共和国，克罗地亚成为其所属的六个共和国之一。1991 年 6 月 25 日，克罗地亚在全民公决的基础上宣布独立。

在国际组织方面，1992 年 5 月 22 日，克罗地亚加入联合国。2000 年 11 月 30 日，克罗地亚加入世界贸易组织。2009 年 4 月，克罗地亚成为北大西洋公约组织成员国。克罗地亚于 2013 年 7 月 1 日加入欧盟。2021 年 12 月，克罗地亚加入亚洲基础设施投资银行（简称亚投行），成为亚投行第 88 个成员国。2023 年 1 月 1 日，克罗地亚正式加入欧元区和申根区，成为欧元区第 20 个成员国，同时也成为申根区第 27 个成员国。在加入欧元区方面，克罗地亚得到欧盟委员会和欧洲央行的全力支持，该国 60% 以上的出口面向欧盟成员国，60% 以上的游客来自欧元区国家，三分之二以上的储蓄和一半贷款均是欧元，克罗地亚已是一个高度欧洲化的经济体。加入欧元区，货币风险和汇率成本将被消除，较低的利率可以进一步促进外国投资，并增加资本市场融资能力，对克罗地亚的信用评级产生积极影响。

二、人口情况

（一）人口变化

截至 2023 年，克罗地亚的总人口数为 385.3 万，其中女性为 197.5 万人，占比 51.3%，多于男性人口数（187.8 万人）。由于受侵略、经济、政治、战争等因素影响，自 15 世纪开始，克罗地亚对外移民浪潮不断。2021 年人口普查显示，在过去的 10 年，克罗地亚人口减少约 40 万人，大部分劳动力移民至其他欧盟富裕国家。目前，克罗地亚海外侨民超过 250 万人。详见表 1-1。

表 1-1　　　　　2008—2023 年克罗地亚的人口变化

年份	总人口数（万人）	女性（万人）	男性（万人）	0—14 岁 人数（万人）	0—14 岁 占比（%）	15—64 岁 人数（万人）	15—64 岁 占比（%）	65 岁及以上 人数（万人）	65 岁及以上 占比（%）
2008	431.0	223.9	207.1	66.9	15.5	287.2	66.6	76.8	17.8
2009	430.5	223.5	207.0	66.4	15.4	287.0	66.7	77.1	17.9
2010	429.5	222.8	206.7	65.7	15.3	287.0	66.8	76.8	17.9
2011	428.1	221.8	206.2	64.7	15.1	286.3	66.9	77.0	18.0
2012	426.8	221.0	205.8	63.6	14.9	285.2	66.8	77.9	18.3
2013	425.6	220.1	205.4	62.7	14.7	283.8	66.7	79.1	18.6
2014	423.8	219.0	204.8	61.7	14.6	281.7	66.5	80.4	19.0
2015	420.4	217.0	203.4	60.7	14.4	278.2	66.2	81.5	19.4
2016	417.4	215.2	202.2	59.8	14.3	275.0	65.9	82.6	19.8
2017	412.5	212.4	200.0	58.9	14.3	270.3	65.5	83.3	20.2
2018	408.8	210.3	198.5	58.3	14.3	266.2	65.1	84.3	20.6
2019	406.5	208.9	197.6	57.9	14.2	262.8	64.7	85.8	21.1
2020	404.8	207.8	197.0	57.4	14.2	260.0	64.2	87.3	21.6
2021	387.9	199.0	188.9	54.8	14.1	247.8	63.9	85.2	22.0
2022	385.6	197.8	187.8	54.3	14.1	245.1	63.6	86.2	22.4
2023	385.3	197.5	187.8	53.9	14.0	243.7	63.3	87.7	22.7

资料来源：世界银行。

根据克罗地亚国家统计局 2021 年的人口普查显示，人口密度为每平方公里 68.1 人，与挪威、芬兰、瑞典、爱沙尼亚、拉脱维亚、立陶宛、爱尔兰和保加利亚一样，是人烟稀少的欧洲国家。克罗地亚约 60% 的人口居住在城市地区，而城市面积不到克罗地亚面积的 15%，五分之一的居民（76.99 万人）居住在首都萨格勒布，其次是斯普利特，有 16.13 万人。详见表 1-2。2023 年克罗地亚城镇人口为 225.7 万人，占总人口的比重达 58.6%。如图 1-1 所示。

表 1-2　　　　2021 年克罗地亚主要城市及人口数量　　　　单位：万人

城市名称	人口数量	城市名称	人口数量
萨格勒布	76.99	斯拉沃尼亚布罗德	5.00
斯普利特	16.13	大戈里察	6.12
里耶卡	10.86	卡尔洛瓦茨	4.96
奥西耶克	9.68	普拉	5.24
扎达尔	7.08	希贝尼克	4.26

资料来源：克罗地亚国家统计局。

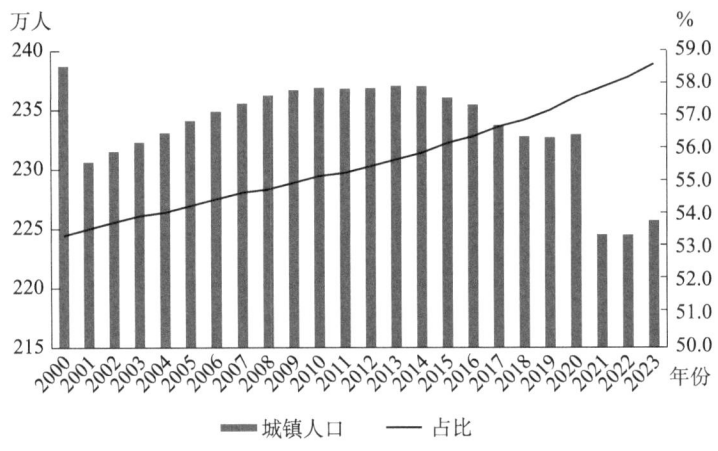

图 1-1　2000—2023 年克罗地亚城镇人口及占总人口的比例

资料来源：世界银行数据库。

克罗地亚拥有欧洲最古老的人口结构。自 2017 年开始，克罗地亚的人口中，65 岁及以上人口占总人口的比重就已超过 20%，成为超老龄社会。到了 2023 年，这一比重又增至 22.7%。而这一人口趋势已经成为了克罗地亚经济发展的重大制约因素。预计到 2030 年，劳动年龄人口将进一步下降7.7%。详见表1-3。

表1-3　　2008—2021年克罗地亚人口平均年龄、老龄化指数和生育率

年份	平均年龄（岁）			老龄化指数（%）			生育率（15—49岁）（%）
	共计	男性	女性	共计	男性	女性	女性
2008	41.0	39.2	42.6	105.2	83.6	127.8	45.6
2009	41.1	39.4	42.8	107.6	85.8	130.4	45.3
2010	41.3	39.5	43.0	110.3	88.5	133.3	45.0
2011	41.8	40	43.5	115.7	92.9	139.7	43.8
2012	42.0	40.2	43.7	117.8	95.1	141.7	43.6
2013	42.2	40.3	43.9	121.0	98.0	145.2	43.4
2014	42.4	40.5	44.1	123.9	100.8	148.4	43.1
2015	42.6	40.7	44.3	127.5	104.1	152.2	42.8
2016	42.8	41.0	44.5	132.0	108.2	157.0	42.4
2017	43.1	41.3	44.8	136.9	112.8	162.3	41.9
2018	43.4	41.5	45.0	141.4	116.7	167.5	41.5
2019	43.6	41.8	45.3	145.4	120.5	171.8	41.1
2020	43.8	42.0	45.5	149.3	124.1	176.0	40.8
2021	44.3	42.5	45.9	155.6	130.3	182.5	40.0

资料来源：克罗地亚国家统计局。

（二）民族

克罗地亚是一个由多个民族组成的国家。主要民族为克罗地亚族，占克罗地亚总人口的91.63%，其余为塞尔维亚族、波什尼亚克族、罗马族、意大利族、阿尔巴尼亚族、匈牙利族、捷克族等，共22个少数民族，其中，塞尔维亚族是最大的少数民族，占克罗地亚总人口的3.2%。详见表1-4。

表1-4　　　　　　克罗地亚主要民族及人口占比

种族	人口数（人）	占比（%）
总人口数	3 871 833	100
克罗地亚族（Croats）	3 547 614	91.63
塞尔维亚族（Serbs）	123 892	3.20

续表

种族	人口数（人）	占比（%）
波什尼亚克族（Bosniacs）	24 131	0.62
罗马族（Roma）	17 980	0.46
意大利族（Italians）	13 763	0.36
阿尔巴尼亚族（Albanians）	13 817	0.36
匈牙利族（Hungarians）	10 315	0.27
捷克族（Czechs）	7 862	0.20
斯洛文尼亚族（Slovenians）	7 729	0.20
斯洛伐克族（Slovaks）	3 688	0.10
马其顿族（Macedonians）	3 555	0.09
黑山族（Montenegrins）	3 127	0.08
德国族（Germans）	3 034	0.08
乌克兰族（Ukrainians）	1 905	0.05
俄罗斯族（Russians）	1 481	0.04
鲁塞尼亚族（Ruthenians）	1 343	0.03
波兰族（Poles）	657	0.02
奥地利族（Austrians）	365	0.01
保加利亚族（Bulgarians）	262	0.01
罗马尼亚族（Romanians）	337	0.01
犹太族（Jews）	410	0.01
土耳其族（Turks）	404	0.01
弗拉奇族（Vlachs）	22	0.00

资料来源：克罗地亚国家统计局2021年人口普查数据。

在克罗地亚的历史上，存在过许多不同的民族和宗教群体，他们都为这个国家的文化和历史作出了贡献。即便如此，仍然有一些问题和争议与民族多元性有关，如历史遗留问题以及塞尔维亚人在克罗地亚居住的地区与克罗地亚人之间的紧张关系等。政府一直在推进民族和谐和多元化，鼓励文化多样性，并在法律上保护和促进各民族的权益。

克罗地亚的官方语言为克罗地亚语，它与塞尔维亚语、波斯尼亚语、黑山语有着深厚的语言联系，相互间具有一定的互通性。而克罗地亚的宗教是一个多元复杂的话题。根据克罗地亚国家统计局2021年人口普查数据显示，当地居民以罗马天主教为主要信仰，占比高达78.97%，少部分民众信奉基督教（4.83%）、东正教（3.32%）、伊斯兰教（1.32%）、新教（0.26%）、犹太教及东方宗教。详见表1-5。

表1-5　　　　　　克罗地亚主要宗教信仰及人口占比

宗教	人数（人）	占比（%）
天主教	3 057 735	78.97
基督教	186 960	4.83
东正教	128 395	3.32
伊斯兰教	50 981	1.32
新教	9 956	0.26
犹太教	573	0.01
东方宗教	3 392	0.09

资料来源：克罗地亚国家统计局2021年人口普查数据。

克罗地亚有许多传统的宗教和文化节日，这些节日在当地人民中具有特别的重要性和意义。以下是克罗地亚的一些传统节日和国定节假日。

● 克罗地亚独立日（10月8日）：独立日是克罗地亚的国定节日，以纪念克罗地亚1991年的独立宣言，是克罗地亚最重要的国家节日之一。

● 劳动节（5月1日）：劳动节在克罗地亚也是官方假日之一，一般在这一天人们会举办各种劳动相关的公共活动和庆祝活动。

● 复活节（日期不固定）：复活节是克罗地亚宗教节日之一，通常会在春季的某个周日举办。人们通常会在家中举行庆祝仪式和家庭聚会等活动。

● 圣诞节（12月25日）：圣诞节是克罗地亚的一个重要节日，人们通常会在家里举行庆祝仪式和礼物交换活动。

● 圣约翰节（6月24日）：圣约翰节是一个传统的夏日庆祝活动，在克罗地亚也非常流行。人们通常会在家中或在海滩上举行庆祝活动，包括吃传统美食、放焰火和跳舞等。

● 圣尼古拉节（12月6日）：圣尼古拉是克罗地亚的守护神之一，圣尼古拉节是一个民俗节日，人们通常会在这一天庆祝，并举行各种庆祝活动。

三、地域情况

克罗地亚占据了亚得里亚海东海岸的最大面积，亚得里亚海东海岸是地中海的一部分，深入欧洲大陆。狭窄的迪纳拉山脉将该国的地中海地区与其中欧大陆部分分隔开来，该大陆部分从西北部的阿尔卑斯山东缘到东部的多瑙河沿岸，包括肥沃的潘诺尼亚低地的南部。克罗地亚国土面积为 56 594 平方公里（在欧盟国家中排名第 19 位），沿海水域（内水和领海）面积 31 067 平方公里。克罗地亚毗邻几个极大的欧洲地势区域，东部和东南部同塞尔维亚、波斯尼亚和黑塞哥维那、黑山为邻，西北部和北部又分别同斯洛文尼亚和匈牙利接壤；西南部和南部为亚得里亚海海岸，与意大利隔海相望，因此地势多样。克罗地亚陆地海岸线长 1 777 公里，其所具有的岛屿多达 1 185 个，从而获得"千岛之国"之美称。

克罗地亚全国共设 20 个省和 1 个特别市，下辖 128 个市、428 个区、6 757 个村庄。省、市、区均为克罗地亚地方自治机构。首都为萨格勒布（Zagreb）特别市，其位于克罗地亚北部，坐落在萨瓦河西岸，梅德韦德尼察山脚下，面积 1 291 平方公里。萨格勒布是克罗地亚的政治、经济、文化中心，也是克罗地亚最重要的文体、教育和科研中心之一。其中，建于 1669 年的萨格勒布大学（University of Zagreb）是欧洲最古老的高等学府之一。该市主要工业部门有石化、电力、医药、机械、电器和食品加工等。著名的大企业有伊纳石油公司、克罗地亚电力公司、普利瓦制药公司和康查尔电气公司等。其他主要的中心城市有斯普利特、里耶卡和奥西耶克等。其中，斯普利特是克罗地亚第二大城市，为达尔马提亚地区第一大海港、造船和航运中心，也是东南欧最著名的旅游胜地之一。若用地势划分克罗地亚全国地区的话，具体可分为 4 个区域。

（一）北部地区

北部以低地为主，分为克罗地亚东部地区和克罗地亚中部地区。克罗地亚东部包括斯拉沃尼亚、巴拉尼亚和斯里耶姆西部的传统地区，即潘诺尼亚平原的真正低地地区，与最大的河流（萨瓦河、德拉瓦河和多瑙河）接壤，是农业生产条件最优越的地区。主要的区域中心是德拉瓦河上的港口奥西耶克（Osijek）。较大的城市包括交通枢纽温科夫齐（Vinkovci）、最大的河港和克罗地亚唯一的多瑙河港口武科瓦尔（Vukovar）以及斯拉沃尼亚布罗德（Slavonski Brod）、波热加（Požega）和贾科沃（Đakovo）。

（二）中部地区

中部包括潘诺尼亚平原的最外围部分和克罗地亚扎戈列（Hrvatsko zagorje）、梅吉穆列（Međimurje）、库帕河流域（Pokuplje）和巴诺维纳（Banovina）的潘诺尼亚周边地区。克罗地亚中部地区是人口和经济的重心，包括首都萨格勒布。其他较大的城市和区域中心包括该地区北部的瓦拉日丁（Varaždin）、恰科维茨（Čakovec）和克拉皮纳（Krapina），以及该地区南部的卡尔洛瓦茨（Karlovac）和锡萨克（Sisak）以及东部的别洛瓦尔（Bjelovar）和科普里夫尼察（Koprivnica）。

（三）高地地区

高地地区是面积最小和人口最稀少的地区，包括克罗地亚的山区。它由较小的树木繁茂的戈尔斯基科塔尔（Gorski kotar）、奥古林—普拉希奇洼地（Ogulin-Plaški depression）和利卡（Lika）组成。由于地势和气候原因，可耕地面积很少，所以只能种植能经受住恶劣气候条件的农作物。依托当地资源的林业是主要经济部门。高地地区的城镇比较小，区域中心是代尔尼采（Delnice）、奥古林（Ogulin）和戈斯皮奇（Gospić）。

（四）沿海地区

沿海地区通常分为北部和南部。北部沿海地区包括最发达的旅游区伊斯特拉半岛，狭窄细长的克瓦内尔（Kvarner），韦莱比特山脚下的海岸以及相关岛屿。克罗地亚最大的港口里耶卡（Rijeka）是最大的城市和区域中心。其他城市中心包括伊斯特拉的普拉（Pula）和波雷奇（Poreč），以及韦莱比特海岸的塞尼（Senj）。著名的旅游中心包括罗维尼（Rovinj）和奥帕蒂亚（Opatija），而克尔克（Krk）、拉布（Rab）和马里洛希尼（Mali Lošinj）是岛上的重要城镇。克罗地亚南部海岸大部分与历史悠久的达尔马提亚地区重合。在气候、景观和文化方面，它都是一个独特的地中海地区，包括三大地形，即岛屿、海岸和腹地。区域中心是斯普利特，它是克罗地亚第二大城市，也是沿海地区最大的城市。其他重要的区域和经济中心是沿海城市扎达尔（Zadar）、希贝尼克（Šibenik）和杜布罗夫尼克

(Dubrovnik)，以及内陆的克宁（Knin）和锡尼（Sinj）。

四、资源禀赋

在自然资源方面，克罗地亚森林和水力资源较为丰富。2022 年，全国森林面积 276 万公顷，森林覆盖率 48.8%。主要矿产资源有石油、天然气、煤、铝矾土、优质泥灰石。

在水利资源方面，克罗地亚主要河流是萨瓦河（562 公里）和德拉瓦河（505 公里）。湖泊广泛分布于全国各地，但大多面积较小。最大的天然湖泊是比奥格勒（Biograd）附近的弗兰斯科湖（Vransko Lake，30.7 平方公里）。就全国地表水和地下水储量的比例而言，克罗地亚位居世界前列；就人均水资源占有量，克罗地亚在欧洲排名第三，仅次于冰岛和挪威。

克罗地亚矿产资源并不多，但用作建筑原材料的非金属矿产资源丰富，比如，砾石、沙子、泥灰岩、建筑石料等。克罗地亚煤储量并不小，但优质煤储量少、埋藏深、开采难，而褐煤及其他劣质煤开采方便，部分可露天开采。褐煤主要储藏于扎戈列、斯拉沃尼亚和德拉瓦河流域。拉沙和伊斯特拉半岛石炭矿储量较大。铝矾土矿主要分布在伊斯特拉半岛、帕格岛（Pag）、拉布岛（Rab）及达尔马提亚地区。另外，克罗地亚拥有自己的自然能源，包括石油、天然气，以及可再生能源，例如风能、水能和太阳能。还有从海中提取的大量的盐（帕格、斯通和尼恩的盐厂）。

在气候方面，由于位于北纬 45 度线附近的温带气候区，克罗地亚是一个气候差异多样、四季分明的国家。当地气候差异主要取决于地势的多样性和与亚得里亚海的距离，气候类型分布总体上与三种地貌类型相对应。

国土北部为温带大陆性气候，四季分明，夏季温和，7 月份平均气温 18℃—22℃，冬季寒冷，气温低于 0℃；中部和中南部为高原山地气候，夏季凉爽，气温不超过 18℃，冬季严寒且降雪频繁，平均气温低于零下 2℃；南部和西南部海岸为地中海式气候，夏季炎热干燥，平均气温超过 22℃，冬季温和多雨，气温在 0℃ 以上。也正是这样不同的气候形成了克罗地亚奇异的风景，使其又被誉为"欧洲的后花园"。

五、经济概况

作为进入中欧和东南欧地区的门户，克罗地亚的经济基础良好，港口设施较完善，公路路网密集，陆路运输快捷，铁路与水运较为便利，其社会治安良好，尤其是旅游、建筑、造船和制药等产业发展水平较高。其经济虽还未能达到欧盟平均水平，但也是高收入市场经济体，为西巴尔干地区经济较为发达的国家。

（一）宏观经济

世行发布的克罗地亚国家经济形势报告称，经过20年发展，克罗地亚2021年人均GDP已达欧盟平均水平的70%。期间经历新冠疫情与地震等冲击，2020年克罗地亚经济衰退8%，而2021、2022年分别反弹增长高达13%和7%，基本恢复到疫情前水平，2023年GDP实现3.1%的增长率。加入申根区的成功，加速了克罗地亚融入欧盟一体化进程，带来经济利好。

当前，德国正在经历经济衰退，并将许多欧元区成员国拖入同样的困境。但由于是新成员，克罗地亚还没有像大多数成员国那样与欧盟深度纠缠在一起，该国在欧洲生产和供应链中的参与度并不高，在一定程度上减轻了欧洲市场低迷的影响。数据显示，克罗地亚第三产业（占60%的市场份额）基本上没有受到影响，其工资水平也基本保持稳定。然而，在过去的2023年，克罗地亚未能免受通胀压力和货币紧缩政策的不利影响，这给商业投资和外部需求带来了压力。尽管取得了重大经济进步，但仍有足够的空间来改善体制框架的质量并解决商业环境的缺陷，这是克罗地亚长期存在的两个问题。在2030年后欧盟向克罗地亚提供的资金可能减少的背景下，通过结构性改革提高未来几年的生产率将尤为重要。此外，负面的人口趋势和紧张的劳动力市场要求改善教育和劳动力市场政策，以增加劳动力供应并提高人力资本的质量。

1. 经济增长率

如表1-6所示，2003—2007年，克罗地亚经济年均增长率维持在4.9%。这是由于2000年以后，克罗地亚积极推进结构性改革，在提高生产力、吸引外部投资等因素影响下，GDP增长速度逐渐加快。到了2008年，由于受全球金融危机影响，克罗地亚经济增速放缓，GDP在2008—

2014年下降了11%，失业率也达到17%的峰值。经历了一段严重衰退之后，在2014年改革政策的推进下，克罗地亚采取积极的政策支持、减轻企业税负等，逐步稳住经济形势，塑造了一个新的经济发展模式，经济强劲反弹。因此，2015年，克罗地亚经济走出持续长达6年的衰退，并在后续几年中实现经济的持续健康增长，主要经济指标持续向好，克罗地亚的GDP和人均GDP增速逐渐提升，2019年其经济增长率稳定在3.4%。然而2020年席卷全球的新冠疫情严重冲击了克罗地亚以旅游业为支柱的服务经济，再加上这一年首都萨格勒布市和西萨克-莫斯拉瓦茨省分别遭遇里氏5.4级和6.4级地震，当年GDP骤降至-8.5%；到了2021年，尽管受到新冠疫情和全球经济不景气的影响，但克罗地亚经济强劲复苏，GDP实现高达13%的增长率，是当年欧洲增长最快的经济体之一。2022年，受益于国内需求增长和旅游业发展，克罗地亚经济继续保持增长，GDP增长7.0%。2023年，克罗地亚GDP增长3.1%，成为欧盟增长第二快的经济体，仅次于马耳他。2023年失业率降至6.2%的历史最低水平。近期GDP增长加速很大程度上归功于旅游业的蓬勃发展和欧盟资金的强劲流入。支持性财政政策、强劲的劳动力市场和大量工人汇款的流入也支撑了经济活动，促进了个人消费的强劲增长。克罗地亚的经济活动继续表现出韧性，这反映在过去三年中与欧盟平均收入的加速趋同。详见图1-2。

表1-6　　2003—2021年克罗地亚GDP发展情况

年份	GDP（现价美元）（亿美元）	GDP增长率（%）	人均GDP（现价美元）（美元）	人均GDP年增长率（%）
2003	352.6	5.6	8 192.6	5.6
2004	418.6	4.2	9 723.4	4.2
2005	450.3	4.3	10 446.4	4.2
2006	496.0	5.1	11 505.4	5.1
2007	593.2	5.1	13 762.7	5.1
2008	685.3	2.0	15 900.5	2.0
2009	620.9	-7.2	14 422.9	-7.1
2010	588.4	-1.2	13 697.5	-1.0
2011	627.7	-0.1	14 664.4	0.3
2012	574.1	-2.3	13 453.0	-2.0
2013	595.9	-0.3	14 002.2	0.0

续表

年份	GDP（现价美元）（亿美元）	GDP 增长率（%）	人均 GDP（现价美元）（美元）	人均 GDP 年增长率（%）
2014	594.9	-0.3	14 035.9	0.1
2015	510.1	2.5	12 135.1	3.4
2016	527.4	3.6	12 634.3	4.4
2017	563.2	3.4	13 655.5	4.6
2018	618.6	3.0	15 133.0	3.9
2019	618.7	3.4	15 218.5	4.0
2020	582.2	-8.5	14 383.9	-8.1
2021	696.0	13.0	17 943.4	18.0
2022	720.0	7.0	18 673.2	7.7
2023	826.9	3.1	21 459.8	3.1

资料来源：世界银行数据库。

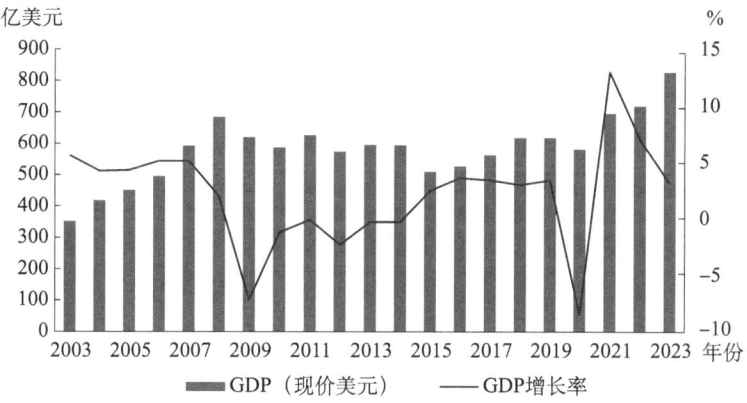

图 1-2　2003—2023 年克罗地亚 GDP 及增长率

资料来源：世界银行数据库。

如图 1-3 所示，2021 年克罗地亚人均 GDP 为 1.79 万美元。2022 年以来，克罗地亚虽面临乌克兰危机引发的当地能源危机、多年罕见的高通胀与制造业复苏乏力、人口继续流失等挑战，但政府采取纾困措施，加之利用欧盟多项基金支持，控制和缓解了能源、必需品等物价上涨幅度，扶助旅游业快速恢复增长，带动经济复苏和较好增长。2022 年人均 GDP 近 1.88 万美元（相当于欧盟平均水平的 70%），到了 2023 年，人均 GDP 增至 2.15 万美元。2003—2023 年人均 GDP 的年增长率为 2.2%。2024 年 6 月，克罗地亚财政部修改了宏观经济预测，调整后预期经济增长率为 3.5%，通货膨胀率为 3.1%，财政赤字为 2.6%，公共债务为 59.2%。

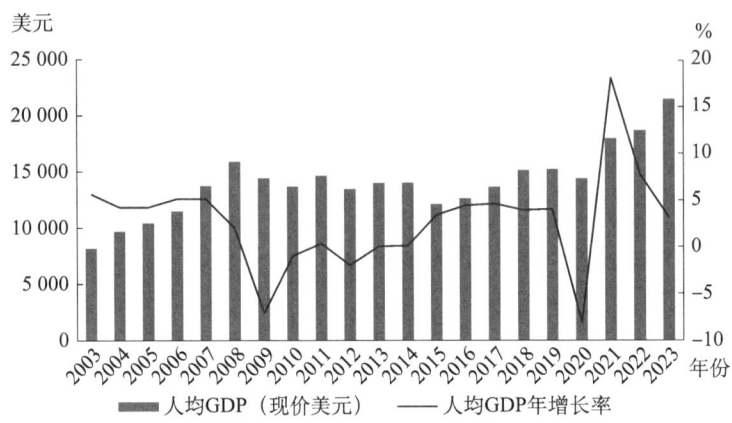

图 1-3　2003—2023 年克罗地亚人均 GDP 及增长率

资料来源：世界银行数据库。

2. 需求结构

根据世界银行的统计数据，2022 年，克罗地亚投资、消费和净出口占 GDP 的比重分别为 26.4%、78.2%、-4.6%。详见表 1-7。

表 1-7　2003—2023 年克罗地亚资本形成、消费和净出口占 GDP 的比重

单位：%

年份	资本形成占 GDP 比重	消费占 GDP 比重	净出口占 GDP 比重
2018	23.2	77.7	-0.8
2019	22.9	77.5	-0.4
2020	24.1	82.9	-7.0
2021	21.8	79.7	-1.5
2022	26.4	78.2	-4.6

资料来源：世界银行数据库。

3. 失业率

自 2014 年以来，克罗地亚的失业率呈现明显的下降趋势（见图 1-4）。特别是 2021 年来，克罗地亚失业率继续下降至接近欧盟平均水平。2022 年，克罗地亚共有就业人员 170.7 万人，同比增加 1.7%；失业人数为

12.8万人，同比下降7.6%。2023年，就业人员为160.3万人，失业率为6.1%，而欧盟为6.0%。克罗地亚就业服务局的数据显示，2024年6月登记的失业人数为8.48万人，同比下降14%，环比下降3.9%，这是克罗地亚独立以来最低的登记失业人数。失业人数再度下降主要是由于旅游季的到来，住宿、餐饮业从业人员增加。

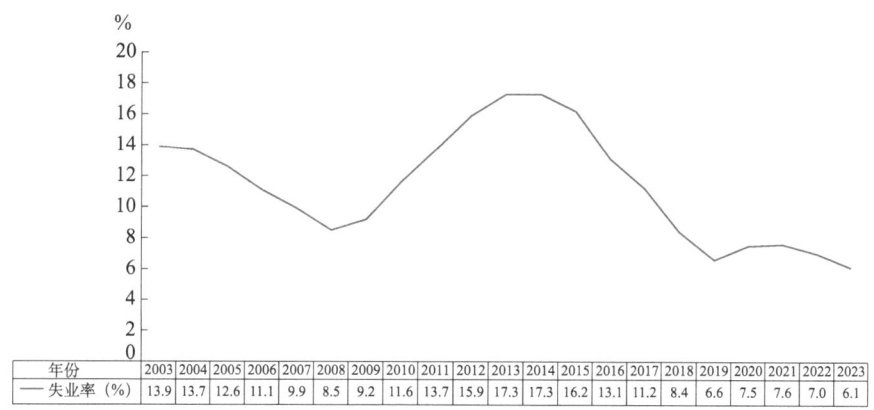

图1-4　2003—2023年克罗地亚总失业人数（占劳动力总数的比例）

资料来源：世界银行数据库。

4. 通货膨胀率

俄罗斯是欧盟和许多其他国家石油和天然气的来源国，俄乌军事冲突爆发使得消费者切实感到石油和天然气价格大幅上涨。军事冲突爆发三周后，欧盟成员国的物价大幅上涨，克罗地亚也不例外。对此，克罗地亚政府决定进行干预，以缓解物价上涨，保护公民生产生活。政府通过降低消费税来控制利润空间，抑制物价飞涨。但是，政府无法完全控制商品价格，因为价格是在国际市场上形成的，政府没有足够的资源以左右价格。其实，在俄乌军事冲突爆发之前，克罗地亚通货膨胀已经存在，经济危机也已经迫在眉睫，而俄乌军事冲突加剧了这一情况。新冠疫情原本就已使各国必须面对通货膨胀，供应链中断以来，俄乌战争无疑是进一步加剧了通货膨胀。因此，受俄乌冲突及全球供应链中断的影响，克罗地亚的能源、大宗商品和必需品的价格持续攀升。

克罗地亚的物价飙升还与加入欧元区有关。克罗地亚2023年1月1日正式加入欧元区，为了稳定物价，克罗地亚政府规定欧元对库纳的兑换比率为1∶7.5345，也就是说一件原价100库纳的商品，加入欧元区后价格换算为 13.27 欧元。但现实中,商家很可能凑整为 14 欧元或 15 欧元甚至更高,更不乏一些黑心商家乘机哄抬物价牟利。尽管克政府对一些乘机涨价的商家进行了处罚,并规定商家在 2023 年全年必须用欧元和库纳双标价,以便于消费者进行比对,但遏制物价上涨的效果并不明显。

2021 年,克罗地亚的通货膨胀率为 2.1%,而到了 2022 和 2023 年,通货膨胀率增至 8.6% 和 8.5% 之高(详见图 1-5),成为欧盟各国中通货膨胀较为严重的国家。2022 年的 11 月,克罗地亚的通货膨胀率甚至达到 13.5% 新高,创造了该国自独立以来的最高纪录。

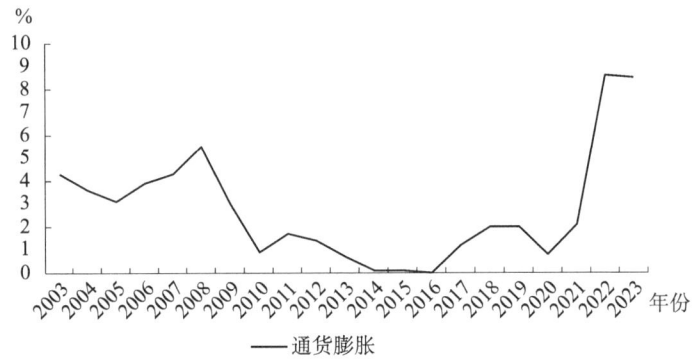

图 1-5　2003—2023 年克罗地亚年通货膨胀率

注:按 GDP 平减指数衡量的通货膨胀(年通胀率)。
资料来源:世界银行数据库。

高通货膨胀使得克罗地亚的住宿、餐饮等费用变得越来越高。蔬菜水果等原材料价格的上涨以及人力成本的上升,体现在餐馆、酒店的成本上,并最终转嫁到消费者身上,也对旅游业造成了一定的影响。

克罗地亚政府出台了一揽子措施应对通货膨胀,主要途径是确保能源和食品的供应。例如,以担保形式向天然气供应商,尤其是国家电力公司提供国家援助,以便其下个季节天然气的采购;议会通过《增值税法》修正案①,减轻物价上涨对公民和企业的压力;利用其克尔克岛天然气进口

---

① 2022 年 3 月 25 日,克罗地亚议会以 123 票支持,高票通过《增值税法》修正案,该修正案旨在减轻物价上涨对公民和企业的压力。该修正案将婴儿食品、食用油和脂肪、黄油和人造黄油、活体动物、鲜肉和香肠、活鱼和鲜鱼、螃蟹、蔬菜、水果、鸡蛋、种子、化肥和杀虫剂、动物饲料,以及音乐会门票、体育和文化活动门票的增值税税率从 25% 或 13% 降至 5%;将天然气和取暖用木柴、木屑等的增值税率降至 13%。此外,2022 年 4 月 1 日至 2023 年 3 月 31 日期间,天然气供应适用 5% 的增值税率。

港优势并发挥其能源枢纽等作用；将电价限制措施延期到2023年3月等。这些措施的实施在一定程度上缓解了通胀，根据克罗地亚国家统计局数据显示，克罗地亚2024年6月份的年通胀率由5月份3.3%下降至2.4%。从月度看，6月份的月通胀率与5月份持平。6月份服务业年通胀率达5.5%，食品、饮料和烟草为2.1%，工业非食品产品价格为1.5%，能源价格则下降了0.5%。以协调消费者价格指数（HICP）衡量的通胀数据看，克罗地亚6月的通胀率从5月份的4.3%下降至3.4%。

（二）经济发展战略

克罗地亚经济正处于转型加速期，政府一揽子政策推动克罗地亚经济转型（主管经贸相关事务的政府部门如表1-8所示）。克罗地亚政府在2018年制定的长期性、总括性规划文件《克罗地亚2030年国家发展战略》（Nacionalna razvojna strategija Republike Hrvatske do 2030. godine）中提出，到2030年，克罗地亚将成为有竞争力的、创新的、安全的国家，拥有可识别的身份和文化，资源保存完好，生活条件优良，人人享有平等机会。该战略旨在提高克罗地亚的创新能力，增强其国际竞争力。在经济与社会可持续发展、增强危机抵御能力、绿色和数字化转型、区域平衡发展4个方面提出了13个战略目标。

表1-8　　　　克罗地亚主管经贸相关事务的政府部门

政府部门	主要职责	网址
外交和欧洲事务部	促进双、多边经贸关系，与其他部门合作制定并执行贸易和投资政策，出口管控等事务。主管部门为经济事务和发展合作司	https://mvep.gov.hr/en
财政部	宏观经济运行分析和预测，制定财政政策，起草和执行国家预算，管理和控制国家金融、保险、投资系统运行，税收制度和政策制定及监管等	https://mfin.gov.hr/
经济部	鼓励工业生产和出口，创造稳定的投资环境，大力支持企业发展，数字化经济转型，对研究和创新的投资，实现可持续发展的目标等	https://mingo.gov.hr/
海洋、交通和基础设施部	管理国内外海事、航海、道路、铁路、航空、邮政事务，规划、起草和实施交通基础设施的战略文件和项目，对交通发展提出战略建议等	https://mmpi.gov.hr

续表

政府部门	主要职责	网址
农林渔业部	管理农林渔业事务，管理和处置国家农业用地，制定和实施农业政策，动植物和农业环境保护，农业品种认定，葡萄酒和其他葡萄产品管理等	https://poljoprivreda.gov.hr/

关于经济与社会可持续发展战略。该战略从发展创新型经济、促进教育和就业、建设高效的司法与行政体系以及提升国际地位4个维度设置了具体目标。主要包括人均GDP达到欧盟平均水平75%，全球竞争力指数排名达到全球第45位，货物和服务出口占GDP的比重提升至70%，研发总支出占GDP的比重达到3%，20—64岁人口就业率达到75%等。在增强危机抵御能力方面，该战略力争为国民提供健康、优质的生活环境，促进人口增长、为青少年成长提供良好社会环境，维护社会安全与稳定。具体目标包括提高预期寿命与生育率，增强灾难抵御能力，将面临贫困和社会排斥风险的人口比重降至15%以下等。

关于绿色和数字化转型战略。该战略致力于推动能源结构转型，提升粮食自给水平，促进交通可持续发展并加快数字化转型。具体目标包括：将可再生能源占能源消费比重提升至36.4%，使数字经济和社会指数（DESI）达到欧盟成员国的平均水平等。

关于区域平衡发展战略。该战略计划推动落后地区经济社会发展，提升区域竞争力。具体目标包括：打造智慧城市，缩小最发达与最不发达地区的人均GDP差距等。

2021年4月29日，克罗地亚政府通过了《2021—2026年国家复苏计划》，旨在推动新冠疫情后的经济复苏。该计划由77个改革提案和152个投资项目提案构成，总金额高达490亿库纳。这些投资将被用于商业、行政与司法、教育与科研、就业保障、卫生健康等方面。

此外，2022年底，克罗地亚议会通过2030年可持续旅游业发展战略和2032年数字克罗地亚战略，旨在提高旅游业和数字经济竞争力。

关于可持续旅游业发展战略。该战略旨在促进旅游业的绿色和环境商业标准、当地居民福祉、历史和自然遗产、解决熟练劳动力短缺问题并减少气候变化对旅游业的负面影响，促进全年旅游业均衡发展，通过更有效的立法和管理框架培育更具创新性、竞争力和弹性的旅游业,并平衡经济、社会和环境可持续发展。

克罗地亚前总统基塔罗维奇在 2023 中国服贸会上也曾表示:"旅游业是全球增长最快的行业之一,也是全球人口收入和就业的重要来源。在许多国家,旅游业是拉动本国经济发展的支柱产业。通过旅游发展,可以促进持续、包容和可持续的经济增长。它可以促进充分就业,减少地区贫困差距;推动性别平等,增强妇女和女童的权益;进一步保护、恢复和促进可持续利用陆地生态系统,遏制生物多样性的丧失。"

关于数字克罗地亚战略。该战略主要目标是到 2032 年,使克罗地亚成为拥有数字和经济竞争力企业和数字化政府的国家,数字化程度达到欧盟平均水平。目标包括实现发达和创新的数字经济,将面向企业的公共服务和所有关键公共服务数字化,提高创意和文化产业竞争力,优化税收和财政的立法和行政管理,升级国家 IT 基础设施,支持教育和研究系统的数字化转型。克罗地亚三大电信运营商 HT、A1 和 Telemach 均表示,由于克罗地亚加入欧元区、申根区以及获得历史性的高投资评级等有利因素,将继续加大对网络基础设施和无线电频谱的投资,建议政府继续推进数字化和绿色转型,建立更好的立法和投资框架。

除了上述两个领域,克罗地亚还致力于绿色转型,发展可再生能源,以应对能源危机。在该领域,克罗地亚也落后于欧盟其他成员国。尽管克罗地亚政府于 2021 年出台《可再生能源和高效联产法》,但可再生能源项目仍面临着行政许可和审批程序过于烦琐、耗时过长、国家国土空间规划与地方空间规划缺乏协调性等问题。对此,欧盟方面建议,克罗地亚政府应采取行动,出台相应的法律法规,简化审批程序,设置最长审批时限,鼓励发展可再生能源项目,加快绿色转型。

此外,近年来,在研发方面,特别是科技领域,克罗地亚落后于许多欧盟成员国。同时,还面临着供应链中一些持续存在的官僚主义问题。当前,克罗地亚经济转型加速,政府将重点放在保证经济强劲、快速增长的部门,包括信息和通信技术、制药、生物技术、用于生产太阳能或使用氢的清洁技术、纳米技术、机器人技术等。力争到 2030 年,将研发、创新投资增加到 GDP 的 3%,在全球竞争力排名中至少提升 15 位。

第二节
克罗地亚对外贸易情况

克罗地亚地理位置优越，其位于中欧和东南欧交界处，拥有良好的交通基础设施，市场能够辐射西欧和东南欧国家。自1991年独立以来，克罗地亚与欧洲国家保持着密切的贸易关系。2013年加入欧盟后，克罗地亚受益于统一的欧盟市场政策，贸易壁垒减少，这极大促进了其与欧盟成员国的商品和服务流通。与此同时，克罗地亚也积极拓展与非欧盟国家，特别是与中国的贸易关系，两国以"一带一路"倡议为基础，在国际贸易领域展开积极合作。在面临当今全球经济的不确定性挑战时，克罗地亚不断优化贸易政策并持续提高自身在国际贸易中的竞争力。本节将从克罗地亚对外关系、克罗地亚对外贸易两个方面进行概述，其中对外贸易将分别从进口与出口、货物贸易与服务贸易、贸易集中度多个角度进行分析。

一、克罗地亚对外关系

（一）对外关系简况

克罗地亚自1991年独立以来，在国际舞台上逐渐确立了自己的地位，并通过积极的外交和贸易政策，构建起广泛的对外贸易关系。德国是第一个与克罗地亚建立外交关系的国家，两国自1992年1月15日起建立正式外交关系，中国与克罗地亚在1992年5月13日建立外交关系，2005年，中克建立全面合作伙伴关系。截至2023年10月，克罗地亚已与188个联合国成员国建交。

克罗地亚独立初期对外贸易关系主要集中在邻国和欧洲其他国家。德国、意大利、奥地利等国家成为克罗地亚的重要贸易伙伴。克罗地亚的出口商品主要是传统的农产品、食品、化学品和纺织品，而进口商品则包括机械设备、能源和原材料。

2000年以后，克罗地亚进入了一个相对稳定的发展时期，经济逐渐复苏，政治局势也趋于稳定。在这一阶段，克罗地亚明确了加入欧盟的战略目标，并为此进行了大量的政治和经济改革。作为欧盟的候选国，克罗地亚在法律、经济和社会各个方面逐步与欧盟标准接轨，这为其对外贸易关系的深化和扩展奠定了基础。在这一时期，克罗地亚的对外贸易显著增长，与欧盟国家的贸易关系更加紧密，德国、意大利、斯洛文尼亚等国继续成为克罗地亚的主要贸易伙伴，出口商品种类也逐渐多样化，涵盖机械设备、运输设备、化学品、食品等多个领域。同时，克罗地亚也加强了与巴尔干地区国家的贸易关系，通过区域合作促进了贸易的发展。2000年以后克罗地亚开始积极参与多个贸易协定和自由贸易协定（FTA）的谈判和签署，并于2000年11月30日加入世界贸易组织，2002年12月，克罗地亚加入中欧自由贸易协定（CEFTA）。

2013年，克罗地亚正式成为欧盟成员国，这标志着其对外贸易关系进入了一个新阶段。加入欧盟后，克罗地亚受益于其内部的统一市场政策，贸易壁垒减少，商品和服务的流通更加便利。这不仅促进了克罗地亚与其他欧盟成员国之间的贸易，也提升了克罗地亚在国际市场上的竞争力。在这一阶段，克罗地亚的出口商品包括机械设备、运输设备、化学品、食品和农产品等，进口商品主要是机械设备、车辆、燃料和化学品。与此同时，克罗地亚的对外贸易关系进一步深化。欧盟成员国依然是克罗地亚最大的贸易伙伴，但克罗地亚也积极拓展与非欧盟国家的贸易关系。特别值得注意的是，克罗地亚与中国的贸易关系在"一带一路"倡议的推动下取得了显著进展，中国已成为克罗地亚在亚洲的重要贸易伙伴，两国在基础设施建设、能源、旅游等多个领域开展了广泛合作。

克罗地亚利用自身地理优势和开放的市场政策，逐步加强与全球各国的经贸合作，通过参加一系列贸易协定，提高自身在国际贸易中的影响力，为全球经济的稳定和发展贡献力量。尽管克罗地亚在对外贸易方面取得了显著成就，但也面临着一些挑战。全球经济不确定性、地缘政治紧张局势等因素可能对克罗地亚的对外贸易产生影响，特别是在疫情后全球经济复苏的背景下，克罗地亚需要应对供应链中断、市场需求波动等一系列问题。

克罗地亚参与的主要贸易协定如表1-9所示。

表1-9　克罗地亚参与的主要贸易协定

年份	主要贸易协定
2000	加入世界贸易组织（WTO）
	与欧盟签署临时贸易与运输协议
2002	加入中欧自由贸易协定（CEFTA），旨在促进中欧国家之间的贸易自由化和投资便利化，为克罗地亚与中欧国家之间的贸易合作提供便利
2003	与阿尔巴尼亚共和国签署自由贸易协定
2012	与俄罗斯签署自由贸易协定
2013	正式加入欧盟，签署与欧盟的综合性贸易协定，其中包括逐步取消双方关税，开放服务市场等
	签署欧盟—克罗地亚贸易协定，旨在促进欧盟和克罗地亚之间的贸易自由化和投资便利化，为克罗地亚融入欧盟市场提供重要支持
2017	与中国签署《共建"一带一路"倡议合作文件》
	签署加拿大—欧盟综合经济与贸易协定（CETA），旨在为加拿大与克罗地亚实现更加开放、公平，有机繁荣的经济联系提供一定保障
2018	与阿富汗、巴基斯坦、尼泊尔、孟加拉国、不丹、马尔代夫签署南亚自由贸易协定
2024	与中国香港特别行政区签订全面性避免双重课税协定

资料来源：作者根据相关资料整理。

（二）中克关系简况

中国与克罗地亚的合作历程可以追溯到 20 世纪 70 年代中期。20 世纪 90 年代克罗地亚独立后，中克双边经贸活动不断加强。2005 年 5 月 26 日《中华人民共和国和克罗地亚关于建立全面合作伙伴关系的联合声明》正式签署，双方进一步加强了双边合作，提升了伙伴关系水平，两国关系取得长足发展，两国高层交往密切，政治互信稳固，双边各领域互利合作富有成果。回顾中国与克罗地亚的合作流程，可以大致梳理为如下四个阶段：

1. 建交阶段（1971—1997 年）

● 1992 年 5 月 13 日，中国与克罗地亚建立大使级外交关系。为加强两国之间的友好合作和在平等互利的基础上发展两国的经济贸易关系，同年 10 月 27 日，中国与克罗地亚签署政府间经贸协定。

● 1993 年 6 月 7 日，中国与克罗地亚签署相互鼓励和保护投资协定、避免双重征税协定,旨在为发展两国的经济合作,在相互尊重主权和平等互利的基础上,鼓励和保护缔约一方的投资者在缔约另一方领土内的投资,并为之创造良好的条件,为两国经贸关系的进一步发展提供了法理依据。

- 1993年6月6日,中国与克罗地亚两国政府签署《中克联合声明》,及《关于鼓励和相互保护投资协定》《文化教育合作协定》《海运协定》《两国外交部磋商议定书》等文件。
- 1995月1月9日,中国与克罗地亚两国政府签署《关于对所得避免双重征税和防止偷漏税的协定》《关于互免持外交、公务护照者签证的协定》。
- 1996年2月5日,中国与克罗地亚两国政府签署《中克领事条约》。

2. 合作发展阶段(1998—2004年)

- 1998年9月11日,中国国家主席江泽民在纽约联合国总部会见克罗地亚总统图季曼,标志着两国领导人的首次正式会晤。
- 2002年3月14日,中国和克罗地亚签署《中华人民共和国政府和克罗地亚政府科学技术合作协定》,以加强两国间的友好关系,鼓励和促进两国的科技合作的发展。
- 2002年5月17日,中国和克罗地亚两国政府签署《中克关于深化互利合作关系的联合声明》,同年12月,克罗地亚加入中欧自由贸易协定(CEFTA)。

3. 关系深化阶段(2005—2011年)

- 2005年5月26日,中国与克罗地亚两国政府签署《中克关于建立全面合作伙伴关系的联合声明》,两国关系发展进入新阶段。
- 2005年,中国与克罗地亚签署《中华人民共和国政府和克罗地亚政府间经济技术合作协议》,为两国经贸合作打下基础,并标志着两国关系的发展进入新阶段。自此两国合作进一步发展,在经济、文化、教育等领域取得一定的成果。
- 2006年6月,中国与克罗地亚政府签署《中克农业合作协议》。
- 2008年1月,中国与克罗地亚政府签署《中国教育部和克罗地亚科教体部2008—2010年教育合作执行计划》等文件。
- 2009年6月,中国与克罗地亚政府签署《中克政府经济合作协定》《中克政府航班协定》《中国卫生部和克罗地亚卫生和社会福利部卫生和医学科学领域 2009—2012 年度执行计划》等文件。

- 2011 年，克罗地亚康查尔集团与沈阳特变电工合资成立特变电康嘉（沈阳）互感器有限公司。

4. 战略伙伴阶段（2012—2018 年）

- 2012 年 5 月，克罗地亚总统伊万诺维奇访问中国，提出建立战略伙伴关系的倡议，并就两国间的合作进行深入讨论，两国合作进入发展的新阶段。此后，"16+1 合作"与"一带一路"倡议开始在各方面对接。

- 2012 年 5 月 19 日，两国领导人就庆祝建交 20 周年互致贺电。全国人大常委会委员长吴邦国访克，出席庆祝中克建交 20 周年招待会和萨格勒布大学孔子学院揭牌仪式。

- 2014 年，中国国务院发布《推进对外贸易转型升级实施方案》，明确提出要推动中国与中东欧国家的经贸合作。同年，中国与克罗地亚签署《共建"一带一路"合作文件》。各省份开始积极响应国家政策，纷纷与克罗地亚开展经贸合作。

- 2015 年 11 月，在中东欧峰会上正式发布"2015 至 2020 中国—中东欧合作中期规划"。这是由中国政府与中东欧国家政府共同制定的合作规划，旨在加强中国与中东欧国家在经贸、文化、人文、科技等领域的合作，推动共同发展和繁荣。

- 2016 年 5 月，2016 中国—克罗地亚企业家峰会暨中国（浙江）—克罗地亚产业对接洽谈会举行，浙江省贸促会和克罗地亚经济商会签订友好合作协议。

- 2017 年，中国骆驼集团投资 3 000 万欧元入股克里马茨电动汽车公司和格瑞普电动自行车公司，目前是里马茨电动汽车公司第四大股东。

- 2017 年 5 月 14 日，中国和克罗地亚两国政府签署关于共同推进丝绸之路经济带和 21 世纪海上丝绸之路建设的谅解备忘录。

- 2018 年 6 月 14 日，中克经贸联委会第 12 次例会在北京召开，双方签署会议纪要。

- 2018 年，中国北方国际合作股份有限公司出资 3 200 万欧元收购克罗地亚能源股份公司 76.0% 的股权，克罗地亚能源股份公司已投资开发塞尼 156 兆瓦风电项目。

- 2018 年，港资中亚控股有限公司的子公司 ZadarSeaport 收购克罗地亚扎达尔码头公司（LukaZadard.o.o.）75.0% 的股份，获得该码头特许经营权至 2039 年。

- 2018 年，克罗地亚旅游委在上海设立办事处。
- 2018 年，克罗地亚里马茨电动汽车公司与中国骆驼集团在湖北襄阳合资设立中克骆瑞新能源科技有限公司，生产、销售新能源电机、电控产品。

5. 全面合作阶段（2019 年至今）

- 2019 年 4 月 10 日，中克双方签署《中华人民共和国商务部和克罗地亚经济、企业和手工业部关于在经济合作联合委员会框架下建立投资合作联合工作组的谅解备忘录》，中克投资合作联合工作组是双方携手打造的投资合作新平台，旨在进一步扩大双向投资，推动两国经贸合作再上新台阶。
- 2019 年 4 月 11 日，中国国家主席习近平在北京会见克罗地亚总统科利纳多夫，并共同出席第二届"一带一路"国际合作高峰论坛，此次会晤对于推进两国合作具有重要意义。
- 2019 年 4 月，李克强总理对克罗地亚进行正式访问并出席中国—中东欧国家领导人杜布罗夫尼克会晤，分别会见总统基塔罗维奇和议长扬德罗科维奇，同克总理普连科维奇举行会谈、共见记者、共同出席中克文化和旅游年开幕式、考察佩列沙茨大桥项目并见证双方多个领域合作文件的签署。双方发表《中华人民共和国政府和克罗地亚政府联合声明》。
- 2019 年 7 月，中国和克罗地亚签署一份价值 22 亿欧元的合同，旨在提升里耶卡—萨格勒布—克匈边境铁路线的速度和运输能力。此次合同的实施将包括电气化改造、线路升级、车站设施改善等一系列改造措施。中国中铁和克罗地亚铁路公司（HŽ Infrastruktura）签署升级里耶卡—萨格勒布—克匈边境铁路线的公约。其中，中国中铁将负责线路升级、电气化改造、信号系统和通信设备的升级工作。除升级现有铁路线，中国企业还负责新建一些路段以加强铁路网的连通性。例如，中国中铁集团公司与克罗地亚国家铁路公司签署一份谅解备忘录，计划建设连接巴尔干半岛和中欧的一条横跨克罗地亚的高速铁路。
- 2019 年，中航工业控股的奥地利 FACCAG 公司在克罗地亚投资设立航空器部件装配厂，一期投资 1 240 万欧元，预计 2021 年底投产。
- 2020 年，中国驻克罗地亚大使馆发起"中克历史城镇保护与旅游发展合作"项目，为两国在旅游、文化等领域的交流合作注入新的动力，并促进两国人民的相互了解与交流。

- 2020年9月14日，中国外交部长王毅与克罗地亚外长兰德路发表联合声明，宣布将建立中国—中东欧国家合作框架下的中克合作机制，这意味着两国在"一带一路"倡议下的合作将得到更好的规划和发展。
- 2021年，中国驻克罗地亚大使于立在承办克罗地亚第十七届国际农业展期间，主持召开"中克农业合作座谈会"，双方达成合作协定，加强农业技术交流、投资合作等。
- 2021年12月7日，中国北方工业有限公司所属北方国际合作股份有限公司投资、建设和运营的塞尼156MW风电项目在克罗地亚萨格勒布举行并网发电仪式，标志着该项目正式投运。
- 2021年底，中国北方工业国际公司在塞尼市附近完成克罗地亚最大的风电场建设。此项目于2018年11月塞尼风电项目开工，风电场由4台45MW涡轮机组成，占地23平方公里，项目总值230亿欧元，是克罗地亚政府近年来实施的最大规模电力项目，是中国企业在克罗地亚投资的第一个大型清洁能源项目。
- 2022年7月26日，由中国路桥公司（CRBC）负责的佩列沙茨大桥通车。大桥顺利通车成为中克、中欧合作的新典范，将进一步深化中克政治互信，加强双方发展战略对接，扩大经贸等各领域合作，推动中克全面合作伙伴关系迈上新台阶。
- 2024年1月24日，中国香港特区政府与克罗地亚政府签署全面性避免双重课税协定（全面性协定）。

中国虽尚未与克罗地亚签署货币互换协议、产能合作协议、基础设施合作协议、FTA协定，但自1992年5月13日中国和克罗地亚建交以来，双边关系发展顺利，两国政府间建有经贸混委会机制，在政治、经济、文化、教育、科技等领域的交流与合作富有成果，双边经贸关系也取得了长足发展。如今，克罗地亚位于"丝绸之路经济带"和"21世纪海上丝绸之路"的交汇地区，是中国—中东欧合作机制的国家之一，也是中国需要稳定经贸关系、巩固和深化利益交融格局的欧盟成员国之一。

二、克罗地亚对外贸易

（一）对外贸易简况

1. 整体对外贸易情况

克罗地亚国际贸易总体来看发展迅速，货物贸易总额从2000年的

123.19亿美元增长到2021年的570.11亿美元。在2009年前克罗地亚国际贸易处于高速发展期，2009年克罗地亚对外贸易出现大幅衰退现象后进入波动上涨状态。从2000年到2021年，克罗地亚一直处于贸易逆差状态，2008年达到最高的166.16亿美元。详见图1-6。

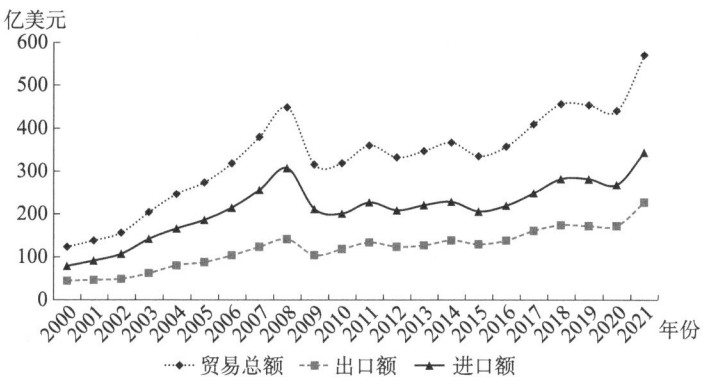

图1-6 2000—2021年克罗地亚货物贸易情况

如表1-10所示，2021年，克罗地亚贸易总额为570.11亿美元，比上年增长129.88亿美元。其中，货物进口总额为343.49亿美元，出口总额为226.62亿美元。2022年，克罗地亚货物贸易总额为720.83亿美元，同比增长40.1%。其中，农林渔业出口额为15.29亿美元；进口额为11.22亿美元；采矿和采石业出口额为19.58亿美元，进口额为59.29亿美元；制造业出口额为206.25亿美元，进口额为359.48亿美元；电力、油气等出口额为15.73亿美元，进口额为23.65亿美元。2023年克罗地亚商品出口额为251.9亿美元，同比下降5%；商品进口额为435.6亿美元，同比下降5.4%。2023年贸易逆差达183.7亿美元，比2022年下降约6%；进出口覆盖率约为58%，与2022年持平。加工制造业在出口总额中约占85%，同比增长3.3%，而在进口总额中约占86%，同比增长3.8%。克罗地亚最重要的对外贸易伙伴是欧盟成员国，2023年对欧盟成员国出口约占出口总额的68%，来自欧盟成员国进口商品约占进口总额的77%。①

---

① 2022年数据来自《中国商务部的对外投资合作国别（地区）指南 克罗地亚（2023年版）》，2023年数据来自克罗地亚国家统计局。原单位为欧元，按1EUR=1.10USD换算所得。

表 1-10　　2000—2021 年克罗地亚货物国际贸易情况　　单位：亿美元

年份	贸易总额	出口额	进口额	贸易差额
2000	123.19	44.32	78.87	-34.55
2001	138.13	46.66	91.47	-44.81
2002	156.17	49.06	107.11	-58.05
2003	203.96	61.87	142.09	-80.22
2004	246.40	80.28	166.12	-85.84
2005	273.94	87.95	185.99	-98.04
2006	318.38	103.61	214.77	-111.16
2007	379.57	123.40	256.17	-132.77
2008	448.40	141.12	307.28	-166.16
2009	315.26	104.03	211.23	-107.20
2010	318.73	118.06	200.67	-82.61
2011	360.01	133.38	226.63	-93.25
2012	332.03	123.71	208.32	-84.61
2013	346.81	126.59	220.22	-93.63
2014	366.44	138.35	228.09	-89.74
2015	334.96	129.25	205.71	-76.46
2016	357.16	138.13	219.03	-80.90
2017	408.98	160.69	248.29	-87.60
2018	456.05	174.02	282.03	-108.01
2019	453.40	171.80	281.60	-109.80
2020	440.23	171.93	268.30	-96.37
2021	570.11	226.62	343.49	-116.87

资料来源：世界银行公开数据库。

贸易对象方面，克罗地亚当前主要贸易伙伴是德国、意大利、斯洛文尼亚、匈牙利和奥地利等欧盟成员国。2021年，克罗地亚向意大利、德国、斯洛文尼亚、波黑、匈牙利出口产品最多；从德国、意大利、斯洛文尼亚、匈牙利和奥地利进口产品最多。

商品结构方面，克罗地亚制造业产品占2021年出口总额的比重约为84%，出口增长约21%，对出口总额增长贡献最大。其中焦炭和精炼石油产品占出口总额的5%，对出口增长的贡献最大，约为61%。进口方面制造业相关产品占进口总额的87%。其中基础金属制造产品占进口总额的比重约为7%，增幅约为54%。焦炭和精炼石油产品占进口总额的份额约为4%，同比增长74%。

2. 中克双边贸易情况

中国与克罗地亚之间的贸易关系在近年来取得了显著进展。作为"一带一路"倡议的重要组成部分，两国在多个领域展开了广泛的合作。克罗地亚地理位置优越，作为连接西欧和东南欧的枢纽，为中欧贸易提供了便利的通道。这种合作不仅加强了两国的贸易联系，也为全球贸易发展注入了新的活力。2000—2021年中克双边货物贸易进出口额稳步增长，双边贸易趋势良好。2021年，中国与克罗地亚双边货物贸易额为23.17亿美元，同比增长35.9%。其中，中方出口额为19.77亿美元，同比增长26.2%；中方进口额为3.4亿美元，同比增长147.0%。2022年，中国与克罗地亚双边货物贸易额为24.2亿美元，同比增长4.8%。其中，中方出口额为22.6亿美元，同比增长14.8%；中方进口额为1.6亿美元，同比下降53.3%。详见图1-7、表1-11。

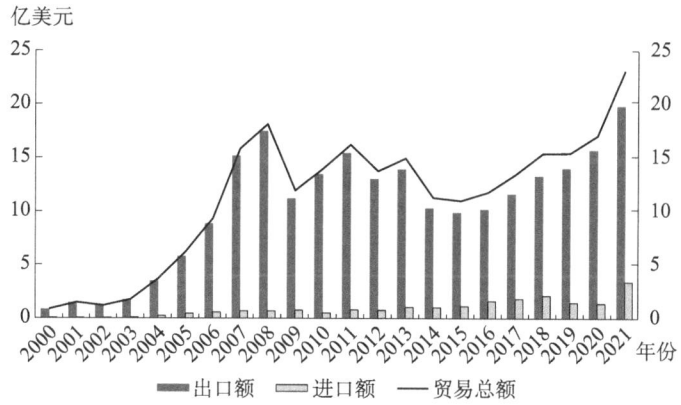

图1-7 2000—2021年中克双边货物贸易情况

据克罗地亚统计局数据显示，贸易商品结构方面，2021年，中国对克罗地亚出口商品主要类别为手机、空调、电动按摩器械和钢结构件等机电产品、纺织品、服装及鞋类等；中国从克罗地亚进口主要商品类别是消防车辆为主的机电产品、锯木板材、建筑用石材、医药产品和饲料等。

表 1-11　　　2000—2021 年中克双边货物贸易情况　　　单位：亿美元

年份	贸易总额	出口额	进口额	贸易差额
2000	0.85	0.80	0.05	0.75
2001	1.47	1.42	0.05	1.37
2002	1.19	1.13	0.06	1.07
2003	1.76	1.69	0.07	1.62
2004	3.67	3.45	0.22	3.23
2005	6.18	5.74	0.44	5.30
2006	9.33	8.78	0.55	8.23
2007	15.83	15.15	0.68	14.47
2008	18.10	17.42	0.68	16.74
2009	11.94	11.19	0.75	10.44
2010	13.95	13.44	0.51	12.93
2011	16.21	15.41	0.80	14.61
2012	13.75	13.00	0.75	12.25
2013	14.94	13.90	1.04	12.86
2014	11.28	10.27	1.01	9.26
2015	10.98	9.86	1.12	8.74
2016	11.78	10.17	1.61	8.56
2017	13.43	11.60	1.83	9.77
2018	15.39	13.27	2.12	11.15
2019	15.42	13.97	1.45	12.52
2020	17.05	15.67	1.38	14.29
2021	23.17	19.77	3.40	16.37

资料来源：国家统计局。

（二）进口贸易

1. 货物进口贸易简况

在 2000—2008 年，克罗地亚的货物进口贸易经历了快速增长的阶段，进口额从 78.87 亿美元增长到 307.28 亿美元，增长率达 289.60%。这个时期进口货物贸易额的增长主要受到克罗地亚经济转型和市场自由化的推动。克罗地亚在独立后逐步向市场经济过渡，进行了大规模的经济改革，吸引了大量外资，刺激了国内消费和投资需求。此外，克罗地亚在这一时期加强了与欧盟和其他主要经济体的贸易联系，推动了进口贸易的快速增长。

2009年，全球经济衰退对克罗地亚的货物进口贸易产生了重大影响。2009年克罗地亚的货物贸易进口额骤降至211.23亿美元，下降幅度达到31.26%。这一时期，全球经济衰退导致供需失衡，克罗地亚的货物贸易进口额随之大幅下滑。2010年货物贸易进口额继续下降，进一步表明经济衰退对克罗地亚经济的持续影响。

2011年后，克罗地亚的进口贸易逐渐恢复。2011—2014年，货物进口额稳步增长，2014年达到228.09亿美元。然而，2015年进口额再次下降至205.71亿美元，降幅为10.88%。这可能与欧洲经济的不稳定和克罗地亚自身的经济调整有关。2016年后，克罗地亚进口贸易再次进入增长轨道，尤其是2017年和2018年，进口额分别增长至248.29亿美元和282.03亿美元，年增长率超过10%。

2020年，受新冠疫情的影响，全球供应链遭到冲击，克罗地亚的货物贸易进口额呈现小幅下降态势。这种情况到2021年便得到缓解，当年克罗地亚进口贸易强劲反弹，进口额达到343.49亿美元，同比增长28.02%。这一反弹反映了全球经济的复苏和克罗地亚国内需求的恢复。

结合近二十年数据可发现，克罗地亚的进口贸易在过去二十多年中经历了快速增长、金融危机后的调整与复苏、新冠疫情冲击后的强劲反弹。克罗地亚通过不断优化经济结构、加强国际贸易合作，应对了多次经济波动，展示了较强的经济韧性。详见图1-8。

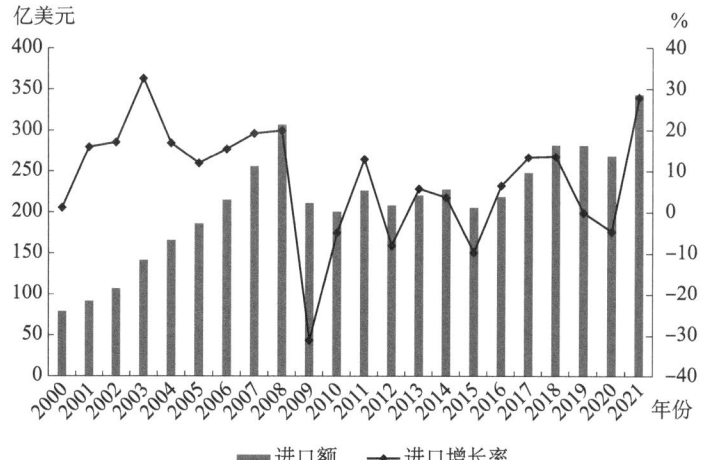

图1-8 2000—2021年克罗地亚货物进口贸易情况

2. 进口贸易对象国分析

克罗地亚的进口市场结构呈现出以德国和意大利等少数国家为主导、其他国家为辅的多元化格局。随着克罗地亚对外贸易活动的不断发展和进口市场的逐步多元化，其进口市场结构也将继续发生变化。

德国作为克罗地亚最大的进口来源国，其地位在克罗地亚的进口市场中一直稳固且显著。2021年，德国在克罗地亚的进口额达到49.63亿美元，占比高达14.45%。这一数字不仅反映德国与克罗地亚之间紧密的经贸关系，也显示德国在克罗地亚进口市场中的核心地位。

由于地理位置因素，意大利与克罗地亚在海陆运输方面具有极大优势，这也导致意大利成为克罗地亚的第二大进口来源国。目前意大利在克罗地亚的进口额呈现出波动上升态势，2021年克罗地亚进口意大利货物总额为42.31亿美元，占比12.32%。详见表1-12。

从数据中可以看出，斯洛文尼亚、匈牙利、奥地利等邻国在克罗地亚的进口市场中占据一定的份额。这一方面是受到地理因素影响，另一方面是因为邻国之间的经济互补性。这些邻国在克罗地亚的进口市场中扮演着不可忽视的角色，为克罗地亚提供多样化的进口来源。

中国作为克罗地亚的重要贸易伙伴之一，当前在克罗地亚的进口市场中已经占据重要地位。克罗地亚加入"一带一路"倡议后，克罗地亚进口中国商品数量不断增加，这反映中国与克罗地亚之间贸易关系的不断发展和深化。中国作为世界上最大的经济体之一，其丰富的商品资源和竞争力强的出口产品为克罗地亚提供广阔的市场和多样化的选择。同时克罗地亚也积极寻求与中国在贸易、投资等领域的合作机会，进一步推动两国经贸关系的发展。

表1-12　　2021年克罗地亚货物贸易进口前10来源国

排名	贸易伙伴（亿美元）	进口额（亿美元）	占进口总额比重（%）
1	德国	49.63	14.45
2	意大利	42.31	12.32
3	斯洛文尼亚	36.75	10.70
4	匈牙利	24.84	7.23
5	奥地利	21.03	6.12
6	中国	19.77	5.76

续表

排名	贸易伙伴（亿美元）	进口额（亿美元）	占进口总额比重（%）
7	波兰	13.66	3.98
8	荷兰	12.91	3.76
9	波黑	11.52	3.35
10	塞尔维亚	9.46	2.75
	总计	241.88	70.42

资料来源：克罗地亚统计局：https://podaci.dzs.hr/en/statistics-in-line。

3. 进口商品结构分析

货物进口市场结构指的是进口商品在市场上的比重分布情况。具体来说，它反映不同商品类别或特定商品在进口总额中所占的比例和关系。进口市场结构的变化可以受到多种因素的影响，包括国际贸易政策、市场需求、商品价格、技术进步等。从商品属性来看，克罗地亚进口的商品既包括劳动力密集型产品，也包括技术密集型产品，显示了其经济对多种商品的多样化需求。

燃料和矿产品是克罗地亚进口额最大的商品类别，占总进口额的18.91%。作为一个能源依赖型国家，克罗地亚需要大量进口燃料来满足其国内能源消费需求。无论是用于发电、交通运输，还是工业生产，燃料的进口对于克罗地亚的经济运转至关重要。化学品和农产品分别占克罗地亚总进口额的15.17%和13.94%。其中化学品包括医药品、化肥和工业化学品等，属于技术密集型产品。这些进口化学品不仅用于国内工业生产，还广泛应用于农业和医疗领域，支持了克罗地亚的多产业发展。农产品则主要满足国内消费需求，尽管克罗地亚有一定的农业基础，但为了保证食品供应的多样性和稳定性，仍需要大量进口粮食、水果、蔬菜和畜产品等。运输设备在克罗地亚进口贸易中也占有重要地位，总进口额达到26.17亿美元。此类产品多为高技术含量和高附加值的技术密集型商品，显示了克罗地亚在交通基础设施和汽车消费市场的持续投资与增长。随着经济发展和居民收入水平的提高，交通运输产品消费逐渐成为克罗地亚市场的重要组成部分，推动了相关产品的进口。此外，办公和电信设备大量进口反映了克罗地亚在信息通信技术领域的不断发展。这类产品不仅提升了办公效率，还推动了数字化转型和现代服务业的发展。服装和钢铁等劳动力密集型产品在克罗地亚的进口结构中也占有一定比例，分别为4.27%

和 3.49%。服装进口满足了国内市场对时尚和多样化服饰的需求,而钢铁则是建筑和制造业的基础材料,支持了克罗地亚的基础设施建设和工业生产。详见表 1-13。

克罗地亚的进口贸易结构充分反映了其经济对多种商品的需求,既包括技术密集型的高附加值产品,也包括劳动力密集型的日常消费品和工业原材料。这种多样化的进口商品结构,帮助克罗地亚在全球供应链中找到适合自己的位置,既满足了国内市场的多样化需求,又支持了经济的持续发展和产业升级。

表 1-13　　　　　　　2021 年克罗地亚主要进口商品

产品	进口额(亿美元)	占进口总额比重(%)
燃料和矿产品	64.95	18.91
化学品	52.11	15.17
农产品	47.89	13.94
运输设备	26.17	7.62
办公和电信设备	15.25	4.44
纺织服装	14.68	4.27
钢铁	12.00	3.49

资料来源:世界贸易组织(WTO)。

4. 服务贸易进口分析

在 2006—2008 年,克罗地亚的服务贸易进口额持续增长,2006 年的进口额为 37.83 亿美元,增至 2008 年的 52.8 亿美元,年均增长率为 14.34%。特别是 2008 年,服务贸易进口额增长率达到了 26.20%,显示出较为强劲的增长态势。这一时期的增长主要得益于克罗地亚经济的稳步发展,民众消费水平提高。然而,2009 年全球经济衰退对克罗地亚的服务贸易产生了重大影响,需求衰退导致服务贸易进口额下降至 44 亿美元,同比下降了 16.67%。随后几年,服务贸易进口额继续波动。2010 年和 2012 年分别下降了 7.93% 和 6.29%。2011 年后,克罗地亚的服务贸易进口额进入调整期,波动较大。在这之后,克罗地亚受益于欧盟经济的稳定增张,服务贸易进口额开始逐步恢复,2016 年和 2017 年的增长率分别达到了 8.24% 和 18.74%。特别是 2017 年,服务贸易进口额达到 46.31 亿美元,较前一年显著增加。这一增长得益于全球经济复苏,国内需求不断增加。2020年新冠疫情爆发，对全球经济和贸易产生了深远影响，克罗地亚的服务贸易进口额大幅下降至40.98亿美元，同比下降了27.52%。2021年，随着经济逐步复苏，克罗地亚的服务贸易进口额反弹至52.59亿美元。详见表1-14。

表1-14　　　　2006—2021年克罗地亚服务贸易进口

年份	货物贸易进口额（亿美元）	服务贸易进口额（亿美元）	服务贸易进口增长率（%）
2006	214.77	37.83	6.23
2007	256.17	41.84	10.60
2008	307.28	52.80	26.20
2009	211.23	44.00	-16.67
2010	200.67	40.51	-7.93
2011	226.63	42.32	4.47
2012	208.32	39.66	-6.29
2013	220.22	39.87	0.53
2014	228.09	38.07	-4.51
2015	205.71	36.03	-5.36
2016	219.03	39.00	8.24
2017	248.29	46.31	18.74
2018	282.03	54.39	17.45
2019	281.60	56.54	3.95
2020	268.30	40.98	-27.52
2021	343.49	52.59	28.33

资料来源：世界贸易组织（WTO）。

根据WTO按行业区分的服务贸易进口数据，克罗地亚的其他商业服务以31.96亿美元的进口额占据了服务贸易进口总额的60.77%。这一类别涵盖了广泛的服务类型，包括专业、科学和技术服务，金融和保险服务，租赁和经营租赁服务等。克罗地亚在这些领域的高进口额表明其对高附加值和专业化服务的强烈需求。这反映了克罗地亚经济在转型过程中对知识密集型和高技术含量服务的依赖，以促进其国内产业的现代化和竞争力提升。由于自身国家的历史原因与经济原因，旅游与运输服务进口较少。详见表1-15。

表1-15　　2021年按行业区分的克罗地亚服务贸易进口

行业	进口额（亿美元）	占进口总额比重（%）
货物相关服务	1.28	2.43
运输	8.33	15.84
旅游	11.02	20.95
其他商业服务	31.96	60.77

资料来源：世界贸易组织（WTO）。

（三）出口贸易

1. 货物出口贸易简况

与进口贸易相似，在2000—2008年，克罗地亚的出口贸易呈现持续增长的态势。2000年的出口额为44.32亿美元，增长率为2.91%。到2008年，出口额增加至141.12亿美元，增长率为14.36%。这一时期的增长主要得益于克罗地亚在开放市场和经济改革中的努力。2009年金融危机后的经济衰退对克罗地亚出口贸易产生了重大影响，当年出口额下降至104.03亿美元，同比下降了26.28%。自此之后，克罗地亚的出口贸易进入波动上涨时期。2020年在全球疫情的影响下，克罗地亚出口依旧实现了正增长，呈现了极强的韧性与竞争力。详见图1-9。

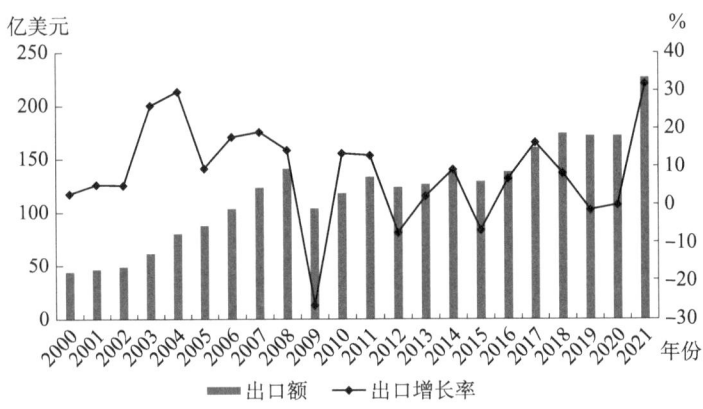

图1-9　2000—2021年克罗地亚货物出口贸易情况

2. 出口贸易对象国分析

从具体出口目的国来看，意大利是克罗地亚最大的出口市场，出口额为28.41亿美元，占总出口额的12.54%。意大利与克罗地亚隔亚得里亚海相望,地理上非常接近。两国之间的海运和陆运都十分便利,加上两国在历史上有着深厚的文化交流,这些因素共同促进了双边贸易的发展。

德国是克罗地亚的第二大出口市场,出口额为26.76亿美元,占总出口额的11.81%。德国作为欧洲最大的经济体之一,对克罗地亚的商品和服务有着巨大的需求。两国之间的经济互补性也促进了贸易关系的发展。

斯洛文尼亚、波黑和匈牙利分别居第三、第四和第五位,这3国与克罗地亚的地理接近性和历史文化联系都非常紧密。斯洛文尼亚和克罗地亚曾同属南斯拉夫,两国的语言和文化十分相近,贸易交流自然更加便利。波黑和匈牙利与克罗地亚也有着悠久的历史和地理联系,这些因素都有助于推动双边贸易的发展。

奥地利、塞尔维亚、法国、波兰和罗马尼亚也都是克罗地亚的重要贸易伙伴。奥地利和塞尔维亚与克罗地亚的地理接近性较强,而法国、波兰和罗马尼亚虽然地理距离稍远,但仍然是克罗地亚的重要出口市场。这些国家对克罗地亚商品的需求反映了克罗地亚在欧洲市场上的竞争力。详见表1-16。

表1-16   2021年克罗地亚货物贸易出口前10目的国

排名	贸易伙伴	出口额(亿美元)	占出口总额比重(%)
1	意大利	28.41	12.54
2	德国	26.76	11.81
3	斯洛文尼亚	23.34	10.30
4	波黑	19.22	8.48
5	匈牙利	17.93	7.91
6	奥地利	12.61	5.56
7	塞尔维亚	10.67	4.71
8	法国	5.80	2.56
9	波兰	4.51	1.99
10	罗马尼亚	3.86	1.70
	总计	153.11	67.56

资料来源:克罗地亚统计局:https://podaci.dzs.hr/en/statistics-in-line。

3. 出口商品结构分析

根据2021年克罗地亚主要出口商品的数据,可以看出克罗地亚的出口商品种类丰富，涵盖了农产品、燃料和矿产品、化学品等多个领域。其中农产品是克罗地亚最大的出口类别，出口额为43.23亿美元，占总出口额的19.08%。克罗地亚拥有丰富的农业资源和优越的气候条件，使其能够生产高质量的农产品。农产品的出口不仅满足了邻国和欧盟市场的需求，也提升了克罗地亚在国际市场上的竞争力。燃料和矿产品以及化学品覆盖范围较广，出口比重高符合预期。总体而言，克罗地亚的主要出口商品多为劳动密集型产品与自然资源，在国际贸易方面并不占优势，每年贸易赤字额较大。详见表1-17。

表1-17　　　　　2021年克罗地亚主要出口商品类别

类别	出口额（亿美元）	占出口总额比重（%）
农产品	43.23	19.08
燃料和矿产品	36.78	16.23
化学品	27.27	12.03
运输设备	14.38	6.35
纺织服装	8.73	3.85
办公和电信设备	4.46	1.97
钢铁	3.04	1.34

资料来源：世界贸易组织（WTO）。

2021年，克罗地亚出口额排名前10的出口产品分别为食品14.69亿欧元、电子设备14.52亿欧元、金属制品12.42亿欧元、机械和设备10.67亿欧元、化学产品10.63亿欧元、药品10.63亿欧元、电力天然气10.05亿欧元、焦炭和精炼石油产品9.28亿欧元、木材及木制品9.15亿欧元和基础金属8.12亿欧元。详见表1-18。

表1-18　　　2021年克罗地亚出口额排名前10的出口产品及其出口额

序号	出口产品	产品出口额（亿欧元）
1	食品	14.69
2	电子设备	14.52
3	金属制品	12.42
4	机械和设备	10.67
5	化学产品	10.63

续表

序号	出口产品	产品出口额（亿欧元）
6	药品	10.63
7	电力天然气	10.05
8	焦炭和精炼石油产品	9.28
9	木材及木制品	9.15
10	基础金属	8.12

资料来源：中国商务部 对外投资合作国别（地区）指南 克罗地亚（2022年版）。

4. 服务贸易出口分析

克罗地亚服务贸易数据显示，21世纪前期其服务贸易出口额增长迅速，这一增长主要得益于克罗地亚旅游业的迅速发展。作为欧洲著名的旅游目的地，克罗地亚吸引了大量国际游客，旅游收入成为服务贸易出口的重要组成部分。2009年，全球金融危机造成全球经济放缓导致国际旅游需求减少，克罗地亚的旅游业和其他服务出口随之受挫。2016年，克罗地亚的服务贸易出口总额为130.56亿美元，同比增长了11.72%。这一年标志着克罗地亚经济逐渐从金融危机的影响中恢复，旅游业再次成为经济增长的重要引擎。克罗地亚政府积极推广旅游，提升服务质量，吸引更多国际游客。2020年，由于新冠疫情的暴发，克罗地亚的服务贸易出口总额大幅下降至102.85亿美元，同比下降了40.07%。全球旅行限制和封锁措施严重打击了旅游业，但进入2021年，随着全球疫苗接种的推进和部分国家旅游限制的逐步解除，国际旅游需求恢复，克罗地亚的服务贸易出口出现强劲反弹，同比增长了64.17%。详见表1-19。

表1-19　　　　　　2006－2021年克罗地亚服务贸易出口

年份	货物贸易出口额（亿美元）	服务贸易出口总额（亿美元）	服务贸易出口增长率（%）
2006	103.61	102.69	13.13
2007	123.40	123.53	20.29
2008	141.12	142.00	14.95
2009	104.03	114.45	-19.40
2010	118.06	108.13	-5.52
2011	133.38	121.85	12.69
2012	123.71	110.82	-9.05

续表

年份	货物贸易出口额（亿美元）	服务贸易出口总额（亿美元）	服务贸易出口增长率（%）
2013	126.59	116.46	5.09
2014	138.35	124.61	7.00
2015	129.25	116.86	-6.22
2016	138.13	130.56	11.72
2017	160.69	148.17	13.49
2018	174.02	162.71	9.81
2019	171.80	171.62	5.48
2020	171.93	102.85	-40.07
2021	226.62	168.85	64.17

资料来源：世界贸易组织（WTO）。

2021年，克罗地亚的服务贸易出口总额为168.85亿美元，其中旅游业占据了绝对主导地位，出口额达到107.72亿美元，占总出口额的63.80%。克罗地亚作为旅游目的地的吸引力主要源于其丰富的自然和文化资源。包括杜布罗夫尼克、斯普利特、扎达尔和里耶卡在内的沿海城市不仅以其古老的历史和建筑遗产而闻名，而且提供了丰富的现代娱乐和休闲活动；克罗地亚还拥有众多被联合国教科文组织列为世界遗产的地点，如杜布罗夫尼克老城、斯普利特的戴克里先宫和普利特维采湖国家公园。这些文化和自然遗产地吸引了全球各地的游客，使得克罗地亚成为一个全年皆宜的旅游胜地。除了丰富的自然和文化资源，克罗地亚旅游业的能在服务贸易出口中占据主导地位还得益于完善的基础设施和有效的市场推广策略。克罗地亚依托这些优势，不断提高自身在旅游市场的影响力，实现较为均衡的经济增长。详见表1-20。

表1-20　　2021年按行业区分的克罗地亚服务贸易出口

产品	出口额（亿美元）	占出口总额比重（%）
旅游	107.72	63.80
运输	12.85	7.61
货物相关服务	5.77	3.42
其他商业服务	42.51	25.18

资料来源：世界贸易组织（WTO）。

（四）贸易逆差

2021年，克罗地亚的贸易逆差规模扩大至116.87亿美元，较2020年的逆差96.37亿美元激增21.3%。这一数据凸显该国在国际贸易中的一大挑战，即出口与进口之间的显著不平衡。克罗地亚的净出口转为负数，意味着外国对克罗地亚商品的购买远不及克罗地亚进口商对国外产品的热衷（如表1-21所示）。其中，车辆的国际贸易逆差尤为显著，特别是汽车和卡车领域，而拖拉机和摩托车也贡献一部分逆差。这一趋势揭示克罗地亚在高端制造业和交通运输领域的依赖度较高，同时也暗示国内产业在全球市场上的竞争力有待提升。更为严峻的是，克罗地亚在国际化石燃料市场上的竞争劣势愈发明显。包括石油在内的矿物燃料进口额大幅增长，导致巨额的贸易逆差。然而，这也为克罗地亚提供转变的契机。面对全球对可再生能源和环保技术的迫切需求，克罗地亚拥有通过重点创新和开发替代能源来提升其全球经济地位的黄金机会。克罗地亚的贸易逆差虽是一大挑战，但同时也成为其激发创新和转型的催化剂。

表1-21   2021年克罗地亚最大贸易逆差产品

商品	贸易逆差（亿美元）	同比增长（%）
汽车	15.00	49.60
包括计算机在内的机械设备	14.00	13.90
包括石油在内的矿物燃料	11.00	63.20
塑料、塑料制品	8.95	40.10
电机设备	7.69	5.80
制药	6.42	2.70
钢铁	6.38	56.90
其他化学产品	4.00	45.30
光学技术	3.83	8.50
医疗设备	3.54	15.50

资料来源：世界银行WITS数据库。

（五）贸易集中度

1. 区域层面

在进口对象的区域分布上，当前克罗地亚最重要的进口对象是欧盟。

如图1-10、表1-22所示，近年来，克罗地亚从欧盟国家的进口额逐年增加，从2010年的88.11亿欧元增长到2021年的217.08亿欧元，占比也超过80%。这一趋势体现了克罗地亚与欧盟成员国之间紧密的经济联系和贸易依赖性，不仅反映了欧盟市场对克罗地亚的重要性，也显示出欧盟内统一市场的优势及贸易便利化政策对克罗地亚进口的推动作用。亚洲国家也是克罗地亚重要的出口市场，自2012年后呈现波动上涨趋势。克罗地亚对美洲国家的出口逐年减少，这种趋势直到疫情爆发后发生改变，出口到美洲的货物总额迅速增加。

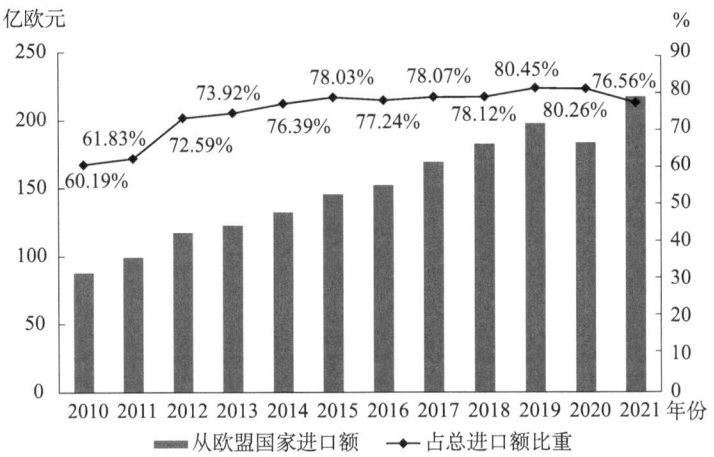

图1-10　2010—2021年克罗地亚从欧盟进口货物情况

表1-22　　　2010—2021年克罗地亚主要进口区域分布　　　单位：亿欧元

年份	总进口额	欧盟国家进口额	欧洲其他国家进口额	亚洲其他国家进口额	美洲其他国家进口额
2010	146.39	88.11	18.13	21.25	6.19
2011	160.64	99.33	14.90	24.94	6.57
2012	161.79	117.44	17.24	7.01	4.03
2013	165.97	122.69	11.32	13.19	3.79
2014	173.43	132.48	11.01	10.92	2.86
2015	186.80	145.77	6.93	12.93	3.57
2016	197.06	152.21	5.83	16.01	3.56
2017	216.75	169.22	6.11	16.07	2.45
2018	233.88	182.70	7.27	17.67	2.88

续表

年份	总进口额	欧盟国家进口额	欧洲其他国家进口额	亚洲其他国家进口额	美洲其他国家进口额
2019	245.80	197.74	7.10	17.16	2.67
2020	228.86	183.69	6.38	19.01	2.58
2021	283.55	217.08	10.93	21.65	7.39

注：2021年后英国数据不再计入欧盟国家。
资料来源：克罗地亚统计局：https://podaci.dzs.hr/en/statistics-in-line。

出口的区域分布上，由于地理位置、市场结构、优惠政策以及历史等因素，欧盟仍旧是克罗地亚最大的出口市场，2021年，占比达67.99%。但克罗地亚在出口贸易方面对欧盟的依赖度小于进口贸易。近几年克罗地亚向欧盟出口的货物总额超过100亿欧元，占总出口比重65%左右。详见图1-11、表1-23。

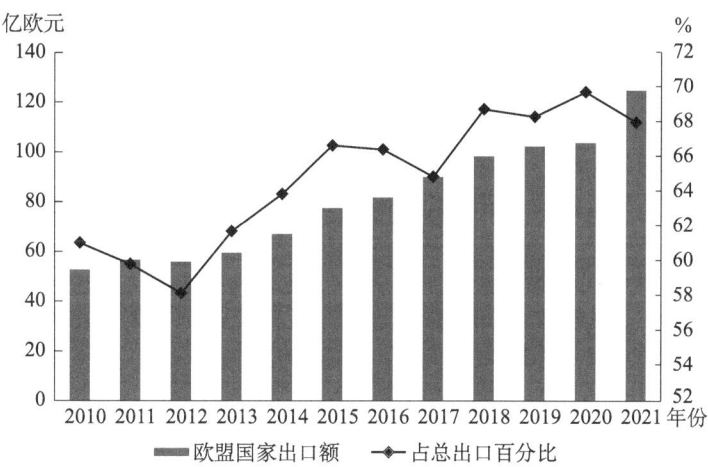

图1-11 2010—2021年克罗地亚货物出口欧盟情况

表1-23 2010—2021年克罗地亚主要出口区域分布 单位：亿欧元

年份	总出口额	欧盟国家出口额	欧洲其他国家出口额	亚洲其他国家出口额	美洲其他国家出口额
2010	86.13	52.59	3.59	2.83	4.49
2011	94.54	56.58	4.88	2.44	4.42
2012	96.07	55.88	5.23	3.11	5.36
2013	96.35	59.48	4.79	3.03	3.42
2014	104.98	67.06	4.33	2.86	3.26

续表

年份	总出口额	欧盟国家出口额	欧洲其他国家出口额	亚洲其他国家出口额	美洲其他国家出口额
2015	116.49	77.67	3.52	3.57	4.10
2016	123.12	81.79	4.55	3.56	5.31
2017	138.83	90.07	4.76	4.73	7.23
2018	143.23	98.47	4.37	5.26	4.59
2019	149.81	102.35	3.77	4.33	4.87
2020	148.82	103.78	4.82	3.77	5.78
2021	183.53	124.79	8.13	4.05	6.96

注：2021年后英国数据不再计入欧盟国家。
资料来源：克罗地亚统计局；https://podaci.dzs.hr/en/statistics-in-line。

2. 产品层面

产品层面采用产品集中度、产品多样化以及显性比较优势指数进行分析。

产品集中度指数（Concentration index），是衡量经济体产品集中度的一个指标，即进出口构成是集中于少于或者一些同质的产品。其公式如下：

$$H_j = \frac{\sqrt{\sum_{i=1}^{n}\left(\frac{x_{ij}}{X_j}\right)^2} - \sqrt{1/n}}{1 - \sqrt{1/n}}$$

式中，H_j为经济体j的集中度指数，x_{ij}表示经济体j产品i的贸易额，而

$$X_j = \sum_{i=1}^{n} x_{ij}$$

式中，n为经济体j在各年份的贸易产品数。集中度指数值在0—1，越接近1表明该国的出口货进口高度集中在少数几种产品上；反之，越接近0代表该国的贸易产品分布更为均匀。

多样化指数（Diversification index）是通过衡量一国贸易结构与世界结构的绝对偏差来计算的，其公式如下：

$$S_i = \frac{\sum |h_{ij} - h_j|}{2}$$

式中，h_{ij}表示产品j在经济体i总出口或总进口中的比重。h_j表示产品j在世界总出口或总进口中的比重。多样化指数的取值范围在0—1，数值越大

表明与世界市场贸易模式的差异越大；反之越接近 0 则意味着与世界市场贸易模式越接近。

在进口方面，2021 年高收入国家平均进口产品数 260 种、集中度指数 0.065、多样化指数 0.084；在出口方面，2021 年高收入国家平均出口产品数 259 种、集中度指数 0.071、多样化指数 0.11。通过数据对比可发现，克罗地亚作为中等收入国家，其贸易集中度较低，商品多样化指数较高。不论是进口贸易还是出口贸易，克罗地亚商品分布都更为均匀，呈现多样化态势，贸易经济发展较为均衡。2010—2021 年克罗地亚产品层面的进口、出口贸易集中度详见图 1-12、图 1-13。

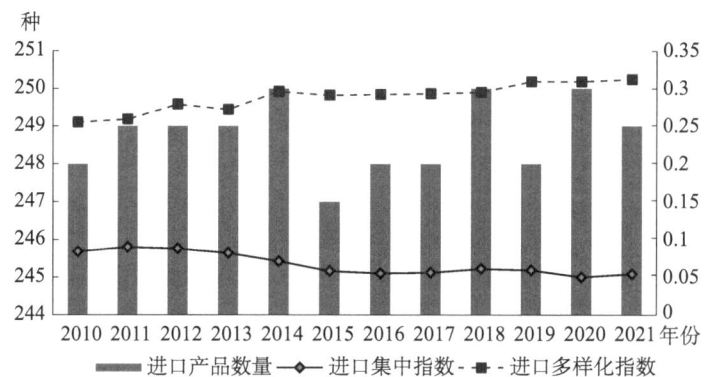

图 1-12　2010—2021 年克罗地亚进口贸易集中度（产品层面）

资料来源：UNCTAD 数据库。

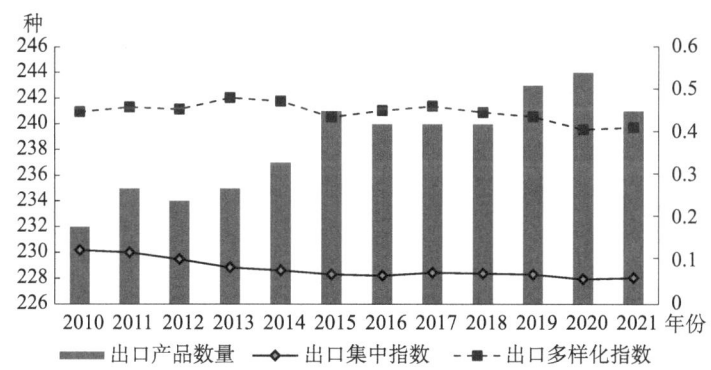

图 1-13　2010—2021 年克罗地亚出口贸易集中度（产品层面）

资料来源：UNCTAD 数据库。

显性比较优势指数，即 RCA 指数，是基于在某国或者某区域，某类产品的出口值在各类产品出口总值中的占比，在一定程度上反映一国各类产品的比较优势。一般认为，若 RCA>2.5，表示出口实力比非常强，更容易形成强大的竞争优势；若 1.25≤RCA<2.5，表示出口实力较强，产生竞争优势的可能性比较大；若 0.8≤RCA<1.25，表示出口实力一般；若 RCA<0.8，表示出口实力差，难以形成良好的竞争优势。表1-24 显示了近五年克罗地亚显性比较优势指数，可发现各类燃料出口实力强劲，此外是部分建筑材料与制造业产品。

表 1-24　　2017—2021 年克罗地亚贸易显性比较优势

种类	2017年	2018年	2019年	2020年	2021年
[245] 燃料木和木炭	42.8	37.7	34.6	29.8	35.3
[612] 皮革制品	38.5	35.0	36.4	32.6	23.5
[811] 预制建筑	14.5	14.6	16.3	21.9	23.2
[246] 木片、木粒和木材废料	10.7	10.6	9.0	9.2	9.8
[248] 简单加工的木材和木质铁路枕木	12.3	13.3	13.8	11.3	9.6
[846] 纺织面料制成的服装配件	9.6	9.4	9.9	8.8	9.0
[121] 未加工的烟草、烟草废料	2.7	3.3	5.5	7.8	8.2
[273] 石头、沙子和砾石	5.4	5.9	6.8	7.6	8.0
[711] 蒸汽锅炉、辅助设备及零件	10.6	5.6	12.8	9.6	7.9
[891] 武器和弹药	7.5	8.8	3.2	6.3	7.2
[73] 巧克力，含可可的食品	5.2	6.0	7.1	6.3	6.7
[661] 石灰、水泥、建筑材料	6.9	7.2	6.4	6.6	6.7
[583] 塑料单丝，横截面>1毫米	5.0	5.2	5.9	5.5	6.6
[344] 液化石油气与其他气态碳氢化合物	0.8	0.5	0.1	4.2	5.9
[791] 铁路车辆及相关设备	4.0	4.8	3.4	4.9	5.6

注：使用的贸易数据基于三位的 SITC 商品分类，Rev.3。
资料来源：UNCTAD 数据库。

第三节
克罗地亚直接投资情况

一、外商直接投资

自1991年独立以来，克罗地亚政府一直致力于营造有利于外商投资的环境。在克罗地亚经历了战争和经济转型的挑战后,开始推行一系列经济改革,旨在吸引外资,促进经济复苏和增长。政府通过法律和制度改革,为外资企业提供了税收优惠、减少行政审批、简化投资程序等措施,从而提升了投资环境的吸引力。克罗地亚于2013年加入欧盟,这对其外商直接投资产生了重要的积极影响。加入欧盟使克罗地亚得以享受欧盟内部市场的各项优惠政策,增强了投资者对其经济前景的信心。此外,欧盟成员国身份也提升了克罗地亚在国际市场上的信誉和地位,吸引了更多来自欧盟和其他国家的投资者。在2012—2021年这10年,克罗地亚FDI存量由308亿美元增长至392亿美元,中间虽然存在些许波动,但不可否认的是克罗地亚仍然是国际资本在中东欧的重要选择。详见图1-14。

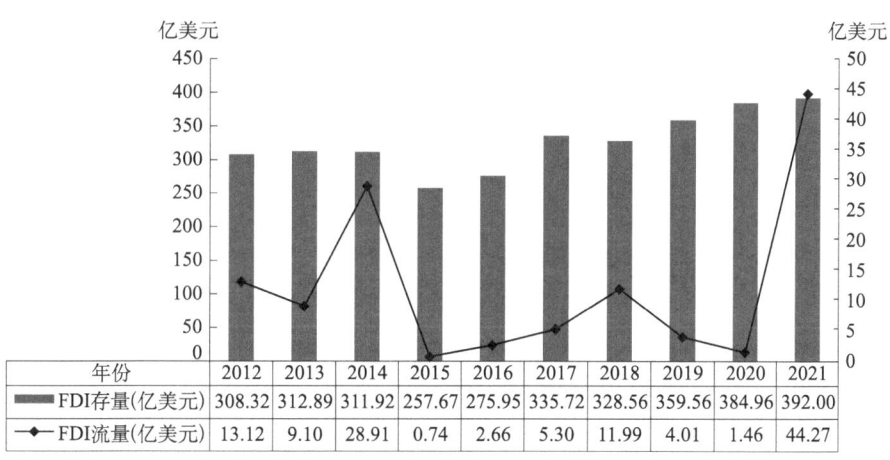

图1-14 2012—2021年克罗地亚外商直接投资情况

注:外投资存量是归属于母公司的资本和储备(包括留存利润)份额的价值,加上子公司对母公司的净负债。它近似于过去投资流量的累计值。

资料来源:UNCTAD数据库。

克罗地亚外资来源比较集中,主要来自欧盟国家,包括荷兰、德国、卢森堡、意大利、匈牙利等国,非欧盟国家为澳大利亚。荷兰一直是克罗地亚外资的主要来源之一,其稳定的投资环境和高效的商业运作吸引众多荷兰企业的目光。德国作为欧洲的经济强国,对克罗地亚的投资也占据重要地位,两国之间的经贸合作日益加深。卢森堡、意大利、匈牙利等国家也是克罗地亚外资的重要来源,这些国家的企业纷纷看好克罗地亚的市场潜力和发展前景,纷纷加大投资力度。详见图1-15。

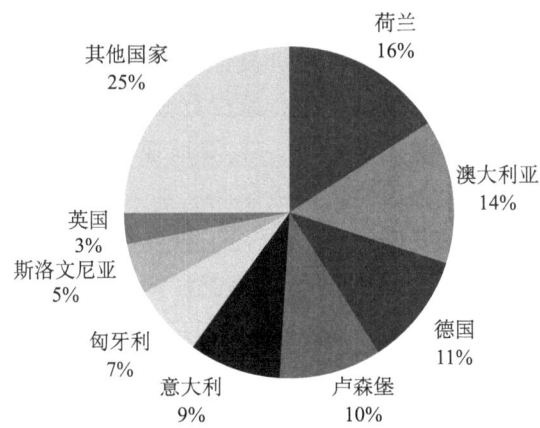

图 1-15　2021 年克罗地亚按照国家划分的 FDI

克罗地亚外资主要分布于金融业、制造业、房地产业、贸易等行业。外商对于克罗地亚投资的主要特点是投资领域窄，主要集中在第三产业，尤其是金融业、房地产业、贸易，投资额占克罗地亚吸引外资总额的54%。获得外国直接投资最多的领域是金融服务业（24%），其次是制造业（17%）、房地产业（16%）、贸易业（14%）、信息通信技术（ICT）（8%）以及旅游业（4%）。详见图 1-16。

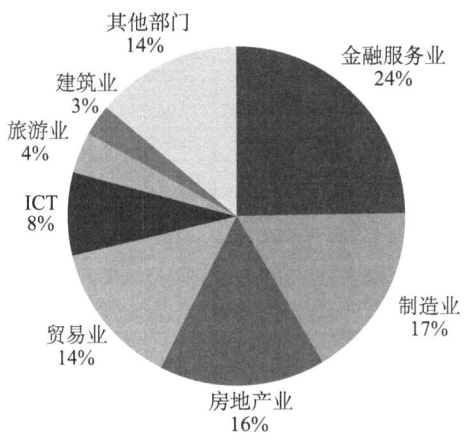

图 1-16　2021 年克罗地亚按照活动划分的 FDI

近年来，中国与克罗地亚之间的投资合作日益深化，许多中国企业在克罗地亚进行了一系列重要投资，涵盖了电动汽车、能源、基础设施和航空制造等多个领域。2017 年，中国骆驼集团向克罗地亚里马茨电动汽车公司和格瑞普电动自行车公司投资 3 000 万欧元。这一投资不仅促进了克罗地亚电动汽车行业的发展，也为两国在高科技领域的合作奠定了基础。同年，港资中亚控股有限公司的子公司 Zadar Seaport 收购了克罗地亚扎达尔码头公司 75% 的股份，获得该码头特许经营权至 2039 年。这一投资不仅提升了克罗地亚港口的运营能力，也增强了中克两国在海运和物流领域的合作。2019 年，中航工业控股的奥地利 FACC AG 公司在克罗地亚投资设立民用飞机部件装配厂，一期投资 1 240 万欧元，于 2021 年 12 月开始运营。这一项目进一步深化了中克两国在航空制造领域的合作，显示了中国企业在全球航空供应链中的重要地位。此外，2021 年 12 月 7 日，中国北方工业有限公司所属北方国际合作股份有限公司投资、建设和运营的塞尼 156MW 风电项目在克罗地亚萨格勒布举行并网发电仪式。塞尼风电项目不仅是克罗地亚政府近年来实施的重要电力项目，也是中国企业在克罗地亚投资的第一个大型清洁能源项目，标志着两国在可再生能源领域的合作取得了重要成果。这些投资项目展示了中国企业在克罗地亚的多元化投资布局，不仅推动了克罗地亚相关行业的发展，也为两国经济合作开辟了新的前景。

二、对外直接投资

克罗地亚对外直接投资在过去十年中呈现明显的波动性，从数据上看，2012—2021 年，克罗地亚的 OFDI 存量从 53.44 亿美元增加到 64.62 亿美元，这一增幅相对较小，显示出克罗地亚在全球市场上的投资扩展较为缓慢。

克罗地亚对外直接投资不足的一个主要原因是其经济实力的限制。作为一个人口较少且经济规模较小的国家，克罗地亚缺乏足够的资金和资源来进行大规模的海外投资。经济基础薄弱导致其企业在国际市场上竞争力不足，难以在海外市场上取得显著的投资收益。此外，克罗地亚国内的经济结构和产业布局也影响了其对外投资的能力。该国主要依赖旅游业和农业，缺乏在高附加值产业和技术密集型产业中的竞争力，这限制了其在国际市场上寻找和抓住高回报投资机会的能力。相较于其他经济强国，克罗地亚在对外投资中显得较为被动和谨慎。详见图 1-17。

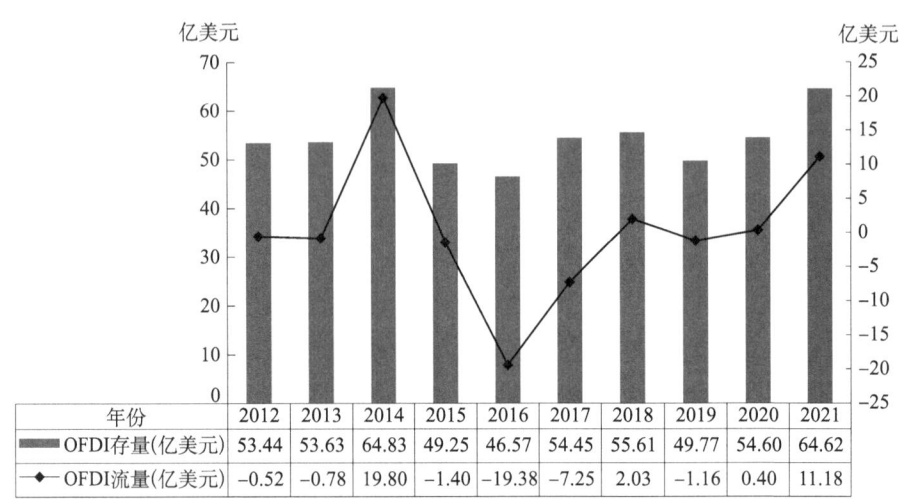

图 1-17　2012—2021 年克罗地亚对外直接投资情况

注：外投资存量是归属于母公司的资本和储备（包括留存利润）份额的价值，加上子公司对母公司的净负债。它近似于过去投资流量的累计值。

资料来源：UNCTAD 数据库。

克罗地亚加入"一带一路"倡议后积极与中国进行投资活动。2017年，克罗地亚经济商会在上海设立代表处。2018年，克罗地亚里马茨电动汽车公司与中国骆驼集团在湖北襄阳合资设立中克骆瑞新能源科技有限公司，生产、销售新能源电机、电控产品。此外，克罗地亚软件企业 Infobip 在上海设有独资企业，在北京、杭州、深圳、香港等地设有代表处；克罗地亚康查尔集团与沈阳特变电工合资成立了特变电康嘉（沈阳）互感器有限公司；克罗地亚 DOK-ING 公司与徐工集团在徐州合资成立了徐州徐工道金特种机器人技术有限公司。克罗地亚在中国的投资集中于制造业领域，双方通过国际直接投资提高各自技术水平，带动经济增长。

三、FDI 净流入

FDI 净流入方面，根据世界银行数据显示，在 2000—2021 年，克罗地亚的外国直接投资（FDI）净流入和占 GDP 的百分比经历显著的波动。

在 2000 年代初至 2008 年全球金融危机前，克罗地亚的外国直接投资净流入达到一个高峰。尤其是 2006—2008 年，FDI 净流入量连续三年大幅增长，其中 2008 年达到历史最高点 52.5 亿美元，占 GDP 的 7.66%。金融危机后,克罗地亚的 FDI 净流入量急剧下降,特别是在 2009—2011 年,降幅尤为明显。然而,值得注意的是,尽管面临全球经济挑战,克罗地亚在随后的几年里逐渐恢复吸引外国直接投资的能力。从 2012 年开始,克罗地亚的 FDI 净流入量呈现较为激烈的波动情况,这与逆全球化以及地缘政治危机爆发时间段相近。在 2014 年,FDI 净流入量达到一个新的高峰,为 31.81 亿美元,占 GDP 的 5.36%。由于 COVID-19 的影响,克罗地亚 2020 年的 FDI 占 GDP 数值从 2019 年的 6.41 下降到 2.17%,但仍然高于一些其他欧洲国家。在 2021 年,克罗地亚的外国直接投资净流入占 GDP 的比例继续增加,达到 6.75%,表明克罗地亚在吸引外国直接投资方面仍然保持着强劲的势头。

克罗地亚在吸引外国直接投资方面受到复杂因素干扰,FDI 始终无法进入稳定增长状态。然而,在克罗地亚加入欧盟后,其与欧盟国家的紧密经贸关系将会为其经济发展提供重要的外部支持,这将会极大缓解克罗地亚外商投资匮乏的问题。详见图 1-18。

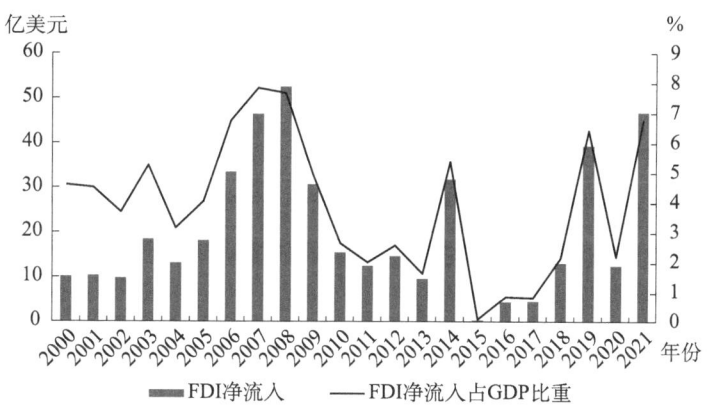

图 1-18 2012—2021 年克罗地亚 FDI 净流入情况

资料来源:世界银行公开数据库。

四、克罗地亚投资环境分析

从投资环境的角度来看,克罗地亚当前政局相对稳定,经济发展前景良好,金融体系稳定;地理位置优越,辐射西欧和东南欧;港口设施较完善,公路、铁路交通便利;政策透明度提高,贸易和投资风险较低。目前克罗地亚的投资环境受《克罗地亚公司法》《投资促进法》《克罗地亚共和国战略投资项目法》以及其他法律的监管。克罗地亚制定了专门针对外国投资的具体法律，来自国内外的市场参与者都受到同一法律的保护。在满足互惠条件的前提下，外国投资者在企业内享有与克罗地亚本国投资者相同的权利、义务和法律地位。

为吸引更多投资，克罗地亚最近修订《投资促进法（IPA）》，为制造和加工活动、开发和创新活动、商业支持活动以及高附加值服务方面的投资项目提供退税或现金补助等激励措施。此外，自2023年1月1日起，克罗地亚正式使用欧元，成为欧元区第20个成员国，这一举措无疑将增强其经济的国际地位和稳定性。然而，克罗地亚也具备显著的优势。

世界银行《营商环境报告》显示，克罗地亚在投资者保护方面相较于美国和德国，虽在管理人责任指数上稍占优势，但在交易透明度和股东权力方面仍有提升空间。尽管拥有高质量的基础设施、高旅游潜力及战略地位等优势，克罗地亚仍需通过增强市场交易的透明度、公平性，并加强股东在公司治理中的作用，以吸引更多投资者，推动经济持续健康发展。克罗地亚过去曾因腐败问题和司法系统效率不佳而面临负面形象，虽然政府已经致力于通过司法改革来优化商业环境，但历史遗留的投资者疑虑依然存在，经济仍然需要应对多方面的挑战。详见表1-25。

表1-25 克罗地亚营商环境排名比较

指数名称	克罗地亚	东欧和中亚	美国	德国
交易透明度指数*	5	7.5	7	5
管理人责任指数**	6	5	9	5
股东权力指数***	6	6.8	9	5

注：* 表示指数越大，交易条件越透明。** 表示指数越大，经理个人责任越大。*** 表示指数越大，股东就越容易采取法律行动。

资料来源：世界银行《营商环境报告》。

世界知识产权组织发布的《2023年度全球创新指数》显示，在132个国家和地区中，克罗地亚综合指数排名第44位。根据欧盟2022年数字经济与社会指数（DESI）报告，克罗地亚DESI综合得分47.5，在欧盟排名第21位，低于欧盟平均水平（52.3分）。这些成绩彰显了克罗地亚在经济发展和创新能力方面的持续努力与进步。

结合数据与实际情况可发现，克罗地亚目前的外商直接投资与对外直接投资水平与其经济实力差距较大。由于历史因素，相较于其他发达国家，克罗地亚在国际直接投资方面处于劣势地位。随着克罗地亚企业国际化的进程加快，克罗地亚的对外投资也有望持续增加。关于克罗地亚投资环境的具体评价详见本书第七章。

第四节
克罗地亚产业发展情况

克罗地亚具有多元化的经济发展特色，工业、服务业、农业等行业都有不同程度的发展。

一、产业结构

克罗地亚的经济结构与其他欧盟国家相似，服务业约占国内生产总值（GDP）的三分之二，农业所占份额不到3.2%。主要经济部门由自然资源、技术和工业组成，尤其是加工业（食品工业、石油化工、金属加工业）。详见表1-26。

表1-26　　2003—2023年克罗地亚各大产业的增加值　　单位：亿美元

年份	服务业增加值	农业、林业和渔业增加值	工业（包括建筑业）增加值
2003	252.41	19.09	112.12
2004	260.65	21.77	117.69
2005	272.28	20.82	123.77
2006	284.05	22.65	129.92
2007	300.87	21.55	135.50
2008	306.31	23.11	137.96
2009	292.67	22.55	122.69
2010	296.91	20.52	112.11
2011	300.71	19.97	109.90
2012	297.59	16.26	101.76
2013	295.10	17.08	100.55

续表

年份	服务业增加值	农业、林业和渔业增加值	工业（包括建筑业）增加值
2014	294.47	14.70	101.99
2015	301.96	15.05	104.51
2016	310.41	16.02	110.50
2017	321.06	15.66	112.95
2018	329.55	16.62	115.01
2019	340.36	16.94	120.68
2020	309.48	16.91	115.95
2021	347.41	18.54	130.42
2022	383.31	17.74	133.93
2023	396.15	17.81	133.30

资料来源：世界银行数据库。

据世界银行数据显示，2022年，克罗地亚农业、工业、服务业增加值占GDP的比重分别为2.5%、19.5%和61.3%。作为支柱产业之一，克罗地亚的工业主要集中在能源、机械制造、电子、化工、食品加工和交通等领域，其中能源和机械制造是克罗地亚工业中最重要的部分。此外，在高科技领域，克罗地亚的航空航天、电子和生物技术等领域也取得一定的进展。而服务业也是克罗地亚经济的重要组成部分，占GDP的60%以上，全国人口中大约10%的人从事旅游业，是克罗地亚的一个重点发展领域。总体上，随着克罗地亚成为主要欧洲旅游目的地之一，旅游领域的发展对克罗地亚的经济增长和就业机会影响显著。2021年，克罗地亚旅游收入91亿欧元，约占国内生产总值16%，游客数量1380万人次，同比增长77%。2022年，游客数量1890万，同比增长37%，主要来自德国、克罗地亚、奥地利、波兰等欧洲国家。发达的旅游业已经成为克罗地亚国民经济重要组成部分和外汇收入主要来源。详见表1-27。

表1-27　　　　2016—2022年克罗地亚产业构成　　　　单位：%

项目	2016年	2017年	2018年	2019年	2020年	2021年	2022年
农业增加值占GDP比重	3.1	2.9	3.0	2.9	3.1	2.9	2.5
工业增加值占GDP比重	21.3	20.9	19.9	19.9	20.7	19.8	19.5
服务业增加值占GDP比重	58.5	58.8	59.6	59.6	59.8	60.4	61.3

资料来源：WDI世界银行。

(一) 农业、林业和渔业

1. 农业

克罗地亚的农业主要包括种植业、畜牧业林业、渔业等，农业的发展得益于其独特的地理和气候条件，正如前文所述，克罗地亚全国可以被分为三大地形气候区，分别是北部的大陆性气候平原、南部的地中海式气候沿海地带以及中部的山地气候区。三种地形气候区成为发展农业的主要优势，也正是由于受不同类型气候、地势和土壤的影响，农产品种类非常多样化，从工农业作物到葡萄园经济作物，以及温带、热带水果、蔬菜一应俱全。此外，克罗地亚农业污染程度很低，具有良好的发展绿色农业的条件。

主要粮食产区集中在北部的潘诺平原，而中部山区和南部沿海则更适宜畜牧业以及水果的种植，特别是葡萄的培育，主要种植农作物包括小麦、玉米、大豆、马铃薯和水果等。主要农产品为小麦、玉米、黄豆、葵花籽、烟草、苹果、橄榄、葡萄等，主要农副产品为牛奶及乳制品、肉及肉制品、软饮料、矿泉水、啤酒、面包、蛋糕、烟草制品及糖类制品。详见表1-28。

表1-28　　2022年克罗地亚主要农作物耕种及产量情况

农作物种类	耕种面积（万公顷）	年产量（万吨）	每万公顷产量（万吨）
小麦	16.1	97.0	6.0
玉米	27.1	165.6	6.1
油菜	2.3	6.0	2.6
大豆	9.2	19.3	2.1
向日葵	5.1	15.3	3.0
糖用甜菜	0.9	52.4	58.2

资料来源：中国商务部 对外投资合作国别（地区）指南克罗地亚（2023年版）。

克罗地亚的农业污染程度相对较低，这为发展绿色农业提供良好的条件。然而，由于历史投入不足，农业基础设施相对滞后，特别是灌溉设施，尽管北部河流众多，但灌溉面积仅占耕地的0.28%，农业在很大程度上仍然依赖于自然降水。详见图1-19。

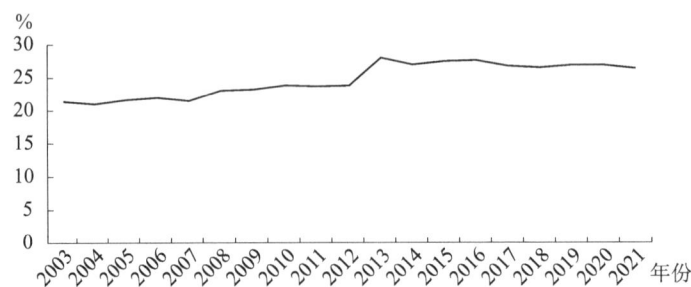

图 1-19　2003—2021 年克罗地亚农业用地在土地面积中的占比

资料来源：世界银行数据库。

在克罗地亚大约 81.5% 的耕地为私人所有。根据克罗地亚国家统计局的数据，2021 年，农业耕地面积为 85.67 万公顷，占比 58%，比 2020 年减少 3.6%，农业产出较上年增长 13.3%。详见图 1-20。

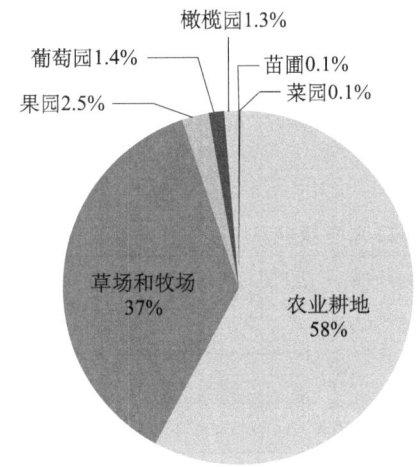

图 1-20　2021 年克罗地亚农业用地分类别占比

资料来源：克罗地亚国家统计局。

农业耕地不但满足了国内对谷物和油料植物的需求，同时也满足了对经济作物的大部分需求。克罗地亚是一个葡萄种植国，包括土生土长的大陆和地中海葡萄品种。葡萄园约占农业用地 2.1%，2021 年葡萄酒生产量为 76.5 万百升。在 2020—2021 年作物年度克罗地亚生产了 4 600 吨橄榄油。克罗地亚很少被列入橄榄油生产国名单，相较于其他欧洲同行，克罗地亚仍然是一个相对较小的橄榄油生产国，拥有被公认为是小型但高质量特级初榨橄榄油生产商。伊斯特拉橄榄油是世界上质量最高、获奖最多的橄榄油之一。在2023年的纽约国际橄榄油比赛（NYIOOC World Olive Oil Competition）中，主要来自达尔马提亚和伊斯特拉的克罗地亚橄榄种植者获得了11个金牌和128个银牌，使克罗地亚名列第三。

根据图1-21所示，克罗地亚的农业增加值在过去23年间经历波动。从年增长率来看，虽然某些年份如2002年、2004年和2006年等实现显著增长，但也有如2003年、2005年和2012年等年份出现大幅下降。整体而言，增长率的波动性较大，表明克罗地亚农业部门存在不稳定因素。然而，从农业增加值的绝对数值来看，从2000年的1 099.5百万美元增长到2022年的2 204.5百万美元，表明克罗地亚农业部门在总量上呈现稳步增长的态势。尽管增长率有所波动，但农业部门的整体实力在不断增强。

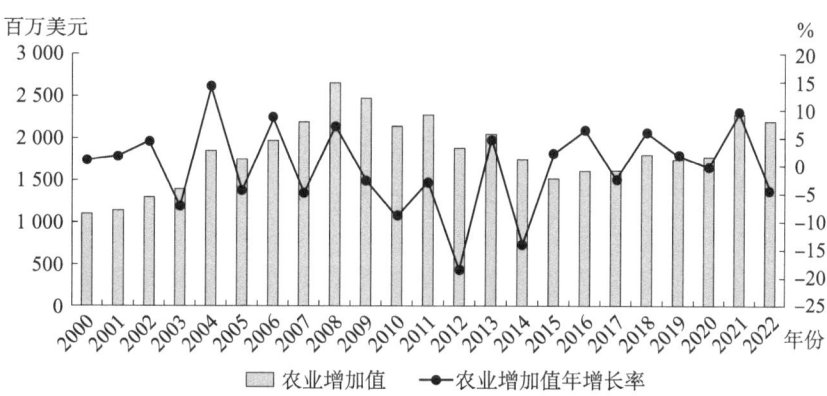

图1-21　2000—2022年克罗地亚农业增加值

克罗地亚拥有约315万公顷的农业用地，其中约200万公顷为耕地（占农业总面积的63.5%），其余包括草场、沼泽、芦苇荡和鱼塘。根据克罗地亚国家统计局最新数据，2021年，农业耕地面积为85.67万公顷，比上年减少3.6%，农业产出较2020年增长13.3%。根据克罗地亚法律规定，国有耕地可以租借给农民种植，由农民独立经营，政府鼓励发展家庭农业经济，全国各地都有许多小型农贸市场。摊贩们出售当地的水果、蔬菜、奶酪、葡萄酒和肉类。大多数农贸市场位于市中心，但其他一些位于小村庄。

畜牧业也是克罗地亚农业的重要组成部分，牧场和草场占农业用地总面积的36.6%，饲养了大量的牛、猪、羊和家禽，80%以上的牲畜为私人所有。2022年（1—11月）家畜和家禽产量包括42.2万头牛、94.5万头猪、64.3万只绵羊、8.2万只山羊、1 091.8万只家禽。

克罗地亚有诸多世界著名的特色美食品牌产品,有30多种食品和农产品在欧盟受到原产地或地理标志保护,其中包括斯拉沃尼亚特色腊肠——库伦(kulen)、达尔马提亚和伊斯特拉的火腿(pršut)、达尔马提亚烟肉、帕格奶酪、扎格列烤面(mlinci)、波利察馅饼(soparnik)和内雷特瓦柑橘。

2. 林业

克罗地亚的森林资源堪称宝藏,覆盖国土面积的近40%。根据克罗地亚国家统计局数据,截至2022底,克罗地亚林地面积为276万公顷,约占国土面积的48.8%。在这片茂密的森林中,国有林占据主导地位,面积为208万公顷,占比达到75.4%,而余下的24.6%(68万公顷)为私有林,分散在私人手中,从而也就形成了国有与私有并存的森林管理体系。详见图1-22。

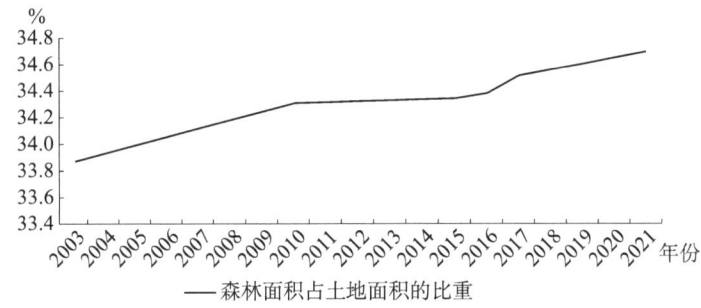

图1-22 2003—2021年克罗地亚森林面积占土地面积的比重

资料来源:世界银行数据库。

据克罗地亚农业部数据,克罗地亚森林蓄积量为4.19亿立方米,以阔叶树种为主,生长面积居前五位的树种分别为山毛榉(约占森林面积37.2%)、夏栎(约占11.6%)、无梗花栎(约占9.4%)、鹅耳枥(约占8.4%)和银冷杉(约占7.9%)。此外,还有古老的橡树、枝叶繁茂的白蜡树等优质树种。它们不仅为克罗地亚的森林增添丰富的色彩,也体现该国森林资源的卓越品质。克罗地亚针叶林虽然只占总面积的13%,但其独特的生态功能和美学价值不容忽视。克罗地亚林木品质较高,90%为天然林,且拥有生态证书。森林工业在克罗地亚国民经济中占据着重要的位置,相关从业人员约2.5万人。2022年薪材产量为260.4万立方米,同比增长22.3%；工业原木产量为273.9万立方米，同比下降4.1%。木材出口中，制成品占70%，主要有家具、地板、建筑用木材、木屋和门窗配件等。

为确保这些宝贵的森林资源能够得到可持续利用，克罗地亚政府采取积极的措施。目前，该国的年林木采伐量稳定在180—185万立方米，这一数字是经过科学评估后得出的，旨在确保森林生态系统的平衡和稳定。同时，克罗地亚森林公司（Hrvatska Suma）[①]作为国有林业管理的中坚力量，承担着重要的责任。

克罗地亚的森林资源不仅为其提供丰富的生态和经济效益，也展现该国在林业管理和保护方面的卓越成就。未来，随着全球对可持续发展和环境保护的重视，克罗地亚的森林资源将继续发挥其重要作用，为世界的绿色发展贡献力量。

3. 渔业

克罗地亚的渔业拥有源远流长的历史，深深植根于其丰富的海洋文化和独特的地理环境之中。特别是在沿海和岛屿地区，渔业不仅是当地经济的重要组成部分，更是当地居民世代相传的生活方式。

（1）海洋捕捞业

尽管亚得里亚海的产鱼量相对不高，但其鱼的种类却异常丰富。克罗地亚每年登记的海鱼捕捞量稳定在2.6万吨左右，其中沙丁鱼占据显著地位，高达62%的捕捞量被用于制作各种鱼制品，深受市场欢迎。

（2）水产养殖

克罗地亚的水产养殖领域蕴藏着巨大的发展潜力。淡水鱼养殖在该国已有近120年的悠久历史，而海水养殖则是近20年来迅速崛起的新兴产业。独立水产养殖的年产量一度达到1.2万吨，充分展示其水产养殖的规模和实力。尽管克罗地亚拥有得天独厚的水产养殖条件，但当前养殖技术水平相对一般，单产水平有待提高。因此，克罗地亚积极寻求与国际合作，期望通过引进先进的养殖技术，进一步提升其水产养殖业的整体水平。在淡水养殖方面，克罗地亚主要集中在内陆地区，以鲤鱼和鳟鱼养殖为主。目前，鲤鱼养殖池塘的总面积已达1.25万公顷，而鳟鱼养殖池塘

[①] 克罗地亚森林公司成立于1991年，负责管理全国约40%的森林。该公司致力于森林资源的规范管理和保护，通过科学规划和合理采伐，确保森林生态系统的健康和可持续发展。

的面积更是超过3万公顷，构成克罗地亚淡水养殖的主力军。此外，蓝鳍金枪鱼①是克罗地亚养殖的主要品种。克罗地亚是唯一一个拥有野生金枪鱼养殖特权的国家，主要出口到日本，蓝鳍金枪鱼产业每年为克罗地亚创造7 000万—8 000万美元的出口价值。

渔业和鱼类加工的发展得益于克罗地亚的沿海位置，以及众多岛屿的影响。2021年，克罗地亚的渔业总产量为89 460公吨，其中，水产养殖产量27 010公吨，捕捞渔业产量62 449公吨。在海捕中，蓝鱼（沙丁鱼、凤尾鱼）是主要的捕捞品种，还有约四分之一是白鱼、贝类和其他软体动物。在淡水渔业中，主要养殖鲤鱼、鳙鱼和鳟鱼。小斯通湾（Mali Ston Bay）的牡蛎是欧洲最好、最珍贵的牡蛎品种之一。详见图1-23。

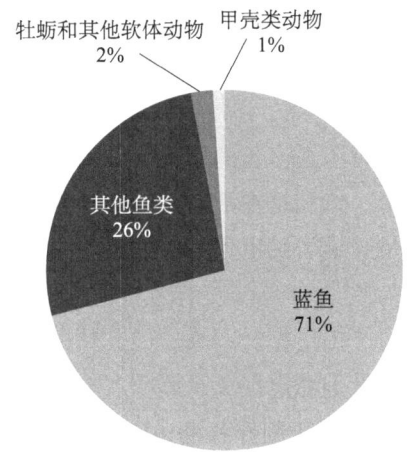

图1-23　2021年克罗地亚渔业分类别占比

资料来源：克罗地亚国家统计局。

（二）工业、能源和建筑业

近年来，克罗地亚工业领域正经历着前所未有的变革与重组。这一转型涵盖私有化进程的深化、出口市场的扩大、生产能力的提升、环境保护

---

① 在克罗地亚，蓝鳍金枪鱼的养殖可分为育肥和养殖两种方式。育肥是指对围网捕获的成熟金枪鱼（30公斤或以上）进行短期饲养，通常持续3—7个月，以增加其肌肉脂肪含量。由于成年金枪鱼体型较大，养殖场一般采用直径50—120米、深度15—35米的环形深海网箱进行养殖。养殖则指对捕获的未成熟金枪鱼（8至30公斤）进行长期饲养，通常持续2—3年，以达到最佳收获尺寸（30公斤—50公斤）。金枪鱼幼鱼被放养在直径30—60米、深度13—21米的圆形浮动网箱中。据报道，金枪鱼的放养密度为1至2 kg/m³，死亡率为3%—5%。

的强化以及资源消耗的降低等多个方面。克罗地亚的工业范畴广泛，涵盖加工业、矿产业以及电、气、水供应业等关键领域，目前其工业产值已占据国内生产总值的20%，成为国家经济的重要组成部分。尤其是加工、石化和金属加工行业，主要工业部门有食品加工、木材加工、造船、建筑、电力、石化、冶金、制药、机械制造和纺织等。

克罗地亚的工业部门在2000—2014年总体呈现增长趋势，尽管中间年份的增长率有所波动，如2009年和2010年因全球经济危机而出现负增长。然而，自2015年开始，尽管增长率有所回升，但整体增长势头不如前期强劲。2021年克罗地亚的工业增加值年增长率回升至12.47%，显示出工业部门较强的恢复能力。从工业增加值的绝对值来看，克罗地亚的工业产值在这23年间持续增长，从2000年的53.57亿美元增长到2022年的142.56亿美元，表明克罗地亚工业部门在总量上实现显著扩张。详见图1-24。尽管面临挑战和波动，克罗地亚的工业部门仍然展现出持续发展的态势。2021年，克罗地亚工业产品销售额为203.5亿欧元（约合240.5亿美元），其中出口额为85.1亿欧元（约合100.6亿美元）。

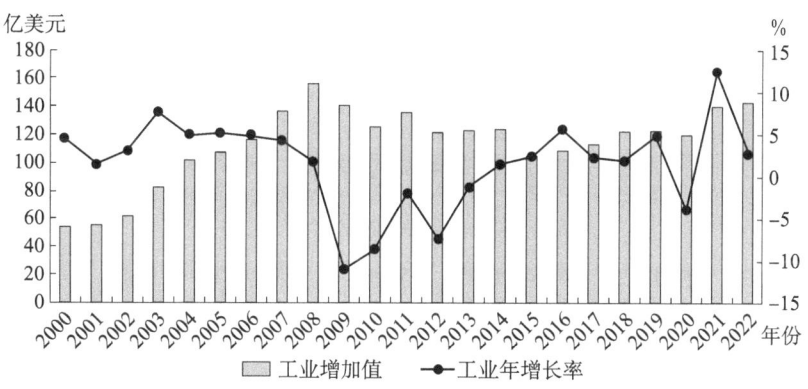

图1-24　2000—2022年克罗地亚工业增加值

根据总收入，工业发展较好的部门主要是食品、饮料和烟草行业，其次是化学和石油工业。而其中，食品加工业较发达，是加工业中就业人数最多的行业。随着经济的发展，有的企业在转型过程中倒闭，有的企业在战争中受损，有的企业只是部分适应了世界生产趋势，其中受影响最大的行业有纺织、皮革、金属和木材行业以及一些大型造船厂。但是建筑业和能源业产量依旧很大，还有一些行业继续发展，并参与到了对外贸易中。

在克罗地亚的加工工业中，多个产业领域均展现出强劲的发展势头。食品、饮料和烟草加工业以其传统优势稳居榜首；能源工业则紧跟其后，为国家的能源供应提供坚实保障。同时化工及橡胶、塑料加工工业，金属制造及金属加工业（不包括机械制造）、造船工业、纺织及服装加工业、电器及光学设备制造工业、机械及运输工具制造业、木材加工及家具生产工业、以及皮革及制革工业等，均各自发挥着不可或缺的作用，共同推动着克罗地亚工业体系的不断发展和完善。

1. 制造业

在制造业方面，从汽车零部件到药品，克罗地亚生产各种产品。如图1-25所示，克罗地亚制造业占GDP的比重呈下降趋势，从2003年的近14.84%下滑到2023年的10.59%。具体种类上，以食品加工、化工和金属制造为主。该国的战略位置和熟练的劳动力进一步增强了其作为制造业中心的吸引力。

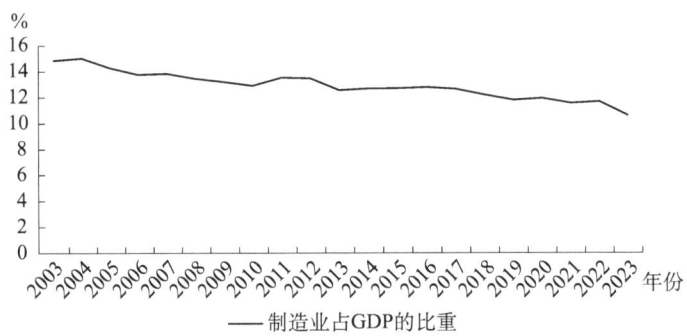

图1-25 2003—2023年克罗地亚制造业占GDP的比重

资料来源：世界银行数据库。

（1）食品加工业

由于水源充足、气候温和、土地肥沃，克罗地亚共和国的领土自古以来就被公认为生产食品和饮料的理想之地。

如今，食品行业拥有3 400多家公司，员工总数超过5.8万人。食品生产行业的平均工资总额为1 294欧元，而饮料生产行业的平均工资总额为1 806欧元。

食品加工业包括肉类加工、鱼类加工和乳制品等。克罗地亚食品加工业较发达，食品与非酒精饮品行业是其加工业中的重要组成部分，也是克罗地亚加工业中就业人数最多的行业之一，行业总收入位列加工业第一位。该行业的发展凭借克罗地亚独特的地理、气候，以及丰富的农业资源，包括多样化的粮食作物和水果资源，这些原料为其提供坚实的物质基础，从而形成了多样化的产品体系，包括烟草、调味品、汤料、糖果、鱼罐头、牛肉罐头以及各类非酒精饮品等。

行业凭借先进的加工技术和设备，确保产品质量与口感，如火腿和香肠等肉制品因独特工艺而享誉全球。此外，克罗地亚的食品与非酒精饮品在国际市场上享有盛誉，广泛出口至多个国家和地区，特别是欧盟市场，占据显著的市场份额。具体来看，目前克罗地亚主要出口烟草、调味品、汤料、糖果、鱼罐头、牛肉罐头、烈性酒和啤酒，克罗地亚"波斯图普"和"丁加奇"牌葡萄酒及部分火腿肉、奶酪、李子酒等产品享有欧洲原产地保护商标。

较为著名的制造企业有 Podravka（波德拉夫卡），它是克罗地亚一家领先的食品加工公司，以其种类繁多的食品而闻名，其中包括标志性的 Vegeta 调味料。该公司对质量和创新的承诺帮助其在国内和国际上保持了强大的影响力。

克罗地亚的自然资源和人力资源的质量得到了拉克塔利斯、喜力、嘉士伯、可口可乐和 HiPP 等众多跨国公司的认可，而 Podravka、Kraš 和 Ledo 等克罗地亚公司在欧盟市场及其他地区的出口成功，有助于克罗地亚食品行业获得认可并进一步发展。

（2）金属制造业

克罗地亚的金属制造业主要包括造船、汽车零部件和金属制品。

克罗地亚造船业有数百年的历史。2016 年，克罗地亚造船业排在欧洲第二位，仅次于罗马尼亚。2017 年以来，克罗地亚最大的造船企业乌利亚尼克集团遭遇困境、负债累累，2019 年进入破产程序。后又设立 Uljanik Brodogradnja 1856，继续造船业务。

克罗地亚的汽车行业有 150 多家公司，雇用了约 10 000 名员工。其中 AD Klaster 是克罗地亚经济商会工业部门克罗地亚汽车零部件制造商协会的成员，拥有约 6 000 名员工，利润约为 6 亿美元。还有一些不属于 AD Klaster 的公司，例如 AVL、Cetitec、Saint Jean Industries、König metal、Lipik Glas、Nexus、Yazaki、LTH、Multinorm、Institut RT-RK、Galo industries 等。

克罗地亚主要生产汽车零部件和软件，面向国外市场，主要是欧盟和欧洲汽车业。克罗地亚最著名的两家汽车制造商是 DOK‐ING 和 Rimac Automobili，而 Crobus 则生产公共汽车。汽车行业约占克罗地亚出口总额的 1.8%，而该行业本身 90% 的利润来自出口。

克罗地亚的汽车零部件制造商已很好地融入了全球零部件供应链，例如为宝马、雪铁龙、达契亚、菲亚特、福特、三菱、日产、欧宝、标致、雷诺、大众和其他汽车制造商生产汽车零部件的 AD Plastik，或为阿斯顿马丁、阿尔法罗密欧、宾利、法拉利、伦敦电动汽车公司、迈凯轮和世爵供应挡风玻璃的 Lipik Glas。

AD Plastik 集团就是克罗地亚的汽车零部件制造商的成功代表。该公司创建于 1952 年，公司原名为 Jugoplastika，1994 年改名为 AD Plastik，它是克罗地亚领先的汽车内外饰部件（汽车零部件）开发和生产公司，也是东欧领先的公司之一，在汽车行业拥有超过 35 年的经验。目前该公司已经发展成为一家跨国公司，在 5 个国家（克罗地亚、罗马尼亚、塞尔维亚、俄罗斯、匈牙利）拥有 8 个生产基地，业务活动遍布五大洲 20 多个国家。

（3）化工行业

克罗地亚的化工行业在近年来取得了稳定发展，该行业主要涉及这些产品，如化肥，包括氮肥、磷肥和钾肥，服务于农业需求；塑料和合成树脂，用于包装、建筑和工业应用；化学原料，如氯化物、酸和碱，用于各种工业生产；涂料和染料，用于建筑、汽车和纺织行业。该行业的主要企业包括 Petrokemija[①]，且克罗地亚致力于通过技术升级和环保措施推动化工行业的可持续发展。

2. 能源工业

2022 年，克罗地亚一次能源总产量为 0.088 万亿英热单位，而消费量为 0.302 万亿英热单位。因此，国内生产占一次能源消费的比重为 29.1%。这说明克罗地亚是一个极度依赖能源进口的国家。一次能源消费以石油为主（占 38%），其次是天然气（占 29%）和可再生资源（占

---

① Petrokemija 是一家克罗地亚化学公司，专门生产农用肥料。该公司成立于 1968 年，是国有石油公司 INA 的一个分支机构，总部位于库蒂纳。20 世纪 90 年代末，该公司被私有化，并于 1998 年成立为一家独立的股份公司，并在萨格勒布证券交易所上市。Petrokemija 是继 INA 之后该国第二大出口商。

28%），煤炭所占的份额最小，大约5%。① 在能源业方面，克罗地亚拥有石油、天然气和煤矿等能源资源。但克罗地亚没有大量化石燃料储备，克罗地亚石油储量7 100万桶，占世界储量的比例为0.004%，天然气储量24.919Tcf（约合7 056.3亿立方米），为占世界储量的0.0124%。石油和天然气行业是克罗地亚能源产业的主要组成部分，由几家关键企业支撑。

（1）石油产业

克罗地亚石油工业包括总储量为7 100万桶的几个小油田、奥米沙利的一个石油码头、一个储油罐网络、两家炼油厂以及一条源自奥米沙利并在锡萨克分支至匈牙利Szazhalombatta炼油厂的石油管道和塞尔维亚的炼油厂。克罗地亚的Rijeka炼油厂和Sisak炼油厂的总产能为9万桶/天，由伊纳石油公司（INA）运营。INA是该行业的主要参与者之一，该公司负责天然气和原油的勘探、开采、仓储、加工以及大部分成品油的贸易，其国有股份占比达到44%。此外，全国共有731个加油站，其中418个由伊纳石油公司运营，剩余313个为私人所有。克罗地亚还是国际原油运输体系的一部分，亚得里亚输油公司（JANAF）的输油管线连接着国内及中东欧国家的炼油厂，总长759公里，年输油能力高达2 000万吨。此外，奥米沙利、西萨克和维里耶还建有总储量96万立方米的储油设施。

（2）天然气

克罗地亚的天然气生产主要在该国西南部的近海地区进行，共拥有20个天然气田，并通过总长1 657公里的高压（50b和70b）输气管道网络进行输送，但天然气储量较小。例如，Annamaria气田的储量估计为100亿立方米，Izabela海上气田的储量为14亿立方米。天然气管道网络总长约2 500公里，连接该国西部、东部和南部地区。在距离奥米沙利港不远的克尔克岛上有一座容量为29亿立方米的浮动液化天然气接收站，还拥有一个容量为6.2亿立方米的地下储气站。克罗地亚天然气公司（PLINA-CRO）是国有全资企业，专注于天然气的运输业务。在天然气分销方面，克罗地亚有38家天然气分销商，其天然气网络总长达16 219公里，确保天然气供应覆盖广泛区域。

---

① 资料来源：International Energy Statistic/Geography/Croatia/U. S. Energy Information Administration，2021/www.eia.gov/beta/international/.

(3) 可再生能源

克罗地亚2022年发电量为14.19太瓦时,发电装机容量为4.8吉瓦。水力发电对发电量的贡献最大,接近40%。克罗地亚最大的水力发电厂是扎库查茨水力发电厂,装机容量约为0.5吉瓦。

可再生能源对发电量的贡献份额略高于25%。克罗地亚的可再生能源(不包括水力发电)种类繁多,主要以风电为代表。2021年,克罗地亚风电场园区大幅增加,三座大型新风电场投入运营。Senj风电场装机容量为15.6万千瓦,是在中国北方工业公司的帮助下投资建设的;Padjene风电场装机容量为12.96万千瓦,拥有36台涡轮机,每台功率为3 600千瓦,由德国Nordex公司制造;另一座工厂是科拉特风(Korlat)电场,装机容量为58兆瓦。

克罗地亚的太阳能产业相对有限,只有少数太阳能发电厂的容量超过1兆瓦。其中最大的是Vis太阳能发电厂[①],容量为3.5兆瓦;其他几座工厂正在建设中,其中包括装机容量近7.5兆瓦的Obrovac。

除了风能和太阳能之外,克罗地亚的生物能源各个领域也正在蓬勃发展。其中包括生物质发电、颗粒和沼气生产、生物质气化。然而,生物能源对该国整体能源结构的贡献相当有限。

克罗地亚国有电力公司(Hrvatska Elektroprivreda,HEP)[②]是能源领域的主导企业,承担着全国电力的全面输送、分配、供给以及大部分电力的生产任务,同时负责热力的生产、分配和供给。它由克罗地亚电力股份公司及其附属公司共同组成。克罗地亚国家电网连接该国南部和东部地区,设计电压为400KV。该公司对可再生能源项目的大量投资凸显了其对可持续性和能源效率的承诺。2021年,电力生产达到15 040吉瓦时,这其中几乎一半的产量(46.6%)来自水力发电厂,其余来自热电厂和其他

---

① Vis SP是克罗地亚岛上建造的第一座大型太阳能发电厂,2019年9月11日投入运营。该发电厂的发电容量为3.5兆瓦,每年将在没有任何激励措施的情况下完全按照市场方式生产约500万千瓦时的电力,相当于约1 600户家庭的用电量。该发电厂建在Žene Glave附近的Griževa glavica山上,位于Vis市西南3.6公里处,Komiža以东4.8公里处。

② 克罗地亚电力集团管理的电站总装机容量达到398.3万千瓦,其中水电站占52%,装机容量为205.6万千瓦;火电站占35%,装机容量为139.7万千瓦;普洛明二期火电站占5%,装机容量为19.2万千瓦;而位于克罗地亚的克尔什科核电站占8%,装机容量为33.8万千瓦。克罗地亚电力集团的输电网电压涵盖40万伏、22万伏和11万伏三个等级,电网总长达7 110公里。整个输电体系中共设有108座变电站。分配网则包括多个电压等级的变电站和电线电缆,确保电力从高压到低压的有效分配和供给。

来源。除供本国使用外，克罗地亚的还有部分电力会出口国外。

2020年2月，克罗地亚政府通过了到2030年的新能源战略，其中包括到2050年的展望。该战略明确指出，在最乐观的情况下，可再生能源在能源消费总量中的份额到2030年应增至36.7%，到2050年增至65.6%，电动和混合动力汽车占客运总量的份额将在2030年达到4.5%，到2050年将达到85%。该战略包括一系列提高能源效率、减少对化石能源依赖的措施燃料，并使电网现代化。

2022年2月，乌克兰危机发生后能源危机加剧，迫使克罗地亚加快可再生能源发展，以确保本国能源安全。而克罗地亚在可再生能源领域的潜力巨大，克罗地亚政府正积极利用这一潜力降低对能源进口的依赖。此外，克罗地亚的绿色转型与清洁能源发展受国际瞩目，特别是中国和欧盟。为追求碳中和，克罗地亚政府制定了多项规划，力争2030年可再生能源占比达36.4%，并预计2050年可再生能源成为主要电力来源。据克罗地亚政府预计，至2030年，风力与光伏发电将大幅增长，且有众多可再生能源项目筹备中。

3. 制药工业

克罗地亚在医药工业方面有一定的开发和生产能力，每年生产各类医药产品约1 700多吨。

克罗地亚药品和医疗器械管理局（HALMED，Agency for Medicinal Productsand Medical Devices of Croatia）是具有公共权力的法人实体，成立于2003年10月1日，是克罗地亚药物管制研究所和克罗地亚免疫生物制剂管制研究所的合法继承者，但工作范围更广，由克罗地亚建立，卫生部负责监督。详见图1-26。

普利瓦（Pliva）药业公司是克罗地亚最大的制药企业，也是东南欧地区领先的药品出口企业，长期以来，以生产高质量药物而闻名，公司约90%以上的产品出口至美国、俄罗斯和欧洲其他国家等。该公司原先是一家制药公司，于2004年1月1日，改制成为集团公司（PLIVA GROUP），由"普利瓦股份公司（PLIVA d.d.）、"克罗地亚普利瓦有限责任公司（Pliva Hrvatska d.o.0，简称克罗地亚普利瓦公司）"和"普利瓦研究所（Pliva Research lnstitute）"组成。其中普利瓦股份公司为集团总部，克罗地亚普利瓦公司为生产单位、普利瓦研究所为研发单位。

普利瓦制药公司下辖45家以上的企业，在美国、丹麦、波兰等国拥

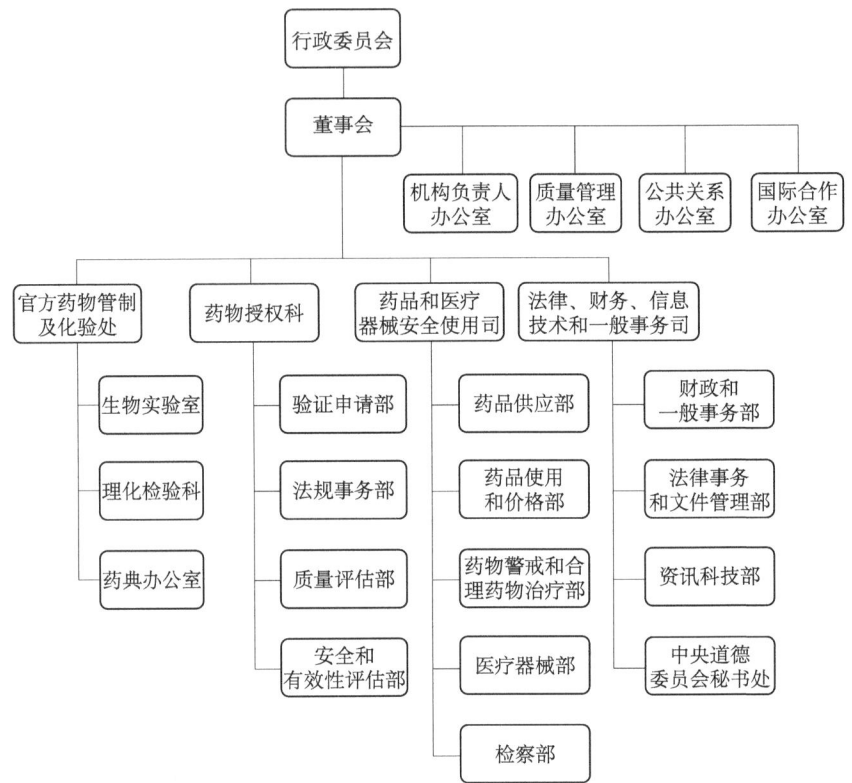

图 1-26 克罗地亚 HALMED 组织架构

资料来源：作者根据官网（https：//www.halmed.hr/en/O-HALMED-u/Organizacijska-struktura/Ustrojstvene-jedinice-i-tijela/）制作而成。

有自己的企业，业务遍布 40 多个国家，重点市场为克罗地亚、美国，德国，波兰及中东欧、西欧、其他市场，公司目前在中国设有代表处，每年向中国出口几百万美元的药品。普利瓦集团公司生产的抗生素——舒美特是中国自克罗地亚进口额最高的产品。普利瓦集团公司是克罗地亚实现利润最高的企业之一，业务领域包括制药、化工、食品、化妆品和卫生用品。

拥有 90 年成功的制药经验，PLIVA 如今已成为全球最大制药公司之一的梯瓦集团（Teva Group）[①] 的成员，也正是受益于拥有广泛的研发资源，使其能够创新和扩大其产品范围。更确切地说，PLIVA 的成功和地位

---

① 梯瓦（Teva Pharmaceutical Industries）是一家跨国制药集团，总部位于以色列佩塔提克瓦，专精于仿制药、专利药和医药原料的生产与销售。它是世界上最大的仿制药厂，亦是第 15 大制药企业。

很大程度上归功于其成品剂型和活性药物成分的内部研发,因此萨格勒布如今已成为梯瓦集团领先的研发中心之一。

4. 建筑业

2009年之前,建筑业一直是克罗地亚最具推动力的行业之一,尤其是道路建设、住房和商业建设,但随着经济的衰退,建筑项目数量大幅减少,经济衰退结束后才又开始增加。另外,特别值得一提的是近年来克罗地亚一直处于发展绿色基础设施的前沿,实施提高能源效率和减少建筑对环境影响的创新解决方案,并在推广绿色建筑实践方面取得了令人瞩目的进步。克罗地亚本身拥有悠久的可持续建筑和生态友好型建筑实践历史,并致力于可持续发展,实施了许多绿色基础设施项目。这使得克罗地亚在可持续建筑材料和设计方面取得了重大进步。可再生能源的整合也是克罗地亚可持续建筑的一个重要方面,而政府的政策和法规促进和支持克罗地亚的绿色建筑实践和可持续发展。

5. ICT产业

自2008年起,克罗地亚信息和通信技术(Information and communications technology,ICT)产业快速发展。截至2022年,克罗地亚约有6 500家IT公司,员工约4万名,著名的IT公司有Nanobit、英富必(Infobip)、SPAN、康查尔(Končar)、Infinium、Serengeti和立马茨(Rimac Automobili)等。从具体统计数据来看,2011—2022年,克罗地亚的ICT货物出口从2011年的2.07亿美元增至到近4.67亿美元,增速缓慢;进口从2011年的9.57亿美元扩大到2022年的近15.67亿美元。详见图1-27。

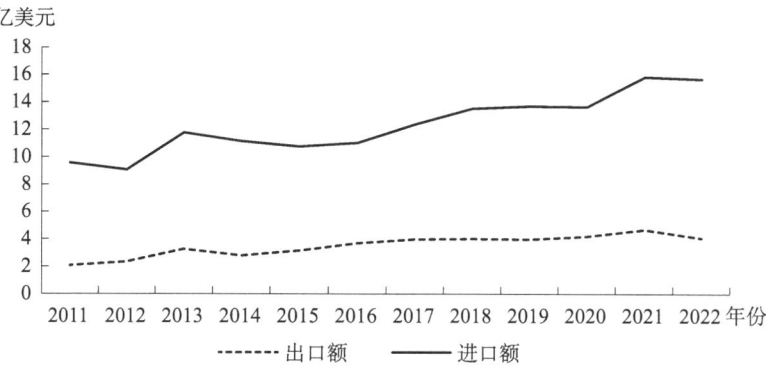

图1-27 2011—2022年克罗地亚信息和通信技术(ICT)货物进出口情况

2023年世界竞争力中心的数字竞争力指数中,克罗地亚在63个经济体中排名第43位,在27个欧盟成员国中排名第21位,且处于上升趋势。根据克罗地亚《2032年数字克罗地亚战略》,到2032年,ICT行业占GDP的份额预计将增长至13%—15%。

6. 其他高新技术产业

在克罗地亚政府举措和风险投资的推动下,支持性初创企业生态系统推动了创新和技术进步,首都萨格勒布正逐渐成为科技中心。如图1-28所示,这几年,克罗地亚的科技行业正在快速发展,2022年高科技出口17.2亿美元,比2021年3.9亿美元,增幅高达近30%。Infobip①、Rimac Automobili(里马茨汽车公司)②和Nanobit③等公司展示了该国在移动通信、汽车创新和游戏方面的潜力。而这些知名公司的存在也凸显了克罗地亚在该工业领域的多样性和创新能力。

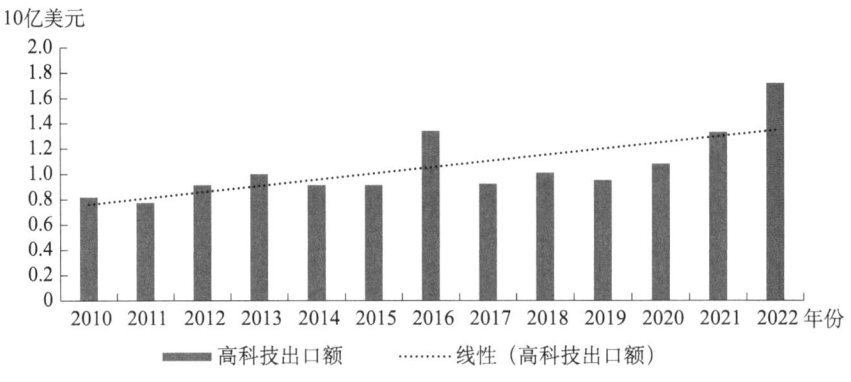

图1-28 2010—2022年克罗地亚高科技出口情况

近年来,众多国际知名的克罗地亚公司也取得了快速发展,例如Infobip(独角兽)、Infinum、Microblink、Infodom、Agrivi、Q、Span、Electrocoin、

---

① Infobip是云通信领域的全球领导者,也是克罗地亚最成功的科技公司之一。该公司提供一整套消息解决方案,使企业能够通过短信、电子邮件、语音和聊天应用与客户沟通。

② Rimac Automobili是一家知名的高性能电动汽车和电池系统制造商,于2009年成立,主要从事电动汽车全套技术解决方案和纯电动超级跑车研发,已成为阿斯顿·马丁等国际知名汽车厂商的供应商。Rimac以其尖端技术和卓越的工程技术而闻名,已成为汽车行业的领导者。2023年5月,克罗地亚电动汽车(EV)技术公司Rimac Technology宣布推出其新品牌Rimac Energy,进军固定式储能系统(ESS)市场。

③ Nanobit是一家位于克罗地亚萨格勒布的视频游戏开发商。公司专门制作基于iOS和安卓平台的游戏。Nanobit在布达佩斯和布加勒斯特开设两个办事处。

Serengeti、Sedam IT、Syntio 和 Devot，这些公司经常出现在《金融时报》欧洲增长最快的公司名单和德勤中欧 50 家增长最快的科技公司名单上。

富有创造力的克罗地亚发明家、一百年的技术高等教育和科学传统，以及有利的创业氛围和条件，使得克罗地亚快速融入欧洲一体化进程，为实现最新的高科技想法和项目作出了贡献。越来越多的科学中心、企业及其创新成果在全世界得到认可。具有代表性的科技与初创企业如下：

● 用于地下采矿的遥控挖掘机 MVD-XLP，由萨格勒布 Dok-Ing 公司制造。该公司开发和制造机器人设备、机械以及排雷、消防和采矿系统。

● RONNA 是一种旨在协助神经外科手术的机器人，由萨格勒布机械工程和造船学院与杜布拉瓦临床医院合作开发，并得到克罗地亚小企业、创新和投资局的财政支持。

● 扎达尔 HSTEC 公司开发的直线电机高速电主轴。该公司开发、设计和制造工业自动化和机器人领域的专用加工机器等产品。

● 来自索林（Solin）的伊万·莫尔沃史（Ivan Mrvoš）开始生产创新高科技"智能长凳"作为城市设备一部分。2019 年，《福布斯》杂志将他列入制造业和工业类别 30 位最佳年轻企业家名单。

● 萨格勒布的 Amphinicy Technologies 是世界领先的软件制造商之一，为卫星行业的企业、运营商、零部件制造商以及宽带通信服务公司提供软件支持。

● 位于锡萨克（Sisak）的应用陶瓷工厂（Applied Ceramics）开发了使用陶瓷和其他特殊纯度的晶体材料而生产的半导体部件，产品的高性能特性可以满足高科技行业客户的特殊要求。

（三）服务业

服务业在克罗地亚的经济结构中占主导地位，占国民生产总值（GDP）的三分之二。从服务业增加值的绝对数值来看，该国的服务业产值持续增长，从 2000 年的 11 852 百万美元增长到 2021 年的 41 650 百万美元（如图 1-29 所示），表明服务业在克罗地亚经济中的持续扩张和重要性。然而，从服务业增加值的年增长率来看，增长过程并非一帆风顺。尽管在多数年份中，服务业增长率呈现正值，特别是在 2003—2008 年期间实现高速增长，但也有一些年份如2009年和2010年出现负增长，反映服务业在全球经济波动中的敏感性。不过，值得注意的是，在2011年经历一次显著的负增长之后，服务业迅速反弹并实现高增长，显示克罗地亚服务业的韧性和恢复能力。总体来看，克罗地亚的服务业在过去二十几年中取得显著成就，但仍需应对全球经济变化带来的挑战。

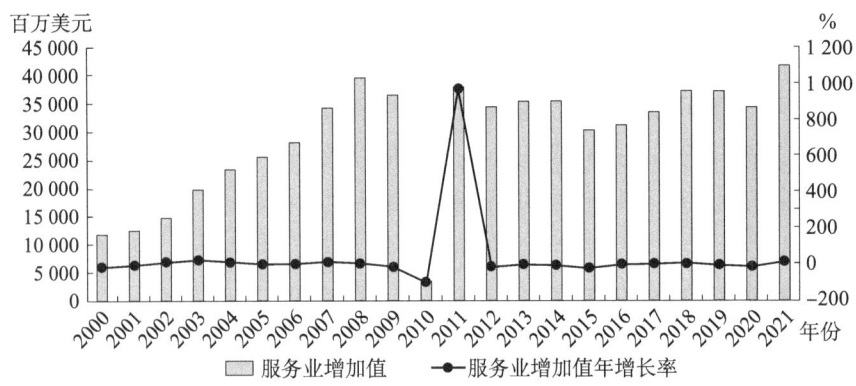

图1-29　2000—2021年克罗地亚服务业增加值

1. 旅游业

服务业中的旅游业可谓是克罗地亚经济的基石，最为发达，成为国民经济重要组成部分和外汇收入主要来源，为国内生产总值和就业作出了巨大贡献，对克罗地亚的经济发展起到了重要的推动作用，为国家带来了大量的外汇收入和就业机会。

克罗地亚是地中海旅游胜地，温和的地中海气候非常适合游客前往。重要的旅游资源有亚得里亚海沿岸及1 000多个岛屿、8个国家公园（如著名普利特维采湖，中国人俗称的"十六湖"）和10个自然公园、受联合国教科文组织保护的历史文化遗产（如杜布罗夫尼克古城堡、斯普利特历史名城）等。杜布罗夫尼克是克罗地亚最受欢迎的旅游目的地，其次是罗维尼和波雷奇。

克罗地亚旅游业历史悠久，有组织的旅游传统可以追溯到大约150年前。在19世纪初，就已经出现了与旅游类似的现象，例如朝圣或就医，并且第一批旅馆、酒店和水疗中心就是为此目的而建的（达鲁瓦尔温泉/Daruvarske Toplice、斯土比策温泉/Stubičke Toplice和瓦拉日丁温泉/Varaždinske Toplice）。

从 19 世纪下半叶到第一次世界大战，公路和铁路的建设以及亚得里亚海蒸汽轮船航线的引入促进了旅游业的快速发展。当时，第一批酒店开业，首先是在奥帕蒂亚（1844 年的安吉丽娜别墅和 1884 年的克瓦内尔酒店）、萨格勒布、萨莫博尔（Samobor）、扎达尔、茨里克维尼察（Crikvenica）和杜布罗夫尼克进行的，并且在 1845 年编写了第一本旅游指南图书（关于波雷奇和普拉两地旅游指南）。1892 年在萨格勒布开始组织前往韦莱比特和亚得里亚海的考察旅行。沿海城镇（尤其是克瓦内尔地区）成为健康旅游中心，而且第一批旅游协会也是在那里成立的（1866 年在克尔克岛，1868 年在赫瓦尔岛）。

两次世界大战期间，克罗地亚的旅游业蓬勃发展，每年平均接待游客 100 万人次（1930 年左右）。引入了强制性旅游税，开设了兑换处，出版了旅游杂志，并建立了国内和国际航线。第二次世界大战后，在战争中被摧毁的旅游基础设施得到修复并实现国有化。与此同时，克罗地亚国内开始建立国家公园和自然公园，开始举办戏剧、电影和音乐节（杜布罗夫尼克夏季艺术节、斯普利特之夏、普拉电影节）。在 20 世纪 60 年代的经济扩张期间，建设了许多的旅游设施、酒店、码头、露营地甚至整个旅游胜地，主要是在亚得里亚海，但也包括克罗地亚的部分内陆地区（克罗地亚扎格列和斯拉沃尼亚的水疗中心以及利卡和戈尔斯基科塔尔的国家公园）。1979 年是克罗地亚旅游业发展的转折点，斯普利特的戴克里先宫、杜布罗夫尼克老城和十六湖国家公园三个地点首次被列入联合国教科文组织世界文化遗产名录。

在 20 世纪 80 年代末，克罗地亚入境游客数量冲破千万大关。20 世纪 90 年代初，随着旅游公司的转型和私有化，所有制结构发生了变化。战争期间（1991—1992 年），由于战争的影响和与沿海交通的断绝，游客锐减至 250 万人次以下，旅游业几乎消亡，许多来自克罗地亚各地的流离失所的人和来自邻国波黑的难民都被暂时安置在旅游设施中。战后，旅游行业逐渐复苏。1995 年后，尤其是 2000 年后，来克罗地亚旅游的外国游客人数开始迅速增长，使克罗地亚成为世界著名的旅游目的地。然而，2020—2021 年的疫情令行业再受重创。到了 2022 年，克罗地亚旅游业快速复苏，当年旅游业对经济的贡献率为 19.7%。详见图 1-30。

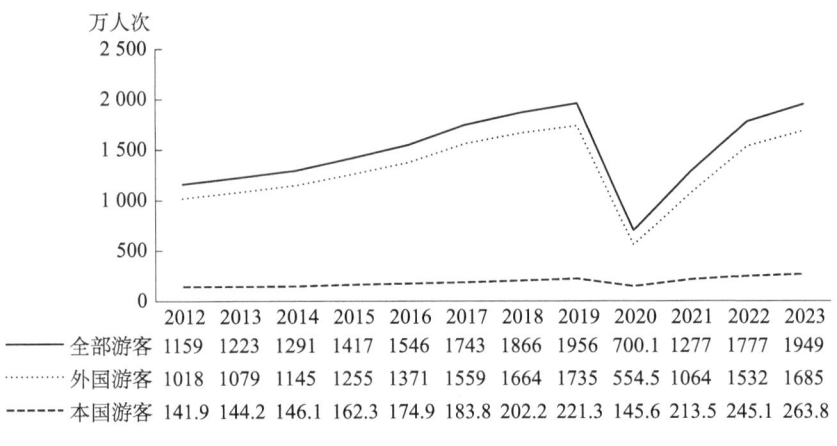

图 1－30 2012—2023 年游客人数

资料来源：克罗地亚国家统计局（https：//podaci.dzs.hr/en/statistics-in-line/）。

克罗地亚统计局数据，2022 年克国内 1 379 家旅行社及其分支机构组织境内外多日游 58.2 万人次，其中境内多日游游客量为 40.3 万人次，同比增加了 44%，游客过夜量同比增加 36% 至 150 万人次；国内游客境内游平均过夜天为 4 天。克罗地亚游客境外多日游 17.9 万人次，过夜量为 65.7 万人次，平均过夜天数为 4 天，与 2021 年相比，出境游客量及过夜量增长了 4 倍。境外游主要目的地为意大利、波黑、德国、法国等国家。

2022 年，克罗地亚旅游收入 131 亿欧元，约占国内生产总值的 20%，游客数量约 1 780 万人次，同比增长 39.1%。其中，外国游客数超过了 1 532.4 万人次，同比增长 44%；入境游客过夜量为 1 240 万人次，同比增长 58.3%。克罗地亚旅行社接待外国游客入境游 210 万人次，同比增长 72.5%。游客主要来自德国、斯洛文尼、奥地利、波兰、捷克等欧洲国家（详见图 1－31），外国游客更倾向于选择民宿住宿。根据克罗地亚央行数据，2024 年一季度克罗地亚外国游客入境旅游收入达 8.25 亿欧元，与去年同期相比增长 24.6%。克罗地亚主要风景区有亚得里亚海海滨、普利特维采湖和布里俄尼岛等。尽管克罗地亚在游客人数方面无法与法国、西班牙、意大利或希腊等旅游大国相比，但多年来一直呈上升趋势，克罗地亚无疑已成为游客最多的地中海国家之一。

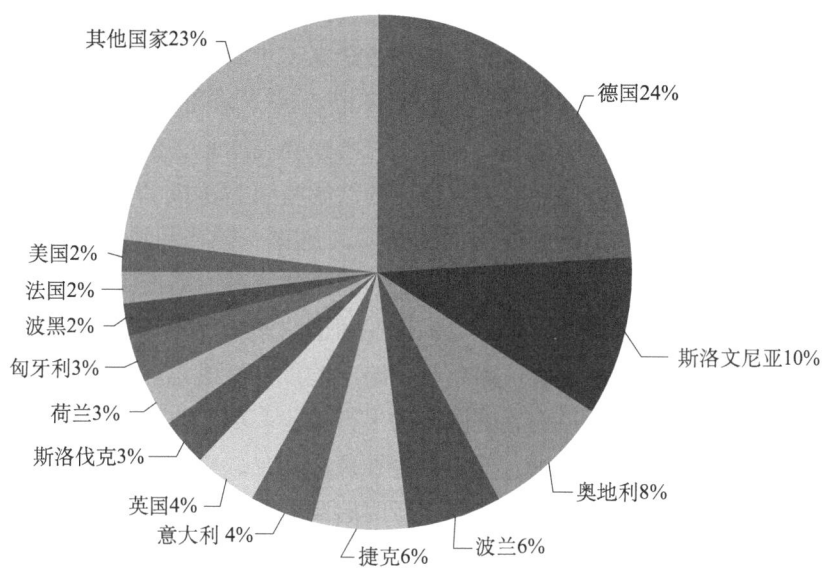

图1-31　2022年按来源国的外国游客结构

资料来源：克罗地亚国家统计局。

克罗地亚的旅游吸引力源于其独特的宣传推广，加上经济实惠的航班、高性价比的住宿、杜布罗夫尼克等地的游轮旅游及日益完善的码头设施。

在过去10年中，旅游业的迅速发展主要表现在以下几个方面：在世界主要杂志和其他媒体上越来越多的文章中"发现"克罗地亚并赞扬其自然和文化景点；来自越来越多客源国的游客人数明显增加；旅游业在国内生产总值中的份额达到20%；受保护的物质和非物质文化遗产数量增加；对旅游和相关基础设施投资的增加；日益多样化的旅游产品等。当然，旅游业的宣传推广增加了人们对探索克罗地亚的兴趣。除此之外，物美廉价的航空公司、性价比较高的住宿条件，以及杜布罗夫尼克等地的游轮旅游和日益扩大的码头容量也都吸引了广大游客的注意力。有越来越多的游客前往克罗地亚，而且他们的购买力也越来越大。就旅行方式而言，以自助旅游（72%）为主，还有28%的游客选择跟团旅行。游客平均逗留5天，夏季较长，其他季节较短。

旅游业的主要参与者包括Atlas和Uniline等旅行社以及希尔顿和万豪等国际连锁酒店。豪华度假村和生态旅游项目的不断发展继续推动着该行业的发展。

在快速发展的同时，克罗地亚旅游业也面临着许多挑战。近年来，克罗地亚的通货膨胀率居高不下，给旅游业带来不小的压力。高通货膨胀导致日常用品、食品、住宿和餐饮等价格不断上涨，增加游客的旅行成本，影响游客的消费体验和满意度。物价上涨不仅提高本地人的生活成本，也让游客感到物价过高，从而对克罗地亚的旅游吸引力造成一定影响。据报道，克罗地亚的一些热门旅游地如杜布罗夫尼克、斯普利特等地的住宿、餐饮等费用已经变得相当昂贵，甚至出现高价冰淇淋、高价汉堡等现象。

基础设施与服务质量不足，克罗地亚的道路网络尚不完善，尤其是在一些中小城市和农村地区。道路狭窄、路况差以及缺乏足够的停车场等问题制约城市交通的发展，也影响游客的出行体验。尽管克罗地亚的公共交通系统在过去几年有所改进，但仍然存在班次不足、票价高昂以及服务质量差等问题。这些问题使得游客在出行时感到不便，也影响游客对克罗地亚旅游的整体评价。

旅游季节性过强，克罗地亚的旅游业高度依赖夏季旺季，特别是7月和8月这两个月。这导致旅游设施和服务在旺季时供不应求，而在淡季时则大量闲置，造成资源的浪费。旅游季节性过强还导致旅游收入的不稳定。旺季时旅游收入激增，但淡季时则可能陷入困境，给旅游业的可持续发展带来挑战。

由于旅游业的快速发展，一些旅游企业和从业人员在服务质量上存在不足，旅游服务质量参差不齐。这包括住宿、餐饮、导游服务等方面的问题，影响游客的满意度和忠诚度。随着游客数量的不断增加，一些热门景点如杜布罗夫尼克、斯普利特等面临着巨大的压力。过度旅游导致景点拥挤不堪，给当地环境和居民生活带来一定影响。过度旅游还可能对当地的生态环境造成破坏。游客的涌入加剧自然资源的消耗和环境污染问题，对当地生态系统的平衡造成威胁。

2. 金融服务业

克罗地亚的金融服务业由多个金融机构和监管机构组成，主要包括银行、证券交易所、保险公司等。

克罗地亚的银行体系由中央银行、商业银行、住房储蓄银行以及非银行信贷金融机构组成。克罗地亚国家银行是克罗地亚中央银行（HNB），也是欧洲中央银行系统（ESCB）的组成部分，其首要职能是维持货币价值稳定以及整个金融体系的稳定，具体包括制定和实施货币和外汇政策，管理外汇储备；发行货币；审查和发放商业银行经营许可，监管商业银行经营活动，向商业银行发放贷款及收取准备金；制定支付政策并监管执行情况。此外，克罗地亚还有多家本土和外资商业银行，如萨格勒布经济银行（PBZ）①、Raiffeisenbank Austria Zagreb、Erste & Steiermärkische Bank、OTP 银行、Raiffeisen 银行等，这些银行为个人和企业客户提供丰富的银行产品和服务。克罗地亚的信贷机构主要是商业银行，此外还有一家住房储蓄银行、支持发展和出口的克罗地亚复兴开发银行（HBOR），以及来自其他欧盟国家的信贷机构。

萨格勒布证券交易所（ZSE）是克罗地亚唯一的证券交易市场，于1991年成立，经营股票、期货、债券交易、投资凭证、衍生工具和期货交易。目前，共有370多家企业在 ZSE 上市。2023年6月30日，ZSE 总市值约385亿欧元。克罗地亚的证券交易所为投资者提供多元化的投资机会，包括股票、债券等金融产品的交易。

克罗地亚的保险公司为个人和企业客户提供各类保险产品，如寿险、财险、健康险等。此外，克罗地亚的金融监管机构也起到重要的监管作用，确保金融市场的稳定和金融机构的合规运营。克罗地亚保险公司（Croatia osiguranje d. d.），经营人寿、财产、汽车、交通和贷款保险等。UNIQA 保险（克罗地亚）公司，经营各种人身、财产保险。

总体来说，克罗地亚的产业结构较为多元化，其中工业、服务业和农业都有一定的发展潜力。政府在推动产业结构升级、提高企业和产品质量等方面施加压力，以促进经济增长和就业。此外，为推进与欧盟的政治和经济整合，克罗地亚政府也一直在努力争取国际投资和技术转移来促进经济发展。

---

① 萨格勒布经济银行是克罗地亚最大的商业银行，也是与中国国内银行合作较多的当地代理行。2001年底，克罗地亚央行批准意大利第一大银行联合信贷银行和欧洲最大的保险公司慕尼黑安联保险共同收购萨格勒布银行100%的股份。根据协议，意大利第一大银行联合信贷银行拥有萨格勒布银行85%的股份，慕尼黑安联保险拥有15%的股份。

第二章

浙江省与克罗地亚经贸合作总体情况

  浙江省作为一个"制造业大省",无论是轻纺服装、机械电子、食品饮料等传统产业,还是电子信息、生物医药、新能源等新兴产业,在中国乃至世界都占有重要地位。克罗地亚拥有悠久的历史和灿烂的文化,是"一带一路"沿线重要国家,区位优势明显。1992年5月中克两国建交以来,两国保持着高度有好的国家关系,特别是浙江省与克罗地亚之间,发展战略十分吻合,这促进了双方频繁的经贸往来,构建了坚实的合作基础与良好的互动关系。因此,本章主要介绍浙江省与克罗地亚经贸关系的全貌,探讨两国合作的实际和潜在价值。

第一节
浙江省与克罗地亚的经贸合作历程回顾

  自中克建交以来,浙江省秉着开放的姿态和创新的精神,积极与克罗地亚展开经贸交流与合作。截至2024年,中克32年的建交历史并不算久远,但浙江省与克罗地亚通过务实合作,跨域地理的距离,克服文化的差异,用很短的时间推动了双方经贸合作从试探性接触发展到多层次多领域的深度交融,实现了携手共进、互利共赢。

一、起步阶段(2005—2014 年)

浙江省与克罗地亚以旅游合作为切入点建立初步联系,用了十年的时间逐步扩展经贸合作范围和深度,特别是与伊斯特利亚省进行了频繁交流,浙克合作框架初步形成。2005 年 8 月,经中国驻克罗地亚大使馆推荐,浙江省代表团访问伊斯特利亚省,双方共同看好在旅游领域的合作前景,并就开展旅游合作达成三点共识:一是双方旅行社开展业务合作,开辟旅游路线;二是双方旅游学校开展教学交流,互换学生、教师;三是与浙江省旅游产品生产企业合作生产旅游纪念品等。2006 年 9 月,浙江省省长吕祖善率浙江省政府代表团访问伊斯特利亚省,与伊斯特利亚省省长雅克维奇以及分管外事、经济、旅游的官员进行会谈,并正式签署《两省建立友好省关系协议书》。2007 年 7 月,浙江省政府代表团再度访问伊斯特利亚省,双方就两省在船舶制造、港口、文化教育、旅游等方面的合作事宜进行具体商谈。2014 年 4 月 25 日,克罗地亚议会议员、社民党中央委员会委员戈尔达娜—索伯尔女士率克罗地亚执政联盟干部考察团一行 9 人到浙江工业大学访问。双方充分肯定克罗地亚、特别是伊斯特利亚省与浙江省在经济、文化等领域已经取得的合作成果,希望双方在教育领域尽快展开合作。2014 年 10 月 15 日,克罗地亚斯普利特市与杭州缔结为友好城市。

二、成长阶段(2015—2017 年)

2015 年 3 月 10 日,为加强双方合作,在经贸、投资项目、人员往来方面为双方企业和企业家牵线搭桥、提供信息和咨询,中国国际贸易促进委员会浙江省委员会在克罗地亚开设浙江省贸促会、国际商会驻克罗地亚联络处。这是继美国、日本、匈牙利等国之后,浙江省贸促会、国际商会在海外设立的第 8 个联络处。经贸联络处的建立是浙克经贸关系的关键事件和合作亮点,自此,双方经贸合作关系向纵深发展。

在践行"一带一路"倡议的背景下,推动中东欧合作成为重要基础和方向,浙江省与克罗地亚的经贸合作借此得以深化。2015 年 5 月 9 日,克罗地亚驻华大使奈伯耶沙科哈罗维奇率领克罗地亚经贸代表团一行 6 人来浙江省杭州访问，围绕"一带一路"倡议就旅游、经贸、投资、基础建设、文化交流等方面的合作，与杭州市有关部门进行交流探讨。2015 年 6 月 10 日，宁波举办"第二届中国（宁波）—中东欧国家省（州）市长论坛"，来自中东欧 16 国的众多省（州）市长参加，共同发布《中国（宁波）中东欧国家城市合作纲要》。2016 年，湖州市贸促会组织企业参加浙江省企业走进"一带一路"产业对接系列活动，另有交流会在宁波召开。2016 年 5 月 22 日至 31 日，衢州市贸促会组织浙江省企业代表团赴克罗地亚开展"浙江企业走进一带一路"活动，推进"一带一路"经贸合作，拓展企业国际市场并为衢州市贸促会积累经验和资源。2016 年 5 月 30 日，由中国国际贸易促进委员会、克罗地亚国家商会和中国贸促会浙江省委员会共同主办的"中国—克罗地亚企业家峰会暨中国（浙江）—克罗地亚产业对接洽谈会"在克首都萨格勒布成功举办。2016 年 6 月 11 日，克罗地亚萨格勒布商会来湖访问、考察当地丝绸企业和超市的商品销售情况，双方探讨在不锈钢用具、木材加工制作等领域的经贸合作机遇。

三、拓展阶段（2018 年至今）

随着贸易投资、友好往来的升温，浙江省逐渐成为中国与中东欧合作发展的排头兵，浙克经贸合作加速发展，不断诞生更多的可能性。2018 年 9 月 21 日，为推动中国—中东欧"16+1"经贸合作示范区建设，深化浙江省与克罗地亚的经贸交流和产业对接，挖掘两地合作潜力，朱从玖副省长率团访问克罗地亚，出席"一带一路"浙商行（中东欧站）之中国（浙江）—克罗地亚商务论坛。2019 年 6 月 11 日至 14 日，"一带一路"国家商协会经贸合作浙江（台州）行—省贸促会"走进地市"系列活动举行。2020 年 6 月 10 日，中国（宁波）—"一带一路"国家商会商务合作对接会召开。2021 年 6 月 9 日，第二届中国—中东欧国家博览会暨国际消费品博览会在宁波举办。2021 年 10 月 26 日，中国（浙江）—中东欧贸易投资交流会在杭州成功举行。2022 年，宁波启动了"云甬中东欧"系列活动，旨在加强中国与中东欧国家，包括克罗地亚在内的经贸合作。

从浙江省与克罗地亚的合作历程中可以看出，浙江省和克罗地亚的经贸合作主要集中在"一带一路"和中东欧国家的合作框架下，双方通过签订友好合作协议、互访、贸易洽谈等多种形式深化彼此之间的联系，对加强中欧地区的经济联系和文化交流具有积极意义。在此过程中，杭州和宁波两个城市起到了突出的带动作用。2024年6月19日，克罗地亚经贸合作代表团访华，表达了对更多来自中国，尤其是浙江省的投资的期待。展望未来，浙江省与克罗地亚之间的经贸合作有望在更多的领域迎来更加紧密和创新的协同合作，共同书写互利共赢的新篇章。

第二节
浙江省与克罗地亚经贸合作政策梳理

2005年5月26日，中国和克罗地亚正式签署《中华人民共和国和克罗地亚共和国关于建立全面合作伙伴关系的联合声明》，中克双边关系提升为全面合作伙伴关系。多年来，双方在政治互信不断加深的基础上，深入经贸合作，在"一带一路"倡议、中国—中东欧合作等多个框架下加强双边各领域的互利合作。浙江省与克罗地亚之间的经贸合作关系也随之加深，本节将从浙江省和克罗地亚的贸易、投资和产业三个方面来梳理双方的经贸合作。

一、精筑顶层架构

2015年，浙江省与克罗地亚签署《浙江省与克罗地亚经贸合作框架协议》，标志着两地经贸合作进入产能合作阶段。浙江省企业开始在克罗地亚建设港口、高速公路等基础设施，同时引进克罗地亚先进技术和产品。2016年，浙江省与克罗地亚签署《中华人民共和国浙江省与克罗地亚共和国互惠投资合作协议》，简称《浙克互惠投资协议》。该协议促进中克两国在经济、贸易和投资方面的合作和交流，开放更多的投资领域，为两国企业在对方国家设立分支机构和扩大生产规模等方面提供更多的便利。2021年9月7日，中国浙江省与克罗地亚在中国杭州市举办"克罗地亚—浙江投资贸易合作推介会"，推动两国企业之间的交流和合作。会议上，浙江省与克罗地亚签署一系列合作协议和谅解备忘录，涵盖贸易、投资、智能制造、电子商务、物流等多个领域。此次推介会的召开，为中克两国之间的经贸合作提供新的机遇和平台。双方还将进一步促进人才交流，为企业提供更好的人员支持和资源，推动两国经贸合作迈上新的台阶。

浙江省是推进"16+1合作"的排头兵，浙江省委、省政府高度重视"16+1合作"机制，为此作出了高质量、前瞻性的规划。"16+1合作"机制，是2012年4月由中国与中东欧16国共同创建的跨区域合作平台，随着中东欧16国全部被纳入"一带一路"倡议框架中，"16+1合作"机制成为"一带一路"倡议融入欧洲经济圈的重要接口。宁波市相继出台《关于加强与中东欧国家全面合作的若干意见》（2015年5月）《宁波市中东欧经贸合作补助资金管理办法》（2016年2月）和《"16+1"经贸合作示范区建设实施方案》（2018年4月），努力将宁波发展成为中东欧商品进入中国市场、中国与中东欧国家双向投资合作、中国与中东欧国家人文交流的三个首选之地，重点推进中国—中东欧国家投资贸易博览会、中国中东欧国家贸易便利化国检试验区以及索非亚中国文化中心三个平台的建设。

二、常态交流机制

为了加强与克罗地亚的全面经贸合作，浙江省建立系列常态化合作机制，将宁波打造成各领域合作交流的首选平台。目前，宁波市举办过中东欧国家特色产品展"中国—中东欧国家合作发展论坛""中国—中东欧国家海关论坛""中国—中东欧国家质检合作论坛"、中国—中东欧国家商协会商务合作大会和"中国—中东欧国家市长论坛"，并三次承办中国—中东欧国家经贸促进部长级会议。此外，首个以投资贸易为主题的"中国—中东欧国家投资贸易博览会"永久落户宁波，并在2019年升格为国家级展会，与"中国国际日用消费品博览会"合并更名为"中国—中东欧国家博览会暨国际消费品博览会"。2017年6月，全国首个以贸易便利化为主题的中国—中东欧国家贸易便利化国检试验区在宁波正式授牌。同年11月，全国首个地方政府专门设立的宁波中东欧博览与合作事务局正式挂牌。2018年6月，首个"16+1"经贸合作示范区在宁波启动建设。此外，宁波市还搭建了中东欧商品常年展销中心、中东欧贸易物流园、中东欧工业园、中东欧博览会会务馆及中东欧国家合作研究院五大平台。2018年11月，作为宁波"16+1"经贸合作示范区重要内容的数字"16+1"经贸促进中心在浙江万里学院（宁波）举行试上线仪式。

三、多元产业联动

在中国—中东欧合作的战略框架下，浙江省在产业联动方面扮演了重要角色。在贸易合作方面，全国首个中国—中东欧经贸合作示范区落户宁波，而宁波同样是浙江省乃至全国核心的港口城市，为推动浙江省和克罗地亚的贸易合作作出了重大贡献。2019年，浙江省政府组织浙江企业参加克罗地亚展会，拓展双方贸易渠道，重点建立跨境电商渠道，推广浙江特色产品。宁波作为全国最大的中东欧商品集散中心，宁波跨境电商平台"跨境购""淘宝""天猫"等第三方电商平台纷纷搭建起中东欧网上商城，多方帮助中东欧商品拓展中国市场。

在工业合作方面。浙江省充分发挥"制造强省"的优势，积极谋求制造业领域的交流与合作。2017年6月，中国浙江省代表团与克罗地亚共和国代表团在克罗地亚首都萨格勒布举办双方制造业领域的合作对接会。会议主要围绕"中国制造2025"和"克罗地亚工业4.0"两个战略，就智能制造、先进制造技术、数字化工厂、核心制造技术等领域展开广泛的交流和对接。通过对接，中克两国在制造业领域进一步深化合作，提升制造业创新能力，更好地满足市场需求。2017年，浙江省和克罗地亚签署有关达成在电动汽车及其零部件和动力电池等方面的合作协议，开展在动力电池、新能源汽车等领域的交流与合作。克罗地亚的新能源汽车和动力电池产业正在快速发展，而浙江省在这方面拥有丰富的技术和经验，具有很大的合作潜力。

在金融合作方面。2020年，浙江省和克罗地亚同意加强双方银行业创新与数字化发展的交流，共同研究金融科技和金融创新。此外，中国银行和克罗地亚的PBZ银行签订战略合作协议，进一步促进两国银行业的合作与交流。此次合作旨在推动两国的经济和社会发展，实现互利共赢的局面，对于两国的经济发展和产业转型升级具有重要意义。

在旅游合作方面。浙江省致力于将本省发展成为中克乃至中国—中东欧人文交流和民间往来的"首选之地"。2015年，浙江省与克罗地亚开展旅游领域的合作，旨在加强两国旅游产业之间的交流和合作，推广各自的旅游资源和文化特色。浙江省与克罗地亚开展合作，旨在引进更多浙江省的旅游资源，同时也推广克罗地亚的旅游业。除合作开发克罗地亚旅游业外，浙江省还推广克罗地亚的饮食和红酒等特色产品。克罗地亚以地中海风味为主，浙江省则拥有丰富的禽肉、海鲜和蔬菜等食材资源，两地文化差异较大，交流合作将促进两地在旅游和文化领域的发展。据统计，浙江省与中东欧16国的21个省（州）或城市建立了友好关系，在友好城市结对中排在中国城市前列宁波市利用"中国—中东欧投资博览会"同步召开中国（宁波）—中东欧国家教育合作交流会和中国（宁波）—中东欧国家旅游合作交流会。此外，宁波市成功举办"美丽宁波"—中东欧国家推介交流会、中国—中东欧旅游市场合作专题对洽会、中东欧国家旅游风光图片展以及"美丽中国、诗画浙江"旅游考察活动，并推出"百团千人游中东欧"活动，累计组团超过200个，组织5 000余人次走出国门领略中东欧风情。

总的来说，浙江省和克罗地亚在经贸合作方面取得一定进展，无论规模、经济实力、国际影响力和地理距离如何差异，两国都有很多共同点和利益。双方在经济、旅游、科学、文化、体育和人与人之间的交往方面的联系越来越密切。尤其是在"一带一路"和中东欧国家的合作框架下，双方的合作得到进一步深化和拓展。

第三节
中国其他省份与克罗地亚经贸合作经验

除上述的浙江省，其他的中国省份也在积极地发展与克罗地亚的经贸合作（详见表2-1）。本节简要从顶层设计规划方面、产能合作方面以及教育、人文、旅游、经贸、科技等多领域的交流合作方面这三个方面进行简要概述。

表 2-1 其他省份与克罗地亚的经贸合作

合作方面	省份	合作事项
顶层设计政策规划方面	河北省	2014年9月，河北省人民政府出台《关于加强与中东欧国家全面合作的实施意见》（以下简称《意见》），旨在贯彻落实国家深化与中东欧国家合作的战略部署，把中东欧国家作为河北省对外开放的重要战略区域之一。按《意见》要求，设立河北—中东欧项目合作办公室，其功能是深入研究中东欧各国产业政策、投资重点、法律法规、市场需求和消费习惯，加强"走出去"人才培训。此外，河北省积极争取并于2016年6月在唐山成功举行第三次中国—中东欧国家地方领导人会议。
	福建省	2016年，福建省与克罗地亚签署《福建省与克罗地亚友好省州关系协议》，开启双方在教育、人文、旅游、经贸、科技等多领域的交流合作。福建省高校与克罗地亚高校开始开展学术交流，两地旅游业也开始合作推广。
	江苏省	2017年，江苏省与克罗地亚签署《江苏省与克罗地亚合作框架协议》，进一步扩大双方在经贸、投资、产业、科技等领域的合作。江苏省企业开始在克罗地亚投资建设化工、制药等项目，同时加强与克罗地亚科研机构的合作。
	广东省	2018年，广东省与克罗地亚签署《广东省与克罗地亚友好省州关系协议》，加强两地在经贸、文化、旅游等领域的合作。广东省企业开始在克罗地亚投资建设港口、物流等项目，同时推广克罗地亚优质产品进入中国市场。
产能合作方面	河北省	2016年4月，河北河钢集团收购塞尔维亚斯梅代雷沃钢厂，成立河钢塞尔维亚公司。在随后不到一年的时间里，钢厂7年亏损局面发生改变，并实现全面赢利。这一成功合作案例为中塞合作、"16+1合作"以及中欧合作树立典范，为推进中欧产能合作注入强大动力；2018年3月，中国中东欧（沧州）中小企业合作区获批在沧州渤海新区中捷产业园设立。根据建设方案，该合作区将建成两个平台、一个示范区，即中东欧先进技术转移孵化的优质平台、中东欧企业进入中国市场的良好承接平台及中东欧国家商品贸易合作国家级示范区；2018年11月，"首届'16+1'中小企业合作论坛"在沧州渤海新区中捷产业园举行。
	福建省	2006年，福建省与克罗地亚首都萨格勒布市缔结成为友好省市，之后在文化、人文、旅游等方面开展广泛交流。
	北京市	2012年，北京市与克罗地亚的一个工业园区签署合作协议，主要涉及技术转让、投资等方面。
	山东省	2018年，山东省与克罗地亚达尔马提亚—斯拉沃尼亚州签署合作备忘录，双方将在农业、旅游、文化等领域开展深入合作。
	广东省	2017年，广东省与克罗地亚首都萨格勒布市缔结成为友好省市，开展多方面的合作，特别是在旅游、科技、绿色能源等领域有所成果。

续表

合作方面	省份	合作事项
教育、人文、旅游、经贸、科技等多领域的交流合作方面	湖南省	2010年，湖南省与克罗地亚开展教育交流项目，双方学生和教师进行互访。此外，湖南省还与克罗地亚会晤许多文化和旅游交流项目。
	河北省	按照2016年7月启动的河北省国际语言人才振兴计划，河北外国语学院将在五年内开齐"一带一路"沿线60多个国家中的大多数语言教学。近年来，学院已与14个中东欧国家的17所大学签订合作协议，开设13个中东欧小语种专业，涵盖中东欧16国的所有官方语言。同时，友好城市结对发展迅速。2016年唐山地方领导人会议期间，河北省与克罗地亚许多省份建立友好省州关系，与签署开展友好交流与合作备忘录。
	黑龙江省	2017年9月2日，首个落户黑龙江省的国家级展馆—克罗地亚国家馆在长春市建成并开馆。

资料来源：作者根据有关公开资料归纳整理。

总的来说，中国各省份与克罗地亚在经贸合作方面已基本实现了从初步接触到全面合作的历程，合作领域逐渐扩大到教育、人文、旅游、经贸、科技等多个领域。这种多维度多领域的合作不仅有助于促进两国经济发展，还帮助增进了两国人民之间的友谊，为共筑人类命运共同体贡献了一份力量。

第四节
浙江省与克罗地亚经贸合作的机遇与挑战

一、机遇

（一）两国关系持续向好

牢固的政治关系对于促进富有成效的经济、文化和其他形式的合作至关重要。建交32年来，两国关系不断深化。近年，中克经济文化交往更为频繁，经济合作不断加深。通过政府、企业和民众共同的努力，两国已形成了良好的双边合作机制。值得一提的是，2022年，由中国路桥公司承建的佩列沙茨大桥正式落成通车，实现了克罗地亚民众长期以来的梦想——将国家最南端地区与其他地区连接起来。佩列沙茨大桥不仅是一个重要的基建项目，更是克中互利合作的一个典型象征与深刻体现。这一合作为两国共同进步和繁荣奠定了坚实基础,为双方在各领域进一步合作提供了新机遇,将增进两国人民的福祉,加强克罗地亚和中国之间的关系。

(二)经济形势持续向好

克罗地亚政府正在实施多项措施改善营商环境。一方面,经济增长预期很好。世行发布的克罗地亚国家经济形势报告称,经过20年发展,克罗地亚2021年人均GDP已达欧盟平均水平的70%。期间经历新冠疫情与地震等冲击,2020年克罗地亚经济衰退8%,而2021年、2022年分别反弹增长10.4%和5%以上,基本恢复到疫情前水平。2023年,克罗地亚正式加入欧元区、申根区,加速了克罗地亚融入欧盟一体化的进程,带来经济利好。另一方面,一揽子改革方案正在实施。自2017年以来,克罗地亚政府已顺利实施了五轮税制改革,企业家和公民共获得110亿库纳的税收减免。未来一段时间,克罗地亚将重点关注那些保证经济强劲、快速增长的部门,包括信息和通信技术、制药、生物技术、用于生产太阳能或使用氢的清洁技术、纳米技术、机器人技术等。2030年,将研发、创新投资增加到GDP的3%,在全球竞争力排名中至少提升15位。

(三)区位优势持续显现

中东欧国家地理位置独特,向西可辐射欧洲腹地,是打通"丝绸之路经济带"西进欧洲的重要桥梁。而其中的克罗地亚地处欧洲中南部,是连接欧洲和亚洲的重要陆路和海路通道,是"一带一路"建设的重要节点。克罗地亚地处地中海走廊和莱茵河—多瑙河走廊的交汇处,是欧洲东南部通往中欧和西欧的交通枢纽。克罗地亚具有非常有利的地理位置,通过克罗地亚将货物运送到拥有5亿人口的欧洲单一市场所需的时间比通过北欧港口最多可节省5天时间(详见本书第七章第一节)。克罗地亚海运便利的主要企业区如表2-2所示。

表2-2 克罗地亚海运便利的主要企业区

企业区名称	所在地区	区域总面积(万平方米)	企业数	主要产业
PODI ZAPAD	斯普利特——达尔马提亚省	97	8	仓储与运输等
MUR VICA DONJA	扎达尔省	89.5	13	批发与零售、金属制造等

续表

企业区名称	所在地区	区域总面积（万平方米）	企业数	主要产业
GALIZANA	伊斯特拉省	71.4	26	金属制造、食品加工等
VRANJANA	杜布罗夫尼克——内雷特瓦省	39	2	建筑服务、批发与零售等
VODNJAN SJEVER	伊斯特拉省	36	11	食品加工等
BANCI	杜布罗夫尼克——内雷特瓦省	33	5	天然气供应、家具制造等

资料来源：《企业对外投资国别（地区）营商环境指南——克罗地亚（2021）》，第15页。

而作为长期处在中国改革发展前沿的浙江省，在长三角经济中占有重要地位。其优势可以概括为：一是区位优势。浙江省毗邻上海这个中国最大的工商城市，拥有良好的港口通商条件，这一区位优势在改革开放后以发挥，浙江省宁波舟山港已成为我国著名的十大港口之一。经贸上的双向奔赴，宁波舟山港则是一条重要的主动脉。浙江省独特的地理优势使得自身在承接世界产业转移和发展对外贸易方面形成了比较优势。二是基础设施。浙江省的道路交通等基础设施相对完备，为区域经济发展提供了有利的基础条件；再加上，浙江省数字化综合发展水平居全国第一[①]。三是文化习俗。江浙在历史上历来是富裕之地，还是中国近代工业的发祥地之一，地处沿海，民间保有崇尚工商致富的传统。浙江省富余的劳动力和崇尚工商致富的传统相结合，造就了地区丰裕的企业家资源。这些优势和中国的体制改革和制度创新相结合，促进了浙江省个体私营经济异军突起、迅猛发展，逐步发展成为中国扩大开放、推动创新的前沿阵地。

经济属性是"一带一路"的基础属性，如是，浙江省良好的经济基础和其他优势条件，为推进双边的经贸合作奠定了良好的基础。

（四）经贸合作商机凸显

中克两国在贸易投资、新能源及绿色发展、数字经济等众多领域具有互补优势，两国企业与工商界作为合作主力，不断加强对接洽商。中国路桥通过建造克罗地亚佩列沙茨大桥展示了非凡实力和高效履约能力，促成

---

① 国家网信办《数字中国发展报告（2021年）》报告显示，数字化综合发展水平位居全国前10名的分别是浙江、北京、上海、广东、江苏、山东、天津、福建、湖北和四川。

了双方的再次合作。2023 年，中国路桥公司成功签署克罗地亚斯普利特武切维察道路连接线项目，该项目建成后将帮助克罗地亚第二大城市斯普利特市大幅缩减进出城距离，提升综合交通效能。中国企业在推进克罗地亚绿色发展方面也有良好表现，2021 年塞尼风电场项目顺利交付。塞尼风电场不仅是目前克罗地亚最大的风电场，也是迄今为止中国在克罗地亚最大的投资。克罗地亚企业在中国的业务也在不断扩大，在旅游、农业、信息技术、食品工业等方面向中国提供了优秀产品和服务。当前，中克正在深化科技对接，建立绿色创新合作渠道，共同推进联合国 2030 可持续发展目标的实现。

二、挑战

（一）共建"一带一路"发展存在安全短板

"一带一路"跨越世界多个热点地区，容易受国际发展失衡、全球治理失序及部分共建国家内部运行失当等因素的影响。随着"一带一路"的成果"存量"不断增加，"体量"不断扩展，有效确保"一带一路"建设总体安全将面临愈益突出的挑战。潜在安全风险既可能来自国际暴恐势力的袭击，也将面临更加复杂的各国政局变动和政策变化的冲击，法律合规、社会习俗等现实问题也只会更加增多。主要安全风险既涉及民族宗教、地缘博弈等传统安全，也涉及数据跨境流动、有组织犯罪、网络冲突等非传统安全。此外，当前大国竞争回潮，中美博弈加剧，其风险外溢所导致的辐射传导和层累叠加效应，加剧了共建"一带一路"的政治压力。浙江省与克罗地亚推进经贸合作的工作很大程度上依附于"一带一路"倡议，安全短板是必须要正视的问题。

（二）政策法规存在差异且司法不确定性高

克罗地亚基建等项目值得中国企业继续关注，但由于双方政策法规的不同，中方企业有必要聘请熟悉当地法律法规等专业知识的人才，这对于支持项目建设、满足市场需求和欧盟标准至关重要。其一，法律稳定性方面，由于克罗地亚是较新加入欧盟的国家，其法律法规体系正处于不断调整和完善的阶段。例如，从 2012—2015 年，涉及税收的法规就经历多达 17 次的调整，这显示出法律稳定性的不足。对于投资者而言，法律的频繁变动可能增加投资风险，影响投资决策的准确性和长期性。其二，法律解释方面，克罗地亚也存在一些不确定性。地方政府对法律的解释与中央政府存在差异，特别是在外商享受投资优惠政策措施方面。这种差异可能导致投资者在享受优惠政策时面临障碍，增加投资成本和风险。其三，克罗地亚的司法部门效率也相对较低。司法程序冗长，这种低效率可能导致投资者在解决争议和纠纷时面临较大的时间成本和不确定性。

（三）国民经济较为脆弱且产业结构待优化

从经济角度看，克罗地亚的国民经济较为脆弱。其经济高度依赖欧洲联盟的经济状况，一旦欧盟经济出现波动，克罗地亚的经济也将受到较大影响。此外，克罗地亚的公共债务水平较高，尽管近年来进行税收改革，但债务问题仍然严峻。产业结构方面，克罗地亚极度依赖旅游业。虽然旅游业为克罗地亚带来可观的收入，但也增加经济的脆弱性。一旦旅游业受到冲击，克罗地亚的经济将遭受重创。除此之外，克罗地亚还存在一些结构性弱点，如经常性支付失衡、大量私人外债和贸易逆差等问题。这些问题可能进一步加剧其经济的脆弱性，增加投资风险。克罗地亚的人口正在减少，这主要是由于合格人员的移民。人口减少可能导致劳动力短缺、技术人才匮乏等问题，进而影响克罗地亚的经济发展和投资环境。

第二篇

浙江省与克罗地亚的贸易合作

第三章

浙江省与克罗地亚贸易现状

本章将探讨浙江省与克罗地亚之间的贸易合作。首先，重点考察这两个地区的贸易规模，包括进出口总额和主要贸易商品的情况。其次，对贸易结构进行分析，看看这两个地区之间的贸易方式和市场分布情况。最后，研究浙江省与克罗地亚的贸易依存度和未来发展趋势，以便更好地了解这两个地区之间的经贸关系。

第一节
浙江省与克罗地亚的贸易情况

浙江省与克罗地亚有着长期的经贸合作历史。近年来，中克两国间的贸易往来日益频繁，浙江省也成为中国与克罗地亚之间重要的贸易合作省份。本节将先通过中国与克罗地亚的双边贸易规模着手，再通过对浙江省与克罗地亚的贸易总额、进出口额，以及贸易结构的分析，展示双方贸易合作的现状和发展趋势。

一、中国与克罗地亚的双边贸易规模

自中国与克罗地亚建交以来，两国经贸合作发展迅速。据中国海关统计，2021 年，中国与克罗地亚的贸易往来显著增长，双边商品进出口总额达到 23.17 亿美元，同比增长高达 35.9%。其中中国向克罗地亚出口商品总额达到 19.77 亿美元，同比增长 26.2%，显示出强劲的增长势头；而从克罗地亚进口商品总额也实现显著增长，达到 3.4 亿美元，同比增长 147%。在这一贸易往来中，中国对克罗地亚的贸易顺差达到 16.37 亿美元，同比增长 14.5%，进一步巩固双方贸易的互补性。2022 年，中国与克罗地亚双边货物贸易额为 24.2 亿美元，同比增长 4.8%。其中，中方出口额为 22.6 亿美元，同比增长 14.8%；中方进口额为 1.6 亿美元，同比下降 53.3%。详见表 3-1。

表 3-1　1998—2021 年中国对克罗地亚进出口额及贸易顺差　　单位：亿美元

年份	进口额	出口额	进出口总额	贸易顺差
1998	0.00	0.20	0.20	0.19
1999	0.05	0.48	0.53	0.42
2000	0.05	0.80	0.85	0.75
2001	0.05	1.42	1.47	1.37
2002	0.06	1.13	1.18	1.07
2003	0.07	1.69	1.76	1.62
2004	0.22	3.45	3.66	3.23
2005	0.44	5.74	6.17	5.30
2006	0.55	8.78	9.33	8.23
2007	0.68	15.15	15.83	14.48
2008	0.68	17.42	18.10	16.74
2009	0.75	11.19	11.94	10.44
2010	0.51	13.44	13.95	12.93
2011	0.80	15.41	16.20	14.61
2012	0.75	13.00	13.74	12.25
2013	1.04	13.90	14.94	12.86
2014	1.01	10.27	11.28	9.27

续表

年份	进口额	出口额	进出口总额	贸易顺差
2015	1.12	9.86	10.97	8.74
2016	1.61	10.17	11.79	8.56
2017	1.83	11.60	13.43	9.77
2018	2.12	13.27	15.39	11.15
2019	1.45	13.97	15.42	12.52
2020	1.38	15.67	17.04	14.29
2021	3.40	19.77	23.17	16.37

注：1. 进口额指中国从该国家或地区进口商品总额，出口额指中国向该国家或地区出口商品总额；2. 数据经四舍五入，进出口总额、贸易差额可能与通过进口额、出口额计算的数据存在细微差异；3. 贸易顺（逆）差指中国对该国家或地区的贸易顺差或逆差总额，负值表示逆差。

资料来源：国家统计局及海关总署。

从图3-1表明，在过去二十几年中国对克罗地亚的进出口总额实现飞跃式增长，从1998年的0.2亿美元大幅攀升至2021年的23.17亿美元，增长超过100倍，标志着中克两国贸易关系的显著发展。其中中国的出口额增长尤为显著，从0.2亿美元增长到19.77亿美元，近百倍的增长率凸显出中国商品在克罗地亚市场的受欢迎程度。相比之下，虽然进口额也有所增长，但增速较慢，从0增长至3.4亿美元，这反映克罗地亚商品在中国市场可能面临一定的竞争力或需求限制。

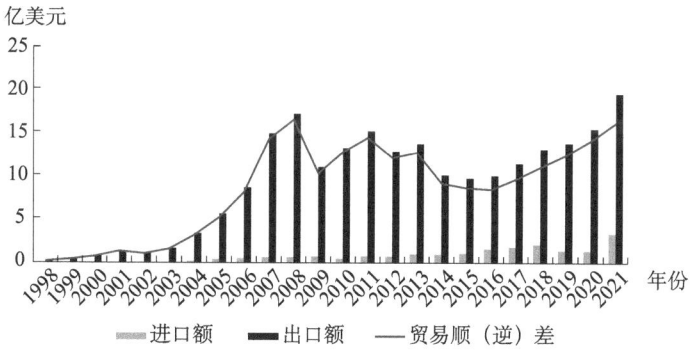

图3-1 1998—2021年中国对克罗地亚进出口额及贸易顺差

同时，中国贸易顺差的持续扩大，0.19亿美元增长至16.37亿美元，近90倍的增长进一步证明中国在双边贸易中的优势地位。尽管存在波动性,如 2009 年全球金融危机期间的短暂下滑,但总体趋势依然是增长,特别是自 2004 年以来,进出口总额和贸易顺差均呈现出较为稳定的增长态势,尤其在几个关键年份增长尤为迅速。展望未来,考虑到克罗地亚的地理位置、资源优势和经济发展潜力,中克两国之间的贸易仍有巨大的拓展空间,双方应进一步加强经贸合作,共同推动双边贸易的繁荣发展。

二、中国从克罗地亚进口情况

中克两国贸易关系的日益紧密,如表 3 - 2 所示,2022 年中国从克罗地亚进口的贸易总额达到 10.54 亿元。进口商品的主要构成横跨多个领域,从基础原材料到高端制造产品,无不体现双方贸易的广泛性和互补性,说明双方贸易结构的多元化。

中国从克罗地亚进口的主要商品集中在木材及制品领域,其占比高达 38.83%。这一领域的贸易增长,不仅反映克罗地亚在木材资源方面的优势,也体现中国对高品质木材及其制品的强劲需求。同时,电机电气设备也是中国从克罗地亚进口的重要商品之一,占比达到 23.73%,这体现克罗地亚在电气制造领域的实力,以及中国对先进电气技术的持续追求。此外,有机化学品、机械器具以及盐、硫磺等原材料也是中国从克罗地亚进口的重要商品。这些领域的贸易往来,不仅满足中国对原材料的需求,也促进克罗地亚相关产业的发展。

中国从克罗地亚进口的贸易结构呈现多元化趋势,双方在各领域的贸易往来均有所增长,展现中克两国贸易合作的广阔前景和巨大潜力。除前述五大类商品,中国还从克罗地亚进口车辆及零件、光学仪器、铝制品等多元化商品,但它们的进口额较小,占比均不足 5%。

表 3 - 2 　　2022 年中国从克罗地亚进口的主要产品构成

商品编码	商品名称	进口额(万元)	占比(%)
	总值	105 436.976	100.00
44	第 44 章 木及木制品;木炭	40 938.2722	38.83
85	第 85 章 电机、电气设备及其零件;录音机及放声机、电视图像、声音的录制和重放设备及其零件、附件	25 015.5981	23.73
29	第 29 章 有机化学品	8 300.4452	7.87

续表

商品编码	商品名称	进口额（万元）	占比（%）
84	第 84 章 核反应堆、锅炉、机器、机械器具及零件	7 160.2091	6.79
25	第 25 章 盐；硫磺；泥土及石料；石膏料、石灰及水泥	6 003.5203	5.69
87	第 87 章 车辆及其零件、附件，但铁道及电车道车辆除外	4 188.6524	3.97
90	第 90 章 光学、照相、电影、计量、检验、医疗或外科用仪器及设备、精密仪器及设备；上述物品的零件、附件	2 565.0521	2.43
76	第 76 章 铝及其制品	2 438.4550	2.31
61	第 61 章 针织或钩编的服装及衣着附件	1 539.8870	1.46
73	第 73 章 钢铁制品	919.8319	0.87
19	第 19 章 谷物、粮食粉、淀粉或乳的制品；糕饼点心	571.6517	0.54
38	第 38 章 杂项化学产品	565.9276	0.54
70	第 70 章 玻璃及其制品	545.9497	0.52
40	第 40 章 橡胶及其制品	483.5863	0.46
62	第 62 章 非针织或非钩编的服装及衣着附件	470.6739	0.45
54	第 54 章 化学纤维长丝；化学纤维纺织材料制扁条及类似品	462.4334	0.44
64	第 64 章 鞋靴、护腿和类似品及其零件	373.9961	0.35
39	第 39 章 塑料及其制品	371.5741	0.35
30	第 30 章 药品	300.6279	0.29
41	第 41 章 生皮（毛皮除外）及皮革	284.2399	0.27
86	第 86 章 铁道及电车道机车、车辆及其零件；铁道及电车道轨道固定装置及其零件；附件；各种机械（包括电动机械）交通信号设备	264.3862	0.25
21	第 21 章 杂项食品	235.3453	0.22
74	第 74 章 铜及其制品	175.4663	0.17
65	第 65 章 帽类及其零件	174.9410	0.17
18	第 18 章 可可及可可制品	170.1246	0.16
42	第 42 章 皮革制品；鞍具及挽具；旅行用品、手提包及类似容器；动物肠线（蚕胶丝除外）制品	136.7567	0.13
22	第 22 章 饮料、酒及醋	115.8139	0.11
48	第 48 章 纸及纸板；纸浆、纸或纸板制品	106.5565	0.10

续表

商品编码	商品名称	进口额（万元）	占比（%）
98	第98章 特殊交易品及未分类商品	89.5701	0.08
33	第33章 精油及香膏；芳香料制品及化妆盥洗品	80.7962	0.08
82	第82章 贱金属工具、器具、利口器、餐匙、餐叉及其零件	64.7194	0.06
59	第59章 浸渍、涂布、包覆或层压的纺织物；工业用纺织制品	62.4274	0.06
94	第94章 家具；寝具、褥垫、弹簧床垫、软坐垫及类似的填充制品；未列名灯具及照明装置；发光标志、发光铭牌及类似品；活动房屋	44.892	0.04
63	第63章 其他纺织制成品；成套物品；旧衣着及旧纺织品；碎织物	34.6064	0.03
69	第69章 陶瓷产品	24.6563	0.02
43	第43章 毛皮、人造毛皮及其制品	23.9295	0.02
32	第32章 鞣料浸膏及染料浸膏；鞣酸及其衍生物；染料、颜料及其他着色料；油漆及清漆；油灰及其他类似胶粘剂；墨水、油墨	16.2312	0.02
92	第92章 乐器及其零件、附件	15.8874	0.02
95	第95章 玩具、游戏品、运动用品及其零件、附件	15.7293	0.01
96	第96章 杂项制品	15.7089	0.01
20	第20章 蔬菜、水果、坚果或植物其他部分的制品	9.8982	0.01
68	第68章 石料、石膏、水泥、石棉、云母及类似材料的制品	8.7101	0.01
49	第49章 书籍、报纸、印刷图画及其他印刷品；手稿、打字稿及设计图纸	7.6782	0.01
28	第28章 无机化学品；贵金属、稀土金属、放射性元素及其同位素的有机及无机化合物	7.671	0.01
17	第17章 糖及糖食	7.0334	0.01
16	第16章 肉、鱼、甲壳动物、软体动物及其他水生无脊椎动物、昆虫的制品	6.283	0.01

资料来源：中国海关信息数据库。

三、中国向克罗地亚出口情况

2022年中国向克罗地亚出口的产品结构展现出极高的丰富度和多样性。如表3-3所示，在各类出口商品中，电机、电气设备及其零件（第

85章）以及核反应堆、锅炉、机器、机械器具及零件（第84章）以压倒性的优势占据前两位，分别占据23.68%和15.49%的出口额。这一数据充分印证中国在电机电气和机械制造领域所拥有的全球领先地位和强大竞争力，表明中国在这些关键产业领域的生产技术和产品质量备受国际市场认可。

表3-3　　2022年中国向克罗地亚出口的主要产品构成

商品编码	商品名称	进口额（万元）	占比（%）
	总值	1 496 182.2920	100.00
85	第85章　电机、电气设备及其零件；录音机及放声机、电视图像、声音的录制和重放设备及其零件、附件	354 296.3931	23.68
84	第84章　核反应堆、锅炉、机器、机械器具及零件	231 747.7239	15.49
95	第95章　玩具、游戏品、运动用品及其零件、附件	81 772.0558	5.47
94	第94章　家具；寝具、褥垫、弹簧床垫、软坐垫及类似的填充制品；未列名灯具及照明装置；发光标志、发光铭牌及类似品；活动房屋	68 853.7202	4.60
39	第39章　塑料及其制品	59 353.0228	3.97
72	第72章　钢铁	55 277.1853	3.69
24	第24章　烟草、烟草及烟草代用品的制品；非经燃烧吸用的产品，不论是否含有尼古丁；其他供人体摄入尼古丁的含尼古丁的产品	47 043.7568	3.14
29	第29章　有机化学品	45 681.6730	3.05
73	第73章　钢铁制品	44 922.9345	3.00
64	第64章　鞋靴、护腿和类似品及其零件	42 931.0482	2.87
61	第61章　针织或钩编的服装及衣着附件	35 466.0737	2.37
76	第76章　铝及其制品	34 481.3236	2.30
90	第90章　光学、照相、电影、计量、检验、医疗或外科用仪器及设备、精密仪器及设备；上述物品的零件、附件	33 192.5044	2.22
38	第38章　杂项化学产品	33 045.5085	2.21
87	第87章　车辆及其零件、附件，但铁道及电车道车辆除外	27 886.0839	1.86
62	第62章　非针织或非钩编的服装及衣着附件	24 513.7041	1.64
69	第69章　陶瓷产品	19 990.7623	1.34
48	第48章　纸及纸板；纸浆、纸或纸板制品	18 455.6901	1.23

续表

商品编码	商品名称	进口额（万元）	占比（％）
70	第70章 玻璃及其制品	17 443.2579	1.17
54	第54章 化学纤维长丝；化学纤维纺织材料制扁条及类似品	16 883.0002	1.13
42	第42章 皮革制品；鞍具及挽具；旅行用品、手提包及类似容器；动物肠线（蚕胶丝除外）制品	15 992.8392	1.07
40	第40章 橡胶及其制品	15 849.1041	1.06
63	第63章 其他纺织制成品；成套物品；旧衣着及旧纺织品；碎织物	14 696.9294	0.98
82	第82章 贱金属工具、器具、利口器、餐匙、餐叉及其零件	14 522.3980	0.97
83	第83章 贱金属杂项制品	12 726.3346	0.85
81	第81章 其他贱金属、金属陶瓷及其制品	10 896.8366	0.73
96	第96章 杂项制品	10 623.2207	0.71
26	第26章 矿砂、矿渣及矿灰	7 838.8677	0.52
67	第67章 已加工羽毛、羽绒及其制品；人造花；人发制品	6 763.7195	0.45
66	第66章 雨伞、阳伞、手杖、鞭子、马鞭及其零件	5 196.3580	0.35
98	第98章 特殊交易品及未分类商品	4 622.9565	0.31
44	第44章 木及木制品；木炭	4 435.7963	0.30
68	第68章 石料、石膏、水泥、石棉、云母及类似材料的制品	4 417.4131	0.30
28	第28章 无机化学品；贵金属、稀土金属、放射性元素及其同位素的有机及无机化合物	4 266.1662	0.29
60	第60章 针织物及钩编织物	4 189.3053	0.28
32	第32章 鞣料浸膏及染料浸膏；鞣酸及其衍生物；染料、颜料及其他着色料；油漆及清漆；油灰及其他类似胶粘剂；墨水、油墨	3 741.7310	0.25
30	第30章 药品	3 662.6903	0.24
25	第25章 盐；硫磺；泥土及石料；石膏料、石灰及水泥	3 531.5883	0.24
55	第55章 化学纤维短纤	3 388.7346	0.23
58	第58章 特种机织物；簇绒织物；花边；装饰毯；装饰带；刺绣品	3 370.4315	0.23
59	第59章 浸渍、涂布、包覆或层压的纺织物；工业用纺织制品	2 935.1131	0.20

续表

商品编码	商品名称	进口额（万元）	占比（%）
57	第57章 地毯及纺织材料的其他铺地制品	2 837.4713	0.19
65	第65章 帽类及其零件	2 632.1324	0.18
3	第3章 鱼、甲壳动物、软体动物及其他水生无脊椎动物	2 609.1663	0.17
36	第36章 炸药；烟火制品；引火合金；易燃材料制品	2 607.3463	0.17
35	第35章 蛋白类物质；改性淀粉；胶；酶	2 604.5150	0.17
5	第5章 其他动物产品	2 207.2966	0.15
34	第34章 肥皂、有机表面活性剂、洗涤剂、润滑剂、人造蜡、调制蜡、光洁剂、蜡烛及类似品、塑型用膏、"牙科用蜡"及牙科用熟石膏制剂	2 147.5743	0.14
56	第56章 絮胎、毡呢及无纺织物；特种纱线；线、绳、索、缆及其制品	2 087.5935	0.14
20	第20章 蔬菜、水果、坚果或植物其他部分的制品	1 946.1909	0.13
37	第37章 照相及电影用品	1 641.8870	0.11
27	第27章 矿物燃料、矿物油及其蒸馏产品；沥青物质；矿物蜡	1 627.8574	0.11
71	第71章 天然或养殖珍珠、宝石或半宝石、贵金属、包贵金属及其制品；仿首饰；硬币	1 608.2383	0.11
89	第89章 船舶及浮动结构体	1 544.5664	0.10
52	第52章 棉花	1 337.1606	0.09
91	第91章 钟表及其零件	1 258.9608	0.08
49	第49章 书籍、报纸、印刷图画及其他印刷品；手稿、打字稿及设计图纸	1 157.9442	0.08
33	第33章 精油及香膏；芳香料制品及化妆盥洗品	1 132.1958	0.08
46	第46章 稻草、秸秆、针茅或其他编结材料制品；篮筐及柳条编结品	1 127.2973	0.08
8	第8章 食用水果及坚果；甜瓜或柑橘属水果的果皮	1 070.1297	0.07
23	第23章 食品工业的残渣及废料；配制的动物饲料	1 066.8586	0.07
74	第74章 铜及其制品	969.9016	0.06
12	第12章 含油子仁及果实；杂项子仁及果仁；工业用或药用植物；稻草、秸秆及饲料	880.5964	0.06

续表

商品编码	商品名称	进口额（万元）	占比（%）
86	第86章 铁道及电车道机车、车辆及其零件；铁道及电车道轨道固定装置及其零件；附件；各种机械（包括电动机械）交通信号设备	788.6831	0.05
88	第88章 航空器、航天器及其零件	775.4835	0.05
4	第4章 乳品；蛋品；天然蜂蜜；其他食用动物产品	751.5097	0.05
7	第7章 食用蔬菜、根及块茎	729.1902	0.05
9	第9章 咖啡、茶、马黛茶及调味香料	712.1579	0.05
17	第17章 糖及糖食	675.7197	0.05
31	第31章 肥料	465.6907	0.03
21	第21章 杂项食品	456.6095	0.03
92	第92章 乐器及其零件、附件	306.5809	0.02
13	第13章 虫胶；树胶、树脂及其他植物液、汁	290.0141	0.02
18	第18章 可可及可可制品	285.8258	0.02
16	第16章 肉、鱼、甲壳动物、软体动物及其他水生无脊椎动物、昆虫的制品	178.5800	0.01
97	第97章 艺术品、收藏品及古物	173.0307	0.01
93	第93章 武器、弹药及其零件、附件	133.8404	0.01
50	第50章 蚕丝	104.1826	0.01
15	第15章 动、植物或微生物油、脂及其分解产品；精制的食用油脂；动、植物蜡	101.2824	0.01
43	第43章 毛皮、人造毛皮及其制品	79.6511	0.01

资料来源：中国海关信息数据库。

同时中国出口至克罗地亚的商品还包括玩具、家具、塑料及其制品、钢铁及制品、烟草制品、有机化学品等，这些商品虽然各自占比较小，但它们的存在共同体现中国出口产品的多元化和全面性。这些产品不仅满足克罗地亚市场的多样化需求，也展示中国在全球产业链中的广泛参与和深厚实力。

中国向克罗地亚出口的产品涵盖从基础原材料到高附加值制成品的广泛领域，充分展现中国出口市场的多样性和强大的市场竞争力。这些出口产品不仅体现中国制造业的深厚底蕴和创新能力，也为中国与克罗地亚之间的贸易往来注入新的活力，进一步巩固双方的经贸关系。

四、浙江省与克罗地亚的进出口贸易规模分析

浙江省作为中国沿海重要的省份,一直秉持着开放包容的贸易政策,并致力于推进与国际市场的合作与交流。自"一带一路"倡议提出以来,浙江省积极响应国家政策,不断深化与世界各国的贸易关系,其中克罗地亚是浙江省与中东欧国家之间的重要贸易伙伴之一。在浙江省与克罗地亚的贸易中,双方均在进口和出口领域得到迅速的发展。

据中国海关统计(详见表3-4),2022年,浙江省与克罗地亚双边贸易额为6.1227亿美元,同比增长9.5%。其中,浙江省出口额为5.8173亿美元,同比增长13.9%;浙江省进口额为0.3054亿美元,同比下降36.7%。2023年,浙江省与克罗地亚双边贸易额为6.4562亿美元,同比增长5.4%。其中,浙江省出口额为6.2350亿美元,进口额为0.2212亿美元。

表3-4　　　2013—2023年浙江省与克罗地亚进出口总额　　单位:亿美元

年份	出口金额	进口金额	进出口金额
2013	5.1884	0.0832	5.2717
2014	3.6337	0.0638	3.6975
2015	3.5758	0.0752	3.6510
2016	3.7585	0.0858	3.8443
2017	3.8027	0.1695	3.9722
2018	4.1460	0.2546	4.4006
2019	4.1963	0.1749	4.3712
2020	4.0227	0.1833	4.2059
2021	5.1081	0.4827	5.5907
2022	5.8173	0.3054	6.1227
2023	6.2350	0.2212	6.4562

资料来源:中国海关总署。

如图3-2所示,2012—2020年,浙江省与克罗地亚的进出口总额波动较大,而到了2021—2022年,进出口总额有明显的增长趋势。总体

来看,浙江省同克罗地亚的贸易呈现出稳步增长的趋势。虽然2014—2015年的进出口总额有所下降,但是随后就持续增长,尤其是在2021—2022年出现较大幅度的增长,预示着浙江省和克罗地亚之间的贸易合作潜力巨大。同时,从趋势上看,浙江省出口到克罗地亚的增幅要大于进口。

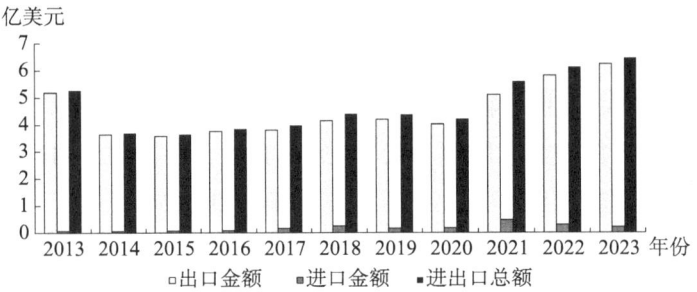

图3-2 2013—2023年浙江省与克罗地亚进出口额变化

浙江省与克罗地亚共和国在经贸合作及其他领域的合作交流不断深化,为双方的共同发展提供重要支持和帮助。随着"一带一路"倡议的实施和中克两国关系的不断加强,相信浙江省与克罗地亚间的合作将有更广阔的发展前景和更深层次的合作空间。

第二节
浙江省与克罗地亚的贸易结构

本节采用国研网"国际贸易研究及决策支持系统"中所记载的浙江省与克罗地亚国家进出口贸易数据,所涉及的商品种类主要根据《商品名称及编码协调制度的国际公约》,即HS编码,将商品分为22个大类。时间跨度为2013—2022年近10年的时间,从浙江省与克罗地亚的进出口贸易,进口贸易和出口贸易三个角度来剖析浙江省与克罗地亚进出口贸易产品的规模。详见表3-5。

表 3-5 二十二个大类商品编码及名称

商品编码	商品名称
T01	第一类 活动物；动物产品
T02	第二类 植物产品
T03	第三类 动、植物油、脂及其分解产品；精制的食用油脂；动、植物蜡
T04	第四类 食品；饮料、酒及醋；烟草、烟草及烟草代用品的制品
T05	第五类 矿产品
T06	第六类 化学工业及其相关工业的产品
T07	第七类 塑料及其制品；橡胶及其制品
T08	第八类 生皮、皮革、毛皮及其制品；鞍具及挽具；旅行用品、手提包及类似容器；动物肠线（蚕胶丝除外）制品
T09	第九类 木及木制品；木炭；软木及软木制品；稻草、秸秆、针茅或其它编结材料制品；篮筐及柳条编结品
T10	第十类 木浆及其它纤维状纤维素浆；回收（废碎）纸或纸板；纸、纸板及其制品
T11	第十一类 纺织原料及纺织制品
T12	第十二类 鞋、帽、伞、杖、鞭及其零件；已加工的羽毛及其制品；人造花；人发制品
T13	第十三类 石料、石膏、水泥、石棉、云母及类似材料的制品；陶瓷产品；玻璃及其制品
T14	第十四类 天然或养殖珍珠、宝石或半宝石、贵金属、包贵金属及其制品；仿首饰；硬币
T15	第十五类 贱金属及其制品
T16	第十六类 机器、机械器具、电气设备及其零件；录音机及放声机、电视图像、声音的录制和重放设备及其零件、附件
T17	第十七类 车辆、航空器、船舶及有关运输设备
T18	第十八类 光学、照相、电影、计量、检验、医疗或外科用仪器及设备、精密仪器及设备；钟表；乐器；上述物品的零件、附件
T19	第十九类 武器、弹药及其零件、附件
T20	第二十类 杂项制品
T21	第二十一类 艺术品、收藏品及古物
T22	第二十二类 特殊交易品及未分类商品

资料来源：国研网"国际贸易研究及决策支持系统"。

一、浙江省与克罗地亚进出口贸易分析

本节选取近 10 年（2013—2022 年）浙江省与克罗地亚的进出口第一数量进行分析，数据来源于中国海关总署。

第一数量，在进出口贸易中，由于商品繁多，各商品的计量单位有时并不一致。例如猪肉的计量单位为重量如千克，而汽车的计量单位则为辆。为确切表述这些计量单位，海关统一用"第一数量"。此外还有第二数量，例如活猪的计量单位可为"千克"，又可为"头"。中国商品贸易数据库使用第一数量，各商品的具体第一数量可见中国商品贸易数据库的"指标信息"。一般而言，越细分的商品，其第一数量会越明确，而有些大类商品由于包含的细分商品计量单位不一致，所以第一数量为空。

根据中国海关数据，2022 年，浙江省对克罗地亚出口总额为 5.8173 亿美元，同比增长 13.88%，进口总额为 0.3054 亿美元，同比下降 36.73%。而进出口金额同比增长 9.5%。并且根据上述数据，可以看出，浙江省与克罗地亚之间的贸易规模在 2012—2022 年不断增长。2012—2019 年，浙江省对克罗地亚的出口额逐年增加并超过进口额。但是，在 2020—2021 年，浙江省对克罗地亚的出口额下降，远低于进口额。尽管如此，2022 年之后，贸易额仍然保持在较高水平上。详见表 3-6。

表 3-6 2013—2022 年浙江省与克罗地亚进出口数量（以第一数量为准）

年份	出口第一数量	进口第一数量	进出口第一数量
2013	236 444 736.00	2 804 231.00	239 248 967.00
2014	194 024 412.00	9 757 450.00	203 781 862.00
2015	181 783 531.00	13 420 012.00	195 203 543.00
2016	203 866 619.00	13 388 435.00	217 255 054.00
2017	233 759 502.00	32 102 753.00	265 862 255.00
2018	247 908 647.00	38 775 430.00	286 684 077.00
2019	256 534 003.00	29 061 499.00	285 595 502.00
2020	215 137 689.00	28 449 528.00	243 587 217.00
2021	240 066 690.00	47 078 717.00	287 145 407.00
2022	225 909 901.00	43 724 141.00	269 634 042.00

资料来源：EPS 数据平台中国地区贸易数据库。

从数据来看，浙江省与克罗地亚的进出口贸易主要以出口为主，且贸易总额有望继续增长。浙江省在这一趋势中，很有可能在未来继续加强与克罗地亚的贸易关系，并增加出口商品的多样化，进一步推动两国的贸易往来。

二、浙江省从克罗地亚的进口贸易结构分析

在双边贸易进口额方面，浙江省与克罗地亚近 10 年（2013—2022 年）二十二类产品的双边进口贸易额为 1.88 亿美元。其中，最小值为 2014 年的第十类（木浆及其他纤维状纤维素浆；回收（废碎）纸或纸板；纸、纸板及其制品的双边进口贸易额），其值仅为 9 美元。最大值为 2021 年的第九类（木及木制品；木炭；软木及软木制品；稻草、秸秆、针茅或其他编结材料制品；篮筐及柳条编结品）的双边进口贸易额，其值高达 0.25 亿美元。分大类产品来看，对于第十九和第二十一类产品，浙江省与克罗地亚一直没有贸易往来，且双边进口贸易额为 0。对于第二十类产品来说，其值仅为 522 美元。其次较低的是第十九类产品，其值仅为 1 963 美元。最高的产品是第九类（木及木制品；木炭；软木及软木制品；稻草、秸秆、针茅或其他编结材料制品；篮筐及柳条编结品），其值高达 1.21 亿美元。

对二十二类的产品进口贸易额从低到高进行排序，如表 3-7 所示，第一至第十名分别为 T09（木及木制品；木炭；软木及软木制品；稻草、秸秆、针茅或其它编结材料制品；篮筐及柳条编结品）、T16（机器、机械器具、电气设备及其零件；录音机及放声机、电视图像、声音的录制和重放设备及其零件、附件）、T17（车辆、航空器、船 15 舶及有关运输设备）、T18（光学、照相、电影、计量、检验、医疗或外科用仪器及设备、精密仪器及设备；钟表；乐器；上述物品的零件、附件）、T10（木浆及其它纤维状纤维素浆）、T15（贱金属及其制品）、T11（纺织原料及纺织制品）、T04（食品；饮料、酒及醋；烟草、烟草及烟草代用品的制品）、T07（塑料及其制品；橡胶及其制品）、T20（杂项制品）；第十一至第二十名分别是 T06（化学工业及其相关工业的产品）、T12（鞋、帽、伞、杖、鞭及其零件；已加工的羽毛及其制品；人造花；人发制品）、T05（矿产品）、T08（生皮、皮革、毛皮及其制品；鞍具及挽具；旅行用品、手提包及类似容器；动物肠线（蚕胶丝除外）制品）、T13（石料、石膏、水泥、石棉、云母及类似材料的制品；陶瓷产品；玻璃及其制品）、T03（动、植物油、脂及其分解产品；精制的食用油脂；动、植物蜡）、T22（特殊交易品及未分类商品）、T02（植物产品）、T14（天然或养殖珍珠、宝石或半宝石、贵金属、包贵金属及其制品；仿首饰；硬币）、T01（活动物；动物产品）。而T19（武器、弹药及其零件、附件）以及T21（艺术品、收藏品及古物）这两类产品，浙江省与克罗地亚一直没有贸易往来。

表3-7　2013—2022年二十二类产品进口贸易总额排序情况

序号	产品编码	贸易额（美元）
1	T09	121 496 746
2	T16	21 845 346
3	T17	18 852 615
4	T18	3 502 830
5	T10	3 338 101
6	T15	3 190 704
7	T11	2 638 102
8	T04	2 614 716
9	T07	1 551 094
10	T20	1 293 341
11	T06	1 028 961
12	T12	829 661
13	T05	685 587
14	T08	597 023
15	T13	195 755
16	T03	105 897
17	T22	29 606
18	T02	23 687
19	T14	1 963
20	T01	522
21	T19	0
22	T21	0

资料来源：国研网。

如图3-3所示,在2012—2021年的10年间,浙江省从克罗地亚进口的主要产品中,木材加工及木、竹、藤、棕、草制品占据显著优势,其占比长期稳定在50%左右,并在2017年达到约75%的峰值。然而,此后这一占比开始下滑,特别是在2020—2021年,降幅接近20%。同时电器机械和器材作为第二大进口产品,其占比也在这十年间呈现波动下降趋势,特别是在2021年出现显著减少。相较之下,其他产品的进口份额常年保持在较低水平,均未超过10%。

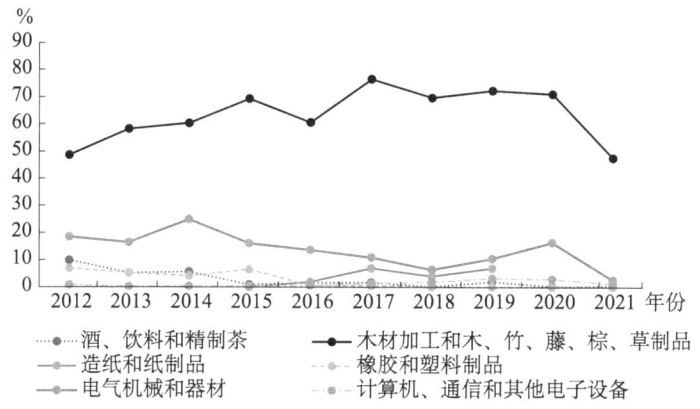

图3-3 2012—2021年浙江省自克罗地亚进口占比较高的六大类产品

浙江省自克罗地亚进口的产品主要集中在木材加工品(特别是经纵锯、纵切、刨切或旋切的木材)、电路开关等电气装置以及原木三大类别。在2012—2021年,木材加工品的进口占比持续领先,尤其在2015—2019年占比超过50%,但2021年显著下降至43.91%。同时,电气装置的进口占比波动较大,整体呈下降趋势,至2021年仅占2.52%。原木进口虽相对稳定,但占比也逐年减少,从2012年的11.90%降至2021年的3.66%。这些变化表明浙江省在克罗地亚的进口策略可能正在经历调整。详见表3-8。

表3-8   2012—2021年浙江省自克罗地亚进口占比最高的产品及比重

年份	木材加工品(4407)		电器装置(8536)		原木(4403)	
	金额(美元)	占比(%)	金额(美元)	占比(%)	金额(美元)	占比(%)
2012	2 104 474	36.75%	986 387	17.22%	681 440	11.90%
2013	4 228 200	49.96%	1 381 451	16.32%	698 779	8.26%
2014	3 315 070	51.96%	1 579 661	24.76%	537 047	8.42%

续表

年份	木材加工品（4407）		电器装置（8536）		原木（4403）	
	金额（美元）	占比（%）	金额（美元）	占比（%）	金额（美元）	占比（%）
2015	4 746 041	63.08%	1 154 432	15.34%	466 966	6.21%
2016	4 750 270	55.38%	1 090 070	12.71%	445 961	5.20%
2017	9 065 785	70.94%	1 264 653	9.90%	716 704	5.61%
2018	17 441 369	68.50%	1 442 662	5.67%	301 084	1.18%
2019	12 395 132	70.91%	1 577 640	9.03%	77 655	0.44%
2020	12 317 810	67.20%	2 354 539	12.85%	441 974	2.41%
2021	18 815 225	43.91%	1 078 144	2.52%	1 569 590	3.66%

注：木材加工品具体（4407）为：经纵锯、纵切、刨切或旋切的木材，不论是否刨平、砂光或端部接合，厚度>6mm；电器装置（8536）为：电路开关、保护或连接用的电气装置（例如，开关、继电器、熔断器、电涌抑制器、插头、插座、灯座及其他连接器、接线盒），用于电压≤1 000V的线路；光导纤维、光导纤维束或光缆用连接器；原木具体（4403）为：原木，不论是否去皮、去边材或粗锯成方。

三、浙江省向克罗地亚出口的贸易结构分析

在双边贸易出口额方面，浙江省与克罗地亚在二十二类产品近10年（2013—2022年）的双边出口贸易额为49.24亿美元。其中，最小值为2020年的第二十一类（艺术品、收藏品及古物）的双边出口贸易额，其值仅为2 249美元。最大值为2013年的第十二类（鞋、帽、伞、杖、鞭及其零件；已加工的羽毛及其制品；人造花；人发制品）的双边出口贸易额，其值高达5.19亿美元。对于第二十一类产品来说，浙江省与克罗地亚的双边出口贸易额的均值最低，其值仅为60 961美元。其次较低的是第三类产品，其值仅为106 462美元。出口占比最高的产品是第十六类产品（机器、机械器具、电气设备及其零件；录音机及放声机、电视图像、声音的录制和重放设备及其零件、附件），其值高达7.81亿美元，对于其余10类产品来说，浙江省在样本期间都与克罗地亚有交易，但额度不大。详见表3-9。

表3-9　2013—2022年浙江省二十二类产品出口贸易总额排序情况

序号	产品类别	贸易额（美元）
1	T16	780 593 648
2	T11	652 748 986

续表

序号	产品类别	贸易额（美元）
3	T20	568 190 309
4	T15	453 460 428
5	T12	409 859 673
6	T07	255 386 891
7	T06	184 409 568
8	T13	147 661 838
9	T17	80 220 149
10	T08	78 407 413
11	T10	72 937 746
12	T18	61 522 225
13	T01	31 777 322
14	T09	16 230 195
15	T14	11 901 366
16	T05	11 074 657
17	T22	4 014 208
18	T04	3 221 206
19	T02	498 753
20	T19	174 594
21	T03	106 462
22	T21	60 961

对二十二类的产品出口贸易额从高到低进行排序，由表3－9可以看出，第一至第十名分别为T16（机器、机械器具、电气设备及其零件；录音机及放声机、电视图像、声音的录制和重放设备及其零件、附件）、T11（纺织原料及纺织制品）、T20（杂项制品）、T15（贱金属及其制品）、T12（鞋、帽、伞、杖、鞭及其零件；已加工的羽毛及其制品；人造花；人发制品）、T07（塑料及其制品；橡胶及其制品）、T06（化学工业及其相关工业的产品）、T13（石料、石膏、水泥、石棉、云母及类似材料的制品；陶瓷产品；玻璃及其制品）、T17（车辆、航空器、船舶及有关运输设备）、T08（生皮、皮革、毛皮及其制品；鞍具及挽具；旅行用品、

手提包及类似容器；动物肠线（蚕胶丝除外）制品；回收（废碎）纸或纸板；纸、纸板及其制品）；第十一至第二十二名分别是 T10（木浆及其它纤维状纤维素浆）、T18（光学、照相、电影、计量、检验、医疗或外科用仪器及设备、精密仪器及设备；钟表；乐器；上述物品的零件、附件）、T01（活动物；动物产品）、T09（木及木制品；木炭；软木及软木制品；稻草、秸秆、针茅或其它编结材料制品；篮筐及柳条编结品）、T14（天然或养殖珍珠、宝石或半宝石、贵金属、包贵金属及其制品；仿首饰；硬币）、T05（矿产品）、T22（特殊交易品及未分类商品）、T04（食品；饮料、酒及醋；烟草、烟草及烟草代用品的制品）、T02（植物产品）、T19（武器、弹药及其零件、附件）、T03（动、植物油、脂及其分解产品；精制的食用油脂；动、植物蜡）、T21（艺术品、收藏品及古物）。

克罗地亚在 2012—2021 年，皮革、毛皮、羽毛及其制品和制鞋的出口占比经历显著的下滑，从原先的 50% 大幅下降，并逐渐与纺织、服饰以及金属制品的出口占比趋近。2021 年间，金属制品和电器机械类产品的出口占比稳定在 10% 左右，而其余类别如纺织服装类、通用设备、纺织、皮革等产品的出口占比均低于 10%，充分显示出浙江对克罗地亚出口产品的多样性和行业间竞争的加剧。如图 3-4 所示。

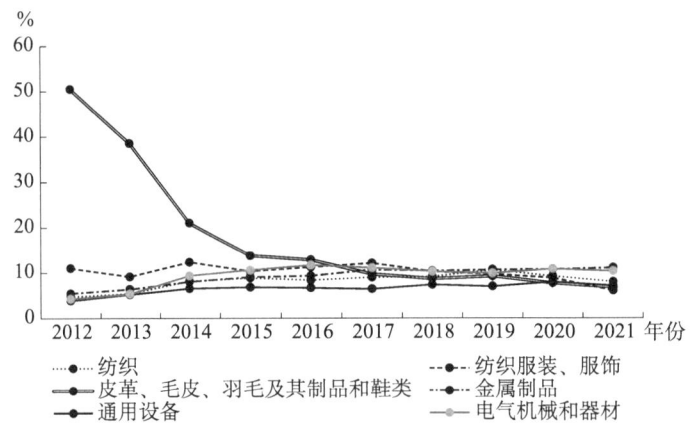

图 3-4　2012—2021 年浙江省对克罗地亚出口占比较高的六大类产品

在 2012—2014 年，浙江省对克罗地亚的出口中，橡胶或塑料制鞋靴占据主导地位，但随后其占比迅速下滑。同时玩具类产品的出口开始逐渐增长。进入 2015—2017 年，各产品类别的出口占比虽然波动，但整体趋势平稳，玩具类产品占比持续增长，而橡胶或塑料制鞋靴的占比则持续下降。到2018—2021年，玩具类产品已成为浙江省对克罗地亚出口的主要产品之一，其出口占比持续增长，而橡胶或塑料制鞋靴的出口占比继续下滑，灯具及照明装置的出口占比则保持相对稳定。

在2012—2021年，浙江省对克罗地亚的出口结构发生显著变化。橡胶或塑料制鞋靴（6402）的出口金额和占比呈现出明显的下降趋势，从2012年的高峰42.46%减少到2021年的2.22%，反映出浙江省在这一产品类别上对克罗地亚市场的出口竞争力逐渐减弱。相反，玩具类产品（9503）的出口金额和占比则持续上升，从2012年的极低水平增长到2021年的3.69%，表明浙江省在玩具及类似产品上对克罗地亚市场的出口竞争力不断增强（详见表3-10）。浙江省应持续加强玩具类产品的研发与生产，并灵活调整出口策略以保持市场竞争力。

表3-10　　2012—2021年浙江省对克罗地亚出口占比最高的产品及比重

年份	橡胶或塑料制鞋靴（6402）		玩具类产品（9503）		灯具及照明装置（9405）	
	金额（美元）	占比（%）	金额（美元）	占比（%）	金额（美元）	占比（%）
2012	254 182 167	42.46	1 524 786	0.25	3 566 233	0.60
2013	163 973 492	31.57	1 147 184	0.22	5 825 077	1.12
2014	20 165 584	5.55	1 058 236	0.29	11 430 381	3.14
2015	47 080 131	13.16	1 445 453	0.40	10 933 780	3.06
2016	22 485 340	5.95	4 237 115	1.12	15 422 989	4.08
2017	15 714 670	4.09	12 034 906	3.13	13 166 021	3.43
2018	15 650 853	3.77	14 077 455	3.40	12 103 451	2.92
2019	13 740 387	3.20	16 607 641	3.86	12 500 930	2.91
2020	9 997 599	2.49	13 692 734	3.40	12 118 228	3.01
2021	9 179 294	2.22	15 222 465	3.69	12 053 746	2.92

注：橡胶或塑料制鞋靴（6402）为：橡胶或塑料制外底及鞋面的其他鞋靴；玩具类产品（9503）为：三轮车、踏板车、踏板汽车及类似的带轮玩具；玩偶车；玩偶；其他玩具；缩小（按比例缩小）的模型及类似的娱乐用模型，不论是否活动；各种智力玩具；灯具及照明装置（9405）为：其他品目未列名的灯具及照明装置，包括探照灯、聚光灯及其零件；装有固定光源的发光标志、发光铭牌及类似品，以及其他处未列名的这些货品的零件。

第三节
浙江省与克罗地亚的贸易依存度

一、贸易依存度

贸易依存度（foreign trade degree of dependence，FTD）亦称"外贸依存率"，指一定时期内一国或一地区的进出口贸易值与该国（地区）同时期内的国内生产总值（GDP）的比值。它是衡量一国（地区）的经济发展对进出口贸易的依赖程度，也是反映该国（地区）与国际市场联系程度的标尺，作为衡量一国或地区的国际市场开放程度的指标之一。其计算公式是：

$$贸易依存度 = \frac{进出口总额}{国内生产总值}$$

如果把出口额和进口额与国民生产总值进行比率，依存度又可分为出口依存度和进口依存度，即一国（地区）出口或进口额相当于 GDP 的比例。其计算公式分别是：

$$出口依存度 = \frac{出口额}{国内生产总值}，进口密集度 = \frac{进口额}{国内生产总值}$$

当代国际经济环境表明，无论各国的发展程度如何，各国之间的关系和相互依存度都在不断增加。在开放经济中，对外贸易的发展主要意味着国内生产总值（GDP）的增长。贸易依存度越高，表明该国家（地区）经济的国际化程度越高，与国际市场的联系越紧密，对周边国家、地区的辐射力和经济拉动力也越强。但同时，外贸依存度越高，也意味着该国（地区）经济增长对国际环境的依赖程度越深。一旦贸易伙伴国出现经济或政治动荡，对该国（地区）的进出口贸易量影响较大，从而影响经济增长的稳定性。因此，贸易依存度的相关研究可以为国家经济稳定发展、产业结构的调整以及国际贸易政策调整等方面提供参考。

二、浙江省的贸易依存度

近几年来对外贸易逐年快速增长,对浙江省经济发展有极大的促进作用。图3-5显示了浙江省贸易规模及贸易依存度。

改革开放以来,浙江省从改革开放初期的"摸着石头过河"、推动乡镇企业异军突起,到20世纪90年代推动民营企业蓬勃发展,从占中国土地面积1.1%的"资源小省",到GDP总量稳居全国第一梯队,以开放大省姿态深度融入全球经济。在经济快速发展的同时,浙江省的经济外向度一直很高,已发展成为中国城乡区域发展最均衡、民众最富裕、社会秩序最优的省份之一,中国经济最具活动的省份之一。

如图3-5所示,2002—2021年的20年间,浙江省进出口总额从0.35亿元增长至4.14亿元,年平均增幅达14.64%。同期,浙江省贸易依存度在43.19%—72.15%,平均外贸依存度为56.9%。其中,2006年的贸易依存度最高,达72.49%。受2008年金融危机的影响,2009年贸易依存度下降到56.16%。

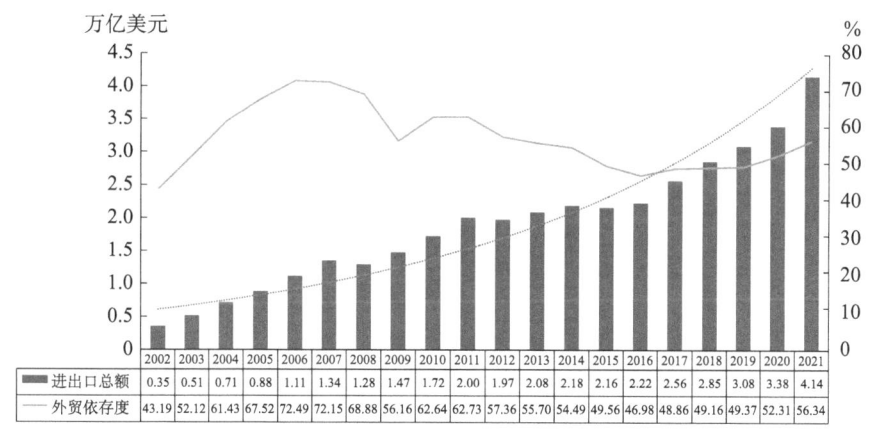

图3-5　2002—2021年浙江省贸易规模及贸易依存度

资料来源:国研网国际贸易研究及决策支持系统。

2012—2020年,浙江省的高水平开放持续扩大,货物进出口总额由2012年的1.97万亿元增至2021年的4.14万亿元,居全国第3位,年均增长8.57%。其中,出口额由1.42万亿元增至3.01万亿元;进口额由0.55万亿元增至1.13万亿元。机电和高新技术产品出口占出口总额的比重分别由42.7%和6.6%升至45.8%和9.0%。对"一带一路"沿线国家进出口额 1.42 万亿元，占全省进出口总额的 34.3%。跨境电商进出口额 0.33 亿元，规模约占全国六分之一，居全国第 2 位。这十年间的贸易依存度为 46.98%—57.36%。

三、克罗地亚的贸易依存度

通过前文的分析发现，克罗地亚国土面积小，人口规模较小，产业发展不均衡，但其生态环境较好，旅游业比较发达，农业、医药和汽车产业近年来发展较快。根据世界银行数据显示，在 2009—2022 年，除 2020 这一特殊的年份外，克罗地亚的贸易额占 GDP 总值的比例，逐年递增，2022 年克罗地亚贸易依存度达到 123.83%，为历史的最高水平。到了 2023 年，克罗地亚的贸易依存度回落到 109.92%。经济对外依存度较高，且易受外部不确定性因素的影响。详见图 3-6。

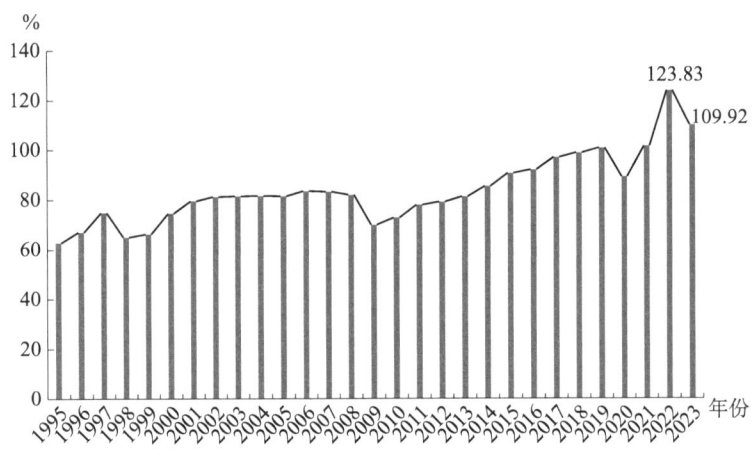

图 3-6 克罗地亚的贸易依存度

资料来源：世界银行数据库（https：//data.worldbank.org.cn/indicator/NE.TRD.GNFS.ZS?end=2023&start=1995&view=chart）。

从交易对象来看，克罗地亚 2/3 的对外贸易是与欧盟国家进行的。就国家而言，2021 年和 2022 年，克罗地亚主要出口目的国是意大利、德国、斯洛文尼亚、波黑和匈牙利这五国，而进口来源国则是意大利、德国、斯洛文尼亚、匈牙利这四国。可以发现，意大利、德国、斯洛文尼亚和匈牙利这四国在克罗地亚对外贸易中占重要地位，集中度较高。2021 年和 2022 年克罗地亚主要贸易对象情况详见表 3-11。

表 3-11　　2021 年和 2022 年克罗地亚的主要贸易对象国

2021 年				2022 年			
贸易对象国（前五位）	出口额（亿美元）	贸易对象国（前五位）	进口额（亿美元）	贸易对象国（前五位）	出口额（亿美元）	贸易对象国（前五位）	进口额（亿美元）
意大利	28.55	德国	49.89	意大利	34.4	意大利	59.2
德国	26.91	意大利	42.48	斯洛文尼亚	28.7	德国	52.5
斯洛文尼亚	23.44	斯洛文尼亚	36.92	德国	28.2	斯洛文尼亚	46.8
波黑	19.33	匈牙利	24.98	匈牙利	26.5	匈牙利	31.9
匈牙利	18.00	奥地利	21.14	波黑	24.5	美国	31.1

从出口方面看，2021 年，与欧盟国家的贸易占克罗地亚出口的 67%，德国 13.08%、意大利 12.33% 和斯洛文尼亚 10.74%，这三个国家也是克罗地亚前 3 大出口对象国。匈牙利占比 8.24，为第 4 大出口对象国；欧盟以外的地区，波黑以 8.85% 的出口总额位居进口国之首，其次是塞尔维亚，占 5%。详见图 3-7。

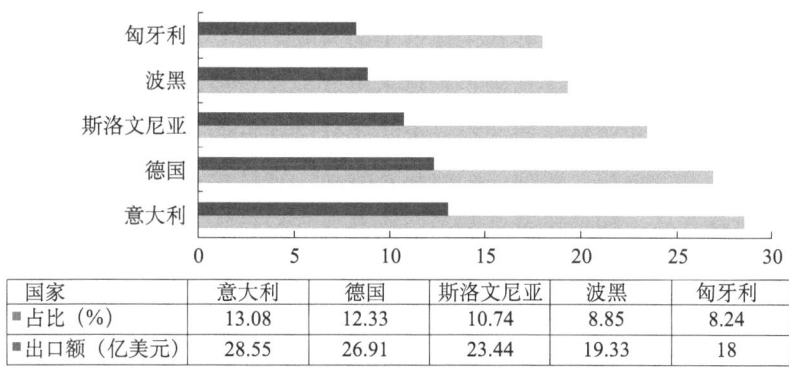

图 3-7　2021 年克罗地亚前五大出口国及出口额

资料来源：世界银行（https：//wits.worldbank.org/countrysnapshot/en/HRV/textview）。

从进口方面看，克罗地亚约 77% 的需求来自欧盟成员国，进口来源国前 5 位均为欧盟成员国，分别是德国 14.79%、意大利 12.59%、斯洛文尼亚 10.95%、匈牙利 7.41% 和奥地利 6.27%；至于欧盟以外的地区，克罗地亚约 5% 的需求来自中国，3% 来自波黑。详见图 3-8。

在经济全球化的背景下，中国与克罗地亚之间的贸易往来日益频繁。浙江省作为中国的经济大省，与克罗地亚的贸易关系尤为引人注目。这些年来，浙江省与克罗地亚的贸易规模持续扩大，双方在进口和出口领域均

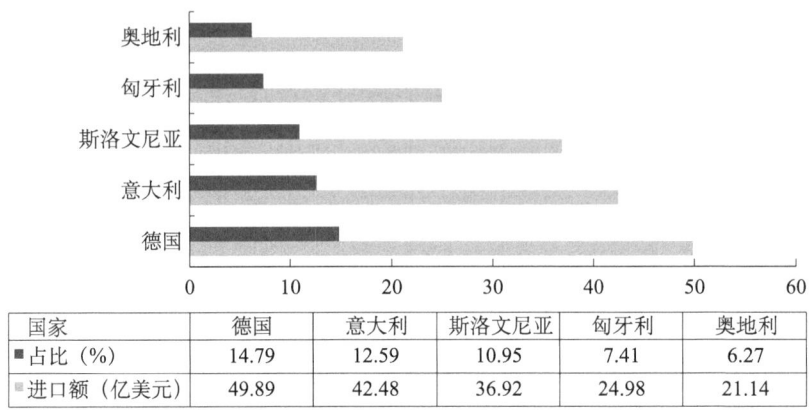

图 3-8　2021 年克罗地亚前五大进口国及出口额

资料来源：世界银行（https：//wits.worldbank.org/countrysnapshot/en/HRV/textview）。

取得了显著的发展成果。这种贸易关系的不断深化，不仅推动了双方经济的增长，也为两国的友好合作奠定了坚实的基础。

贸易规模上浙江省与克罗地亚的贸易往来呈现出稳步增长的态势。随着双方经济实力的不断提升和市场需求的不断扩大，浙江省与克罗地亚之间的贸易额逐年攀升。这种增长趋势不仅体现在总量的增加上，更体现在贸易结构的优化和贸易品质的提升上。贸易结构方面，浙江省与克罗地亚的贸易涉及多个领域，包括纺织原料及制品、鞋帽伞杖等轻工产品、石料水泥等建材产品、贱金属及其制品、机器电气设备等高科技产品等。这些多样化的贸易产品不仅满足了双方市场的不同需求，也反映了浙江省与克罗地亚在各自领域的产业优势和竞争力。浙江省在纺织品、轻工产品等领域的出口方面具有明显优势，这些产品以其高品质、低价格和良好的售后服务赢得了克罗地亚市场的青睐。同时，克罗地亚在高科技产品、矿产资源等领域具有独特的优势，为浙江省提供丰富的进口资源。

浙江省与克罗地亚的贸易依存度也在不断提高。随着双方贸易规模的不断扩大，浙江省与克罗地亚的经济联系日益紧密。这种依存度的提升不仅有助于双方经济的共同发展，也为两国在更深层次、更广领域开展合作提供了可能。

尽管浙江省与克罗地亚的贸易关系取得了显著成果，但仍存在一些挑战和问题需要解决。例如，双方在市场准入、贸易壁垒、知识产权保护等方面仍存在一些分歧和争议。因此，未来双方需要进一步加强沟通和协调，推动贸易关系的健康发展。浙江省与克罗地亚的贸易关系有望继续保持增长态势。

浙江省与克罗地亚的贸易关系具有广阔的发展前景和巨大的合作潜力。随着双方经济的不断发展和市场的不断扩大，浙江省与克罗地亚之间的贸易往来将更加频繁和密切。双方有必要进一步加强和推进技术创新、产业合作等领域的交流与合作，推动贸易关系向更高层次、更广领域发展。双方应继续加强沟通和合作，共同推动贸易关系的健康发展，为两国的经济繁荣和友好合作作出更大的贡献。

第四章

浙江省与克罗地亚贸易潜力

浙江省和克罗地亚之间的贸易潜力很大,这是因为两国在不同领域都有非常具有竞争力的产品和服务。本节将从浙江省与克罗地亚的贸易竞争性、贸易互补性以及贸易潜力三个方面对浙江省与克罗地亚的贸易潜力进行具体分析。

贸易数据来自 UNComtrade 数据库、EPS 数据库、国研网数据库,其中,商品种类主要根据《商品名称及编码协调制度的国际公约》,即 HS 编码,将商品按照 T01—T22 分为 22 个大类,如第三章第二节的表 3-5 所示。在此基础上,首先采用显示性比较优势指数(RCA)和竞争优势指数(TC)分析浙江省与克罗地亚的贸易竞争性。其次采用贸易互补性指数和产业内贸易指数分析浙江省与克罗地亚的贸易互补性。最后引入贸易潜力模型,研究浙江省与克罗地亚的贸易潜力。

第一节
浙江省与克罗地亚的贸易竞争性分析

一、显示性比较优势指数分析

显示性比较优势指数(Revealed Comparative Advantage Index,简称

RCA 指数）常用于评估国家或地区在某一特定产品或服务领域内的竞争优势。基于国际贸易数据，通过计算一个国家在特定产品或服务的出口比重与该国在全球总出口中的比重之间的差异来评估其相对竞争力。一般认为，一国（地区）RCA 指数大于 2.5，则表明该国（地区）该产品具有极强的国际竞争力；RCA 在 2.5—1.25，表明该国（地区）该产品具有很强的国际竞争力；RCA 在 1.25—0.8，则认为该国（地区）该产品具有较强的国际竞争力；RCA 小于 0.8，则表明该国（地区）该产品的国际竞争力较弱。

通过分析 RCA 指数有利于一国更高的进行产业政策制定、市场开拓和资源配置等方面的决策，RCA 指数的计算公式如下：

$$RCA_{ik} = \frac{X_{ik}/X_i}{W_k/W} \tag{1}$$

式（1）中，RCA_{ik} 表示 i 国 k 产品的显示性比较优势，X_{ik} 表示 i 国 k 类产品的出口额，X_i 表示 i 国所有产品的出口额，W_k 表示世界所有国家 k 类产品的出口总额，W 表示世界所有产品的出口总额，若 RCA 指数大于 1，则说明该国在该领域具有竞争优势；反之，则说明该国在该领域缺乏竞争力。

表 4-1 显示，浙江省在 2012—2021 年，其出口产品的 RCA 指数总体呈现下降趋势，表明浙江省大部分出口商品（T01-T18）在国际市场上的竞争力可能有所减弱。然而，值得注意的是，T11 和 T20 两类产品的 RCA 指数始终保持在高位，尤其是 T11 的 RCA 指数远高于其他产品，显示出浙江省在这两类产品上拥有极强的国际竞争力。相反，T05 的 RCA 指数极低，几乎为 0，这反映出浙江省在这一类产品上的国际竞争力非常薄弱。此外，T12 的 RCA 指数在此期间波动较大，显示出浙江省在这一产品上的竞争力存在不确定性。

表 4-1　2012—2021 年浙江省出口产品 RCA 指数

商品代码	2012 年	2013 年	2014 年	2015 年	2016 年	2017 年	2018 年	2019 年	2020 年	2021 年	平均值
T01	0.44	0.45	0.43	0.37	0.38	0.39	0.37	0.32	0.23	0.20	0.35
T02	0.19	0.19	0.16	0.15	0.15	0.17	0.16	0.16	0.15	0.13	0.16
T03	0.02	0.02	0.03	0.03	0.02	0.05	0.05	0.03	0.03	0.03	0.03
T04	0.27	0.27	0.25	0.24	0.23	0.24	0.26	0.24	0.21	0.18	0.23

续表

商品代码	2012年	2013年	2014年	2015年	2016年	2017年	2018年	2019年	2020年	2021年	平均值
T05	0.001	0.001	0.001	0.001	0.001	0.005	0.005	0.004	0.010	0.051	0.007
T06	0.62	0.57	0.56	0.52	0.54	0.65	0.67	0.66	0.72	0.77	0.62
T07	0.90	0.90	0.97	1.04	1.10	1.10	1.16	1.28	1.43	1.58	1.14
T08	3.08	3.27	2.90	2.75	3.00	2.84	3.00	2.89	2.05	1.95	2.77
T09	1.42	1.28	1.20	1.26	1.27	1.16	1.14	1.05	1.09	1.13	1.20
T10	0.55	0.60	0.73	0.78	0.87	0.78	0.78	0.89	0.97	0.90	0.78
T11	7.22	7.40	6.66	6.09	6.13	6.10	6.15	6.07	5.54	4.96	6.23
T12	6.23	6.31	5.79	5.28	5.11	4.40	4.27	3.98	2.79	2.59	4.67
T13	1.07	1.03	1.11	1.18	1.27	1.41	1.35	1.56	2.15	1.41	1.35
T14	0.08	0.08	0.08	0.11	0.09	0.04	0.04	0.04	0.04	0.04	0.06
T15	1.25	1.29	1.37	1.34	1.33	1.36	1.35	1.43	1.64	2.01	1.44
T16	0.95	0.98	0.92	0.89	0.94	1.03	1.09	1.12	1.15	1.20	1.03
T17	0.54	0.50	0.47	0.42	0.39	0.37	0.38	0.36	0.36	0.45	0.42
T18	0.54	0.52	0.51	0.54	0.53	0.53	0.52	0.55	0.58	0.52	0.53
T19	—	—	—	—	—	—	0.21	0.19	0.18	0.24	0.20
T20	4.83	4.79	4.73	4.77	5.28	5.32	5.48	5.63	6.19	5.86	5.28

注：表中"—"表示数据缺失。
资料来源：国研网国际贸易研究及决策支持系统及联合国UNCOMTRADE数据库。

表4-2显示，克罗地亚在2012—2021年间，其出口产品的显示性比较优势（RCA）指数呈现出与浙江省不同的趋势。克罗地亚的多个产品（T02，T04，T05，T09，T11、T15、T17、T20）的RCA指数在此期间均有所上升，表明这些产品在国际市场上的竞争力可能有所增强。其中，T04、T05、T06和T09的RCA指数在多个年份内均保持在较高水平，尤其是T04和T05在2021年的RCA指数分别达到4.91和3.34，凸显克罗地亚在这几类产品上的强大国际竞争力。然而，T02的RCA指数存在较大的波动，从2012年的0.52增长到2018年的1.78，但随后又下降至2021年的1.63，这反映克罗地亚在这一产品上竞争力的不稳定性。

表 4-2　　　　2012—2021 年克罗地亚出口产品 RCA 指数

商品代码	2012年	2013年	2014年	2015年	2016年	2017年	2018年	2019年	2020年	2021年	平均值
T01	0.51	0.49	0.53	0.65	0.72	0.85	0.75	0.63	0.32	1.01	0.65
T02	0.52	0.54	0.75	0.92	1.07	1.12	1.78	1.22	0.64	1.63	1.02
T03	0.08	0.08	0.09	0.14	0.17	0.10	0.00	0.02	0.01	0.02	0.07
T04	1.28	1.32	1.33	1.56	1.75	2.66	2.69	4.70	4.02	4.91	2.62
T05	2.08	1.87	1.81	2.92	5.25	4.26	3.60	2.46	2.71	3.34	3.03
T06	1.91	2.01	2.04	2.31	2.18	3.71	2.46	2.16	1.59	1.12	2.15
T07	0.59	0.62	0.62	0.84	0.89	0.98	1.17	0.89	0.53	1.29	0.84
T08	0.26	0.25	0.21	0.24	0.21	0.12	0.00	0.03	0.01	0.02	0.14
T09	0.97	0.92	0.90	1.23	1.44	1.28	1.96	1.87	1.81	1.34	1.37
T10	0.39	0.38	0.39	0.53	0.62	0.34	0.15	0.22	0.19	0.23	0.34
T11	1.03	0.99	0.90	1.06	1.17	1.62	3.76	1.93	1.98	3.16	1.76
T12	0.34	0.32	0.32	0.36	0.38	0.32	0.08	0.13	0.14	0.21	0.26
T13	0.41	0.42	0.41	0.52	0.59	0.57	0.41	0.35	0.14	0.41	0.41
T14	0.06	0.06	0.09	0.12	0.17	0.12	0.02	0.00	0.00	0.12	0.08
T15	1.53	1.51	1.49	2.18	2.34	2.86	3.34	2.75	2.32	3.11	2.34
T16	2.89	2.88	2.90	3.63	3.85	2.97	2.76	2.50	2.25	2.78	2.94
T17	1.21	1.50	1.18	1.37	1.27	1.41	1.17	1.82	2.21	2.46	1.56
T18	0.36	0.22	0.24	0.30	0.30	0.11	0.01	0.04	0.01	0.12	0.17
T19	0.14	0.06	0.13	0.16	0.16	0.21	0.02	0.04	0.01	0.09	0.10
T20	0.58	0.56	0.59	0.75	0.79	1.14	1.36	0.92	0.53	1.68	0.89

资料来源：国研网国际贸易研究及决策支持系统及联合国 UNCOMTRADE 数据库。

表 4-3 显示，浙江省在出口方面的 RCA 指数均高于进口方面，表明浙江省在出口上的竞争力相对较强，尤其是在出口方面，浙江省在多个领域具有较强的竞争优势。而克罗地亚的总体贸易 RCA 指数相对较低，则说明其在国际贸易中的竞争力较为一般。并且克罗地亚的出口 RCA 指数低于其进口 RCA 指数相对较高，显示出其更依赖于进口贸易，这为浙江省与克罗地亚之间的贸易合作提供基础和机会。

表 4-3　　2017—2020 年浙江省和克罗地亚的 RCA 指数

年份	浙江			克罗地亚		
	进口	出口	总体	进口	出口	总体
2017	0.75	4.39	1.92	1.16	0.96	1.06
2018	0.64	4.43	1.77	1.17	0.94	1.06
2019	0.59	4.50	1.69	1.06	0.93	1.04
2020	0.73	4.89	1.82	1.06	0.91	1.04

二、贸易竞争优势指数分析

贸易竞争优势指数（Trade Competition Index，TC 指数），又称贸易竞争力指数，用于比较各国在某个特定产业或领域的相对优势的指标。贸易竞争优势指数可以被用来评估一个国家在国际贸易中的竞争力，并指导决策者制定相关政策。如通过分析不同国家或地区的贸易竞争优势指数，可以确定哪些产品或服务应该加强生产和出口，或者哪些领域应该加大投资和发展。贸易竞争优势指数也是全球化时代国际贸易竞争格局的重要指标之一。它反映各国在产业结构和贸易模式上的差异，同时也揭示一个国家或地区在全球价值链中的位置。因此，解浙江省与克罗地亚贸易竞争优势指数的变化趋势，不仅有助于提高浙江省的贸易竞争力，也对全球经济发展和合作具有重要意义。TC 指数使用一个国家或地区的进出口贸易差额与进出口贸易总额之比来衡量一国或地区该产品在国际市场上的竞争优势情况。计算公式如下：

$$TC_{ik} = \frac{X_{ik} - M_{ik}}{X_{ik} + M_{ik}} \tag{2}$$

式（2）中，TC_{ik} 表示 i 国 k 类产品的贸易竞争优势指数，X_{ik} 的表示 i 国 k 类产品的出口总额，M_{ik} 表示 i 国 k 类产品的进口总额。TC_{ik} 指数的取值范围为 [-1, 1]，其值越靠近 -1 则意味着国际竞争力越弱，越靠近 1 则说明国际竞争力越强。

表 4-4 显示，浙江省在多数出口产品类别上展现较强的国际竞争力。大部分产品（T01、T04、T07、T08、T11、T12、T13、T15、T16、T17、T18、T20）的 TC 指数在考察期间内保持正值或接近正值，这一趋势凸显浙江省在全球市场上的强劲表现。然而，也有少数产品（T02、T03、T05、T06、T09、T10、T14）的 TC 指数多数年份为负。

表 4-4　　　　　　　2012—2021 年浙江省出口产品 TC 指数

商品代码	2012年	2013年	2014年	2015年	2016年	2017年	2018年	2019年	2020年	2021年	平均值
T01	0.48	0.42	0.39	0.58	0.49	0.42	0.38	0.20	-0.15	-0.25	0.30
T02	-0.16	-0.17	-0.23	-0.12	-0.05	-0.22	-0.17	-0.24	-0.31	-0.47	-0.21
T03	-0.91	-0.88	-0.84	-0.84	-0.88	-0.82	-0.84	-0.91	-0.90	-0.93	-0.87
T04	0.67	0.70	0.75	0.39	0.30	0.11	0.03	-0.04	-0.21	-0.22	0.25
T05	-1.00	-1.00	-1.00	-0.99	-0.99	-0.97	-0.98	-0.99	-0.97	-0.90	-0.98
T06	-0.18	-0.15	-0.06	0.04	0.11	0.02	-0.02	0.02	0.20	0.21	0.02
T07	0.03	0.07	0.20	0.23	0.25	0.10	0.14	0.15	0.19	0.33	0.17
T08	0.73	0.69	0.72	0.71	0.77	0.73	0.75	0.74	0.78	0.70	0.73
T09	0.48	0.41	0.21	0.31	0.34	-0.12	-0.11	-0.07	0.06	0.07	0.16
T10	-0.32	-0.18	-0.01	0.03	0.09	-0.09	-0.06	0.15	0.10	0.14	-0.02
T11	0.92	0.92	0.93	0.94	0.94	0.92	0.93	0.93	0.94	0.94	0.93
T12	0.99	0.99	0.99	0.99	0.99	0.98	0.98	0.98	0.98	0.98	0.98
T13	0.82	0.84	0.88	0.90	0.90	0.89	0.88	0.88	0.92	0.88	0.88
T14	0.61	0.56	0.67	0.74	0.90	0.52	-0.42	-0.25	0.66	-0.18	0.38
T15	0.23	0.31	0.45	0.52	0.54	0.33	0.26	0.30	0.14	0.13	0.32
T16	0.76	0.75	0.78	0.76	0.73	0.73	0.70	0.71	0.75	0.73	0.74
T17	0.94	0.93	0.93	0.89	0.89	0.91	0.87	0.88	0.83	0.83	0.89
T18	0.59	0.60	0.63	0.68	0.63	0.64	0.62	0.65	0.68	0.65	0.64
T19	—	—	—	—	—	—	0.09	0.10	0.09	0.11	0.10
T20	0.99	0.98	0.98	0.96	0.96	0.95	0.96	0.97	0.97	0.98	0.97

注：表中"—"表示数据缺失。
资料来源：国研网国际贸易研究及决策支持系统及联合国 UNCOMTRADE 数据库。

浙江省的出口产品在国际贸易中展现出不同的竞争力水平。T11、T12、T20 等产品的 TC 指数接近或达到 1，显示出极高的国际竞争力。T01、T04、T07 等产品的 TC 指数在 0—0.5，T08、T13、T16、T17、T18 等产品的 TC 指数在 0.6—08，说明浙江省在这些产品上具有一定的国际竞争力，但仍有提升空间。然而，T02、T03、T05、T10 等产品的 TC 指数为负，反映出浙江省在这些产品类别上的国际竞争力不足，需要深入分析市场趋势，识别问题所在，并采取相应措施来增强竞争力。

浙江省的出口产品竞争力在不同产品类别中呈现不同的变化趋势。一方面，部分产品（如T01、T04、T09）的TC指数呈现下降趋势；另一方面，也有部分产品（如T07、T11、T12、T13、T16、T17、T18、T20）的TC指数保持相对稳定或有所上升，显示出浙江省在这些产品上的持续竞争力。

表4-5显示，克罗地亚在出口产品领域呈现出明显的竞争力差异。从整个考察期间来看，克罗地亚在部分产品（如T06、T09）上的国际竞争力正在增强，显示出积极的发展趋势。对于T05、T06、T09、T15和T19等强竞争力产品，克罗地亚在多数年份保持在较高的TC指数，尤其在2017年至2019年间显著增长，表明这些产品在全球市场上拥有强大的国际竞争力，可能占据较为有利的市场地位。包括T02、T03、T04、T10、T11、T12和T16等中等竞争力产品，其TC指数在0—0.5，意味着这些产品在国际市场上具有一定的竞争力，但仍有较大的提升空间。T04、T11和T16在某些年份的TC指数有所提升，显示出克罗地亚在这些产品上的竞争力有所增强。对于T01、T07、T08、T13、T14、T17、T18和T20等产品，这些产品的TC指数在多数年份为负值或接近负值，表明其国际竞争力较弱。特别是T01和T07，其TC指数持续较低且呈下降趋势，这需要克罗地亚政府和企业进行深入分析，识别问题所在，采取相应的策略来改善这些产品的竞争力。

表4-5　　2012—2021年克罗地亚出口产品TC指数

商品代码	2012年	2013年	2014年	2015年	2016年	2017年	2018年	2019年	2020年	2021年	平均值
T01	-0.33	-0.38	-0.29	-0.28	-0.33	-0.53	-0.84	-0.50	-0.23	-0.30	-0.40
T02	0.17	0.17	0.00	-0.02	-0.01	0.23	0.30	-0.04	0.02	-0.18	0.06
T03	0.18	0.17	0.15	0.13	0.18	0.21	0.25	0.14	0.09	0.08	0.16
T04	0.15	0.17	0.16	0.17	0.18	0.25	0.43	0.23	0.14	0.19	0.21
T05	0.61	0.61	0.42	0.54	0.67	0.88	1.26	0.56	0.30	0.34	0.62
T06	0.54	0.53	0.58	0.58	0.62	0.99	1.83	1.03	1.05	0.82	0.86
T07	-0.44	-0.42	-0.41	-0.41	-0.40	-0.63	-0.91	-0.63	-0.30	-0.34	-0.49
T08	-0.20	-0.16	-0.19	-0.16	-0.21	-0.17	-0.14	-0.20	-0.08	-0.04	-0.16
T09	0.40	0.38	0.40	0.42	0.41	0.72	1.28	0.68	0.36	0.53	0.56

续表

商品代码	2012年	2013年	2014年	2015年	2016年	2017年	2018年	2019年	2020年	2021年	平均值
T10	0.23	0.23	0.18	0.14	0.17	0.24	0.25	0.15	0.09	0.07	0.18
T11	0.29	0.29	0.33	0.30	0.30	0.48	0.78	0.50	0.27	0.36	0.39
T12	0.15	0.15	0.14	0.16	0.18	0.25	0.40	0.19	0.11	0.15	0.19
T13	-0.07	-0.04	-0.03	-0.04	-0.07	-0.10	-0.15	-0.08	-0.02	-0.03	-0.06
T14	0.02	0.01	0.10	-0.03	-0.34	0.02	0.02	0.06	0.05	0.04	-0.01
T15	0.56	0.55	0.56	0.55	0.53	0.76	1.02	0.72	0.38	0.40	0.60
T16	0.54	0.54	0.55	0.57	0.55	0.46	0.39	0.43	0.23	0.63	0.49
T17	-0.37	-0.31	-0.32	-0.31	-0.43	-0.50	-0.67	-0.47	-0.22	-0.23	-0.38
T18	-0.34	-0.48	-0.45	-0.41	-0.44	-0.21	-0.13	-0.32	-0.14	-0.05	-0.30
T19	0.83	0.68	0.80	0.82	0.76	0.49	0.29	0.43	0.24	0.07	0.54
T20	-0.23	-0.26	-0.13	-0.16	-0.17	-0.42	-0.76	-0.28	-0.12	-0.18	-0.27

资料来源：国研网国际贸易研究及决策支持系统及联合国 UNCOMTRADE 数据库。

第二节
浙江省与克罗地亚的贸易互补性分析

一、贸易互补性指数分析

互补指数是衡两个经济体之间产业结构相近程度的指标，其数值越高表示两个经济体的产业结构越相近，互补性越强，贸易合作潜力越大。测度贸易产品国际竞争力较常使用的指标有贸易特化系数（Trade Specialization Coefficient，TSC）和显示性比较优势指数（Revealed Comparative Advantage，RCA），因贸易特化系数在不同的经济体之间可比性较差，本节采用显示性比较优势指数（Balassa，1989），在此基础上，再参考借鉴于杨希燕等（2005）提出的贸易互补性指数，进一步测量浙江省与克罗地亚两地在不同贸易产品上的互补性指数，从而为浙克间贸易互补性分析给出数据实证。若贸易互补性指数越高，这两地之间的贸易关系就越紧密，也就意味着两地贸易具有互补性,通过贸易合作两个国家都可以实现贸易经济利益最大化,反之,说明贸易互补性就越差,两地之间的贸易经济联系和依存度并不高,不利于贸易经济利益最大化。

$$RCA_{xik} = \frac{X_{ik}/X_i}{W_k/W} \tag{3}$$

$$RCA_{mjk} = \frac{M_{jk}/M_j}{W_k/W} \tag{4}$$

$$C_{ijk} = RCA_{xik} \times RCA_{mjk} \tag{5}$$

式(3)中,RCA_{xik}表示 i 国在 k 类产品的显示比较优势指数,X_{ik}表示 i 国 k 类产品的出口额,X_i表示所有产品的出口额,W_k表示世界 k 类产品的出口额,W 表示世界所有产品的出口额。式(4)中,RCA_{mjk}表示 i 国在 k 类产品的显示比较劣势指数,M_{jk}表示 j 国 k 类产品的进口额,M_j表示所有产品的进口额。C_{ijk}代表 i 国与 j 国在 k 类产品上的贸易互补性指数。

表 4-6 显示,在浙江省对克罗地亚的出口中 T01、T02、T09、T10、T13 和 T18 等产品的互补性指数在多数年份呈现下降趋势,其贸易互补性逐渐减弱,而 T04、T06、T07、T11、T15、T16 和 T20 等产品类别的互补性指数在多数年份保持较高或呈现上升趋势,说明这些产品类别在浙江省与克罗地亚之间的贸易互补性较强或有所增强。

表 4-6　2012—2021 年浙江省与克罗地亚贸易互补性指数
（以浙江省出口产品为视角）

商品类别	2012 年	2013 年	2014 年	2015 年	2016 年	2017 年	2018 年	2019 年	2020 年	2021 年	平均值
T01	0.45	0.49	0.41	0.43	0.55	0.41	0.38	0.36	0.26	0.21	0.40
T02	0.14	0.14	0.12	0.13	0.16	0.12	0.08	0.12	0.11	0.10	0.12
T03	0.00	0.00	0.00	0.01	0.01	0.01	0.00	0.00	0.00	0.00	0.00
T04	0.47	0.50	0.46	0.53	0.57	0.44	0.93	0.47	0.43	0.33	0.51
T05	0.00	0.00	0.00	0.00	0.00	0.01	0.00	0.02	0.05	0.20	0.03
T06	1.93	1.85	2.04	2.13	2.30	2.07	2.58	2.18	2.40	2.49	2.20
T07	1.37	1.36	1.42	2.07	2.30	1.77	2.89	2.05	2.37	2.37	2.00
T08	1.17	1.11	0.90	0.91	0.93	1.11	0.36	1.01	0.66	0.64	0.88
T09	0.60	0.52	0.46	0.64	0.76	0.63	0.30	0.55	0.69	0.45	0.56

续表

商品类别	2012年	2013年	2014年	2015年	2016年	2017年	2018年	2019年	2020年	2021年	平均值
T10	0.34	0.36	0.41	0.55	0.76	0.56	0.37	0.62	0.75	0.53	0.53
T11	13.36	13.17	11.79	11.94	13.36	10.37	17.04	9.95	8.14	8.78	11.79
T12	2.87	2.78	2.43	2.64	2.81	2.16	0.94	1.87	1.28	1.11	2.09
T13	0.50	0.47	0.49	0.66	0.86	0.75	0.35	0.81	1.16	0.63	0.67
T14	0.00	0.00	0.01	0.01	0.03	0.00	0.00	0.00	0.00	0.00	0.01
T15	3.15	3.26	3.36	4.86	5.45	4.18	4.31	4.42	6.12	5.07	4.42
T16	4.66	4.77	4.43	5.15	6.03	5.25	6.05	5.67	6.01	5.83	5.39
T17	1.40	1.42	1.06	1.08	1.24	1.09	0.95	1.15	1.29	1.27	1.20
T18	0.39	0.32	0.32	0.39	0.40	0.49	0.38	0.43	0.57	0.32	0.40
T19	—	—	—	—	—	—	0.63	0.00	0.01	0.24	0.09
T20	4.49	4.55	3.64	4.91	5.91	4.58	3.34	4.90	4.70	5.51	4.65

注：表中"—"表示数据缺失；T20和T21类产品进口贸易总额均为0（表3-7所示），故表中未呈现，下同。

资料来源：国研网国际贸易研究及决策支持系统及联合国UNCOMTRADE数据库。

显著增长的产品类别包括T06、T07和T11，其互补性指数在部分年份有显著增长，表明浙江省在这几类产品上对克罗地亚的出口具有较强的互补性，并且这种互补性正在不断增强。此外，T15、T16和T20的互补性指数在多数年份保持较高水平，并在部分年份有所增长，显示出这些产品类别在浙江省与克罗地亚之间的贸易关系中占据重要地位。然而，T01、T02、T03（始终为0）、T05（在2016年后开始增长）、T09和T10等类别的互补性指数在多数年份呈现下降趋势，这可能意味浙江省在这些产品类别上对克罗地亚的出口优势正在减弱。同时T19在2017年之前的数据缺失，可能表示这是一个新产品或新市场，浙江省在2017年开始对克罗地亚出口该类产品。T03、T05和T14的互补性指数在多数年份都接近或保持为零值，表明浙江省可能不向克罗地亚出口这些类别的产品，或者在这些产品上的出口量非常有限。

平均值来分析，T11、T16和T20的平均互补性指数较高，显示它们是浙江省与克罗地亚之间贸易的关键领域。而T03、T05和T14的平均互补性指数较低，表明这些类别在贸易中相对不重要。这些分析为浙江省与克罗地亚之间的贸易策略提供有价值的参考，有助于双方更好地优化贸易结构，促进贸易增长。

表4-6和表4-7显示，浙江省出口克罗地亚的贸易互补性指数从2013年之后出现逐步上升的趋势。浙江省进口克罗地亚的贸易互补性指数则呈现出比较稳定的趋势，2013年之后也出现微弱上升的趋势，这和2013年之后的"一带一路"倡议的逐步落实有直接的关系。"一带一路"倡议后很多贸易便利化措施的实施直接促进中国和中东欧各国的贸易，因为相对来说，中国有更强的贸易竞争力，因而促进中国对中东欧各国出口的效果更加明显。

表4-7　　2012—2021年克罗地亚与浙江省贸易互补性指数
（以克罗地亚出口产品为视角）

商品类别	2012年	2013年	2014年	2015年	2016年	2017年	2018年	2019年	2020年	2021年	平均值
T01	0.09	0.27	0.25	0.31	0.47	0.78	0.89	1.10	0.59	1.86	0.66
T02	0.31	0.49	0.41	0.38	0.88	0.65	1.73	1.55	0.60	1.19	0.82
T03	0.01	0.01	0.01	0.03	0.03	0.01	0.00	0.00	0.00	0.00	0.01
T04	0.50	0.44	0.29	1.14	1.31	2.79	3.31	6.67	7.68	8.40	3.25
T05	0.71	2.26	8.00	1.58	1.89	9.24	9.91	4.94	5.56	6.98	5.11
T06	4.10	4.96	4.47	5.47	7.61	7.10	12.25	13.63	8.20	8.65	7.64
T07	1.90	2.15	2.59	4.57	4.34	5.17	6.42	4.28	3.25	8.05	4.27
T08	0.13	0.18	0.09	0.10	0.08	0.00	0.00	0.02	0.01	0.00	0.07
T09	2.01	2.68	4.18	4.83	4.92	7.44	4.95	6.49	6.60	6.18	5.03
T10	0.51	0.40	0.30	0.36	0.54	0.72	0.29	0.17	0.21	0.18	0.37
T11	2.14	1.49	1.17	1.12	1.32	2.22	7.75	4.40	3.96	5.31	3.09
T12	0.01	0.01	0.02	0.02	0.03	0.03	0.02	0.03	0.03	0.02	0.02
T13	1.04	0.89	0.60	0.70	0.41	0.62	0.31	0.26	0.07	0.16	0.51
T14	0.00	0.00	0.00	0.00	0.00	0.00	0.00	0.00	0.00	0.00	0.00
T15	5.33	5.29	6.61	4.71	3.62	8.06	10.30	8.69	4.04	4.93	6.16
T16	3.69	5.36	7.60	7.24	11.53	9.05	11.59	10.61	10.58	12.16	8.94
T17	1.40	2.13	2.77	4.63	3.26	1.69	3.99	7.72	3.89	4.78	3.63

续表

商品类别	2012年	2013年	2014年	2015年	2016年	2017年	2018年	2019年	2020年	2021年	平均值
T18	0.19	0.13	0.24	0.38	0.39	0.13	0.02	0.13	0.03	0.41	0.21
T19	—	—	—	—	—	—	—	—	—	—	—
T20	0.13	0.44	0.09	0.62	2.26	3.27	4.52	5.02	3.96	10.80	3.11

注：表中"—"表示数据缺失。
资料来源：国研网国际贸易研究及决策支持系统及联合国 UNCOMTRADE 数据库。

二、产业内贸易指数分析

Grubel 和 Lloyd 于 1975 年对产业内贸易进行理论和实证研究，提出迄今使用最为广泛的产业内贸易计量方法——G-L 指数，其测算公式为：

$$GL_k = \frac{(X_k + M_k) - |X_k - M_k|}{(X_k + M_k)} \tag{6}$$

式（6）中，GL_k 为产业 k 的 G-L 指数；X_k、M_k 分别为一国产业 k 的出口额和进口额。为研究浙江省与克罗地亚的产业内贸易程度，进一步分析二者之间的产业内贸易互补性情况，将式（6）中的 X_k 替代为浙江省向克罗地亚出口 k 产品的贸易总额，将 M_k 替代为浙江省自克罗地亚进口 k 产品的贸易总额。GL_k 指数的值介于 0 和 1 之间，若同一产业的进出口额相等，$X_k = M_k$，则 $GL_k = 1$，即所有贸易均为产业内贸易；若某一产业进口或出口的贸易额为零，$X_k = 0$ 或 $M_k = 0$，则 $GL_k = 0$，表示所有贸易均为产业间贸易，不存在产业内贸易。G-L 指数的数值越高，表明两地间产业内贸易水平越高，即两地在同一种或相似类型的产品上存在着比较密切的贸易竞争关系，在特定领域具有较强的竞争优势或者合作优势，反之则越低。测算结果如表 4-8 所示。

表 4-8　　2012—2021 年浙江省与克罗地亚产业内贸易指数

商品类别	2012年	2013年	2014年	2015年	2016年	2017年	2018年	2019年	2020年	2021年	平均值
T01	0.00	0.00	0.00	0.00	0.00	0.11	0.00	0.05	0.01	0.04	0.02
T02	0.00	0.00	0.00	0.00	0.00	0.02	0.00	0.62	0.14	0.15	0.09
T03	0.04	0.12	0.00	0.02	0.01	0.04	0.12	0.01	0.19	0.01	0.06
T04	0.05	0.00	0.03	0.45	0.62	0.75	0.26	0.81	0.48	0.89	0.43

续表

商品类别	2012年	2013年	2014年	2015年	2016年	2017年	2018年	2019年	2020年	2021年	平均值
T05	0.12	0.09	0.03	0.09	0.03	0.00	0.01	0.02	0.01	0.15	0.06
T06	0.00	0.00	0.00	0.12	0.00	0.05	0.00	0.00	0.01	0.01	0.02
T07	0.01	0.12	0.13	0.00	0.19	0.01	0.00	0.01	0.00	0.00	0.05
T08	0.06	0.05	0.00	0.06	0.01	0.13	0.07	0.08	0.03	0.01	0.05
T09	0.13	0.09	0.11	0.41	0.27	0.33	0.21	0.23	0.24	0.14	0.22
T10	0.13	0.02	0.05	0.11	0.05	0.24	0.26	0.22	0.00	0.00	0.11
T11	0.01	0.01	0.05	0.00	0.00	0.01	0.03	0.00	0.00	0.02	0.02
T12	0.40	0.32	0.35	0.09	0.01	0.04	0.01	0.01	0.00	0.01	0.13
T13	—	—	—	—	—	—	—	—	—	—	—
T14	—	—	—	—	—	—	—	—	—	—	—
T15	0.00	0.00	0.00	0.01	0.08	0.00	0.01	0.00	0.01	0.01	0.01
T16	0.04	0.03	0.05	0.04	0.04	0.04	0.06	0.07	0.08	0.04	0.05
T17	0.03	0.11	0.08	0.22	0.09	0.08	0.10	0.07	0.06	0.85	0.17
T18	0.01	0.09	0.02	0.01	0.00	0.05	0.71	0.01	0.01	0.00	0.10
T19	—	—	—	—	—	—	—	—	—	—	—
T20	0.00	0.03	0.00	0.00	0.00	0.00	0.00	0.00	0.02	0.00	0.01

注：表中"—"表示数据缺失。
资料来源：国研网国际贸易研究及决策支持系统及联合国UNCOMTRADE数据库。

浙江省与克罗地亚在2012年至2021年间的产业内贸易指数（IIT）呈现出显著的产品类别差异。其中，T04和T12在部分年份展现较高的IIT值，尤其是T04在2015年后维持高水平，显示两国在这类产品上的高度互补性和活跃的产业内贸易。然而多数产品类别的IIT值相对较低，表明两国在多数产品上的产业内贸易程度不高。T01、T06、T07和T20的IIT值普遍较低，可能受到市场结构、政策限制或文化差异等因素的影响。浙江省与克罗地亚的产业内贸易主要集中在少数产品类别上，未来两国应针对高IIT值产品加强合作，并探索提升其他产品类别产业内贸易的策略。

第三节
浙江省与克罗地亚的贸易潜力

一、双边贸易潜力分析

（一）研究设计

借鉴刘青书和姜书竹（2002）与郭连成等（2021），本节在贸易引力模型的基础上加入可能影响双边贸易规模的因素，包括人口规模、经济距离、地理距离。贸易引力模型构建如下：

$$\text{trade}_{ijt} = \alpha_0 + \alpha_1 \text{POP}_{it} + \alpha_2 \text{POP}_{jt} + \alpha_3 \text{DIS}_{ij} + \alpha_4 \text{absGDP}_{ijt} + \varepsilon_{ijt} \quad (7)$$

$$\text{export}_{ijt} = \beta_0 + \beta_1 \text{POP}_{it} + \beta_2 \text{POP}_{jt} + \beta_3 \text{DIS}_{ij} + \beta_4 \text{absGDP}_{ijt} + \varepsilon_{ijt} \quad (8)$$

$$\text{import}_{ijt} = \gamma_0 + \gamma_1 \text{POP}_{it} + \gamma_2 \text{POP}_{jt} + \gamma_3 \text{DIS}_{ij} + \gamma_4 \text{absGDP}_{ijt} + \varepsilon_{ijt} \quad (9)$$

式（7）—式（9）中，trade_{ijt} 为 t 年 i 国与 j 国的进出口贸易总额；export_{ijt} 为 t 年 i 国向 j 国的出口贸易总额；import_{ijt} 为 t 年 i 国自 j 国的进口贸易总额；POP_{it} 与 POP_{jt} 分别为 t 年 i 国与 j 国的人口规模；DIS_{ij} 为 i 国与 j 国首都之间的直线地理距离；$\ln \text{absGDP}_{ijt}$ 为 t 年 i 国与 j 国的经济距离，即两国国民生产总值（GDP）之差的绝对值；ε_{ijt} 为随机扰动项。

需要说明的是，由于浙江省与克罗地亚双边贸易的数据样本较少，可能会导致回归结论的可靠性降低，同时我们注意到中东欧各国地理位置相近，经济发展与文化距离相似。因此，本节将研究范围扩大为浙江省与中东欧各国的贸易，研究对象主要包括阿尔巴尼亚、保加利亚、波黑、捷克、克罗地亚、希腊、匈牙利、北马其顿、波兰、罗马尼亚、斯洛伐克和克罗地亚，共 12 个样本国。将浙江省与中东欧各国的进出口贸易数据分别代入式（7）—式（9），从而得到各解释变量的估计系数，以作进一步贸易潜力的测算。

（二）变量选取与数据来源

本节分别使用浙江省与中东欧各国的双边贸易总额（trade_{ijt}）、浙江省向中东欧各国出口总额（export$_{ijt}$）、浙江省自中东欧各国进口总额（import$_{ijt}$）分别作为贸易引力模型中被解释变量；使用浙江省与中东欧各国的人口数量衡量人口规模；采用浙江省与中东欧各国的人均GDP之差的绝对值衡量其经济距离；使用浙江省省会与中东欧各国的首都之间的直线距离，衡量其地理距离。本节的数据主要来自国研网国际贸易研究及决策支持系统、世界银行全球发展指数数据库、EPS数据库、地方统计局。模型变量的含义及数据来源说明如表4-9所示。

表4-9　　　　　　　　模型变量的含义及数据来源说明

变量	变量名	变量含义	数据来源
trade export import	浙江省与中东欧各国的进出口贸易总额 出口总额 进口总额	浙江省与中东欧各国的进出口贸易总额 浙江省向中东欧各国出口总额 浙江省自中东欧各国进口总额	EPS数据库—中国商品贸易数据库、国研网数据库、联合国贸发数据库
POP$_i$	浙江省人口总量	浙江省人口总量	《浙江统计年鉴》
POP$_j$	中东欧各国人口总量	中东欧各国人口总量	世界银行数据库
DIS	地理距离	浙江省省会与中东欧各国首都的距离	手动计算*
WTO	中东欧各国是否加入WTO	中东欧各国是否加入WTO	世界贸易组织经整理而得
absGDP	经济距离	浙江省与中东欧各国的GDP之差的绝对值，表示需求结构差异	世界银行数据库经整理而得

＊作者使用距离计算器手动计算出浙江省省会至中东欧各国首都的直线距离（http://www.indo.com）。

（三）实证结果及分析

表4-10为基于式（7）—式（9）的贸易引力模型回归结果。列（1）浙江省与中东欧各国进出口贸易总额为被解释变量，列（2）浙江省向中东欧各国出口总额为被解释变量，列（3）浙江省自中东欧各国进口总额为被解释变量。列（1）汇报公式（7）的实证回归结果。

表 4-10　　浙江省与中东欧各国的贸易引力模型回归结果

变量名	进出口贸易总额 (1)	出口总额 (2)	进口总额 (3)
浙江省人口规模	0.954*** (13.270)	0.942*** (12.484)	1.320*** (14.265)
中东欧各国人口规模	9.756*** (2.909)	9.949*** (2.827)	8.031* (1.860)
地理距离	2.131 (0.135)	2.053 (0.124)	-11.826 (-0.583)
经济距离	2.077*** (9.155)	2.097*** (8.809)	2.391*** (8.189)
WTO	1.562*** (6.709)	1.788*** (7.320)	-0.472 (-1.574)
常数项	-81.504*** (-2.868)	-83.378*** (-2.796)	-70.207* (-1.919)
观测值	120	120	120

注：括号内为 t 检验值。*** $p<0.01$，** $p<0.05$，* $p<0.1$。

（四）贸易潜力测算

在贸易引力模型即式（7）—式（9）中分别代入浙江省与克罗地亚的各项经济与地理指标，估计出两边贸易的拟合值，再使用实际双边贸易额与模型拟合值的比值测算出贸易潜力，浙江省与克罗地亚的贸易潜力指数测算公式如下：

$$TP_{ijt} = \frac{trade_{ijt}}{pretrade_{ijt}} \quad (10)$$

式（10）中，TP_{ijt} 为 t 年 i 国与 j 国的贸易潜力指数，$trade_{ijt}$ 为 t 年 i 国与 j 国的双边贸易额，$pretrade_{ijt}$ 为 t 年 i 国与 j 国的贸易拟合值，贸易潜力指数越小意味着双边贸易潜力越大，双边贸易合作仍有很大的进步空间。浙江省与克罗地亚的贸易潜力测算结果见表 4-11。

表 4-11　　2012—2021 年浙江省与克罗地亚贸易潜力指数测算结果

项目	2012 年	2013 年	2014 年	2015 年	2016 年	2017 年	2018 年	2019 年	2020 年	2021 年	均值
进出口贸易潜力	1.10	1.08	1.04	1.03	1.02	1.01	1.01	1.00	1.01	0.99	1.03

续表

项目	2012年	2013年	2014年	2015年	2016年	2017年	2018年	2019年	2020年	2021年	均值
出口贸易潜力	1.10	1.08	1.04	1.03	1.03	1.02	1.01	1.00	1.01	1.00	1.03
进口贸易潜力	0.91	0.96	0.91	0.94	0.95	1.03	1.06	1.00	0.94	0.67	0.94

资料来源：国研网国际贸易研究及决策支持系统、世界银行全球发展指数数据库、EPS数据库、地方统计局数据。

为进一步探讨浙江省与克罗地亚在不同类别产品层面的贸易潜力，对贸易产品进行划分，作进一步实证分析与贸易潜力的测算。产品分类技术法以《商品名称及编码协调制度的国际公约》（HS）2位编码为基础，将产品划分为6大类：非燃料初级产品（A）、资源密集型产品（B）、低技能和技术密集型制成品（C）、中技能和技术密集型制成品（D）、高技能和技术密集型制成品（E）以及矿物燃料（F）。详见表4-12。

表4-12　　　　Basu（2011）的产品技术分类

产品类别	代码	产品细目
非燃料初级产品	A	活的禽畜、冷冻禽畜肉、鱼类、牛奶、可可、谷物等
资源密集型产品	B	生石灰、木粉、水泥、纸类品、加工过的棉织品等
低技能和技术密集型制成品	C	陶瓷、合金钢、软木塞、贱金属制品、机车部件等
中技能和技术密集型制成品	D	人造产品、蒸汽和蒸汽涡轮机的零件、燃气热水器等
高技能和技术密集型制成品	E	氟化氢、恒温器、制药、航空设备、烟雾分析仪器等
矿物燃料	F	各类矿产品及燃料等

二、产品细分的贸易潜力分析

（一）研究设计

与式（7）—式（9）模型构建思路相似，本节在贸易引力模型的基础上，加入可能影响产品层面贸易规模的因素，包括人口规模、经济距离、地理距离。计量实证模型构建如下：

$$\text{trade}_{ijkt} = \alpha_0 + \alpha_1 \text{POP}_{it} + \alpha_2 \text{POP}_{jt} + \alpha_3 \text{DIS}_{ij} + \alpha_4 \text{absGDP}_{ijt} + \varepsilon_{ijt} \quad (11)$$

$$\text{export}_{ijkt} = \beta_0 + \beta_1 \text{POP}_{it} + \beta_2 \text{POP}_{jt} + \beta_3 \text{DIS}_{ij} + \beta_4 \text{absGDP}_{ijt} + \varepsilon_{ijt} \quad (12)$$

$$\text{import}_{ijkt} = \gamma_0 + \gamma_1 \text{POP}_{it} + \gamma_2 \text{POP}_{jt} + \gamma_3 \text{DIS}_{ij} + \gamma_4 \text{absGDP}_{ijt} + \varepsilon_{ijt} \quad (13)$$

式（11）与式（12）中，trade_{ijkt} 为t年i国与j国k产品的进出口贸易总额；export$_{ijkt}$为 t 年 i 国向 j 国出口 k 产品的贸易总额；import$_{ijkt}$为 t 年 i 国自 j 国进口 k 产品的贸易总额；POP$_{it}$与POP$_{jt}$分别为 t 年 i 国与 j 国的人口规模；DIS$_{ij}$为 i 国与 j 国首都之间的直线地理距离；ln absGDP$_{ijt}$为 t 年 i 国与 j 国的经济距离，即两国国民生产总值（GDP）之差的绝对值；ε_{ijt}为随机扰动项。

（二）变量选取与数据来源

与前文"双边贸易潜力分析"一致，为使实证结论更可靠和更准确，本节将研究范围扩大为浙江省与中东欧各国的贸易。本节分别使用浙江省与中东欧各国进出口的各类产品贸易总额（trade$_{ijkt}$）、浙江省向中东欧各国出口的各类产品贸易总额（export$_{ijkt}$）、浙江省自中东欧各国进口的各类产品贸易总额（import$_{ijkt}$）分别作为贸易引力模型中被解释变量；分别使用浙江省与中东欧各国的人口数量衡量人口规模；采用浙江省与中东欧各国的人均 GDP 之差的绝对值衡量其经济距离；使用浙江省省会与中东欧各国的首都之间的直线距离，衡量其地理距离。数据主要来自国研网国际贸易研究及决策支持系统、世界银行全球发展指数数据库、EPS 数据库、地方统计局。

（三）实证结果及分析

表 4–13 为基于式（11）的贸易引力模型回归结果，浙江省与中东欧各国的各类产品进出口总额为被解释变量。

表 4–13　浙江省与中东欧各国进出口的各类产品贸易引力模型回归结果

变量名	(1) 产品 A	(2) 产品 B	(3) 产品 C	(4) 产品 D	(5) 产品 E	(6) 产品 F
浙江省人口规模	1.147 *** (9.526)	0.897 *** (9.121)	1.021 *** (18.848)	1.107 *** (11.757)	1.006 *** (14.544)	1.081 *** (16.462)
中东欧国家人口规模	32.373 *** (5.761)	-4.552 (-0.992)	1.796 (0.711)	81.687 *** (18.589)	67.404 *** (20.899)	25.188 *** (8.219)
地理距离	1.592 (0.060)	-9.541 (-0.442)	12.028 (1.013)	-44.576 ** (-2.157)	-46.040 *** (-3.036)	-13.203 (-0.916)
经济距离	2.766 *** (7.277)	2.390 *** (7.700)	2.036 *** (11.915)	1.983 *** (6.671)	2.354 *** (10.793)	2.329 *** (11.238)

续表

变量名	(1) 产品A	(2) 产品B	(3) 产品C	(4) 产品D	(5) 产品E	(6) 产品F
WTO	0.028 (0.072)	0.825** (2.591)	1.463*** (8.342)	0.345 (1.132)	1.297*** (5.795)	1.546*** (7.266)
常数项	-279.200*** (-5.865)	39.609 (1.019)	-15.587 (-0.728)	-694.766*** (-18.664)	-574.445*** (-21.026)	-215.886*** (-8.316)
观测值	120	120	120	120	120	120

资料来源：国研网国际贸易研究及决策支持系统、世界银行全球发展指数数据库、EPS 数据库、地方统计局数据。

表 4-14 为基于式（12）的贸易引力模型回归结果，浙江省向中东欧各国出口的各类产品贸易总额为被解释变量。

表 4-14　浙江省向中东欧各国出口的各类各产品贸易引力模型回归结果

变量名	(1) 产品A	(2) 产品B	(3) 产品C	(4) 产品D	(5) 产品E	(6) 产品F
浙江省人口规模	1.064*** (8.182)	0.891*** (8.737)	1.052*** (17.785)	1.105*** (10.928)	0.998*** (14.569)	1.075*** (16.345)
中东欧国家人口规模	33.635*** (5.555)	-6.680 (-1.404)	-0.703 (-0.255)	78.726*** (16.682)	67.641*** (21.166)	25.021*** (8.156)
地理距离	-9.015 (-0.316)	-7.690 (-0.344)	21.155 (1.631)	-48.905** (-2.204)	-47.932*** (-3.190)	-11.600 (-0.804)
经济距离	2.632*** (6.363)	2.360*** (7.334)	2.246*** (12.037)	1.966*** (6.160)	2.274*** (10.521)	2.318*** (11.170)
WTO	0.019 (0.046)	1.661*** (5.030)	1.272*** (6.642)	0.232 (0.708)	1.296*** (5.844)	1.530*** (7.187)
常数项	-289.262*** (-5.639)	56.838 (1.410)	5.239 (0.224)	-669.514*** (-16.747)	-576.367*** (-21.291)	-214.446*** (-8.252)
观测值	119	120	120	120	120	120

资料来源：国研网国际贸易研究及决策支持系统、世界银行全球发展指数数据库、EPS 数据库、地方统计局数据。

表 4-15 为基于式（13）的贸易引力模型回归结果，浙江省自中东欧各国进口的各类产品贸易总额为被解释变量。实证结果与"表 4-14"及"表 4-15"类似。

表4-15　浙江省与中东欧各国进口的各类产品贸易引力模型回归结果

变量名	(1) 产品A	(2) 产品B	(3) 产品C	(4) 产品D	(5) 产品E	(6) 产品F
浙江省人口规模	1.704*** (9.117)	1.032*** (6.405)	1.046*** (4.527)	1.404*** (6.734)	1.095*** (5.604)	1.449*** (6.900)
中东欧国家人口规模	28.385*** (3.255)	-11.046 (-1.469)	-2.664 (-0.247)	116.943*** (12.022)	62.513*** (6.853)	29.686*** (3.030)
地理距离	29.571 (0.722)	-25.520 (-0.722)	-54.539 (-1.076)	-27.845 (-0.609)	-57.170 (-1.334)	-26.863 (-0.584)
经济距离	1.413** (2.398)	2.554*** (5.025)	2.754*** (3.779)	1.588** (2.415)	4.293*** (6.965)	2.534*** (3.827)
WTO	0.011 (0.999)	-0.001*** (-4.411)	0.005** (2.180)	0.002** (2.526)	0.001 (0.623)	0.010 (1.327)
常数项	-0.025*** (-3.414)	0.009 (1.470)	0.002 (0.210)	-0.100*** (-12.153)	-0.054*** (-6.964)	-0.026*** (-3.142)
观测值	120	120	120	120	120	120

资料来源：国研网国际贸易研究及决策支持系统、世界银行全球发展指数数据库、EPS 数据库、地方统计局数据。

（四）贸易潜力测算

在贸易引力模型式（7）—式（9）中分别代入浙江省与克罗地亚的各项经济与地理指标，估计出两边贸易的拟合值，再使用实际双边贸易额与模型拟合值的比值测算出贸易潜力，浙江省与克罗地亚的贸易潜力指数测算公式如下：

$$TP_{ijkt} = \frac{trade_{ijkt}}{pretrade_{ijkt}} \quad (14)$$

式（14）中，TP_{ijkt} 为 t 年 i 国与 j 国的 k 类产品贸易潜力指数，$trade_{ijkt}$ 为 t 年 i 国与 j 国的 k 类产品双边贸易额，$pretrade_{ijkt}$ 为 t 年 i 国与 j 国的 k 类产品贸易拟合值，贸易潜力指数越小意味着双边贸易潜力越大，双边贸易合作仍有很大的进步空间。浙江省与克罗地亚的贸易潜力测算结果如表4-16所示。

表 4-16 2012—2021 年浙江省与克罗地亚贸易潜力指数测算结果（分产品种类）

贸易类型	商品种类	2012 年	2013 年	2014 年	2015 年	2016 年	2017 年	2018 年	2019 年	2020 年	2021 年	平均值
进出口贸易	A	1.38	1.21	1.19	1.25	1.23	1.15	1.14	1.07	1.02	1.01	1.16
	B	1.19	1.15	1.08	1.06	1.06	0.98	1.00	0.99	1.02	1.01	1.05
	C	1.01	1.01	1.04	1.00	0.99	0.98	0.96	0.94	0.96	0.97	0.99
	D	1.08	1.00	0.92	0.90	0.85	1.12	1.04	0.96	0.96	0.92	0.98
	E	1.02	0.92	0.87	0.85	0.82	1.10	1.03	0.96	0.97	0.91	0.94
	F	1.08	1.05	1.05	1.05	1.03	0.98	0.98	0.95	0.96	0.95	1.01
出口贸易	A	1.40	1.22	1.20	1.29	1.27	1.14	1.12	1.05	1.05	1.00	1.17
	B	1.19	1.15	1.08	1.06	1.06	0.97	0.97	0.98	1.00	0.98	1.04
	C	1.03	1.03	1.06	1.01	0.99	1.00	0.98	0.96	0.97	0.98	1.00
	D	1.08	1.01	0.93	0.91	0.87	1.14	1.06	1.00	0.99	0.94	0.99
	E	1.03	0.93	0.87	0.86	0.83	1.10	1.03	0.96	0.97	0.91	0.95
	F	1.09	1.05	1.06	1.05	1.03	0.98	0.98	0.95	0.96	0.95	1.01
进口贸易	A	1.17	0.97	0.81	0.14	0.15	2.56	2.44	2.20	0.50	1.41	1.24
	B	1.03	1.14	1.10	1.22	1.22	1.34	1.45	1.41	1.66	1.56	1.31
	C	0.56	0.43	0.40	0.60	0.95	0.66	0.74	0.77	0.94	1.04	0.71
	D	—	—	—	—	0.02	0.88	0.83	0.72	0.75	0.60	0.38
	E	0.03	—	—	—	—	0.12	1.47	0.26	0.85	0.44	0.32
	F	1.74	1.96	0.66	0.91	0.27	0.09	0.74	0.29	1.04	0.59	0.83

注：表中"—"表示数据缺失。
资料来源：自国研网国际贸易研究及决策支持系统及联合国 UNCOMTRADE 数据库。

在 2012—2021 年，浙江省与克罗地亚的进出口贸易展现出错综复杂的趋势和鲜明的特征。进口贸易潜力指数特别是 A 类和 F 类产品，呈现出较大的波动性，这凸显进口贸易面临的不确定性和多变性。这两类产品在某些年份中显露出极高的贸易潜力，然而在其他年份却出现显著的下滑。

产品种类的细分上，不同类别的贸易潜力指数差异显著。A 类和 F 类产品凭借其在市场上的独特优势和竞争力，展现出较高的贸易潜力。与此同时，C、D 和 E 类产品的贸易潜力则相对较低且保持稳定，这可能与这些产品的市场饱和度、消费者需求或国际竞争态势有关。D 类和 E 类产品在进口贸易中的部分年份存在数据缺失，这无疑限制对这些产品贸易潜力的全面分析和深入理解。这一数据的不完整性提醒我们，在评估贸易潜力时，需要综合考虑数据的完整性和准确性。出口方面，除 A 类产品外，其他类别的贸易潜力指数相对稳定，这在一定程度上表明浙江省在克罗地亚市场的出口贸易潜力仍有较大的提升空间。浙江省的出口商或许可以进一步挖掘市场需求，优化产品结构，提升产品质量，以扩大在克罗地亚的市场份额。

进口贸易潜力指数的变化则更为复杂。A 类产品经历显著下降后的回升，显示出浙江省在进口这类产品时，可能经历从挑战到机遇的转变。同时，B 类和 F 类产品的进口贸易潜力呈现出上升趋势，这预示着这两类产品在浙江省进口市场中的地位将进一步提升，浙江省进口商需要密切关注市场动态，以便及时调整进口策略。

三、小结

浙江省作为中国东南沿海的重要经济省份，其对外贸易活动一直保持着较高的活跃度和增长势头。近年来，随着"一带一路"倡议的深入推进，浙江省与全球各国的经贸合作不断加深。研究发现浙江省在多个商品类别上表现出较强的国际竞争力，特别是塑料及其制品（T07）、生皮、皮革、毛皮及其制品（T08）以及木及木制品（T09）等领域，RCA 显著大于1，说明浙江省在这些领域具备明显的竞争优势。相比之下，克罗地亚在某些特定商品类别如贱金属及其制品（T15）和机器、机械器具、电气设备及其零件（T16）等方面也展现出一定的竞争力。在贸易互补性方面，浙江省与克罗地亚存在较大的互补空间。通过贸易互补性指数和产业内贸易指数的分析，可以看出两地在多个商品类别上呈现出互补性较强的特点，这为两地开展更深入的经贸合作提供了有利条件。为了进一步挖掘浙江省与克罗地亚的贸易潜力，本章还引入了贸易潜力模型进行实证分析。模型结果表明，两地之间的贸易潜力尚未得到充分发挥，未来仍有较大的提升空间。因此，提出如下政策建议。

1. 加强政府间合作

浙江省与克罗地亚政府应进一步深化合作，共同构建稳定、互利的贸易环境。首先，双方可以积极探讨并签署贸易协定，以法律形式保障双方贸易合作的顺利进行。同时，建立定期沟通与合作机制，如设立联合工作委员会，定期举行会议，就贸易合作中的重大问题进行协商，共同制定解决方案。此外，双方还可以通过举办经贸论坛、研讨会等活动，增进了解，促进合作。

2. 优化商品结构

针对浙江省与克罗地亚商品结构的互补性特点，浙江省企业应加大对克罗地亚市场的调研力度，深入了解当地市场需求和消费习惯。通过市场调研，浙江省企业可以优化出口商品结构，提高出口商品的附加值和竞争力。具体而言，可以关注克罗地亚在食品、饮料、纺织、皮革制品等领域的消费需求，加大相关产品的生产和出口力度。同时，积极推广浙江省在高新技术产业、智能制造等领域的优势产品，提升浙江省在克罗地亚市场的知名度和影响力。

3. 拓展贸易渠道

为了降低贸易成本、提高贸易效率，浙江省企业应积极开拓多元化的贸易渠道。一方面，可以利用跨境电商平台，拓展在线销售渠道，直接面向克罗地亚消费者。通过跨境电商平台，可以突破传统贸易的时空限制，降低交易成本，提高贸易效率。另一方面，可以积极参加国际展会、博览会等活动，展示浙江省的优势产品，吸引克罗地亚采购商的关注。同时，加强与克罗地亚当地商会、行业协会等组织的联系与合作，共同推动贸易合作的深入发展。

4. 加强人才交流

人才是经贸合作的重要支撑。为了加强浙江省与克罗地亚的经贸合作，双方应鼓励企业、高校和研究机构开展人才交流活动。通过互派留学生、访问学者、科研人员等方式，加强双方在经贸合作领域的专业人才培养和合作研究。此外，还可以举办经贸合作论坛、研讨会等活动，邀请双方专家学者共同探讨经贸合作中的热点问题和发展趋势，为双方经贸合作提供智力支持。

第五章

浙江省与克罗地亚贸易合作案例

第一节
浙江世友木业与克罗地亚 Galeković 合作

一、企业简介

(一) 浙江世友木业

1. 企业规模

浙江世友木业有限公司创立于 2001 年，地处"中国木地板之都"浙江省南浔，是浙江省地板行业的龙头企业和中国地板行业的领军企业之一。目前已有四大生产基地，公司设有 4 个制造中心、1 个自动化物流中心和 1 个研发中心，现拥有员工 1 000 余人，公司占地面积 500 亩，年产能超过 5 000 万平方米，在全球已拥有 6 000 万家庭用户和 6 000 + 家客户服务中心，是中国大型的地板生产企业之一。世友已拥有 6 000 余家品牌服务中心，与多家国内排名领先的房地产企业建立了战略合作关系。销售网络遍布全球，产品远销全球 30 多个国家和地区，得到了广大房地产商和消费者信赖与认可。

世友始终遵循"创新求变、团结拼搏、追求卓越"的企业精神，积极推行卓越绩效管理模式，是国家首批绿色产品认证企业，是首批获得浙江制造"品字标"企业，并先后获得了"国家级绿色工厂""2019全国质量标杆""国家级绿色供应链管理示范企业""中国专利优秀奖""全国质量奖""浙江省政府质量奖""国家林业标准化示范企业""高新技术企业"等称号与荣誉。

2. 组织架构及主要产品

世友属合资股份制企业，2004年与美国知名地板运营商庄森（JOHN-SON）木业工业公司合资，中方占75%股份，美国庄森木地板工业公司占25%股份，董事长为法人代表，董事会下设战略、薪酬、全面预算管理委员会。公司实行董事会领导下的总经理负责制，设总经理经营班子。总经理为经营、质量、安全管理第一责任人。

世友地板作为世友木业的核心主导产业，公司现已形成以实木地板、实木复合地板、强化地板为主，楼梯、木门、家具多元化发展的产业格局。

一直以来，世友以前瞻性的自主创新技术推动行业前行，地热王实木地板、钛晶面抗刮痕地板、实木复合地板、强化复合地板、SPC弹性地板等产品突破行业技术局限，成为科技创新新标杆。2019年初，世友先于行业，率先实现强化地板全线升级E0标准，开启地板全线E0时代。如今，世友地板旗下产品：地热王实木地板、钛晶面抗刮痕地板、E0级实木复合地板、E0级强化地板等产品突破行业技术局限，成为科技创新标杆。

3. 公司优势

（1）研发创新

世友关注消费者、环境和社会的未来需求，注重技术创新、不断加强高素质创新人才队伍建设，先后与中国林科院、南京林业大学、浙江农林大学等开展产学研合作，建立了博士后工作站，拥有CNAS国家实验室资格认证、省级企业技术中心和省级高新技术企业研发中心，为国家"火炬计划"高新技术企业。世友承担国家级、省级科技项目50余项；获得国内外专利160多项，其中发明专利47项；参与制修订国家、行业标准80多项。2011年以起草单位主持制定《热处理实木地板》国家标准，这是由企业负责组织制定的国家标准。

(2) 全球绿色产业链

林业作为国民经济发展的战略性、基础性、先导性产业，肩负着生态保护和产业绿色发展的重要使命。世友木业二十多年以来，自带绿色低碳创新发展的自觉和勇气，坚决贯彻落实国家绿色低碳发展理念，建立了一套"绿色源流自工程品质保证体系"，带头赋能新时代林业的创新发展。绿色供应链作为世友全球绿色产业链的重要组成部分，世友从中引入全新的设计思想，从源头出发，开展生态设计，实施绿色供应链管理，建立以绿色制造理论和供应链管理技术为基础，涉及供应商、生产厂家、销售商和用户的绿色产业链。实现从物料获取、加工、包装、仓储、运输、使用到报废处理整个过程中最大程度的资源利用和最小程度的能源消耗及环境影响，从而达到环保、节能、减排的目的。通过走绿色品质之路，从而实现绿色工厂①、绿色产品②、绿色供应链"三绿认证"。详见图5-1。

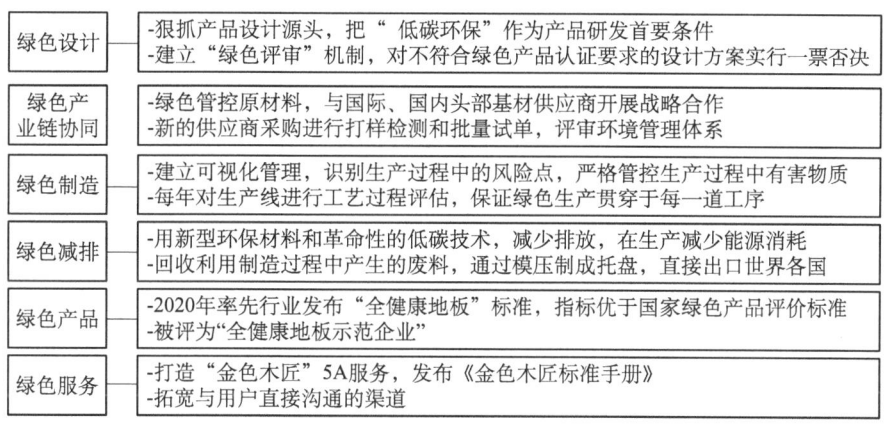

图5-1 世友木业的绿色源流自工程品质保证体系

资料来源：根据"世友木业以自主创新引领行业绿色发展"——2022年企业自主创新研讨活动——绿色发展理念下生态保护与产业发展高端研讨会，作者整理绘制而成。

---

① 绿色工厂，是指实现用地集约化、生产洁净化、废物资源化、能源低碳化的工厂。在《中国制造2025》中，国家将建设绿色工厂列为重点工作，提出了"2020年建成千家绿色示范工厂"的目标。创建绿色工厂，作为我国构建绿色制造体系的关键一环，是实施绿色制造工程的重点任务，对于促进工业各行业结构优化、脱困升级、提质增效具有引领作用和重要意义。

② 绿色产品是在产品生命周期过程中符合特定的环境保护要求，对生态环境和人体健康无害或危害小、资源能耗消耗少、品质高的产品。绿色产品认证是由认证机构依照相关规定，依据绿色产品标准清单中的标准，允许获证产品使用绿色产品标识的合格评定。

（二）克罗地亚 Galeković

1. 企业规模

PPS Galeković（加里格威克）是克罗地亚领先的实木地板和镶木地板制造商，是由1956年成立的一家生产家具、木工和收音机外壳的小作坊逐渐发展而来。目前，该公司拥有克罗地亚1/3以上的森林原木资源，每年生产超过75万平方米的木地板，加工超过4万立方米的原木。从凭借其工作和知识，这家小作坊逐渐发展成为一家如今在两家生产工厂公司拥有超过60多年的木材加工经验，共有员工260多名。核心业务为镶木地板和地板生产。

一家工厂位于Mraclin，这里有PPS Galeković公司的总部及实木和多层镶木地板、颗粒板生产线；而另一家工厂则是位于Hrvatska Kostajnica附近的Majur，工厂名为PPS Majur。这家工厂是从2004年开始生产的。之前，在战争期间，Majur木材工业设施被摧毁，从而导致生产工厂关闭。2004年，PPS Galeković开始投资整座工厂的翻新，并启动了PPS Majur从原材料加工直到最终产品的全面生产，雇用了100多名新员工。PPS Majur木地板生产的一个重大创新是两个热木材处理室（从芬兰进口）。使用这项技术加工高品质的克罗地亚木材使其更加独特、坚固、耐用和优雅。除木地板外，PPS Majur还专门生产木地板块、地板和外墙覆层，以及以上光和上油形式提供各种镶木地板的最终修饰解决方案。

凭借长期的增长和业务发展，PPS Galeković和PPS Majur已成为克罗地亚领先的木材行业公司。以克罗地亚国产木材橡木和白蜡木主要原材料，还使用少量的山毛榉、鹅耳枥、樱桃木、相思木和枫木以及其他外来树种。

2. 主要产品

Galeković的产品非常多样化，主营克罗地亚高品质原材料生产的实木地板、多层复合地板、户外地板、木质护墙板、托盘和生物质颗粒燃料；提供木材热处理，芬兰创新的木材热处理技术为家庭中木材的应用开辟了多种新的可能性。热处理过的木材（如橡木、山毛榉、白蜡木和鹅耳枥）颜色更深，更耐虫害和潮湿；此外，还提供各种上光和上油形式的表面处理，以及定制服务。

公司产品的特色和亮点是适用于地暖、易于维护和环保生态。

3. 公司优势

（1）协同效应

公司努力实现所有利益相关者和活动的协同效应，和合作伙伴创建长期的战略关系成为该公司进一步发展和成长的先决条件；通过投资员工来鼓励和发挥他们的主动性和责任感；促使每个业务部门关注当地社区和环境保护的是我们愿景；以满足客户和员工的需求，并高度重视社区的满意度。并在 Hrvatska Kostajnica 开设一所木材职业学校，年轻一代有机会通过学校获得必要的理论知识，并通过在 Galeković 工厂的专业实践获得实践经验。

全球化和欧洲导向是克罗地亚木材企业最新生产计划的必要条件，为此，Galeković 关注世界最新/现代技术趋势，如技术成果、工厂现代化和质量改进。详见图 5-2。

战略合作联盟上	创建长期战略合作伙伴
员工培训管理上	投资员工，鼓励员工充分发挥主动性和责任感
企业社会责任上	促使每个业务部门关注当地社区和环境保护
客户需求满足上	以负责任和正确的态度对待客户和最终用户，将其视为合作伙伴
人才联合培养上	开设一所木材职业学校（Hrvatska Kostajnica），重视理论实践结合
技术创新研发上	不断关注世界最新/现代技术趋势

图 5-2　Galeković 公司经营和发展中的协同

资料来源：公司官网（https://pps-galekovic.com/）资料，作者整理绘制而成。

（2）品质把控

Galeković 公司保留加工最好的斯拉沃尼亚橡木、山毛榉和白蜡木的传统。通过负责任和合乎道德的经营，使用最高品质的天然和生态/环保材料在客户的生活景观中营造自然而温馨的氛围，让其公司的产品成为安全、优质和优雅的代名词（对客户而言）。

作为对产品质量的肯定，该公司的产品获得了官方的肯定，如获克罗地亚质量标签（Croatian Quality）、AAA 信用卓越奖、欧洲联邦木地板行业标准（FEP）以及许多其他奖项和商业认可。特别是 FSC 产销监管链标志（原材料采购自负责任管理的克罗地亚森林）和 CE 认证，证明公司产品质量上乘。

二、克罗地亚的木制品贸易

克罗地亚森林和林地总面积为 276 万公顷，占国土面积的 49.3%。210 万公顷为公有林地，约 66.17 万公顷为私有林地，木材存量总计为 4.186 亿立方米。国有大部分森林由公共森林所有者公司——克罗地亚森林公司①进行管理。克罗地亚的木制工业是以高质量的森林原料为基础发展起来的，因此，木制工业是该国的一个重要经济部门。

如表 5-1 所示，2022 年，克罗地亚木制品出口总金额为 14.6 亿美元，成为世界第 30 大木制品出口国，木制品也是克罗地亚第六大出口产品。木制品的主要出口目的国为意大利（4.14 亿美元）、斯洛文尼亚（1.18 亿美元）、埃及（1.05 亿美元）、德国（1.03 亿美元）和奥地利（1.03 亿美元）。2021—2022 年，克罗地亚木制品出口增长最快的市场是意大利，增长金额高达 1.18 亿美元，其次是埃及和奥地利，增加额分别为 1 510 万美元和 1 350 万美元。2022 年，克罗地亚木制品的进口总金额为 6 亿美元，成为世界第 46 大木制品进口国，木制品也是克罗地亚第 15 大进口产品。木制品主要进口来源国为奥地利（1.31 亿美元）、斯洛文尼亚（9 730 万美元）、波斯尼亚和黑塞哥维那（9 240 万美元）、德国（5 250 万美元）和意大利（4 500 万美元）。2021—2022 年，克罗地亚木制品进口增长最快的市场是斯洛文尼亚，增长 2 660 万美元，其次是奥地利和德国，增加额分别为 2 000 万美元和 1 210 万美元。

表 5-1　　　　2022 年克罗地亚木制品贸易情况　　　　单位：亿美元

出口总金额	主要出口目的国	出口金额	进口总金额	主要进口来源国	进口金额
14.6	意大利	4.14	6	奥地利	1.31
	斯洛文尼亚	1.18		斯洛文尼亚	0.97
	埃及	1.05		波斯尼亚和黑塞哥维那	0.92
	德国	1.03		德国	0.53
	奥地利	1.03		意大利	0.45

资料来源：https://oec.world/en/profile/bilateral-product/wood-products/reporter/hrv.

---

① 克罗地亚森林公司（Hrvatske šume）成立于 1991 年，负责管理全国约 40% 的森林，具体负责森林资产的经济使用和保护。

2023 年的数据显示，克罗地亚出口了价值 14 亿欧元的木材、木制品和家具。与 2022 年相比，出口额下降了 15%，即 2.53 亿欧元。出口最多的是原材料，即木材和木制品，出口总额达 11 亿欧元。成品木制品即家具，出口总额仅为 3.33 亿欧元，因此原材料出口占比为 77% 比 23%。锯材出口额达 4.54 亿欧元，木柴和托盘出口额达 1.67 亿欧元。家具出口额最多的是座椅，达 1.6 亿欧元。其他家具及其零件的出口额达 1.32 亿欧元。另外，2023 年克罗地亚进口木制品和家具价值 11 亿欧元，增长 3%，比上一年多 3 400 万欧元。木制品在总进口额中的占比为 3%。进口的主要是家具及其零件，总额为 3.248 亿欧元。主要进口市场是波斯尼亚和黑塞哥维那，进口额为 1.53 亿欧元，其次是奥地利（1.46 亿欧元）、意大利（1.25 亿欧元）、德国（1.17 亿欧元）和斯洛文尼亚（1.12 亿欧元）。

可见，木材加工是克罗地亚净出口额最多的行业之一，也是多年来连续实现贸易盈余和出口增长的行业。这主要得益于其丰富的木材资源。克罗地亚的木材加工业是该国为数不多的拥有自己原材料的部门之一，该行业通过投资创新技术，使用绿色资金、减少能源消耗和提高能源效率，创造具有更高附加值的产品，从而实现了贸易顺差，为克罗地亚的经济贡献了积极的影响。

三、双方的贸易合作

1. 合作情况

世友木业旗下设有一个国际馆，代理销售原装进口地板品牌，旗下共有五大品牌。而克罗地亚 GALEKOVIC（加里格威克）为世友国际馆进口专区的品牌之一，主打产品为实木地暖地板，较为契合浙江省中高端消费者的需求[①]。其他四个分别是奥地利 PARKETT（帕克）奥地利（KAINDL）凯得制造、美国 JOHNSON（庄森）和意大利 VERMEISTER（沃迈斯特）。这四个品牌分别为三层/两层实木地板、强化地板、地板和辅材产品。该国际馆主要面向市场中高端消费群体，高端装修公司、设计师工作室等渠道，为消费者提供国外优质、风格化的进口地板。

世友木业规划借 Galeković 公司的产品代理销售为平台进行拓展，使

---

① 近几年来，因冬季湿冷，浙江兴起安装地暖热。而因普通实木地板未经专业处理容易变形，不适用于地暖环境。

世友木业的未来产品能以欧洲市场为基础，并逐步向全球化布局。通过不断改进技术，精益求精，紧跟着全球科技发展趋势和潮流的步伐。

2. 合作前景

通过前面的分析发现木材加工是克罗地亚传统优势产业之一，也是其少数能够实现贸易顺差的行业之一。随着我国与克罗地亚国际产能合作的逐步深入，木材加工业或可成为双边合作的重点领域之一，值得浙江省乃至全国企业关注。

一是克罗地亚的森林资源丰富。克罗地亚森林面积约占国土面积一半，其中，国有森林面积占76%，私有森林面积占24%，森林蓄积量为3.98亿立方米。森林以阔叶树种为主，生长面积居前五位的树种分别是山毛榉（约占森林面积36%）、夏栎（约占12%）、无梗花栎（约占10%）、鹅耳枥（约占9%）和银冷杉（约占8%）。

二是克罗地亚木材加工产品的品质较高。克罗地亚95%为天然林，林木品质较高，且拥有生态证书。运用当地林木生产的半成品及制成品品质也较高。克罗地亚木材加工产品主要有锯材、板材、地板、木材包装、建筑用木材、家具、木屋和门窗配件等。

三是克罗地亚木材加工工艺较为成熟。克罗地亚的很多木材加工厂加工经验丰富，如 Galeković。

基于此，双方的合作，对于中方企业而言，一方面有利于获得优质的原木资源；另一方面也有助于企业技术的创新和突破；此外，还有助于企业以合作为契机，展拓欧洲乃至全球的业务。当然，对于克方而言，中国的市场潜力巨大，通过合作，扩大品牌在中国的知名度，从而进一步促进业务的推广。因此，有必要进一步推动我国企业与克罗地亚在木材加工领域的合作和发展。

第二节

浙江九洲药业与克罗地亚医药合作

一、企业简介

1. 企业规模

浙江九洲药业股份有限公司（Zhejiang Jiuzhou PharmaceuticalCo.,

Ltd.）（股票简称：九洲药业，股票代码：603456.SH）是一家集生产、销售、研发医药原料药及中间体为一体的创新药 CDMO 企业。公司始创于 1973 年。1998 年，改制成立浙江九洲药业股份有限公司。目前，公司有四大研发中心（浙江省台州市、浙江省杭州市、江苏省南京市、美国北卡罗来纳州），五大生产基地（浙江省台州市、浙江省杭州市、江苏省盐城市、江苏省苏州市、广东省中山市）在职员工共计 4 877 人（母公司 1 542 名，主要子公司 3 335 名），其中 1 109 名为专业技术人员，形成高、中、低及医药、工程、科研、经济、商务、政工等多层次、多专业的人才梯队。

2022 年收购康川济医药 51% 股权，该公司主营制剂研发，拥有多年的 CMC 研发经验，博士、硕士占比 40% 以上，公司项目经验及在研项目约 70 个，实现 30 余项高端仿制药技术转让，已完成 10 余个项目申报，取得 6 项药品注册批件，大大增强了九洲药业的研发实力。

2022 年 3 月 17 日，35 家公司获药品专利池组织（Medicines Patent Pool，MPP）①授予奈玛特韦的仿制生产辉瑞新冠口服药 Paxlovid 成分之一奈玛特韦原料药或制剂。浙江九洲药业股份有限公司就是其中之一，被许可生产原料药。

随着 CDMO 业务转型的快速推进，九洲药业合同定制类业务营收实现快速增长。根据年报，2020 年九洲药业合同定制类产品实现收入 12.93 亿元，同比增长 70.82%，占当期营收的比例为 48.85%。2021—2023 年，公司的合同定制类产品营收一年一个台阶快速增长，实现营收分别为 23.11 亿元、34.17 亿元、40.79 亿元，营收占比分别为 56.88%、62.74%、73.86%。整体来看，自 2014 年登陆资本市场以来，合同定制类业务推动公司业绩快速增长。2015—2023 年，公司营业收入从 14.45 亿元增至 55.23 亿元，增幅达 2.82 倍；归母净利润从 2 亿元增至 10.33 亿元，增幅达 4.17 倍。

此外，2023 年，公司实现营业收入 55.23 亿元，较上年同比增长

---

① 药品专利池（Medicines Patent Pool，MPP）是一个由联合国支持的国际公共卫生组织，成立于 2010 年 7 月，总部位于瑞士日内瓦。其设立的目标是要为中低收入国家，提高获取救命药品的机会。药品专利池通过商业模式，与民间组织、国际组织、各国政府、工业机构、患者团体及其他利益攸关方共同合作，优先开发及提供生产药品所需的许可，汇集知识产权，鼓励生产仿制药及开发新配方。

1.44%；归属于母公司净利润 10.33 亿元，较上年同比增 12.17%；归属于上市公司股东的净资产较上年年末增加 59.74%；总资产较上年年末增加 37.13%。2023 年获中国医药工业百强企业、中国医药工业最具成长力企业、中国医药上市公司最具竞争力 20 强、第九届浙江省人民政府质量管理创新奖等多项荣誉。详见表 5-2。

表 5-2　2021—2023 年九洲药业主要会计数据和财务指标　　　　单位：元

主要会计数据	2023 年	2022 年（调整后）	本期比上年同期增减（%）	2021 年（调整后）
营业收入	5 523 418 175.43	5 445 105 154.77	1.44	4 063 181 915.60
归属于上市公司股东的净利润	1 033 255 687.14	921 170 370.59	12.17	633 909 296.40
归属于上市公司股东的扣除非经常性损益的净利润	1 024 292 645.51	927 259 564.89	10.46	573 296 215.39
经营活动产生的现金流量净额	1 360 323 930.39	1 225 782 092.45	10.98	677 519 236.31
归属于上市公司股东的净资产	8 461 133 056.22	5 296 815 744.21	59.74	4 577 138 109.94
总资产	10 851 987 356.69	7 913 707 477.00	37.13	7 040 432 040.87

资料来源：浙江九洲药业股份有限公司 2023 年年度报告。

2. 主要业务

经过 50 年的发展，公司已从一家国内传统仿制原料药企业成功转型为创新药 CDMO 企业。为全球药企提供创新药临床前 CMC，临床 I、II、III 期，NDA 至商业化上市的一站式的药物研发、生产解决方案和专业服务。

作为一家领先、技术驱动的 CDMO 企业，九洲药业凭借深耕行业多年积累的一流研发能力、成熟的工艺放大和商业化生产体系，致力于为全球制药公司、生物科技公司、科研机构等提供一站式的医药定制研发和生产（CDMO）服务，包含小分子化学药物、多肽药物、偶联药物和小核酸药物，为客户交付高技术附加值的专业服务。具体包括：

新药定制研发和生产服务（CDMO）。九洲药业向全球跨国药企和新药研创公司提供全生命周期的委托研发和定制生产服务。涵盖从新药临床前药学研究、临床及各阶段原料药、制剂、多肽偶联药物的工艺研发和生产,至商业化生产的一站式服务。主要向全球客户提供创新药临床前CMC,临床Ⅰ、Ⅱ、Ⅲ期,NDA 至全球上市全产业链的一站式优质服务。公司服务客户包括 Novartis、Roche、Zoetis、Gilead、第一三共等国际知名制药企业,以及贝达药业、和记黄埔、艾力斯、海和生物、绿叶制药、华领医药等国内知名研创药企。详见图 5-3。

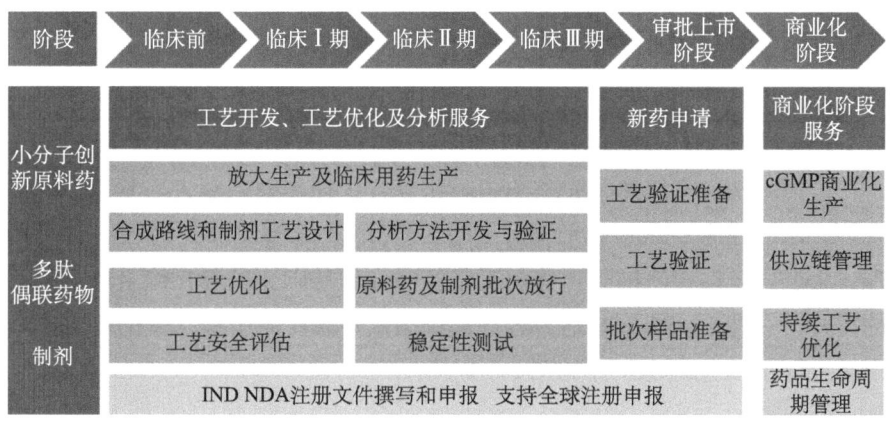

图 5-3 九洲药业的 CDMO 服务

资料来源:https://www.jiuzhoupharma.com/CDMO.html。

CDMO 项目服务。涉及抗肿瘤、抗心衰、抗抑郁、治疗帕金森、抗肺癌、抗病毒、抗糖尿病、抗呼吸系统感染等治疗领域。

特色原料药与中间体业务。主要为全球仿制药厂商提供专利过期或即将到期药品的非专利侵权工艺设计、工艺开发与研究、药政申报、cGMP 标准商业化生产等系列服务。

3. 公司优势

(1) 持续提升全球领先的核心技术平台,赋能新药研发

作为绿色制药创新技术领导者,九洲药业始终将研发创新视为驱动企业发展的核心动力。公司持续跟踪前沿科学技术,领先的创新药研发技术服务平台推进技术革新。凭借多年的新药研发和技术积累,掌握具有自主知识产权的前沿绿色制药技术。并持续创新的前沿科学技术平台,目前公司已建成包括连续化技术、手性催化技术、氟化学技术、生物催化技术、光电化学技术、固态技术、多肽技术、偶联技术、制剂研究平台等众多技术平台。通过大量的项目实践和成功的交付,高效解决客户面临的工艺难题与技术挑战,为客户提供行业领先的技术解决方案,提高研发效率和成

功率,降低研发成本。

(2)秉承"客户至上",全方位拓展客户管线

九洲药业始终秉承"客户至上"的服务理念,关注业务可持续性,精心服务每一个优质客户。目前与 Novartis、Gilead、Zoetis、Roche、Sandoz、Mylan、Teva、Meiji 等国际医药巨头建立了紧密的合作关系,并与国内绿叶制药、华领医药、海和药物、贝达药业、艾力斯医药等几十家知名新药研创公司结成紧密合作伙伴,与国内知名药企形成仿制药深度嵌入式合作关系。

(3)有机整合的一体化管理体系

公司具备一套成熟、完整的国际化综合管理体系,对人才管理、质量管理、EHS 管理、供应链管理、知识产权以及商密保护等进行一体化管理,为公司全面接轨国际化奠定了坚实的管理基础。国际化综合管理体系的提升,有助于公司更好地为客户提供高效、高质的服务,贯彻落实"客户至上"的服务理念。详见图 5-4。

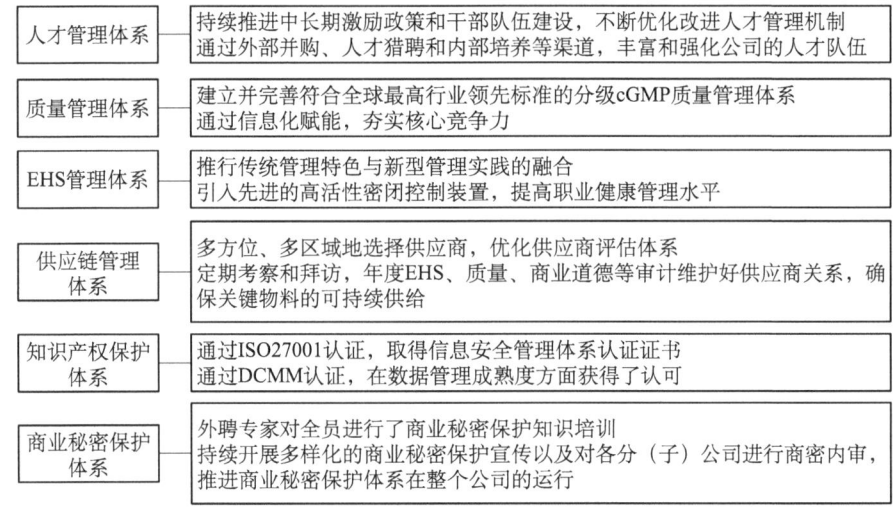

图 5-4 九洲药业的一体化管理体系

资料来源:根据浙江九洲药业股份有限公司 2023 年年度报告,作者整理制作而成。

二、中国和克罗地亚的医药产业

1. 中国的医药产业

根据海关总署数据,2023 年我国化学药品进出口总值 41.76 万亿元,

比上年增长0.2%。其中，出口23.77万亿元，增长0.6%；进17.99万亿元，下降0.3%。2023年，重点跟踪的104个化学药品中共有103个品类化学药品出口，出口药品量比上年增长1.3%，出口金额下降14.1%。其中，化学原料药出口金额占化学药品出口总额的66.6%制剂药品出口金额占比33.4%。重点化学药品出口金额增速低于全国货物贸易出口增长总体水平。

2023年度，我国重点化学药品出口到206个国家和地区，相较上年增加15个国家。对印度和美国出口金额超过25亿美元，除上述2国外，对36个国家出口额达到亿美元级，其中金额比上年提升的国家有西班牙、爱尔兰、阿联酋、斯洛文尼亚和秘鲁；对64个国家出口额达到千万美元级，其中金额提升较大的是克罗地亚和埃塞俄比亚。

2. 克罗地亚的制药产业

克罗地亚共和国的制药业是一个有着悠久传统的行业。劳动力的专业知识和经验保证了该行业和相关行业未来的成功发展。此外，制药业是克罗地亚经济中在研发方面投入大量资金的行业之一。创新抗生素阿奇霉素的发现使克罗地亚成为世界上开发全新药物最多的二十个国家之一。除了该地区最大的制药商Pliva外，PharmaS、Belupo、Fidifarm和JGL等公司也成功在欧洲和美国市场建立了良好的合作关系。此外，Hospira（辉瑞集团成员）、ACG Europe（ACG Worldwide集团成员）、Dechra Group（Genera）和Nipro Pharma Packaging等国际知名公司都认可了克罗地亚工人的效率和知识。

克罗地亚的药品生产继续保持强劲增长趋势，对整个行业的生产产生了重大影响。制药行业在50家公司雇用了近6 000名员工。是克罗地亚工业支柱产业之一，也是外贸出口支柱产业。医药企业大多数是仿制药和生物类似药，其中，国药生产的仿制药销售占比为30%，生物类似药占比20%。如图5-5所示，2011—2022年，克罗地亚医药产品出口整体上呈现上升趋势，特别是2013—2017年的这五年间，从0.36亿美元增至5.76亿美元，增幅最快。2022年，医药产品的出口额为4.07亿美元。详见图5-5。

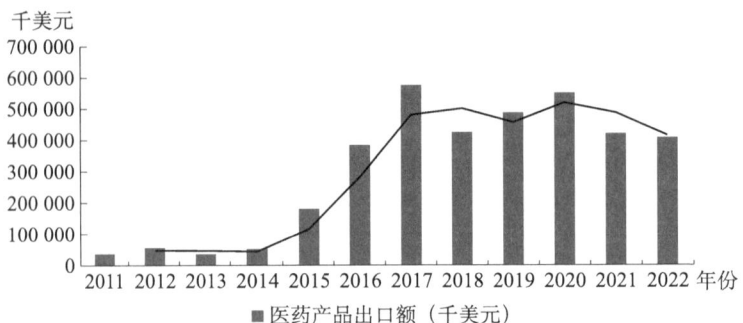

图 5-5 2011—2022 年克罗地亚医药产品出口

资料来源：https：//www. ceicdata. com/zh-hans/indicator/croatia/exports-medicinal-and-pharmaceutical-product.

三、双方的贸易合作

1. 合作情况

如上，从国家层面来看，欧洲是我国化学药出口的第一层次国家，克罗地亚虽是个小国，但却是 2023 年度出口额达到千万美元级的 64 个国家中，金额提升较大的国家。此外，克罗地亚还有制药经验长达 90 年的中东欧地区较为著名的大型制药公司——普利瓦（PLIVA）集团，以生产高质量药物而闻名。

在之前，九洲药业就与 Teva 建立了紧密的合作关系。在 2021 年，九洲药业收购了 Teva 的杭州工厂，提升 CDMO 业务能力。Teva 全球最大制药公司，而克罗地亚 PLIVA（详见本书第一章第四节）如今也已成为 Teva 集团的成员之一，这为九洲药业与克罗地亚医药的交流与合作提供了便利。

在九洲药业官网的产品中心（Product Center）[①]，与克罗地亚进行的合作主要设置有四大模块，分别是 croatia 技术平台、croatia 技术平台、croatia 技术平台分类和 croatia 产品系列。其中，croatia 技术平台又分为 croatia 创新制剂平台、croatia 绿色制药创新技术平台和 croatia 多肽药物

---

① https：//www. jiuzhoupharma. com/En _ cyproductlist _ details _ 1/c-CsCity% 3Dcroatia% 26chanpinid% 3D11265585450061623296% 26 _ seoDetailId% 3Dcroatia% 26 _ detailId% 3D% E5% A4% 9A% E8% 82% BD% E8% 8D% AF% E7% 89% A9% E5% B9% B3% E5% 8F% B0. html.

平台。

croatia 创新制剂平台包括缓释制剂技术平台、缓释制剂技术平台、电化学反应技术平台、外用制剂技术平台、生物催化平台、氟化学技术平台和不对称催化平台；croatia 绿色制药创新技术平台包括手性催化技术、连续流技术、氟化学技术、酶催化技术、光催化技术、电化学技术、固态技术和偶联技术。

2. 合作前景

制药业是克罗地亚传统优势产业之一，随着我国与克罗地亚的双边经贸合作的深入发展，制药可作为双方合作的重点领域之一。

（1）全球医药行业主要发展趋势

根据 IQVIA 在 2024 年 1 月发布的 *Global Use of Medicine 2024—outlook to 2028* 显示，预计到 2028 年全球医药市场规模的复合年增长率将保持在 5%—8%，市场总规模将达到 2.3 万亿美元。药物研发支出的增加、慢性病发病率上升、仿制药使用的不断扩大以及生物制药消费增加等因素将持续推动全球医药市场不断增长。

根据沙利文 2023 年 4 月发布的《CDMO 行业发展现状与未来趋势研究报告》，2021—2025 年，全球小分子化药 CDMO 市场复合增长率为 16.40%，预计 2028 年全球小分子化药 CDMO 市场将达到 1 031 亿美元。由于创新药领域不断发展，研发成本和风险居高不下，越来越多的制药企业会选择将部分业务外包 CDMO，一方面可以提高资源配置效率、加快研发进程和降低研发成本，另一方面可以降低商业化生产成本、保障供应链稳定性。

我国创新药物研发业态快速发展，CDMO 行业也迎来了快速增长。2017—2021 年，中国 CDMO 市场规模从 132 亿元增长至 473 亿元，复合年增长率为 37.7%，预计 2025 年将达到 1 571 亿元，2030 年达到 3 559 亿元。2021—2030 年，预计我国 CDMO 市场占全球的比重逐年增长，2021 年达到 11.6%，2025 年预计为 19.6%，而到 2030 年预计约为 23.9%。中国拥有强大的产业链供应能力和低成本的技术人才，相关的政策支持也为国内 CDMO 行业带来新的机遇，未来中国承接全球 CDMO 业务的趋势将得到进一步加强。

（2）克罗地亚制药业的行业基础较好

克罗地亚在医药工业方面的开发和生产能力也比较强，每年生产的各类医药产品数量有 1 700 多吨，医药产品的出口规模可观。专注于仿制药、活性药物和生物制药的开发，其将近 90% 的产品用于出口，主要出口市场是美国、俄罗斯和欧盟国家。

此外，近几年两国经贸合作交流的进一步深入，克罗地亚与我国医药领域开展合作。2019 年 9 月 21 日，世界中医药学会联合会副秘书长抵达克罗地亚，与克罗地亚卫生部就中国中医药走进克罗地亚进行相关会晤，推动中医药在克罗地亚的传播与发展，并深入开展中医医疗、教学、科研、人才培养以及产业发展等方面的合作与交流。

如上分析，克罗地亚制药行业值得中国相关企业关注。双方的进一步合作，有助于持续加大研发平台建设，提升研发承接业务能力；内外部相结合，全面提升产能承接能力。双方不仅能提高我国医药行业品牌效应，增强其国际竞争力；还能通过公共交流平台的搭建，沟通与交流的加强，形成协同发展合力，深化我国与克罗地亚在制药领域的合作和发展。

第三节
浙江省汽车产业与克罗地亚的合作

一、企业简介

（一）吉利汽车

浙江省吉利控股集团（简称吉利控股集团，GEELY）始建于 1986 年，1997 年进入汽车行业，总部位于浙江省杭州。现资产总值超 5 100 亿元，员工总数超过 14 万人，连续 12 年进入《财富》世界 500 强（2023 年排名第 225 位），是全球汽车品牌组合价值排名前十中唯一的中国汽车集团。吉利控股集团在中国上海、杭州、宁波、瑞典哥德堡、英国考文垂、美国加州、德国法兰克福等地建有造型设计和工程研发中心，研发、设计人员超过 3 万人。在中国（浙江省台州/宁波、陕西西安、湖南湘潭、四川成都、陕西宝鸡、山西晋中等地）、美国、英国、瑞典、比利时、马来西亚建有世界一流的现代化整车和动力总成制造工厂，拥有各类销售网点超过 4 000 家，产品销售及服务网络遍布世界各地。

吉利控股集团致力于成为具有全球竞争力和影响力的智能电动出行和能源服务科技公司，业务涵盖汽车及上下游产业链、智能出行服务、绿色运力、醇氢生态、数字科技等；旗下拥有乘用车品牌"吉利、领克、极氪、沃尔沃、极星、路特斯、LEVC、雷达"；新能源商用车品牌"远程"等。集团以汽车产业电动化和智能化转型为核心，在新能源科技、共享出行、车联网、智能驾驶、车载芯片等前沿技术领域，打造科技护城河，做强科技生态圈。

2021年，吉利汽车总营收同比增长10.3%至1 016亿元，现金流管理稳健。2023年，集团总收益增加了21%，达到人民币1 792亿元。净利润为人民币49.4亿元，同比增长6%。详见表5-3。共售出168.65万辆汽车，同比增长18%。其中，中国境内的批发量同比增长14%，达到141.24万辆，出口批发量增长38%，达到27.41万辆。集团的豪华新能源品牌"极氪"继续维持高速增长，全年交付118 685辆，同比增长65%。集团新能源汽车总交付量达到487 461辆，同比增长48%，销售占比达到29%。吉利集团已成为中国市场最主要的新能源汽车制造商之一。

企业及品牌也荣获了众多荣誉，如2019年中国企业全球化十大致敬企业、2020年上市公司市值500强等。2023年，首次获选为"恒生可持续发展企业指数"[①]成份股；在全球领先的MSCI ESG评级亦提升至AA级。

表5-3　　2019—2023年吉利近五年业绩及资产与负债情况

单位：千元人民币

项目	2023年	2022年	2021年	2020年	2019年
收益	179 203 592	147 964 647	101 611 056	92 113 878	97 401 248
税前溢利	4 949 942	4 681 941	4 665 175	6 440 978	9 636 268
税项	(14 924)	(32 278)	(312 167)	(866 348)	(1 374 910)
本年度溢利归属：	4 935 018	4 649 663	4 353 008	5 574 630	8 261 358
本公司股权持有人	5 308 408	5 260 353	4 847 448	5 533 790	8 189 638
非控股股东权益	(373 390)	(610 690)	(494 440)	40 840	71 720
资产与负债	4 935 018	4 649 663	4 353 008	5 574 630	8 261 358
总资产	192 597 681	157 826 329	134 341 404	110 815 729	107 927 578
总负债	(107 446 183)	(81 630 514)	(64 120 432)	(46 602 463)	(53 003 112)

---

① 恒生可持续发展企业指数由符合资格30家最佳可持续发展表现的香港上市公司组成。

续表

项目	2023 年	2022 年	2021 年	2020 年	2019 年
权益总额	98 761 958	85 151 415	70 220 972	64 213 266	54 924 466
为：					
归属本公司股权持有人权益	80 508 824	75 130 455	68 606 146	63 631 114	54 435 626
非控股股东权益	4 642 674	1 065 360	1 614 826	582 152	488 840
	85 151 498	76 195 815	70 220 972	64 213 266	54 924 466

资料来源：吉利汽车控股有限公司 2023 年度报告。

（二）威马汽车

威马汽车（WM Motor）成立于 2015 年，其前身为联合创始人杜立刚在 2012 年创办的三电系统研发企业，总部位于中国上海，公司名字取自德语世界冠军（Weltmeister），是国内新兴的新能源汽车产品及出行方案提供商。自创立以来，威马汽车制定了明确的集团发展"三步走"战略：做智能电动汽车的普及者；成为数据驱动的智能硬件公司；成长为智慧出行新生态的服务商。威马汽车致力于推动智慧出行产业的发展及落地。

威马汽车致力于为中国消费者提供完善、便捷、舒适的出行体验，基于全球人才、科技、研发、制造及产业链资源，目标是制造高品质、高可靠性、有良好用户体验的"世界冠军"级别主流智能汽车，并围绕产品构建新型智慧出行方案。

公司自成立以来发展迅速，2016 年底公司总规模人数已超过 600 人，分布在上海、德国、北京、成都、温州等地，其中 70% 来自传统车企，30% 来自互联网行业。2016 年，威马汽车完成了一系列重要举措，包括完成 A 轮融资，与温州市政府签订协议确定首个工厂落户瓯江口区，创建粉丝平台威盟，发布 2.0 版企业 Logo，与华为、四维图新、西门子、博世（中国）等国际企业签订战略合作协议，创始人沈晖首次公开亮相并宣布"128 战略"，威马新能源汽车智能产业园奠基等。此后，威马汽车在车辆研发、测试、品牌建设等方面不断推进。

当前，"威马"已拥有近千人的核心团队，分布在德国、上海、北京、成都、温州五个地区。截至 2021 年，威马汽车科技集团的团队规模 3 000 人，秉承"开放，聚能，内驱，尊重"的核心价值观，构建了多元化的人才结构，汇聚了众多来自全球的全产业链人才，分布在上海（集团总部、设计·采购中心、智能网联研发中心）、北京（区域总部及政策法规协同中心）、成都（全球研发总部）、绵阳（自动驾驶技术中心）、和温州（新能源汽车智能产业园、生产智造与产业化研发中心）。威马汽车已与包括西门子（中国）有限公司、华为技术有限公司在内的多家世界级供应商、合作伙伴签署了战略合作协议，在车辆研发制造、新能源、互联网、人工智能等方面进行了紧密、深入的合作。

然而，近年来威马汽车也面临诸多挑战。2022年部分车型涨价，2023年以来出现多起被申请冻结资产、新增被执行人信息、股权冻结等情况；2023年10月7日，上海市第三中级人民法院受理了威马集团的预重整申请；2023年12月29日裁定受理其重整一案，此后相关破产重整案件不断有新进展。

（三）克罗地亚的汽车产业

克罗地亚汽车工业的发展基于相关行业的悠久传统，例如金属加工、焊接、玻璃和塑料生产以及工程，换句话说，克罗地亚汽车工业的增长建立在金属生产、焊接、塑料、制造、工程和信息技术等相关行业的长期传统基础上。从事汽车零部件生产的克罗地亚企业家在高精度制造和零故障容忍度方面有着悠久的传统，他们的主要竞争优势是其卓越的产品质量。克罗地亚还生产电动汽车，例如最近成为独角兽的 Rimac Automobili 生产的 Nevera。

在克罗地亚的汽车行业，有140多家公司在积极运作，雇员约2 350人，该行业主要是出口导向。标致雪铁龙集团、通用汽车、菲亚特、宝马、奥迪、福特、雷诺、丰田、沃尔沃、保时捷等知名公司以及许多其他行业代表都是克罗地亚共和国生产的汽车零部件的买家。AD Plastik、Boxmark、Cimos-PPC Buzet、Saint Jean Industries、Wollsdorf 和 Yazaki 等公司只是在克罗地亚共和国境内运营的一些重要制造商。此外，克罗地亚汽车专家和创新者中也有为知名汽车制造商提供软件解决方案的公司。如 Infinum、HSTec、Visage Technolog 等公司擅长创新、电子出行和自动驾驶。

近年来，克罗地亚出现了许多汽车新公司，它们涉及汽车行业的电动交通、工程和IT技术。例如，Rimac Group、Yazaki、INFINUM、Porsche Digital、CETITEC、HSTec、AVL-AST、GlobalLogic、Visage Technologies、TTTech Auto、Amodo、Xylon、Mireo 和 Editel Adria 等公司表现突出。

Rimac Group 作为克罗地亚最著名的汽车公司集团，旗下的 Rimac Technology 专注于设计、开发、生产和供应高性能电池系统、电气驱动单元、电子系统、控制系统和用户界面组件，Rimac 已建立先进性能电气化技术的领先供应商的声誉。Rimac Technology 与欧洲许多主要汽车制造商合作，利用其从零开始开发 Nevera 的工程专业知识，提供一系列产品，帮助客户完成整个产品创造过程——从概念到大规模生产。Rimac Technology 已与包括保时捷、现代、起亚、宾尼法利纳汽车、科尼赛克、阿斯顿马丁等在内的许多全球 OEM 合作。

二、双方的贸易合作

克罗地亚 2024 年上半年共售出新车 38 794 辆，比 2023 年同期增长 14.7%。汽油车依然是最受欢迎的，占总销量的一半，油电混合车占 27.3%，柴油车占 18.7%，纯电动汽车仅售出 848 辆，占汽车总销量的 2.2%。根据市场研究机构 Promocija Plus 的数据，2024 年前 5 个月克罗地亚共售出 30 569 辆新乘用车，同比增长 14.9%，仅 5 月份就售出 8 281 辆新车，增长 16.6%。汽油汽车销量为 14 964 辆，占总销量的 49%，混合动力汽车销量为 8 746 辆（占 28.6%），柴油汽车销量为 5 661 辆（占 18.5%），燃气汽车销量为 661 辆（占 2.2%），纯电动汽车销量为 537 辆（占 1.8%）。新车销售品牌前三名分别是斯柯达、大众和雷诺，销售量分别为 4 207 辆（占 13.7%）、3 310 辆（占 10.8%）及 2 502 辆（占 8.1%）。主要得益于环境保护和能源效率基金提供的激励措施，特斯拉和名爵销量分别达到 140 辆和 101 辆。

2024 年初，吉利集团的 GEELY COOLRAY 在克罗地亚上市。5 月，吉利汽车在克罗利亚共售出 30 辆新车，6 月售出 56 辆。

除了吉利以外，浙江省还有一个车企——威马汽车抓住"一带一路"国际合作的契机，计划出海"一带一路"国家。威马汽车一直致力于打造具备"世界冠军"级品质的智能汽车产品，同时结合互联网科技，构建全新的出行价值链。其核心团队拥有全球视野，具备多次成功的跨国并购及资源整合经验。

在 2017 年 5 月 15 日，克罗地亚外交和欧洲事务部副部长玛利亚（Marija Pejčinović-Burić）一行与国内智能电动车制造企业威马汽车创始人沈晖进行了会面，并就如何抓住"一带一路"政策机遇，在电动汽车技术、市场、人才等领域开展合作进行了会谈。此次与克罗地亚的战略会晤涵盖了技术、人才和市场的交流。此次合作的促成，将使克罗地亚成为"威马"在德国建立科研中心之后的又一海外基地。

三、合作前景

克罗地亚作为全球著名且历史悠久、文化丰富的旅游大国，其绿色转型与清洁能源发展备受世界关注，包括欧盟、中国等。克罗地亚积极支持欧盟绿色协议，计划于 2050 年实现碳中和目标，并通过《低碳发展战略》《适应气候变化战略》及 2030 年能源发展战略等多项规划和举措，力争在 2030 年使可再生能源达到能源消费总量的 36.4%。预计到 2050 年，风能、太阳能和水电等可再生能源将占克罗地亚总发电量的 88%，成为主要电力来源。随着环保意识增强和对燃油消耗成本的关注，混合动力汽车凭借燃油效率和动力性能的平衡表现，吸引了更多消费者。

虽然纯电动汽车当前销售占比较小，但随着技术进步，其续航里程提高、充电时间缩短、成本有望降低。同时，政府出台的购车补贴、充电设施建设等支持政策，为其发展创造了有利条件。因此，尽管目前占比有限，但吉利等中国车企品牌未来有望实现更大增长，在克罗地亚汽车市场发挥更重要作用。

2021 年 4 月 8 日，浙江省发改委发布《浙江省新能源汽车产业发展"十四五"规划》，明确提出要坚持产业集群发展，围绕整车制造优化产业链和创新链的布局，全力打造环杭州湾汽车产业集群，积极构建温台沿海汽车产业带，并特色推进各地方汽车产业的协同发展，逐步形成"一湾一带多基地"专业化、协作化、联动化的新能源汽车空间发展格局。浙江省作为中国新能源汽车产业链的重要一环，依据《浙江省新能源汽车产业发展"十四五"规划（2021—2025 年）》，到 2025 年，产业集群化发展布局将进一步优化，产业规模和竞争力位居国内前列。全省新能源汽车年产量超 120 万辆，占全省汽车生产总量比重超 60%，新能源汽车产量占全国比重约 10%，关键零部件本地配套率显著提升；公共领域用车新能源比例国内领先，率先开展自动驾驶汽车规模化商业应用，充换电服务便利性大幅提高；建设新能源汽车产业大脑，累计建设"未来工厂"20 家，培育形成"十百千"创新型骨干企业梯队，产业数字化转型和绿色化发展走在全国前列。

2023年浙江省整车产量152.2万辆，占全国比重5%。其中，新能源汽车产量首次突破60万辆，占全国比重6.5%，渗透率提升至43%。全年出口9.77万辆，比上年增长22%。浙江省不光有以吉利等为代表的整车企业，汽车零部件制造也很强，覆盖动力系统、底盘系统、通用件等全产业链，并加快向智能网联汽车领域的新模块、新配件拓展。2023年，浙江省汽车零部件规上企业达2 662家，占全国比重超15%，全年营收规模达5 000亿元左右。

浙江省新能源汽车不仅拥有完整的产业链，而且技术创新水平总体处于国内第一方阵，在燃料电池、电机和驱动器、人车路协同等方面可圈可点，也为"智能驾驶"奠定了良好的基础。主要竞争优势如下：

首先，良好的产品结构，是浙江省汽车行业营收向好的基础。在车型上，浙江省的新能源汽车囊括了轿车、运动型多用途汽车和多用途汽车3种。在动力类型上，纯电、插混和增程均有产品推出。在产品价格上，5万至10万元、10万至15万元、15万至20万元以及30万元以上区间产品均有分布。

其次，技术储备也是浙江省汽车行业营收上升的加分项。围绕智能化技术方向，零跑汽车坚持自主研发三电、车载计算芯片、智能网联、自动驾驶等核心技术。围绕核心零配件方向，海康威视、大华在车载传感器和芯片、车路协同等领域，舜宇光学在车载摄像头领域分别发力，为浙产汽车的智能网联发展丰满羽翼。

最后，浙江省重视对汽车产业的布局。新能源汽车及零部件产业集群，是浙江省重点培育的8个特色产业集群之一，目前已经呈现出较为明显的集群化发展特征，初步形成"两带一极"的产业协作格局，即"甬台温""杭嘉湖"两大汽车产业带，以及浙中汽车产业增长极。

如上，可以看出，在全产业链优势加持下，浙江省新能源汽车动力充沛。

四、主要障碍

（一）"RepowerEU"的能源投资计划

国内外环境较为复杂，欧洲能源危机影响以及低碳发展需求，欧洲能源危机以及俄乌战争将对横店集团东磁股份有限公司带来新的发展契机。欧盟委员会发布一份名为"RepowerEU"的能源投资计划，旨在2030年前实现摆脱对俄罗斯能源的依赖，实现向绿色能源的快速转型。但欧洲市场能源市场的变动，也可能带来业务损失，对于浙江省汽车企业来说，应对欧洲市场产生重视，对企业的国际化战略做出适当的调整。

（二）汇率波动风险

汇率作为两个国家的货币之间的比价，汇率的变动会引起两个国家间货币国际价值的变动，其不仅受到国际货币市场波动的影响，还与本国的经济地位、市场水平等因素息息相关，随着人民币汇率市场化进程的持续推进，人民币汇率双向波动也愈发频繁和明显，汇率的变化将直接改变我国商品在国际市场上的相对价格，对出口贸易产生一定程度上的影响。当人民币兑美元、欧元的汇率发生了一定幅度的波动，可能影响跨境贸易客户的购买力以及公司存在汇率兑换损失的风险。

（三）知识产权纠纷

全球经济一体化背景下，我国企业走出去过程中遭遇的贸易壁垒问题突出，尤其是知识产权方面的壁垒问题激增，知识产权作为国家国际竞争力的一个要素显得越来越重要，随之而来的是企业拓展海外市场所遇到的知识产权风险越来越大，如果发生海外知识产权纠纷，企业在海外市场的发展竞争力和生存将受到巨大威胁，导致企业的成本增加。在海外发生的知识产权纠纷时，往往存在纠纷解决费用高、海外知识产权信息获取滞后等问题，进而可能会带来舆论环境波动、商务关系不稳定及法律诉讼事件增多、费用成本上升等风险，导致客户对大华品牌的信任度降低、销量下滑，进一步牵制公司业务拓展和市场占有率。

（四）物流运输成本增加

随着汽车出口量的增长，汽车海运市场快速崛起，与大规模的出口量相对应的是亟待提升的海运承载能力与水涨船高的运输成本。近几年受到疫情、乌克兰危机、美国以及欧洲国家对俄罗斯的制裁不断加码等诸多因素的影响，全球供应链紧张，使得国际油价一直在高位运行，而国际物流对于燃油存在非常大的需求，再加上 2022 年全球汽车销售复苏，推动了汽车运输船运费上涨，运输成本进一步增加，对于公司运营成本进一步提升。面对快速变化的市场供求，若公司不对燃油采购、自有船比例、运输工具维修保养、物流仓储管理等方面采取系统化的成本管控措施，可能会直接导致公司成本的增加以及对公司经营业绩产生直接影响。

（五）欧盟加征关税

欧盟委员会于 2024 年 6 月 12 日宣布，拟对自中国进口的电动汽车征收 17.4%—38.1% 不等的临时额外关税。

2024 年 7 月 4 日，欧盟委员会官方发表讯息称，根据欧盟启动反补贴调查的 9 个月后，欧盟委员会决定对中国进口的电动汽车征收临时反补贴税，欧盟认为中国电动汽车价值链受益于不公平补贴，给欧盟电动汽车生产商带来了经济威胁。7 月中旬，欧盟对华电动汽车临时反补贴税在欧盟成员国中进行的投票结果显示，12 个欧盟成员国支持征收临时反补贴税，4 个成员国反对，11 个成员国弃权。

目前根据官方信息显示，被抽查的三家中国生产商分别对应承担税额为比亚迪（17.4%），吉利汽车（19.9%）以及上汽集团（高达 37.6%）。欧盟加征关税对中国汽车出口欧洲的影响在短期内会抬高中国电动车在欧洲的售价，影响市场竞争力。但从长期来看，可能会倒逼中国车企加快在欧洲本土化生产的进程。这一措施不仅增加了中国汽车在欧洲市场的成本，还可能对市场竞争力产生一定影响。特别是对于那些尚未在欧洲建立生产基地的中国车企来说，加征关税无疑增加了它们的出口难度。

在对有关国际组织及欧洲多国政商界、学界的广泛采访中，受访人士普遍认为欧盟此举明显违反市场规律和国际规则，不仅直接损害欧洲消费者的切身利益，冲击欧洲汽车产业，还破坏了公平竞争的国际贸易环境，不利于经济全球化进程。欧洲政商界人士认为此举有损欧洲消费者利益，将拖缓欧洲汽车业转型升级。德国基尔全球化中心主任、基尔世界经济研究所教授霍尔格·格尔克指出，当前欧洲电动汽车市场需求显著下滑，对来自中国的电动汽车征收临时反补贴税将导致产品价格继续上涨并进一步抑制需求，给欧洲汽车产业电动化转型带来重大负面影响。德国法兰克福金融管理学院教授霍斯特·勒歇尔认为，欧盟对中国电动汽车加征关税不利于欧洲经济复苏。克罗地亚政治分析家克雷希米尔·马灿表示，历史已证明，高关税不利于欧洲汽车产业发展，不会给欧洲汽车产业和欧洲经济带来好处。

第三篇

浙江省与克罗地亚的投资合作

第六章

浙江省与克罗地亚投资现状

浙江省坚持"以投资促发展"的战略，通过引进外资、鼓励民间投资、推动重大项目落地等一系列措施，不断激发经济增长的新动能。这些努力不仅弥补了"七山二水一分田"下浙江省资源环境禀赋的不足，更为浙江省的经济发展注入了强大的活力。如今，浙江省已成为中国经济发展的重要引擎之一，其经济总量和综合实力均居全国前列。无论是在传统产业的转型升级，还是在新兴产业的培育壮大上，浙江省都展现出强大的竞争力和发展潜力。克罗地亚作为欧洲的新兴工业化国家，凭借其广阔的投资潜力和独特的经济优势，正吸引着全球投资者的目光，成为商业投资的热点，迄今为止已成为两家独角兽企业（Infobip 和 Rimac）的诞生地。加入欧元区后，克罗地亚的经济地位得到进一步稳固，能够为投资者提供一个更加稳定的投资环境。克罗地亚国内投资潜力巨大，特别是西北部地区因首都萨格勒布的区位优势成为投资热点；自然资源丰富，可为能源行业提供坚实基础；基础设施完善、政策透明度高、全球营商便利度排名靠前等优势，使得克罗地亚成为中国投资者进行海外投资时的理想选择。本章将从浙江省与克罗地亚的双向投资规模、双向投资领域、双向投资动机三个维度来分析浙江省与克罗地亚的投资现状。

第一节
浙江省与克罗地亚双向投资规模

一、浙江省与克罗地亚的投资规模分析

克罗地亚是巴尔干地区经济较为发达的国家，有良好的经济基础。克罗地亚国内设有萨格勒布港、里耶卡港等许多优良港口，在吸引外资上具有巨大优势。根据联合国贸发会议发布的《2021年世界投资报告》，2020年克罗地亚的外国直接投资（FDI）流量为11.5亿美元，同比下降5%，但相比其他中东欧国家仍表现较为稳定，这主要得益于一系列吸引外资的积极政策和对经济结构转型的不断推进。通过推出改善营商环境、简化投资审批流程、提供税收优惠等政策，克罗地亚不断为外国投资者创造更加有利的投资环境。而以往数据现实，2015—2019年，克罗地亚吸收外国直接投资的流量逐年稳步上升。如今，随着全球疫情管制的放开，有望吸引越来越多的国际投资来到克罗地亚。

浙江省作为对外开放的大省，拥有对外开放的悠久历史和投资经验。根据联合国贸发会议网站发布《2021世界投资报告》（以下简称《报告》），2020年全球外国直接投资额约为1万亿美元，相比于2019年下降了35%，而亚洲地区是唯一保持正增长的地区，上升了4%。《报告》指出，亚洲地区能够实现正增长主要依赖于东亚地区的经济复苏，尤其是中国的快速增长。2020年，东亚外国直接投资额达2 920亿美元，其中中国就贡献了约50%，达到1 490亿美元。中国是全球第二大外国直接投资流入国，同时也是全球第一大外国直接投资流出国，投资总额达1 330亿美元。根据中国商务部、国家统计局和国家外汇管理局联合发布《2021年度中国对外直接投资统计公报》，浙江省对外直接投资流量排名全国第二，流量金额为113.7亿美元，占全国比重15.2%。浙江省商务厅数据显示，2021年浙江省新设外商投资企业3 547家，同比增长25.7%，合同外资385.2亿美元，同比增长9.8%，实际使用外资183.4亿美元，同比增长

16.2%，占全国 10.6%，已连续两年保持在 10% 以上，规模居全国第五名。

伴着中国—中东欧合作的红利，中国与克罗地亚的双向投资合作不断深入。据中国商务部公开的数据，2012—2020 年，中国对克罗地亚直接投资流量和存量均呈现为明显的增长态势，特别是 2016 年以后，增速明显提升。虽然受疫情的影响，2021 年的数值出现了明显的下滑，但综合来看，克罗地亚作为中东欧的重要组成国家，随着疫情的乌云逐渐散去，中克在投资领域的合作还将不断深化和拓展，前景广阔。浙江省与克罗地亚经贸关系日益密切，中国—中东欧国家投资贸易博览会、宁波"16 + 1"经贸合作示范区等平台影响力不断扩大，都将成为双方加强投资合作的重要载体。如图 6 – 1 所示。

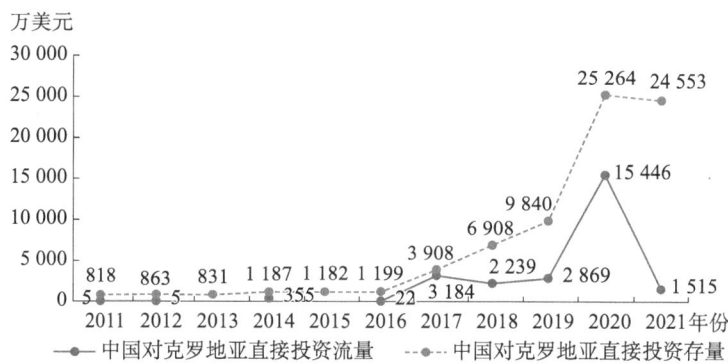

图 6 – 1　2011—2021 年中国对克罗地亚直接投资流量与存量

资料来源：《2022 年度中国对外直接投资统计公报》。

二、浙江省对克罗地亚的投资现状分析

（一）浙江省对克罗地亚的投资现状

自 1992 年中国与克罗地亚建交以来，中国与克罗地亚陆续在多个领域实践了互利共赢的合作。建交伊始，1993 年，中克两国签定了《中克鼓励和相互保护贸易投资协定》，揭开了两国投资合作的序幕。但是在 2007 年之前，两国之间投资较少，浙江省与克罗地亚的投资更是几乎没有。得益于"一带一路"倡议的推进，以及中国—中东欧国家经济合作的助力，中克两国在经贸投资领域的相关合作不断深化。加之 2016 年普连科维奇就任克罗地亚总理以来，中克关系持续友好，两国全面开放合作，

中国面向克罗地亚的直接投资呈现为增长态势。浙江省在"十二五"规划时期就制定了从"商品输出"转向"资本输出"的目标，通过对外投资进入国际市场的方式相对于贸易更加自由化，同时，借助资本流动进入国际市场能够更好地吸取国际企业的经验和技术，浙江省政府和企业着人先鞭，抢先实践并应验国家在"十三五"规划里提出的从"中国制造"到"中国智造"。作为中东欧研究院的所在地，浙江省鼓励各企业积极下入中东欧国家。克罗地亚作为中东欧重要国家，拥有深入中欧的重要港口，浙江省与克罗地亚的商贸联系日益密切。

2018年，浙江省人民政府朱从玖副省长率团访问克罗地亚，出席"一带一路"浙商行（中东欧站）之中国（浙江）—克罗地亚商务论坛。此行意在推动中国—中东欧"16+1"经贸合作示范区建设，深化浙江省与克罗地亚的经贸交流，务实两地双向投资，挖掘合作潜力，双方企业抓住中东欧经济发展和"一带一路"的契机，促成更多项目落地。浙江省商务厅与克罗地亚经济商会在此次协会上签订关于加强投资贸易合作的备忘录。浙江省作为经济大省，走在中国各项经济领域活动的前列，开放的对外环境和发达的民营企业使浙江具备巨大的投资实力和被投资的无限潜力。省商务厅王坚副厅长带队走访克罗地亚经济商会上海代表处时表示，浙克经贸投资正处于大有可为的阶段，要密切人员交流，建立项目跟踪推进机制。

浙江省对克罗地亚的投资主要集中在几个关键领域，这些领域包括旅游、汽车能源、港口基建、农业、物流和数字经济。以旅游和港口基建领域为例，克罗地亚丰富的旅游资源和其独特的地理位置带来了合作机遇。一方面，克罗地亚拥有美丽的海滨城市、迷人的内陆风光和深厚的文化底蕴，这些都为旅游业的发展提供有利条件。浙江省投资者通过与克罗地亚旅游业的合作，旨在共同开发旅游资源，提升旅游服务水平，吸引更多游客前来体验。另一方面，克罗地亚拥有较为完善的港口基础设施，这为物流和贸易的发展提供了有力保障。浙江省投资者通过与克罗地亚港口项目的合作，旨在提升港口运营效率，促进贸易往来，推动双方经济的共同发展。克罗地亚是连接欧洲和亚洲的重要物流枢纽，浙江省投资者通过与克罗地亚物流企业的合作，旨在建立更加完善的物流网络，提升物流效率和服务水平。

总体来看，浙克的经济投资具有友好的合作基础和充分的经验，更有双方的一系列政策和协议促进投资，为双方投资活动保驾护航。

（二）浙江省各市对克罗地亚投资现状

根据浙江省贸促会发布的相关报告，在经济开发区的产业升级中，以"一带一路"统领新一轮对外开放，浙江省当下已经形成"1＋1＋79＋8"雁行阵开放平台新格局：1个自贸试验区，1条开放大通道，79个省级以上开发区，8个海关特殊监管区，营商环境更加便利，更利于引入高质量外商。浙江省各市为吸纳国内外高层次、多领域科技人才，集聚更多国际化、高端化、开放性的创新资源要素，促进成果转化，赋能产业发展。举办各种会议，在国际交流中寻求投资机会。浙江省企业加快"走出去"步伐，积极寻求生产合作，资源互补，对外投资逐步攀上新的台阶。

1. 宁波市

开放是宁波的历史定位，港口是宁波的区位优势，制造业是宁波民营经济的活动源泉。宁波作为制造业大市，不仅需要能源、原材料的输入，还需要广阔的海外投资市场。也正是基于宁波城市自身的特色，宁波企业在克罗地亚的并购活动主要集中在港口、制药、食品和机械等行业，旨在推动企业国际化和全球化战略的实现，实现在克罗地亚当地市场的长期稳定发展，以小试大，打开国际化通道。2014年宁波市政府代表团拜访克罗地亚经济联合会，并召开克罗地亚企业家座谈会，就展会情况进行推介和招商。2015年，中国—中东欧国家投资贸易博览会和浙江省省投资贸易洽谈会6月8日在宁波开幕，在此次洽谈会上，推出投资合作项目131个。

（1）政府层面的投资合作

其一，创建平台。宁波作为首个中国—中东欧国家经贸合作示范区的落户地，是中国和中东欧合作的主要承载地，承办中国—中东欧国家合作的国家级展会、中东欧博览会暨国际消费品博览会、浙江省投资贸易洽谈会等各项会议。在2015年召开的首届中国—中东欧国家投资贸易博览会上，作为主宾国的克罗地亚就已经在宁波惊艳亮相。

其二，政策引导。对于促进对中东欧的投资，宁波市政府2015年出台的《关于加强与中东欧国家全面合作的若干意见》着眼于促进双向投资，意见提出，鼓励宁波企业投资中东欧国家，支持宁波企业赴中东欧国家开办产业园、投资工业项目、建设营销基地、资源开发基地、承接工程业务。2018 年，宁波市政府正式印发纲领性文件《"16 + 1"经贸合作示范区建设实施方案》。浙江省作为先发之省，宁波市又为浙江省的头筹之地，在实践"资本走出去"的方面起着示范作用，将是全国的典范。

其三，海运港口。宁波利用自身港口优势，拓宽对外交流渠道和商品销售路径。作为港口城市，宁波和里耶卡早在 2011 年 6 月 6 日就已建立友好关系。2019 年，宁波市与克罗地亚里耶卡签署《共建"21 世纪海上丝绸之路"服务贸易合作协议》，旨在推进两地之间的海运和服务贸易，共同发掘贸易潜力。克罗地亚最大的港口里耶卡港正积极与宁波舟山港对接，旅游业人数明显增长，创新技术不断突破，沙丁鱼、橄榄油等当地食品的销量不断提升。2022 年，宁波舟山港与里耶卡港等中东欧五大港口完成了进出口集装箱 76.9 万标准箱，这个数字是 2014 年的 3 倍多。

其四，金融支持。宁波市积极开展跨境贷款试点，支持中东欧国家有融资需求的企业直接向宁波的银行申请跨境贷款，并鼓励宁波的银行为中东欧国家的工程提供项目贷款。

（2）国有企业层面的投资合作

国有企业层面的投资合作主要侧重于港口基建。以港口业务为例，宁波在投资克罗地亚港口方面已取得一定进展。2016 年，宁波联合集团有限公司曾通过香港子公司收购克罗地亚工商银行持有的股权，进而成为当地一家港口运营公司的大股东，拥有该公司 70% 的股权。宁波舟山港集团已经参与克罗地亚南部城市杜布罗夫尼克举行的一个港口综合体项目，该项目旨在建设一座多功能综合港口，提供航运、货运、旅客运输等服务。宁波舟山港集团将向该项目投资约 5 亿欧元，占股 33.3%，成为该项目的主要投资人之一。这一投资将进一步加强宁波舟山港集团在欧洲的港口网络，增强公司在该地区的业务竞争和影响力。

（3）民营企业层面的投资合作

民营企业层面的投资合作主要围绕制药、食品、机械等领域展开。在制药企业方面，2017 年，宁波华翔药业股份有限公司通过旗下子公司宁波华新制药科技有限公司收购克罗地亚一家制药公司 KMPHARM，该公司主要经营医药品的生产和销售。在食品企业方面，2018 年，宁波浙江省冠海食品有限公司通过收购克罗地亚的一家葡萄酒企业 AGRIPRODALPAS d. o. o.（Agiprodalpas），进一步开拓当地市场和销售渠道。在机械企业方面，2020 年，宁波泓建基础设施有限公司通过收购克罗地亚机械制造企业 Hidraulika-FER d.o.o.，进一步完善在坑道工程方面的技术和产品体系。

2. 杭州

杭州市作为省会城市，一直致力于推动外商投资，并出台诸多政策，如营商环境优化、外商投资创新创业支持、财税支持等，为外国企业提供良好的投资环境。杭州企业在克罗地亚的并购活动主要集中在数字经济、旅游和医疗等行业。杭州作为浙江省的省会城市，近年来在信息、电子商务、文化创意等方面均处于中国乃至国际领先，"中国杭州电子商务综合试验区"和"杭州国家自主创新示范区"的获批，进一步显示了杭州作为大众创业、万众创新热土的活力、潜力和地位。同时，数字化经济也是杭州在全国的主要领先模块之一。

（1）政府层面的投资合作

2014年10月16日，杭州与克罗地亚历史名城斯普利特市签署缔结好城市关系，打开下一步合作的良好局面。2015年，克罗地亚驻华大使奈伯耶沙科哈罗维奇率领克罗地亚经贸代表团一行6人来杭州访问，围绕"一带一路"战略就旅游、经贸、投资、基础建设、文化交流等方面的合作，与杭州市有关部门进行交流探讨。2019年12月，杭州市文化广电旅游局牵头组织在克罗地亚首都萨格勒布举行"杭州都市圈文化旅游推介会"，进一步加深克罗地亚与杭州都市圈城市之间的相互解，促进杭州都市圈与克罗地亚旅游、文化、经济等方面的交流合作。

（2）民营企业层面的投资合作

民营医疗企业方面，2023年1月，杭州泰格医药（Tigermed）科技股份有限公司宣布完成对欧洲CRO公司Marti Farm的收购，此次战略收购将进一步强化泰格医药在欧洲地区的服务能力与规模，扩大全球范围内安全监测能力，并更好地为客户提供定制化的临床研究方案。

3. 金华

金华虽然是内陆城市，但却是对外贸易活动活跃的地级市。金华的区位物流优势显著，金华境内的义乌铁路口岸是"义新欧"中欧班列的始发站，承载着重要的交通职能。金华作为市场大市，义新欧班列货源充足，是目前国内开通的5条班列中收益最高的。跨境电子商务的迅猛发展，使得双边贸易的发展拥有更广阔的空间，克罗地亚的投资项目将更具吸引力和竞争力。

2023年,"智造+健康"产业国际开放创新合作论坛在浙江省金华市举行。该论坛以企业间国际合作和产业创新生态协同等为话题展开深入交流,为"智造+健康"产业的国际开放合作,和产业链上下游的协同创新发展提供了优质的对话窗口和交流平台。论坛上,克罗地亚中小企业创新和投资署执委会成员玛丽亚娜·奥利布向与会嘉宾介绍克罗地亚的创新创业和商业投资环境,并寻求未来与金华本地产业推进合作、互惠发展。从而为金华与克罗地亚的投资带来了新的契机,助力实现金华与克罗地亚相关技术上的互通有无。

三、克罗地亚对浙江省的投资现状分析

1. 宁波

作为全国首批对外开放城市,宁波拥有世界第一大港——宁波舟山港、中国—中东欧国家经贸合作示范区、浙江自贸区宁波片区等高能级开放平台,东部沿海地区开放先导地位不断巩固。此外,宁波制造业韧性强,且通过积极扩大对外科技开放合作,吸纳国内外高层次、多领域科技人才,集聚更多国际化、高端化、开放性的创新资源要素,促进成果转化,赋能产业发展。宁波已成为克罗地亚在中国的重要合作伙伴,克罗地亚船运公司 Adria Line 在宁波保税区投资近 5 000 万元人民币,成立船务代理和物流公司,专门从事国际、国内货物集装箱运输、报关、保险、仓储、物流等方面的业务。

2. 杭州

杭州市具备良好的产业基础,是中国著名的电子商务和信息技术产业基地,同时拥有完善的现代服务业、制造业和文化创意产业,对于外商投资具有极强的吸引力。克罗地亚经贸代表团多次访问杭州,两地进行经贸合作。2019 年,克罗地亚斯普利特市议会主席作为"一带一路"沿线国家友好城市拜访杭州市贸促会,就两地投资项目进行深入沟通。克罗地亚旅游公司 ZIAJA 集团于 2015 年在杭州市建立一家五星级酒店和一个会议中心,项目总投资额达到 2.5 亿美元。该酒店名为海天嘉禾文华东方酒店,旨在满足杭州市商务和旅游发展的需要,提供现代化的会议场地和豪华的住宿体验。该项目的成功落地不仅推动了杭州市旅游业和会展业的发展,同时也促进浙江省与克罗地亚之间的经贸合作。

3. 温州

温州作为商业大市同时也是著名的海外华侨之乡，一直以来重视外商投资，长期以来通过举办各种形式的交流会议来促进与国内外企业之间的沟通和合作。克罗地亚航运公司 ADRIA LINE 在温州市成立了子公司，提供集装箱运输和物流服务。温州作为沿海城市，也承担有重要的交通给运输的作用。克罗地亚企业 Rimac Automobili 在温州市投资 5 000 万美元，建设了一座生产电动超级跑车的工厂。该工厂计划每年生产 1 000 辆电动超级跑车，并计划在中国扩大销售规模。未来，公司还计划在温州市建立研发中心，加强技术创新和市场推广。

第二节
浙江省与克罗地亚双向投资领域

近年来，中国与克罗地亚高层对话密切。2019 年 4 月，第八次中国—中东欧国家领导人会晤在克罗地亚杜布罗夫尼克举行，围绕"搭建开放、创新、伙伴之桥"的主题，一是制定和发表了《中国—中东欧国家合作杜布罗夫尼克纲要》；二是共同举办了中国—中东欧国家经贸论坛，宣布开通"中国—中东欧中小企业协调机制"网站，为企业"走出去"定向导航，为"走出去"企业保驾护航；三是同时举办了中国—中东欧国家中小企业对接会。中克在会晤期间共同发表《中华人民共和国政府和克罗地亚共和国政府联合声明》，中高层对话将推动中国（浙江）与克罗地亚的商贸投资关系行稳致远。

目前总体上克罗地亚与浙江省的投资合作规模还比较小，双向投资中，浙江省对克罗地亚的投资更多。根据中国商务部公布的数据，截至 2020 年底，浙江省对克罗地亚的累计非金融类直接投资为 1.76 亿美元，具体投资领域包括制造业、商贸流通、交通运输、房地产、环保等。在制造业领域，浙江省企业在克罗地亚投资的项目主要涉及汽车零部件、纺织、制鞋等领域；在商贸流通领域，浙江省的超市和百货公司进驻克罗地亚市场；在交通运输领域，浙江省的物流企业在克罗地亚建设港口仓库和物流中心等。值得一提的是，中克双方在文化领域也有着广泛的合作，浙江省和克罗地亚还特别展开文化及教育交流，通过支持学者互相访问和学术研究来进一步增强文化交流。根据克罗地亚经济部的数据，截至2021年初，克罗地亚对浙江省的累计投资额为4 700万欧元。主要投资领域包括旅游、制造业、汽车能源、基础设施工程建设等。

随着中国与中东欧地区经贸合作的不断拓展，被称作"亚得里亚海边的一颗珍珠"的克罗地亚正在受到越来越多的关注。作为一个"年轻"的国家，克罗地亚是影响中东欧地区同欧盟经贸联系的重要一环，有不少投资潜力在等待中国企业开发与挖掘。下面对未来浙江省与克罗地亚可能达成投资合作的领域进行展望。

（一）旅游业

作为整个地中海地区最受欢迎的旅游目的地，旅游业在克罗地亚的经济发展中有举足轻重的地位，旅游业所创造的经济收入约占克罗地亚国民生产总值的20%，同时辐射带动了零售业、加工业和夏季季节性就业的蓬勃发展。伊斯特拉半岛在过去的几年中成为欧洲旅游的新宠，从近年平稳上升的游客人数和停留天数可以看出，伊斯特拉半岛的旅游业吸引力非常强，如表6-1所示。

表6-1　　　　　　　　克罗地亚旅游业的发展

年份	游客数量（人次）	同比增长（%）	停留天数（天）	同比增长（%）
2018	4 456 792	6	28 443 129	3
2017	4 223 233	10	27 511 615	10
2016	3 852 114	8	25 010 890	6
2015	3 570 668	9	23 668 568	6
2014	3 272 280	2	22 274 541	1
2013	3 195 564	5	22 032 695	7

资料来源：Istria County Tourist Offices。

与旅游的相关产业基本集中于亚得里亚海沿岸，沿着亚得里亚海岸和小岛群的度假胜地涌现出许多旅游观光服务，包括娱乐、餐饮、纪念品市场等。同时，由于拥有鳞次栉比的码头和超过16 000个泊位的游艇俱乐部，其航海旅游产业也十分发达。此外，斯特拉半岛沿海极具吸引力的中世纪城市风光，以及丰富的文化活动也使得文化旅游颇为兴盛。得益于伊斯特拉半岛温和的地中海气候，这里几乎可以全年开展高尔夫球、网球等高端休闲体育活动。

（二）汽车工业

浙江省的新能源汽车产业对外发展情况较为活跃。浙江省企业在新能源汽车 core technology 的研发、生产、营销等方面具有一定的优势和实力，通过与国际知名汽车企业的合作、参与全球汽车行业的展览会和会议等方式，积极拓展对外交流与合作，推进浙江省新能源汽车产业的国际化发展。

一方面，浙江省的新能源汽车企业积极与国际知名汽车企业合作，加强 core technology 的研发和推广。例如，长城汽车在德国设立欧洲研发中心，进行智能化汽车技术的研究，不断提高车辆的性能和品质。几易传媒也与全球知名车企腾讯成立"智联汽车科技公司"，共同开发智能驾驶技术，推动产业创新和升级。另一方面，浙江省的新能源汽车企业还积极参加国际汽车行业的展览会和会议，扩大企业的国际影响力。例如，稠州银行在 2020 年第三届世界智能网联汽车大会上展示自主研发的智能网联汽车，吸引客户和媒体的广泛关注。同时，浙江省的新能源汽车企业还通过合作项目、商务考察等方式，加强与海外市场的联系，扩大贸易和投资合作的机会。

总的来说，浙江省新能源汽车产业的对外合作和国际交流不断加强，吸引国际资本和技术的关注和投入。未来，浙江省的新能源汽车企业将继续加强与国际市场的联系和合作，推动产业向更高水平发展。

（三）初创企业

2022 年，尽管美国和欧洲市场遭遇经济动荡，克罗地亚初创企业共获得 8.46 亿美元投资，同比增长。近年来，克罗地亚的创业环境显著发展，劳动力成本较低且劳动力技能娴熟，吸引了众多投资者。该国还努力通过 CroStartup 等不同机构支持创业公司和外国投资，该机构旨在加强创业社区，并通过强大而充满活力的生态系统让克罗地亚登上全球创业版图。EU Starups 评选出了认为前景非常光明的 10 家克罗地亚早期初创企业，这些企业均成立于 2019 年后，具体如下：

1. Revuto

总部位于萨格勒布的 Revuto 是一款移动应用程序，旨在帮助用户在储蓄和赚钱的同时管理订阅。该应用程序支持借记卡和加密货币。它建立在去中心化平台 Cardano 上，作为 RealFi 生态系统的一部分运行。通过使用金融科技和加密产品，Revuto 旨在消除在弥合加密流动性与现实世界经济活动之间的差距时可能出现的挑战。该公司成立于 2021 年，已经筹集了总计 2 000 万美元的资金。

2. Wasp

总部位于萨格勒布的 Wasp 是一款软件开发工具，它使用简洁的语言和声明性 DSL 简化了全栈 Web 应用的构建。它使用现代 Web 开发堆栈统一了前端、后端和部署，而无须编写样板代码。Wasp 的设计为零配置并遵循最佳实践，使开发人员更容易专注于构建他们的应用程序。该公司成立于 2020 年，总共筹集了 150 万美元。

3. Codemap.io

人才市场 Codemap.io 提供经过预先审查的无代码专家。它可以帮助企业快速推出数字产品、自动化工作流程并提高团队生产力。在我们日益数字化的世界中，迫切需要能够跟上技术发展并推动数字化转型的熟练工人。全球程序员短缺，Codemap 旨在帮助人才与合适的公司建立联系。该公司成立于 2021 年，已筹集 25 万美元。

4. Gepek

Gepek 总部位于萨格勒布，是一个采用拼车模式的包裹递送平台，专门用于包裹运输。它更适合非接触式递送，提供额外收入和灵活的时间管理，并且便于快速跨国包裹递送。Gepek 还具有司机评级和身份检查等安全功能，以确保安全递送。这家初创公司成立于 2021 年，正在进军不断增长的市场，并采取有趣的可持续发展方式。

5. PitchSee

PitchSee 成立于 2021 年，是一个面向初创企业和投资者的市场，将不同的投资机会集中到一处。初创企业可以免费展示他们的项目，并直接与世界各地的潜在投资者建立联系。同时，它为投资者提供了一种快速简便的方法，通过直截了当的视频推介浏览项目——节省时间和金钱。该平台总部位于萨格勒布，旨在成为一个激情与支持相遇的地方，为初创企业和投资者提供一个方便的交流空间。到目前为止，它已经筹集了 50 万欧元。

6. TABU

TABU 总部位于萨格勒布，是一个在线平台，提供克罗地亚科技市场技术薪资洞察。目前，它拥有 1.9 万名用户，覆盖 65% 的市场。个人用户可以将自己的薪资与同职位和同资历的其他人进行比较，而企业用户可以了解他们感兴趣的所有职位和部门的市场情况。它还可以避免薪酬差异，并确保工人的付出得到正确的回报。该公司成立于 2022 年，已筹集 10 万欧元。

7. Spotsie

Spotsie 成立于萨格勒布，是一种基于物联网（IoT）技术的节能定位解决方案。它提供室内和室外环境中静态和移动物体的详细位置数据，帮助优化工作运营，让管理人员更好地监督。使用 Spotsie 实现流程数字化还可以帮助公司改善生产、改进流程、运输以及工人和设备的安全，同时减少碳足迹。这家初创公司成立于 2019 年，在石油行业具有影响力，帮助该行业走向低碳。

8. Elevien

总部位于萨格勒布的 Elevien Sports 是一款智能手机应用程序，可将来自世界各地的体操运动员连接起来，从而创建一个全球体操网络。它允许用户远程评估和观察现场训练、比赛和竞赛。Elevien 专为体操运动员、教练、裁判、组织者和观众设计。有了它，他们可以与其他体操运动员联系，以及组织和参加比赛。该公司成立于 2020 年，已筹集 200 万欧元。

9. Mindsmiths

这家人工智能初创公司的使命是弥合有机智能和合成智能之间的差距。其重点是将技术与人类行为联系起来，利用人工智能领域的工具为数百万人提供人性化的关怀和关注。Mindsmiths 的目标是通过考虑人类的恐惧、动机、情感、技能和能力来改变生活和工作的各个领域。该公司成立于 2019 年，共筹集了 120 万欧元。

10. SWEN

SWEN 成立于 2020 年，是一家专门从事露营地管理的物业管理软件公司。该平台包括一个物业管理系统（PMS），该系统具有自动化流程，可减少行政工作并提高从预订到退房的游客满意度。露营是欧洲越来越受欢迎的度假方式，但对于许多提供商来说，跟上数字化步伐一直很困难。SWEN 旨在让这一切变得简单。这家总部位于萨格勒布的旅游科技公司迄今已筹集了 160 万欧元。

第三节
浙江省与克罗地亚双向投资动机

一、浙江省对克罗地亚投资动机

（一）市场导向型

其一，克罗地亚作为东南欧洲的消费市场和商贸中心，拥有先进的制造业和新兴产业基础，浙江省企业可以通过投资克罗地亚企业扩大生产规模，完善产业链条，实现资源共享和优势互补。其二，可以利用克罗地亚在欧洲的独特地理位置，将其视作进一步拓展欧洲市场的跳板。克罗地亚位于欧洲的中心位置，其面向巴尔干半岛的位置优势使其成为连接东南欧和中东欧市场的天然桥梁。克罗地亚同时拥有发达的物流和运输体系，使得货物和人员很容易在东南欧和中东欧之间移动，可以帮助浙江省企业轻松进入新兴市场，拓展海外市场。其三，随着克罗地亚顺利加入欧元区和申根区，在克罗地亚的浙江省企业将在开拓欧洲市场的过程中得到更好的商业机会和行商便利。2023 年 1 月 1 日，克罗地亚同时加入欧元区和申根区，成为欧元区第 20 个成员国和申根区第 27 个成员国，自此，克罗地亚具有在欧盟内市场的便利。克罗地亚是欧盟成员国之一，在欧盟内部市场上享有免费通行的优势，浙江省企业在克罗地亚投资建厂、办公司或成立产业园区之后，其产品和服务在进入更为广阔的欧盟市场时，可以免除很多进口关税，并在其他非关税壁垒上获得巨大的优惠。

（二）资源导向型
1. 旅游业

克罗地亚因其独特的地理和自然风景而享誉全球。从波光粼粼的亚得里亚海岸到宁静幽美的度假村，再到葱郁繁茂的自然公园，每一处景致都如诗如画，令人流连忘返。浙江省企业敏锐地捕捉到这一商机，通过投资克罗地亚的旅游业，不仅可以为当地带来经济繁荣，更能将浙江省的优质服务与克罗地亚的旅游资源完美结合,共同开拓更广阔的海外市场。这样的合作将促进双方互利共赢,实现文化和经济的深度融合。

2. 农业资源

克罗地亚独特的气候和地理条件,孕育众多优质农产品。这里的土地肥沃,阳光充足,雨水适中,为农作物的生长提供得天独厚的环境。浙江省企业看到这一商机,纷纷投资克罗地亚的农业领域,引进先进的种植技术和管理经验,助力当地农业实现现代化转型。同时,浙江省企业还通过跨国贸易的方式,将克罗地亚的优质农产品引入中国市场,满足消费者对高品质食品的需求。这样的合作不仅促进双方经济的共同发展,也为两国人民带来实实在在的利益。

(三)成本导向型

1. 交通运输成本

克罗地亚的维达海港口和其他港口资源,构成连接欧洲和亚洲的重要的贸易枢纽。这些港口设施完善,交通便利,通过利用克罗地亚的港口资源,能够有效缩短物流时效,降低运输成本。因此,从节约成本的角度思考,在克罗地亚设厂是个不错的选择。

2. 生产成本

近年来,克罗地亚政府出台了一些列具体措施来吸引投资,包括税收优惠。根据克罗地亚《投资促进法》规定,符合条件的外国投资企业,可享受长达15年的税收优惠,满足不同条件的投资企业所享受的税收减免情况详见表6-2。

表6-2　　　　　　　　　企业税收减免标准

投资金额(百万欧元)	新雇佣人员(名)	雇佣期限(年)	利润税率扣除(%)	年限(年)
0.15(微型企业、信息及通信技术系统软件开发中心>0.05)-1	5(微型企业3名、信息及通信技术系统软件开发中心10名)	3(中小企业) 5(大型企业)	50	10 (微型5年)
1-3	10	3(中小企业) 5(大型企业)	75	10
>3	15	3(中小企业) 5(大型企业)	100	10

资料来源:克罗地亚政府网站(投资激励措施)(https://vlada.gov.hr/UserDocsImages/ZPPI/Invest%20in%20Croatia/Investment-Incentives-2022.pdf)。

3. 固定资产投资成本

在克罗地亚共和国注册的企业可享受以下最低额度的固定资产投资激励措施：微型企业可享受 50 000 欧元，并在项目实施期间创造至少 3 个新就业岗位；小型、中型和大型企业可享受 150 000 欧元，并在项目实施期间创造至少 5 个新就业岗位；ICT 系统和软件开发中心可享受 50 000 欧元，并在项目实施期间创造至少 10 个新就业岗位；现代化和提高业务流程生产力的投资项目可享受 500 000 欧元。详见表 6-3。

表 6-3　克罗地亚固定资产投资激励措施

全国失业率	与创造就业机会的合格成本相关的激励率	增加开发和创新活动**	增加业务支持活动***和高附加值活动****
<10%	10%（最多 3 000 欧元）*	+50%（1 500 欧元）*	+25%（750 欧元）*
<10%	4%（最高 1 200 欧元）	+50%（600 欧元）	+25%（300 欧元）
10%—15%	20%（最多 6 000 欧元）*	+50%（3 000 欧元）*	+25%（1 500 欧元）*
10%—15%	8%（最高可达 2 400 欧元）	+50%（1 200 欧元）	+25%（600 欧元）
>15%	30%（最多 9 000 欧元）*	+50%（4 500 欧元）*	+25%（2 250 欧元）*
>15%	12%（最高可达 3 600 欧元）	+50%（1 800 欧元）	+25%（900 欧元）

注：* 指定金额的补助适用于在克罗地亚就业服务局（CES）登记失业至少 6 个月的失业人员，无论工作经验长短和教育水平如何，在 CES 登记失业的 50 岁以上人员和在 CES 登记失业的无工作经验人员，以及由于破产程序启动而终止雇佣合同的人员。对于其他类别的工人，奖励率为上述金额的 40%。

** 开发和创新活动：影响新产品开发和显著改进现有产品、生产系列、制造工艺和/或生产技术的活动。

*** 商业支持服务：
①专注于业务活动分离和/或集中的业务活动中心，例如数据中心、设计中心和产品设计中心、多媒体联系中心和信息技术开发中心。
②物流和配送中心：旨在建立和建设高科技物流和配送中心，提供多式联运、包装和处理，以显著改善业务流程和货物交付中的物流和配送活动，还包括制造和加工行业的投资项目。
③ICT 系统和软件开发中心：信息系统的开发和应用、IT 管理操作系统的外包、电信网络运营中心的开发以及新软件解决方案的开发和应用。

**** 高附加值活动：
①创意服务活动：建筑、设计、媒体传播、广告领域的活动以及创意产业领域的其他活动。
②可持续旅游活动——高附加值服务，投资激励的受益人能在投资项目实现三年期结束后的那一年至少经营六个月的旅游业务，代表至少四星级的酒店和旅游住宿设施项目，如酒店、公寓式酒店、旅游度假村和营地；餐饮和旅游设施项目—按照文化资产保护和保存条例，通过修复文化和历史遗产而创建的遗产酒店和分散式酒店；所有上述住宿设施类型的配套内容项目，包括：健康、会议、航海、文化、高尔夫、体育休闲、娱乐主题和旅游生态内容，以及其他具有高附加值的创新旅游内容；至少四个锚的航海旅游项目；游乐和主题公园项目。
③工业工程服务：专注于生产的建模、设计、重组和优化以及制造业务流程的优化。

资料来源：克罗地亚政府网站（投资激励措施）（https://vlada.gov.hr/UserDocsImages/ZPPI/Invest%20in%20Croatia/Investment-Incentives-2022.pdf）。

（四）战略寻求型

中国加大对中东欧的直接投资，尤其是基础设施方面的直接投资，不仅能够解决中东欧的基建需求问题，也减少了中国与中东欧国家展开经贸合作过程中可能产生的运输、空间、成本等问题，具有深远的战略意义。中国提出的共建"一带一路"倡议，旨在推动中国与"一带一路"沿线国家间的贸易往来、投资合作和技术创新等方面的全方位合作，扩大国际市场份额。致力于打造一个更加开放包容、平等互利、合作共赢的区域经济体系，为这些国家的经济增长和创新提供更为宽广的发展空间。浙江省作为改革开放的先行地，有责任承担领头作用，主动谋求与中东欧国家之间的经贸合作，推进浙江省与克罗地亚投资合作就是方向之一，帮助加深中国与克罗地亚两国之间的互信和友好。

二、克罗地亚对浙江省投资动机

（一）技术寻求型

浙江省是全球领先的科技和管理经验聚集地，不仅有效支持了本土企业的蓬勃发展，更为全球企业提供了宝贵的借鉴和合作机会。

1. 制造业与科技创新的引领

浙江省的制造业和科技创新实力不容小觑。众多浙江省企业凭借先进的技术和创新的理念，在国际市场上崭露头角。克罗地亚，作为寻求技术和管理突破的国家，可以从浙江省企业中汲取宝贵的经验。通过引进浙江省的先进技术和管理模式，克罗地亚企业可以迅速提升自身在制造业和科技创新领域的竞争力，进而在国际市场上占据更有利的位置。

2. 供应链管理的智慧分享

在供应链管理方面，浙江省企业同样展现出卓越的能力。长期以来，浙江省企业不断优化供应链管理，确保产品从原材料采购到最终交付给客户的每一个环节都高效、顺畅。这种精细化的管理模式不仅提高企业的运营效率，更为企业赢得市场的信赖。克罗地亚企业可以学习并借鉴浙江省企业在供应链管理方面的成功经验，结合自身实际情况进行应用和优化，从而提升自身的市场竞争力。

3. 跨国投资的智慧决策

跨国投资是一项复杂而艰巨的任务，需要企业进行充分的市场调研和风险评估。浙江省企业在跨国投资方面积累丰富的经验，形成一套具有前瞻性和可持续性的战略规划体系。克罗地亚企业在进行跨国投资时，可以借鉴浙江省企业的经验，制定出符合自身实际情况的战略规划。同时，还需密切关注市场动态和政策变化，及时调整投资策略，确保投资项目的长期稳定发展。通过科学决策和合理规划，克罗地亚企业可以在全球化的舞台上取得更加辉煌的成就。

（二）技术合作型

1. 旅游业

克罗地亚以旅游业闻名世界，近年来将其独特的旅游资源和品牌理念带到中国浙江省。浙江省作为中国的经济强省和旅游胜地，自然成为克罗地亚企业拓展海外旅游市场的首选之地。2017年，克罗地亚酒店行业著名的Maistra集团就在浙江省宁波市象山县落地生根，开设一家高端度假酒店。这家酒店不仅为游客提供舒适的住宿环境，更将克罗地亚的热情与浙江省的自然美景完美融合，迅速成为当地热门的度假胜地之一。克罗地亚企业在浙江省旅游业的投资，不仅为当地带来经济收益，更为两国的旅游文化交流搭建新的桥梁。

2. 科技创新领域

克罗地亚的科技创新能力一直备受瞩目，越来越多的优秀国际企业将目光投向科技创新基础优越的浙江省。克罗地亚知名的机器人公司Gideon Brothers[①]就将企业的中国区总部落户于浙江省杭州，这一举措不仅充分显示出Gideon Brothers对浙江省市场的重视，也体现其对中国科技创新环境的认可。Gideon Brothers在杭州的总部专注于开发机器人智能物流解决方案，致力于推动中国物流行业的智能化和自动化进程。这种跨国合作不仅为克罗地亚企业带来更广阔的市场空间，也为浙江省的科技创新注入新的活力。

---

① Gideon Brothers成立于2017年，总部位于萨格勒布，是一家克罗地亚自主移动机器人（AMR）研发商，Gideon Brothers专门从事物流、仓储、制造和零售业务的水平和垂直物料搬运流程的灵活自动化。凭借其先进的移动机器人和用于自主室内和室外操作的完整软件解决方案，Gideon Brothers利用由人工智能和视觉感知驱动的自主移动机器人解决工业问题。该公司认为，人类和基于视觉人工智能的移动机器人在和谐的工作流程中协同工作将使客户和经济能够适应、发展并变得更具弹性。

第七章

克罗地亚的投资环境评价

克罗地亚是一个较小的国家,其对外投资规模相对较小。加入欧盟后,欧盟成员国这一身份增强了其经济稳定性,并为贸易和投资提供了新的机会。而使克罗地亚成为一个有吸引力的外国投资目的地的原因主要包括:政局相对稳定,经济发展前景良好,金融体系稳定;地理位置优越,具有不同地形和温带气候的地缘战略位置,辐射西欧和东南欧;发达的基础设施,港口设施较完善,公路、铁路交通便利;政策透明度提高,贸易和投资风险较低;以及受过良好教育的多语种劳动力。

第一节
克罗地亚投资的硬环境

一、基础设施

克罗地亚拥有完善的道路基础设施,以公路和铁路为主。《2022年全球竞争力报告》显示,克罗地亚基础设施在全球参与排名的141个经济体中排第 31 位。

(一) 公路

公路运输是陆路运输中最发达、最重要的运输方式，运送的客运量和货物量最大。克罗地亚公路交通网络总体比较发达，以首都萨格勒布为中心通往全国各地以及周边多国。2021 年，克罗地亚公路总里程 26 412 公里，其中高速公路 1 316 公里，国道 7 180 公里，省道 9 422 公里，地方公路 8 494 公里。2022 年，全国公路客运量达 4 729.2 万人次，同比增长 52.9%；公路货运量为 8 640.2 万吨，同比增长 1.7%。

克罗地亚的公路主要分为三类，分别是高速公路、快速公路和一般公路。克罗地亚的高速公路系统发展迅速，核心线路为 A1 号公路，全长约 660 公里，连接首都萨格勒布、克罗地亚第二大城市斯普利特和第三大城市里耶卡。此外，还有 A2 号、A3 号、A4 号、A5 号、A6 号、A7 号等多条高速公路。克罗地亚的快速公路也在不断扩张，包括 D1 号快速公路、D8 号快速公路、D10 号快速公路等。除高速公路和快速公路，克罗地亚还拥有大量的公路服务设如加油站、服务区、停车场、餐厅和酒店等，为旅客提供全方位的服务。

(二) 铁路

铁路是克罗地亚主要的交通运输方式之一，铁路网络系统以首都萨格勒布为枢纽连接全国各主要城市和周边欧洲国家，形成四通八达的交通网络。2021 年，克罗地亚全国铁路营业里程为 2 617 公里。其中，复线里程 275 公里，复线率 10.5%；电气化里程 994 公里，电气化率 38%。现有各类铁路站点共计 558 个。2021 年，全国铁路机车拥有量为 260 台。其中，电力机车 133 台，内燃机车 127 台。客运车厢共有 543 辆，配备座位 31 705 个。货运车厢 4 969 辆，核定载重 265 313 吨。另外，全国拥有客运列车（Passenger rail cars）303 辆，配备座位 17 925 个。2022 年，全国铁路客运量为 1 821.6 万人次，比 2021 年同比增长 34.5%；同年，铁路货运量为 1 625.7 万吨，同比增长 7.1%。

在克罗地亚，铁路系统是货物和乘客运输的重要组成部分，这也为克罗地亚的海铁联运提供了支持。克罗地亚的铁路系统由 Croatian Railways（Hratske elieznice）运营，覆盖全国各地，拥有总长超过 2 700 公里的铁路线。该系统的主要特点是其辐射型网络结构，其中，萨格勒布是其核心。在这个网络中，重要的货运铁路线与几个主要的海港相连，例如里耶卡港和普洛采港，使得海铁联运①得以顺利进行。在克罗地亚，货物会先在里耶卡港或普洛采港等海港装载至货轮上，然后再通过铁路系统运往内陆目的地。这种联运方式极大地优化了运输效率，降低了物流成本。克罗地亚也是中欧班列的重要一环。班列线路上的列车会经过克罗地亚，将货物从亚洲的中东部地区通过陆路运送到欧洲。这种陆路运输方式在近年来越来越受欢迎，因为其比海运更快，而且可以避免复杂的海关手续。

总的来说，克罗地亚的铁路系统以及其海铁联运和中欧班列的服务，都在大大地推动着克罗地亚的货运业务发展。随着时代的发展和运输需求的变化，克罗地亚铁路公司也在不断探索和创新。为进一步提升铁路系统的效率和竞争力，克罗地亚铁路公司计划于2030年前投资45亿欧元进行铁路现代化改造。这一庞大的投资计划主要依赖于欧盟的资金支持，旨在通过引进先进技术、改善设施设备和提升服务质量，使克罗地亚的铁路系统更加安全、高效和便捷。

（三）航空

克罗地亚共有10个机场，其中有国际机场7个（萨格勒布、斯普利特、杜布罗夫尼克、扎达尔、里耶卡、普拉、奥西耶克），小型商用机场3个（布拉奇、洛什尼、弗尔萨尔）。其中，萨格勒布图季曼机场是克罗地亚最主要的国际机场。克罗地亚航空公司是欧洲航空协会（AEA）的第27个正式成员，目前，中国至克罗地亚无直达航班，可经莫斯科、法兰克福、维也纳、布拉格、布达佩斯、迪拜等地转机至首都萨格勒布。2022年，克罗地亚空运货物总量为1 511吨，同比增长14.6%；客运量为312.5万人次，其中，克罗地亚机场旅客总运量为240.1万人次，同比增长126.3%。

（四）水运

克罗地亚拥有约5 835公里的海岸线，拥有大量港口设施，海洋运输业较发达。其港口条件良好、水深航道多，可提供服务于旅游航运、货运

---

① 海铁联运是一种综合运输方式，将海运和铁路运输结合起来。

和石油化工等多个行业。作为东欧地区重要的海上交通枢纽，克罗地亚共拥有19个港口（见表7-1），这些港口不仅连接着国内外贸易，还承载着克罗地亚经济发展的重要使命。其中，可停泊大型远洋轮船的海港有8个，分别为里耶卡港、扎达尔港、杜布罗夫尼克港、斯普利特港、希贝尼克港、普罗切港、普拉港和塞尼港，均由8个国家级港务局归口管理。在这些主要港口中，在战略地位和港口交通方面，里耶卡港地位尤为突出。作为重要的交通枢纽，里耶卡港连接着克罗地亚全境及整个欧洲，为克罗地亚乃至整个欧洲的经济发展做出巨大贡献，而斯普利特、普洛切等港口则也都是克罗地亚对外贸易和物流运输的重要节点。其他亚得里亚海港口对于客运和连接大陆与岛屿来说非常重要。岛屿和海岸之间的联系由渡轮和船只线路维持，这些线路也部分连接克罗地亚海岸和意大利海岸。

表7-1　　克罗地亚的19个港口名称、代码、航线

港口英文名	港口中文名	港口代码	航线
Ploce	普洛切	HRPLE	亚得里亚海航线
Rijeka	里耶卡	HRRIJ	亚得里亚海航线
Split	斯普利特	HRSPL	地东航线
Bakar	巴卡尔	HRBAK	地东航线
Dobrovnik	杜布罗夫尼克	HRDOB	欧洲内陆点
Dubrovnik	杜布罗夫尼克	HRDUB	地东航线
Dugirat	奥米什	HRDUG	地东航线
Hvar	赫瓦尔	HRHVA	地东航线
Korcula	科尔丘拉	HRKOP	地东航线
Maslinica	马斯利尼察	HRMAS	地东航线
Omisalj	奥米沙利	HROMI	地东航线
Osjek	奥西耶克	HROSJ	欧洲内陆点
Pula	普拉	HRPUL	地东航线
Rasa	拉萨	HRRAS	地东航线
Rovinj	罗维尼	HRROV	地东航线
Senj	塞尼	HRSEN	地东航线

续表

港口英文名	港口中文名	港口代码	航线
Sibenik	希贝尼克	HRSIB	地东航线
Zadar	扎达尔	HRZAD	地东航线
Zagreb	萨格勒布	HRZAG	欧洲内陆点

2021年，克罗地亚拥有商用客船87艘，总载客量为36 044人；商用货船38艘，总吨位为101.3万吨。2022年克罗地亚海上客运量为1 426.1万人次，比上年增长16.1%；2022年海运货运量为1 535.5万吨，同比下降13.8%。克罗地亚的集装箱港口吞吐量在2022年达544 015标箱（TEU），相较于2021的379 623标箱（TEU）有所增长（见图7-1）。

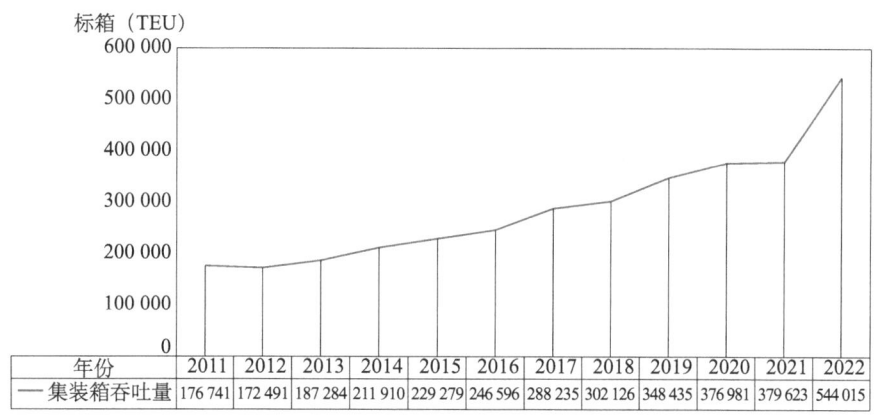

图7-1 克罗地亚港口集装箱吞吐量

资料来源：WWW.CEICDATA.COM | United Nations Conference on Trade and Development.

克罗地亚的内河航线总长度为1 016.9公里。国际交通以多瑙河为主（主要港口为武科瓦尔），少量在德拉瓦河和萨瓦河上进行。内河航道中最重要的港口是多瑙河上的武科瓦尔，而多瑙河水道是泛欧交通走廊之一（7号走廊）。2020年，内河货运周转量为5 800万吨/公里。

此外，克罗地亚的港口城市也各具特色。例如，杜布罗夫尼克这座被誉为"亚得里亚海明珠"的城市，其港口不仅是重要的交通节点，更是游客领略克罗地亚海滨风光的重要窗口。根据克罗地亚海洋、交通与基础设施部公布的数据，目前在克罗地亚注册的船只及游艇共12万艘，年均从其他国家开往克罗地亚的快艇约6万艘。

> **专栏 7—1**
>
> ### 里耶卡
>
> 　　现代化的港口城市里耶卡，就在碧海蓝天间矗立。来自全球各地的货运船在此停泊，装卸货物。里耶卡港作为克罗地亚最大港口之一，不仅是乘客和货运的门户，也是国际性的集装箱交通枢纽。
>
> 　　里耶卡这座城市的繁荣，正来源于港口。这个拥有数百年历史的港口，曾有克罗地亚最大的船运公司 Jadrolinia，还有数家修船厂，全球各地的货船、军事船只，都在这里进行维修。这里的港口工业带动起当地的经济发展，后来旅游业、地产业都渐渐发展起来，来这里的游艇、邮轮也越来越多。其实，这个地中海港口，与浙江也有不解之缘。作为年货物吞吐量全球第一的宁波舟山港，每年发往中东欧国家的航线超过 10 条。2022 年，宁波舟山港与里耶卡港等中东欧五大港口，完成了进出口集装箱 76.9 万标箱，这个数字是 2014 年的 3 倍多。而中国与欧洲的年贸易约 8 000 亿美元，大部分是通过海运，小部分走陆运，因此海上贸易的地位十分重要。中欧之间的海上贸易，有很大一部分是通过宁波舟山港来往的，其中一部分就从宁波舟山港到里耶卡港。目前，中国和克罗地亚年贸易额约为 20 多亿美元，里耶卡港作为中克贸易的主要港口，也对中克贸易起到了重要作用。
>
> 　　这些年，里耶卡港也和宁波舟山港一样，正在探索从传统港口向智能化港口转型的道路。这个百年港口曾一度陷入困境。近年来，克罗地亚政府决心重振里耶卡港，将其打造为欧洲重要交通运输门户之一。
>
> 　　资料来源：共建"一带一路"：从"侨"到"桥"，由"港"到"港"（https://baijiahao.baidu.com/s?id=1787128548426995631&wfr=spider&for=pc）。

（五）管道运输

2022 年，克罗地亚的输油管道总长 622 公里，天然气管道总长 2 544.43 公里。2024 年 4 月，克罗地亚政府宣布了一项重大的能源项目，计划投资 4 亿欧元（约合 4.3 亿美元）建设两条新的天然气管道，以大幅改善本国的天然气供应安全，并进一步促进向邻国匈牙利和克罗地亚的天然气输送。

克罗地亚经济部长达米尔·哈比詹表示，新计划包括一条从博西列沃至锡萨克再到科扎拉克的 122 公里长的天然气管道，预计投资将达到 3.22 亿欧元。同时，还将建设一条从卢科到扎博克的 36 公里管道，投资额为

7 800 万欧元。这些项目的实施将极大地完善克罗地亚的能源基础设施，提高天然气供应的稳定性和可靠性。新管道的建设将使克罗地亚亚得里亚海克尔克岛的液化天然气接收站扩建计划得以顺利推进。这一扩建计划将使接收站的天然气容量从目前的每年 29 亿立方米大幅提升至 61 亿立方米，从而极大地提升克罗地亚的天然气储备和供应能力。

（六）电力

1. 电量

克罗地亚电力供应充足，以水力发电为主，其风能、太阳能和水力发电的总装机容量为 1.2GW，可再生能源总发电装机容量为 4.9GW。由于夏季高温和旅游业的发展，克罗地亚近几年电力消耗增加。克罗地亚国家统计局数据显示，2022 年克罗地亚总发电量为 18.97 太瓦时。其中，水力发电 5.35 太瓦时（约占 28.2%）、风力发电量为 2.27 太瓦时（约占 12%）、其他低碳能源发电量为 1.32 太瓦时（约占 7%）、化石燃料及其他发电量为 10.03 太瓦时（约占 52.9%）。电力进口总量约为 11.92 太瓦时，出口总量约为 7.25 太瓦时。克罗地亚本国生产的大部分电力来自国有电力集团 Hrvatska Elektroprivreda（HEP）。此外，中国北方国际公司投资承建的克罗地亚塞尼 156MW 风电项目于 2018 年开工，并已于 2021 年 12 月 7 日在首都萨格勒布举行并网发电仪式，进入试运营阶段。详见表 7-2。

表 7-2　　2013—2022 年克罗地亚发电量　　单位：太瓦时

年份	2013	2014	2015	2016	2017	2018	2019	2020	2021	2022
水力	8.62	9.01	6.39	6.58	5.31	7.79	5.83	5.66	7.13	5.35
风力	0.52	0.73	0.8	1.01	1.2	1.34	1.47	1.72	2.06	2.27
其他低碳能源	0.14	0.2	0.33	0.5	0.61	0.75	1.05	1.17	1.34	1.32
化石燃料/及其他	8.54	7.45	10.52	9.79	11.62	9.15	10.44	9.33	8.55	10.03
总计	17.82	17.39	18.04	17.88	18.74	19.03	18.79	17.88	19.08	18.97

资料来源：UNCTAD。

2022 年 2 月乌克兰危机发生后能源危机加剧，迫使克罗地亚加快可再生能源发展，以确保本国能源安全。根据欧洲复兴开发银行（EBRD）资助的一份报告显示，克罗地亚的海上风电潜在容量高达 25 吉瓦，可能超越其目前的陆上可再生能源产能，并与欧洲整个海上风电产能相媲美，这将有助于克罗地亚的经济发展。克罗地亚拥有超过29 000平方公里的近海区域可用于可再生能源项目,包括海上风电和浮动光伏(PV)发电厂。亚得里亚海北部拥有适合建设高达25吉瓦的海上风电装机容量的低影响区。由此可见,克罗地亚在可再生能源领域的潜力巨大。克罗地亚政府也正积极利用这一潜力降低对能源进口的依赖。

克罗地亚的发电能源结构正在逐步向低碳化、可再生能源化转型。水力发电作为传统清洁能源的重要支柱,仍发挥着重要作用;然而,在2013—2022年,克罗地亚的总发电量在17.82—19.08太瓦时,总体变化不大。

在克罗地亚的能源结构中,水力发电长期以来扮演着不可或缺的角色。从2013年到2022年的十年间,水力发电的产出呈现出一定的波动,特别是自2015年起,其发电量显著下滑,这可能与不利的气候条件和水资源管理挑战有关。尽管如此,水力发电在克罗地亚能源供应中的地位依然牢固。同时,风力发电和其他低碳能源的发展迅速,为克罗地亚的能源转型提供有力支持。克罗地亚专家的一项研究表明,克海上可再生能源面积超过29 000平方公里,潜在的海上风电厂容量为25千兆瓦。风力发电量从2013年的0.52太瓦时增长至2022年的2.27太瓦时,增长约4倍,表明该国在可再生能源技术,尤其是风力发电方面有着坚定的决心和不懈的努力。但是,化石燃料/其他能源的发电量占比仍然较高,克罗地亚需要继续加大在可再生能源领域的投资和发展力度,推动能源结构的进一步优化和升级,以实现更可持续的能源供应和更低的温室气体排放。此外,包括太阳能、生物质能等在内的其他低碳能源在克罗地亚的能源结构中也呈现出增长趋势,从2013年的0.14太瓦时增长至2022年的1.32太瓦时,这标志着克罗地亚在推动能源结构转型、减少对化石燃料依赖方面迈出坚实的步伐。尽管化石燃料/其他能源的发电量在绝对值上有所波动,但其在总发电量中的占比实际上逐年下降,从2013年的48%降至2022年的53%(尽管百分比数字上升,但考虑到总发电量的增长,实际占比是下降的)。这一趋势凸显克罗地亚在能源转型和减少温室气体排放方面所取得的显著成效和不懈努力。克罗地亚低碳能源(水力、风力和其他低碳能源)的发电量占比在逐年上升,从2013年的52%增长到2022年的47%(尽管绝对值有所下降,但考虑到总发电量的增长,这一比例仍然显示出增长趋势),表明克罗地亚在推动能源转型、减少化石燃料依赖方面取得积极成效。

2022年克罗地亚发电能源结构如图7-2所示。

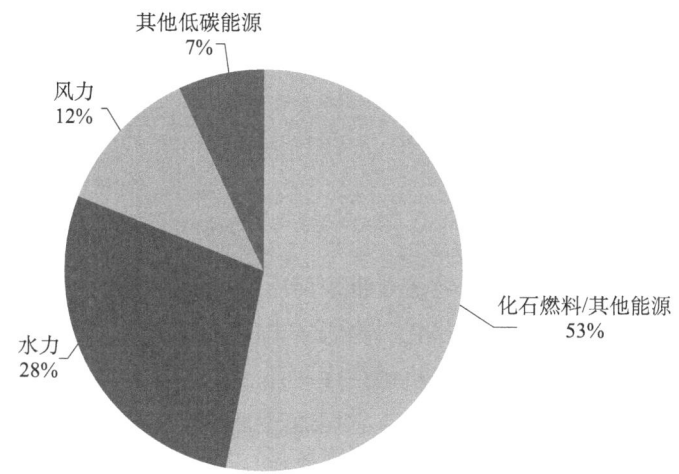

图7-2 2022年克罗地亚发电能源结构

2. 电价

据克罗地亚可再生能源协会的数据，2022年克罗地亚平均电价为每兆瓦时273.72欧元，比2021年上涨239%。受新冠疫情和电价上涨等因素影响，2022年克罗地亚电力总消耗为18 463吉瓦时，比上年减少60吉瓦时。克罗地亚电力消费和生产缺口依靠进口弥补，进口主要集中在夏季，主要来源是位于斯洛文尼亚的斯克两国合营的克尔什科核电站。2022年，克罗地亚的电力需求还有约24.7%依赖净进口。详见图7-3。

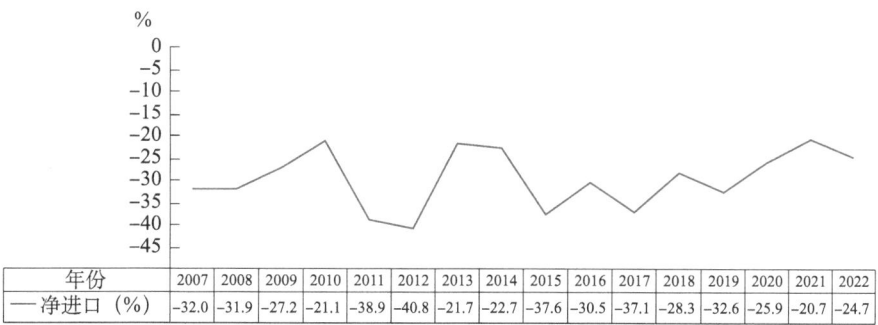

图7-3 2007—2022年克罗地亚的电力贸易平衡情况（净进口占比）

资料来源：https://lowcarbonpower.org/zh/region/克罗地亚。

2023年克罗地亚电价回落到较为合理的水平，克罗地亚2023年12月全月基准电价为 0.0815 欧元/千瓦时，其主要原因一是能源危机影响下，欧洲各国家囤积大量天然气，2023 年处于天然气消纳期，对风电价格产生一定影响；二是其他清洁能源替代，导致风电价格回落，该年上半年克罗地亚雨水充沛，水电站基本处于饱和满发状态；三是 2022 年过高电价对克罗地亚及欧洲其他国家经济产生较大负面影响，各方采取措施推动电价平稳回落。

（七）物流

新冠疫情的暴发给全球物流业带来前所未有的冲击。中东欧地区的物流业同样遭遇边境管控的严格化、物流需求的锐减以及运输成本的显著上升等多重挑战。然而，挑战与机遇往往并存。在这段特殊的时期，部分国家展现出卓越的适应性和创新力，它们通过加强物流基础设施建设、优化物流管理流程以及提升物流服务质量等措施，不仅有效地应对疫情带来的挑战，还实现物流绩效的显著提升，为当地经济的复苏和全球贸易的稳定贡献重要力量。

根据 2023 年世界银行于发布的《物流绩效指数（Logistics Performance Index）》报告[1]，2023 年中东欧国家的物流绩效指数及排名如表 7-3 所示。从中可以看出，中东欧地区的物流业发展呈现出显著的差异化态势。希腊、波兰是中东欧地区物流绩效指数排名最靠前的国家，明显领先于其他中东欧国家在全球 139 个经济体中的排名也在 30 位之前，彰显它们在物流基础设施完善、管理效率高效以及服务质量卓越等方面的显著优势。克罗地亚比 2018 年的排名上升了 6 位，与捷克、斯洛伐克和斯洛文尼亚并列中东欧地区的第 3 位，全球排名的第 43 位。

表 7-3　　　　　　2023 年中东欧国家的物流绩效指数及排名

编号	国家	综合得分	全球排名	比 2018 年排名
1	希腊	3.7	19	上升 21 位
2	波兰	3.6	26	上升 9 位
3	克罗地亚	3.3	43	上升 6 位

[1] 该报告基于贸易流动速度大数据和问卷调查，对全球 139 个经济体涉及货物流动的基础设施、海关及边境管理、物流服务质量、货运时效、追踪能力及价格竞争力 6 个方面进行单项和综合测评，反映各经济体的物流绩效的变化情况和相互间的比较差异。

续表

编号	国家	综合得分	全球排名	比2018年排名
4	捷克	3.3	43	下降21位
5	斯洛伐克	3.3	43	上升10位
6	克罗地亚	3.3	43	下降8位
7	保加利亚	3.2	51	上升1位
8	匈牙利	3.2	51	下降20位
9	罗马尼亚	3.2	51	下降3位
10	北马其顿	3.1	57	上升24位
11	波黑	3.0	61	上升9位
12	黑山	2.8	73	上升4位
13	塞尔维亚	2.8	73	下降8位
14	阿尔巴尼亚	2.5	97	下降9位

资料来源：https：//lpi.worldbank.org/sites/default/files/2023-04/LPI_2023_report.pdf.

面对全球贸易和物流业日新月异的发展趋势，包括克罗地亚在内的这些国家需要不断加强物流基础设施的建设，持续优化物流管理流程，并进一步提升物流服务质量，以应对未来的挑战并抓住发展的机遇。

（八）数字化基础设施

克罗地亚的电信网络已完全数字化，拥有东南欧最现代化的网络，网络覆盖率较高。在互联网方面，截至2022年，克罗地亚97%的企业使用可接入互联网的计算机，69%的企业拥有网站；94%的企业使用某种类型的固定宽带互联网连接；互联网服务销售占商品和服务销售总额的17%；44%的企业使用云计算互联网服务。在绿色ICT方面，70%的企业采取措施减少纸张消耗，40%的企业采取措施减少ICT设备的电力消耗。

2022年，克罗地亚配备个人电脑和宽带互联网接入的家庭比例与2021年持平，在线电子政务服务的使用量增长11%，44%的互联网用户通过互联网购买商品或服务，86%的家庭已接入互联网。其中，使用固定线路上网的比例超过88%，移动上网的比例超过84%。76%的家庭配备个人电脑。根据克罗地亚网络行业监管局数据，2022年，克罗地亚固定电话用户数118万户，固定电话普及率为30.5部/百人，移动电话用户数为 448 万户，移动电话普及率为 115.8 部/百人。

克罗地亚共有 8 家主要电信运营商，它们分别是 Harvatski Telecom、A1、Telemach、Iskon、Optima Telekom、Tomato、bonbon 和 Telekom。近年来，我国华为、中兴等中资企业也相继与 Harvatski Telecom、A1 和 Telemach 三大电信运营商开展合作。在克罗地亚《2021—2027 国家复苏计划》（NPOO）中，将利用 63 亿欧元欧盟资金开展 76 项改革和 146 项投资。其中，20% 的投资用于数字化转型，37% 的投资用于绿色转型。

二、区位优势

克罗地亚属于欧盟成员国，企业可以通过克罗地亚辐射欧盟市场。对于外国投资者来说，克罗地亚的投资环境主要具有如下五大优势。

（一）地缘优势

作为亚得里亚海和中欧国家以及多瑙河国家，克罗地亚具备有利的地缘优势。其地理位置处于进入中欧和东南欧地区的门户。1997 年在赫尔辛基举行的部长级会议确定了几条经过克罗地亚的泛欧运输走廊及其支线，分别为 10 号走廊连接中欧和近东，5 号走廊的支线连接北欧和南欧，终点为克罗地亚的港口。

克罗地亚东邻塞尔维亚、波黑，南接黑山，北靠匈牙利，西北与克罗地亚相邻，南与西南濒临亚得里亚海，与意大利隔海相望，因此从克罗地亚登陆的商品可辐射第三方市场。而邻近其他欧盟国家首都（布达佩斯、维也纳、卢布尔雅那）便于投资者进入欧洲大市场并接触到新客户。2000 年 10 月克罗地亚与欧盟签署临时贸易与运输协议，除小牛肉及鱼制品外，欧盟对从克罗地亚进口的包括纺织品和钢铁制品在内的一切工业品均取消关税和配额限制。2002 年 12 月，克罗地亚加入中欧自由贸易协定。2013 年 7 月 1 日克罗地亚成为欧盟第 28 个成员国，实行欧盟统一的贸易规则，由此获得了使用欧盟结构基金的大量资金的机会。从 2014 年开始，每年可获得约 10 亿欧元的资金。这些资金中有很大一部分用于促进中小企业的发展。外国投资者在克罗地亚成立的公司能够与本国公司平等地竞争欧盟资金。2023 年 1 月 1 日，克罗地亚正式加入欧元区和申根签证区，进一步融入欧盟，市场进一步扩大，更加便利。详见图 7-4。

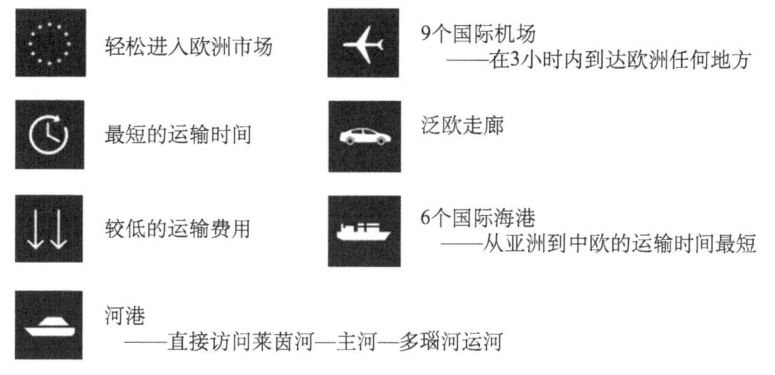

图 7-4 克罗地亚的区位优势

（二）经济基础良好，产业发达

克罗地亚旅游、造船、医药及电动汽车等行业较发达，金融体系稳定；2022 年以来，克罗地亚虽面临乌克兰危机引发的当地能源危机、多年罕见的高通胀与制造业复苏乏力、人口继续流失等挑战，但政府采取纾困措施，加之利用欧盟多项基金支持，控制和缓解了能源、必需品等物价上涨幅度，扶助旅游业快速恢复增长，带动经济复苏和较好增长，2022 年经济增长 6.2%，GDP 为 669.4 亿欧元，人均 GDP 近 1.75 万欧元（相当于欧盟平均水平的 70%）。在消费、投资、外贸等方面均实现较好增长，其中出口额 239.6 亿欧元，进口额 415.7 亿欧元，吸收外国直接投资 36.2 亿欧元。全年通胀率为 10.8%，失业率为 7%，外汇储备达 278.8 亿欧元，外债为 495.5 亿欧元。消费支出和固定资本形成额均有增长。

旅游业是克罗地亚的支柱产业之一，其独特的自然风光、丰富的历史文化遗产以及优质的旅游服务，吸引无数游客前来观光旅游。此外，建筑、造船和制药等行业同样是克罗地亚经济的重要支柱，展现该国在这些领域的卓越实力。在建筑领域，克罗地亚的建筑师们凭借其精湛的工艺和独特的设计理念，在全球范围内赢得极高的声誉。他们不仅能够打造出传统与现代完美融合的建筑杰作，还能应对各种复杂的建筑挑战，为世界各地留下一系列令人赞叹的建筑地标。

在造船业方面，克罗地亚拥有悠久的造船历史和丰富的经验。这里的造船厂以制造高质量、高性能的船舶而著称，无论是游艇、渔船还是货船，都能满足客户的各种需求。克罗地亚的造船业以其精湛的技术和可靠的质量赢得全球客户的信赖,成为该领域的重要竞争者。

制药业也是克罗地亚的强项之一。该国的制药企业拥有先进的研发能力和严格的质量管理体系,致力于开发创新药物和治疗方法,为全球患者带来更好的治疗选择。克罗地亚的制药产品在国际市场上享有盛誉,其卓越的品质和疗效赢得全球医生和患者的广泛认可。

这些产业的蓬勃发展,不仅为克罗地亚带来可观的经济收益,还提升国家的整体竞争力。克罗地亚凭借其在建筑、造船和制药等领域的卓越实力,逐渐在全球经济舞台上崭露头角,成为一个备受瞩目的国家。这些产业的成功也为克罗地亚的经济发展注入源源不断的动力,推动着国家不断向前发展。

(三) 成本竞争力优势

就投资而言,能源价格、教育和薪资是克罗地亚的重要优势。投资成本比欧盟平均水平低36%(克罗地亚63.7,欧盟100);建设成本比欧盟平均水平低一半(克罗地亚50,欧盟100);能源和天然气价格比欧盟平均低39%(克罗地亚60.7,欧盟100)。

1. 土地

与欧洲其他国家相比,克罗地亚的土地价格较低。这对于想在克罗地亚购买土地的投资者来说是一个吸引力,土地的性价比更高。欧盟统计局数据显示,2021年克罗地亚农地价格同比上涨6.4%,每公顷平均成本为3 661欧元,但仍是欧盟中最便宜的。对于吸引外来投资商置办土地,建设工厂,打造产业园区具有十分强的吸引力。

2. 房地产

克罗地亚价格低廉。受到全球房地产价格的大幅上涨的影响,许多欧洲国家的房地产价格也在不断攀升。但是,在克罗地亚购买房地产的价格相对其他欧洲国家较低,并且克罗地亚的维护和修缮成本也非常低。目前,克罗地亚可供投资的地点有100多个配备电力、煤气、水、污水等基础设施商业区。一些地方的土地价格低至1欧元/平方米起步。

3. 劳动力

克罗地亚的劳动力成本相对于其他欧洲国家来说相对较低。根据数据显示,2021年克罗地亚的每小时劳动力成本为11.2欧元,远低于欧盟平均水平29.1欧元。此外,克罗地亚的劳动力市场规模较小,这也意味着竞争压力相对较低。在制造业、农业和物流等行业，通常采用合同工或按需聘用的形式，来控制成本和灵活性。

综上所述，克罗地亚的劳动力成本相对较低，并且政府提供一系列劳动力政策来支持就业和经济发展。这使得克罗地亚成为吸引投资者和创业者的一个理想目的地。

（四）运输优势

克罗地亚有绵长的海岸线，还有亚得里亚海的上千座岛屿，利用发达的交通网络，连接周边国家和地区。现代运输基础设施包括优良的公路基础设施，现代化的公路，相当发达的铁路，19个海港和10个国家机场，为货物多模态运输提供了巨大的可能性。近年来，克罗地亚投入巨资发展泛欧运输网络，主要是公路、高速公路和港口。

完善的港口设施为国际贸易和货物运输提供强大的支持。同时，其公路网络密集，覆盖广袤的国土，使得陆路运输变得高效而便捷。克罗地亚的高速公路和公路网络比较完善，连接着全国主要城市，同时也有各个城市之间的长途巴士运输服务。此外，克罗地亚还有城市公共交通工具，如地铁、电车和公共巴士等。而铁路与水运的便利与发达，更是为货物运输提供多元化的选择，为国家的经济发展注入源源不断的活力。克罗地亚的火车网络连接国内各大城市，火车服务还连接邻国克罗地亚和波黑。克罗地亚国土大部分被海洋包围，因此渡轮是克罗地亚一个重要的交通方式，连接着克罗地亚国内的各个城市和海岛，比如位于克罗地亚海岸的德尔文（Dubrovnik）和帕洛斯基（Paloski）、布拉奇（Brac）等知名海滨城市。

（五）高技能劳动力优势

许多已经在克罗地亚运营的外国公司都认为克罗地亚的劳动力技术娴熟、经验丰富且能说多种语言。克罗地亚拥有受过良好教育的高技能劳动力，尤其是年轻人在数字技能方面处于欧盟领先地位，据欧盟统计局统计，克罗地亚是20—24岁人口至少完成高中教育比例最高的国家之一。过去几年，高等教育机构毕业生人数持续增加。所有这些以及众多教育机构的存在确保了熟练劳动力的可用性和终身学习的便利性。克罗地亚官方语言为克罗地亚语，但英语普及率较高。根据英孚2021年英语水平指数（English Proficiency Index），克罗地亚英语水平在112个国家和地区中排第

10 位。

三、自然资源丰富

除了丰富的森林和水资源外,克罗地亚还拥有泥灰石、铁、锰、石墨等优质矿产资源。同时亚得里亚海底有丰富的石油储藏,有石油通过管道通往克罗地亚、克罗地亚、塞尔维亚、匈牙利、捷克和斯洛伐克等国的炼油厂。此外,克罗地亚褐煤储量丰富,部分可以露天开采。

(一) 水资源

克罗地亚丰富的水资源为国家经济和社会生活的发展提供有力的支持。同时,保护和管理这些水资源也成为国家环境保护和可持续发展的重要任务。

克罗地亚的水资源包括海岸线和岛屿、河流、湖泊和地下水。克罗地亚是一个拥有长达 2 000 多公里海岸线和 1 185 个海岛的国家,这些岛屿和海岸线拥有充足的海水和咸水资源;克罗地亚主要的河流是多瑙河、斯沃伊河、查科河和德雷通亚河等。这些河流不仅为人类造福,还为陆生和淡水物种提供栖息和繁殖的地方;克罗地亚湖泊众多,其中最著名的是普利特维采湖。该湖泊为克罗地亚境内最大的淡水湖,自然生态环境优美,被列为联合国教科文组织保护地;克罗地亚地下水资源丰富,主要分布在境内的卡尔洛瓦茨盆地、泉州盆地和波斯尼亚草原等地。这些地下水资源已被广泛用于工业、农业和城市用水等方面。

(二) 森林资源

克罗地亚的森林资源十分丰富,截至 2019 年底,其林地面积达到 275 万公顷,占国土总面积的 48.6%。其中,国有林地居于主导地位,面积约为 209 万公顷,占比高达 76%;而私有林地则有 66 万公顷,占比 24%。这些森林的蓄积量达到惊人的 3.98 亿立方米。在森林中,以阔叶树种为主。其中,山毛榉的生长面积最为广泛,约占森林总面积的 36%;紧随其后的是夏栎、无梗花栎、鹅耳枥和银冷杉,分别占据 12%、10%、9% 和 8% 的比例。克罗地亚的林木品质普遍较高,95% 的林地属于天然林,并且获得生态证书。

克罗地亚的森林工业在国民经济中占据着举足轻重的地位,相关从业人员约有 2.5 万人。2019 年,该国的薪材木产量达到 220.5 万立方米,工业园木产量则为 319.5 万立方米。在出口方面,林产品占据出口总额的 4.7%。其中,木材制成品的出口占比高达 70%,这些产品主要包括家具、地板、建筑用木材、木屋以及门窗配件等。

(三) 能源资源

克罗地亚的能源资源包括石油、天然气、煤、铝矾土和泥灰石等。克罗地亚的亚得里亚海底有丰富的石油储藏,另外,从斯拉沃尼亚布罗德 (Slavonski Brod) 到梅吉穆尔耶 (Međimurje) 的广阔地带油田密布,也有丰富的石油和天然气储藏。克罗地亚煤储量大,但优质煤储量少,埋藏深,开采难,而褐煤及其他劣质煤开采方便,部分可以露天开采。褐煤主要盛产于扎戈列、斯拉沃尼亚和德拉瓦河流域。拉沙和伊斯特拉半岛石炭矿储量较大。铝矾土矿主要分布在伊斯特拉半岛、帕格岛 (Pag)、拉布岛 (Rab) 以及达尔马提亚地区。

1. 油气

亚得里亚海底有丰富的石油储藏,原油输出克罗地亚、塞尔维亚、匈牙利、捷克和斯洛伐克等国。但总体而言,克罗地亚的油气资源相对较少,据国际能源署 (IEA) 的数据,克罗地亚的石油和天然气储量仅占欧洲总储量的 0.1% 和 0.2%,分别为 1 000 万桶和 29 亿立方米。国内的油气储量主要分布在小规模的油气田中,其中最大的是在东部城市 Naftalan 的钱班田 (Djebel Banovac) 和在西部城市 Rovinj 的 Ida 田。Naftalan 的钱班田主要是干井 (无须注水) 的采油田。

对于天然气,克罗地亚最大的资源潜力在于亚得里亚海区域。该地区被视为欧洲石油和天然气资源的重要位置之一,具有巨大的潜力。尽管克罗地亚自身的油气资源相对较少,但该国仍积极在探索潜在的天然气田和油田。例如,在亚德里亚海岸周围的探矿活动目前正处于发展阶段,还有一些国际石油公司开始在此投资。

2. 煤炭

克罗地亚的煤炭资源主要位于斯拉沃尼亚地区,是一些小型开采场所。然而,这些煤炭资源的规模较小,不足以满足国内工业和能源需求。目前,克罗地亚已经几乎完全转向依赖进口的燃料来满足国内能源需求。

根据克罗地亚矿业公司 (Croatia Mine) 的数据,斯拉沃尼亚地区的煤炭储量估计在 5 亿吨左右，但由于无法进行成本有效的采掘，这些资源中只有一小部分被开采。克罗地亚煤炭主要为软煤和褐煤，其碳含量和燃烧值都比较低，适用于发电和加工工业。克罗地亚褐煤储量丰富，部分可以露天开采。

3. 矿产

克罗地亚自然资源丰富，特别是石灰石、铁、锰和石墨等矿产资源，品质优良且储量可观，为国家的发展提供坚实的物质基础。

克罗地亚的岛屿和海岸线都分布着许多石灰石矿，尤其是在达尔马提亚地区。克罗地亚在伊斯特拉半岛一个叫 Rudarski Bregi 的地方发现大量铜矿。这处矿藏虽然规模不大，但质量非常好，为当地经济作出一定的贡献。在克拉普斯卡山脉，克罗地亚还有一些硼矿。虽然规模较小，但这些矿藏对于推动当地经济也是很有帮助的。总体来说，克罗地亚的矿源相对较少，其中可开采的大型矿藏资源也比较有限。然而，这些矿产资源还是为当地经济做出一定的贡献，同时也为采矿和矿产加工行业提供发展机会。

（四）动物资源

克罗地亚动物种类繁多，涵盖地中海与陆地生物。节肢动物、蜗牛、大型地中海蝴蝶及蝉广泛分布。亚得里亚海沿岸有艾斯库累普蛇、黑蜥蜴等蛇类。鸟类丰富，如雨燕、阿尔卑斯雨燕等。海豚、僧海豹等海洋生物繁衍生息，沙丁鱼、金枪鱼等洄游性鱼类涌入。亚得里亚海还有定居性鱼类，如刀鱼、鲻鱼等。潘诺尼亚河流有鲤鱼、鲶鱼等。斯拉沃尼亚森林是鸟类栖息地，田野和草地则适宜牲畜生长，牛、羊、猪等家畜及家禽数量众多。

（五）葡萄酒

克罗地亚具有悠久的酿酒历史。希腊人于公元前 5 世纪最先将葡萄园引进克罗地亚海岸，自此葡萄酒业也开始兴旺起来。克罗地亚的葡萄种植区域分布在整个国家，包括海岸、岛屿和内陆地区。每个地区的气候、土壤和海拔高度等因素都有所不同，这为葡萄品种提供独特的生长环境。

克罗地亚的酿酒传统可以追溯到古罗马时代。由于国家历史和文化的影响，克罗地亚的酒文化也有很多独特的风格和特色。例如，在拉什基与机器制酒相反，当地酿酒师仍在使用传统的木桶和葡萄藤。在"家园战争"期间，许多酿酒厂和葡萄园遭到毁坏，但酿酒产业却在这之后迅速恢复。同时，克罗地亚有许多著名酒庄和葡萄酒产区。例如，在东北部的伊斯特拉半岛地区，有一些重要酒庄如 Kozlovic、Cossetto 和 Vina Laguna 等。

在克罗地亚栽培有数以百计的葡萄品种中，专家们公认的克罗地亚品质最好的红葡萄酒是由 Plavac mail（小兰珍珠）葡萄酿造而成的。Plavac mail（小兰珍珠）在遗传基因上和克罗地亚的仙粉黛葡萄属同一品系，为仙粉黛葡萄的一个分支品种。克罗地亚有许多本土葡萄品种，其中包括 Plavac Mali、Babic、Posip 和 Malvazija 等。一些品种如 Plavac Mali 在国际上也有一定的知名度。

第二节
克罗地亚投资的软环境

一、政治制度

（一）政府

克罗地亚为单一议会制立宪共和国，是一个主权在民的国家，实行共和制，政治权力来源于人民。克罗地亚的政治体制与一般宪政国家不同，反映出历史冲突记忆产生的影响，以及关于自身利益和安全的考量。政府是克罗地亚最高权力执行机构，拥有克罗地亚共和国的行政权。由行政、立法和司法三个分支机构组成，对议会负责与议会一样，也位于萨格勒布上城的圣马可广场。在政体上，克罗地亚选择议会内阁制，由议会中占多数席位的政党或政党联盟组阁并领导政府并对议会负责。克罗地亚政府是一个具有多元化和相对独立的三权分立体制的政府体系，其政治制度与国家的宪政传统和现代欧洲民主国家的实践情况相一致，依据宪法规定和法律程序进行任命和选举，利用政府机构和法定程序来实现民主和法制。政府有义务根据议会的要求或主动向议会通报其工作，包括其整体或个别领域所实施的政策、法律和其他立法的实施情况以及其职权范围内的其他事项。

总统是国家元首，拥有协商、代表国家参加外交和国际事务等职权。议会是国家立法机构，由上议院和下议院组成。上议院为"议会"，由68名成员组成，其中一半由各区议会任命，另一半由总统任命。下议院为"代表大会"，由151名民选议员组成。克罗地亚政府采取多党制，通常由一个或多个有多数议席的党派组成执政联盟。政府由总理和内阁组成，总理由议会选举产生。内阁成员由总理提名并由总统任命。总理为政府首脑，由总统提名，议会任命。政府的主要职权是向议会提出议案，提出国家预算和决算建议，执行议会通过的法律，执行国家内外政策，指导和监督国家行政当局的工作，推动国家经济发展，指导公共部门的工作等。

在行政方面，政府的重要机构包括国务委员会、国务院、中央和地方公共管理机构以及其他行政机构。国务委员会是总理领导下的高级政治咨询机构，由各部门部长和其他高级官员组成。国务院是政府行政机构，由各部门部长和其他高级官员组成，负责实施政策和法律。

（二）议会

克罗地亚议会是克罗地亚公民的代表机构，拥有立法权，而政府拥有克罗地亚共和国的行政权，位于萨格勒布上城的圣马可广场。议会是国家最高权力和立法机构，实行一院制。议员通过直选产生，任期4年。

克罗地亚议会的内部组织由议事规则决定。根据《议事规则》，议会设议长1名，副议长2—5名，共同组成主席团。应议长邀请，议长参加议长会议的工作。议会秘书由议会任命和罢免。秘书通过内部秩序规则手册，负责执行专业服务的任务，为议会和专业服务的工作提供财政资源，并执行议事规则规定的他负责的其他任务议会。秘书和副秘书由议会任命，任期4年。议会设立专业服务机构来执行专业、行政、安全、技术和其他任务。议会专家服务处的工作由议会秘书指导和协调，并对其工作负责。

（三）法律

克罗地亚采用民法法律体系，法律主要源于成文法，法官仅作为法律的执行者，而不是法律的制定者。克罗地亚立法的发展在很大程度上受到德国和奥地利法律体系的影响。法律体系基于大陆法系和罗马法传统，并受欧洲大陆法律传统和欧盟法律影响。该法律体系的一大特征是"法律规范等级",即级别较低的法律规范必须与级别较高的规范一致。其法律体系共分成五个级别,最高规范等级是宪法,也是国家基本法;下一级别是包括宪法实施、宪法法院、少数民族权利以及与国际刑事法院合作在内的四部宪法性法案;重要性排在第三位的是国际条约;自克罗地亚于2013年7月1日成为欧盟正式成员,欧盟法律的重要性排第四位;克罗地亚法律法规排第五位。克罗地亚法律分为两个主要部分——私法和公法。到2010年6月30日加入欧盟谈判结束时,克罗地亚法律已与欧共体法律完全统一。

基本法是1990年12月22日通过的宪法。主要的国家法院是宪法法院,负责监督违反宪法的行为,以及最高法院,这是最高上诉法院。此外,还有行政法院、商业法院、地区法院、行政法院和市政法院。法院管辖的案件主要由一名专业法官审理,上诉则由专业法官组成的混合法庭审理。治安法官也参与诉讼。检察院是一个由检察官组成的司法机构,有权起诉犯罪者。

克罗地亚的立法权属于议会。司法权归属于司法部门,协同克罗地亚最高法院确保法律和公民平等权利的统一适用。宪法法院监督法律的合宪性和保护公民的宪法权利。

克罗地亚的法律框架由宪法、法律、政府条例和法规组成。宪法是最高法律文件,对政府和司法部门的权力分配和保障国民的基本权利和自由进行规定。全国性的法律由议会和总统签署通过,一般由议会的立法委员会起草。除此之外,各省和城市也可以制定适用于本地区的法律。

1990年12月22日,克罗地亚共和国议会颁布新宪法,在这部宪法中规定,总统任期5年,任期不得超过两届。截至2020年,克罗地亚的宪法已进行五次修订。1997年底首次修宪,主要针对议会名称和少数民族条款,意在防范克罗地亚恢复巴尔干半岛国家的联盟。此次修宪充满民族孤立主义和排除疑欧的色彩,更加突出克族的绝对主导地位;2000年11月,克罗地亚议会通过宪法修正案,改半总统制为议会内阁制;2001年3月,克罗地亚议会再度修宪,决定取消省院,改"两院制"为"一院制";2000年和2001年的宪法修正案刻意削弱总统的权力(包括总统不能属于任何政党),取消了省院(Chamber of Counties),改两院制议会为一院制,加强了众议院的权力,力图体现民众的意志,减少矛盾冲突;2010年6月,克罗地亚议会第四次修宪,主要确定了克罗地亚加入欧盟和作为欧盟成员国的法律基础，包括对欧盟的主权让渡、克罗地亚入盟公投、履行欧盟法律义务和欧盟成员国公民在克罗地亚的权利等。宪法规定克罗地亚语及其拉丁书写系统为本国官方语言文字，但是地方机构在法律允许的情况下可以使用其他语言和西里尔字母书写系统，少数民族享有使用自己语言的自由，其语言政策遵循欧盟相关规定；2013 年，克罗地亚正式加入欧盟，欧盟法律体系保障的权利在克罗地亚均得到保障。

（四）党派

克罗地亚实行多党制，主要政党有克罗地亚民主共同体党、社会民主党、国土运动党、桥党、"我们能"政治平台党、伊斯特拉民主大会党、塞尔维亚独立民主党、社会自由党、农民党、主权者党、人民党、中心党、公民自由联盟等。目前，以民主共同体党为首的中右翼联盟是执政党。2020 年在议会选举中获得议席的主要党派有民主共同体党、社会民主党、国土运动党、桥党、绿色左翼联盟党、改革者党、人民党等。

二、经济商务

（一）市场准入

1. 限制投资的行业

克罗地亚对外国投资者采取国民待遇原则，提供与本国投资者平等的条件。克罗地亚无禁止外国投资的行业，《投资促进法》和《战略投资法》规定了在克罗地亚限制投资和鼓励投资的行业。

根据《投资促进法》规定，进行以下领域的投资需要经过克罗地亚经济与可持续发展部的审批，矿山开采、港口扩建、公路建设、国有农业用地的使用、狩猎权、海港的使用、电信服务、占用无线广播电视频率、国有自然保护公园的开发和利用、水资源和水道的使用以及铁路建设。根据《战略投资法》，涉及能源、旅游、交通基础设施、信息通讯、邮政服务、环境保护、农林渔、水资源管理、卫生保健、文化、科学、技术、教育、国防和司法等领域的建筑工程项目需要进行审批。投资者首先向克罗地亚经济与可持续发展部提交有关材料（包括申请表、项目建议书、投资者基本情况等）。经审查无误后，由经济与可持续发展部牵头成立的战略投资项目评估委员会对项目进行下一步审核，并负责发布官方公告。

2. 鼓励投资的行业和业务

根据《投资促进法》，克罗地亚鼓励投资的行业和业务包括加工制造业务、研发创新业务、商业支持业务、高附加值服务业。

（二）优惠政策

为吸引外国投资，克罗地亚政府推出了一系列优惠政策，主要体现在税收优惠、研发鼓励、就业资助、地区鼓励等方面。

1. 税收优惠政策

企业所得税优惠政策。根据克罗地亚《投资促进法》规定，符合条件的外国投资企业，可享受长达15年的税收优惠，满足不同条件的投资企业所享受的税收减免情况详见表2-10。

2. 关税优惠政策

根据克罗地亚《海关税率法》规定，海关须每年更新税则表，并在税则表中分别列出普通关税和优惠关税两种不同的税率。优惠税率只适用于与克罗地亚签署优惠贸易协定的国家。此外，在东部边境城市武科瓦尔，克罗地亚政府对外国投资者进口的用于从事经营活动和社会活动的初始设备免征关税。

3. 研发鼓励政策

根据克罗地亚2018年出台的《国家研究与开发项目援助法》规定，政府对所有行业的涉及基础研究、工业研究、实验开发和可行性研究的研发投资项目，给予3年的税收优惠和资金援助。相关领域的企业需向克罗地亚经济与可持续发展部提交申请。

4. 就业资助政策

创造就业岗位给予的补助。克罗地亚政府根据地区失业率情况，对外国投资企业给予一定的就业补助。一般按新创造就业岗位成本的一定比例给予就业补助。对于投资创新发展、业务支持型项目以及提供高附加值服务的项目，克罗地亚政府将给予额外的资金补助。对于劳动密集型项目的投资，克罗地亚根据项目创造的就业岗位数，在上述补助的基础上再给予一定比例的资金支持。

就业劳动岗位培训给予的补助。就业劳动岗位培训是指与投资项目有关的新就业工人的岗位培训。对这类项目，克罗地亚政府给予最长6个月的补助，补助金额不超过企业培训总成本50%。此外，对于残疾员工的培训，资助比例在上述标准的基础上再额外增加10%。

5. 地区鼓励政策

克罗地亚对位于萨格勒布省、扎达尔省、滨海和山区省、武科瓦尔省、杜布罗夫尼克省等地区企业区内的企业给予一定的投资鼓励政策；11个自由区内企业享受的优惠政策主要包括：园区内货物可以免税存储、加工以及运出（欧盟）境外；货物可自由进入园区内，无限制条件；园区内企业享受增值税减免优惠等。

6. 其他鼓励政策

对于投资具有现代化业务流程（生产和制造过程自动化、机械化和数字化）的项目，克罗地亚根据投资额的不同，给予一定比例的税收减免优惠。该激励措施仅适用于加工制造业的投资项目。

在克罗地亚的历史上，存在过许多不同的民族和宗教群体，他们都为这个国家的文化和历史做出贡献。即便如此，仍然有一些问题和争议与民族多元性有关，如历史遗留问题以及塞尔维亚人在克罗地亚居住的地区与克罗地亚人之间的紧张关系等。政府一直在推进民族和谐和多元化，鼓励文化多样性，并在法律上保护和促进各种民族的权益。

（三）金融市场

克罗地亚的金融体系较为稳定，自加入欧盟后，其政策和法规与欧盟进行了全面对接，市场范围随之扩大，增强了金融稳定性。克罗地亚政府和监管机构对于金融市场的发展高度关注。政府出台多项政策措施如税收优惠政策、市场监管等来促进金融市场的健康发展。此外，克罗地亚还积极参与欧盟的金融市场监管体系，并与其他国家的金融市场保持着密切的联系和合作。

1. 银行体系

克罗地亚的银行业主要由外资银行构成，外资银行在克罗地亚银行业中占据重要地位。据数据显示，外资银行在克罗地亚银行系统中的占比高达90%以上。这些外资银行对克罗地亚的经济发展做出了显著贡献，通过提供多样化的金融服务和产品，促进了当地经济的繁荣和多元化。

克罗地亚的主要外资银行包括萨格勒布经济银行（Privredna banka Zagreb）、Raiffeisenbank Austria Zagreb、Erste & Steiermärkische Bank、Addiko Bank、Splitska Banka、克罗地亚邮政银行（Hrvatska Poštanska Banka）、

Zagrebacka Banka、俄罗斯联邦储蓄银行（Sberbank）等。这些银行不仅为克罗地亚的个人和企业提供了丰富的金融产品和服务，还通过其广泛的分行和 ATM 网络，为整个国家的金融便利性做出了贡献。

外资银行的进入，特别是通过 20 世纪 90 年代末的银行业私有化，带来了先进的管理理念、风险控制和创新意识，提高了银行业的运营效率。这不仅加强了克罗地亚金融体系的稳定性，也为其他产业提供了必要的金融支持，促进了产业结构的优化升级。此外，外资银行的资本充足率较高，增强了金融稳健性，为克罗地亚经济提供了坚实的后盾。

而克罗地亚中央银行（HNB）作为该国的国家银行，同时也是欧洲中央银行系统（ESCB）的重要一员，肩负着维护货币价值稳定和整个金融体系稳健运行的核心职责。其主要工作范畴涵盖货币与外汇政策的制定与执行，外汇储备的管理，货币发行，商业银行的监管与经营许可审查，以及向商业银行提供贷款和收取准备金等。此外，HNB 还负责制定支付政策并监督其执行情况，以确保金融市场的顺畅运行。

克罗地亚复兴开发银行（HBOR）作为政府支持经济、社会发展和出口的重要金融机构，致力于提供信贷、政策性、商业性买方信贷担保以及咨询等多项服务，为克罗地亚的经济增长和国际化进程贡献力量。

截至 2020 年 12 月，克罗地亚的银行体系日益完善，其中包括 20 家商业银行、3 家住房储蓄银行和 1 家国外银行分支结构。这些银行中，萨格勒布银行、萨格勒布经济银行（PBZ）、ERSTE 和 STEIERMARKISCHE 银行、OTP 银行以及 Raiffeisen 银行等均为主要商业银行。特别值得一提的是，萨格勒布银行不仅是克罗地亚最大的商业银行，也是与中国国内银行合作密切的当地代理行，为中克两国的金融交流与合作提供有力支持。

2. 证券市场

克罗地亚证券市场一直在不断发展壮大，目前由 2 个交易所组成：克罗地亚证券交易所（ZSE）和 Zagreb Stock Exchange CROBEX（股票市场指数）。ZSE 是克罗地亚重要的证券交易平台，该交易所为来自不同行业的多家公司提供股票、债券、基金等各种证券的交易服务。

3. 保险市场

克罗地亚的保险市场也是一个成长中的市场。根据 2019 年的统计数据，克罗地亚全年的总保险费收入为 16 亿欧元，同比增长 4.3%。该市场主要由车辆保险、财产保险、人寿保险、医疗保险和再保险等多个领域组成。在克罗地亚,所有的保险公司都需要获得国家保险监管机构的批准,并遵守相关的法律法规。

(四) 法规政策

1. 投资法规

克罗地亚的投资法规体系坚实地根植于国家和欧盟的法律框架之中,确保投资者在一个透明、稳定和具有竞争力的环境中运营。以下是针对克罗地亚投资的主要法规。

(1) 外国投资者创业法

该法规于2012年生效,旨在吸引外国创业家和企业在克罗地亚投资。其中主要规定开展商业活动、获得工作许可以及注册公司的各项程序、条件和要求等。

(2) 公司法

该法规建立公司注册和运营的基本规则,包括公司类型、股份发行和交易、董事会和股东会议程序、公司合并和收购、公司治理等范围。

(3) 劳动法

该法规规定员工的劳动合同和工作条件、工资水平、雇用和解雇程序等方面的劳动法制和保障,旨在保护劳动者的权益并维护劳动市场的稳定性。

(4) 税收法

该法规规定克罗地亚的税收制度,包括企业所得税、增值税、个人所得税等,规定各项税收的征税基础、税率和缴税程序等。

此外,克罗地亚不仅采纳国内法规来规范跨国公司和外国投资者的行为,同时也积极适用欧盟的法规体系。这些欧盟法规对于保护投资者权益、促进经济增长和优化克罗地亚投资环境起到至关重要的作用,为国内外投资者提供一个公平、透明和具有竞争力的营商环境。

2. 证券法规

克罗地亚的证券法规体系完善且全面,主要包括企业法、证券发行与交易法等一系列相关立法,这些法规共同构成该国证券市场的法律基石。以下是针对克罗地亚证券市场的主要法规。

(1) 企业法

该法规规定克罗地亚企业的基本设立和运营规则,包括公司注册、组织形式、董事会和股东会议程序、上市公司的信息披露要求等。

（2）证券发行和交易法

该法规规定证券的发行和上市的要求、程序和标准，包括发行和交易证券的报告要求、审批程序、股票发行方式和披露要求等。

（3）治理方针和规范

这是由克罗地亚证券交易所和金融监管机构等推出的一套关于有效监管和经营证券市场的行动方案。该政策包括交易所业务和证券上市、合规监管、投资者保护、信息披露、市场维护等各个领域的规范和标准，以确保证券市场的透明度和公平性。

（4）金融监管法

克罗地亚金融监管部门负责监管证券市场的运作和合规性，包括证券交易所、投资公司、基金和其他金融机构等。

克罗地亚证券市场的主要法规体系是一套完善且严谨的框架，它不仅涵盖企业法、证券发行和交易法，还包括治理方针和规范以及金融监管法规，这些法规共同为市场的健康、透明和公平运营提供坚实的法律保障。

3. 劳动法规

克罗地亚的劳动法规体系相当全面，其中核心部分是《劳动法》，它作为该国的劳动法律基石，为劳动者和雇主之间的权益关系提供明确的法律框架。克罗地亚劳动法规的主要内容包括：

（1）劳动合同

克罗地亚的劳动法规定员工和雇主之间的雇用关系和劳动合同方面的规定。为保护员工，在签订任何合同之前，雇主应向员工提供一份合同草案，详细说明工作条件、工资、工作时间和休假等要求。合同应包括双方的权利和义务，并遵守特定的规定。

（2）最低工资和薪酬

克罗地亚规定最低工资标准。这是一个国家性的标准，并不是由公司决定的。此外，克罗地亚还规定个人所得税和社会保险费用，并规定雇主应该提供的福利和社会保障。

（3）工作时间和休假

克罗地亚规定工作时间和休假标准。一般而言，员工每周工作40小时，但有时也可能因某些因素而更少。员工还有权享受带薪休假，通常是4周和额外休假天数，例如病假或家庭照顾休假。

（4）工会权利

克罗地亚规定工会的权利，允许工人自由组织并参与任何工会。同时，雇主也有义务与工会协商，不得不当场解雇员工。

（5）终止劳动合同

克罗地亚规定终止劳动合同的一些条件和程序。有特定的原因才能解雇员工，例如员工违反公司规定或公司经济情况出现问题等。此外，公司可能必须支付一些补偿和福利，具体根据合同和法规确定。

克罗地亚的劳动法规在维护员工与雇主双方权益方面发挥重要作用，提供一系列坚实的保障和防护机制。然而，随着劳动关系日益多样化以及社会经济的不断发展，这些法规仍有待进一步完善和适应。为应对未来的挑战，需要不断优化和更新劳动法规，以更好地适应各种复杂的劳动场景和满足社会的新需求。

与此同时，合法、规范的人力资源管理方式对于提高员工的生产力和推动企业的持续发展至关重要。通过建立健全的人力资源管理制度，企业不仅能够确保员工的权益得到保障，还能够激发员工的工作积极性和创造力，提升企业的整体竞争力。因此，克罗地亚的企业应当积极采用先进的人力资源管理理念和方法，不断完善自身的管理体系，为企业的长远发展奠定坚实基础。

4. 土地法规

（1）土地所有权

克罗地亚宪法规定土地属于国家和公民共同所有，同时规定国家安全、环境保护和公共利益等原则。私人土地所有权的受限性是克罗地亚土地法的基础，例如政府可以征收私人土地以及实施限制性用途。

（2）土地使用权

克罗地亚土地法规定土地使用权的分类、注册和延长等问题。人们可以通过租赁、交换、永久使用和终身使用等方式获取土地使用权。

（3）土地批准和许可

土地使用和开发需要得到政府批准和许可，这可能包括国家工程规划、环境评估、建筑许可和所需的基础设施等。

（4）土地规划和管理

根据克罗地亚的土地法规，各级政府机构对土地规划和管理负有责任。国家通过土地使用计划、土地政策和土地保护规定来管理土地，这些规定还包括保护受威胁的土地和自然资源。

（5）地产交易

克罗地亚的土地法规定地产交易的相关程序和要求，包括买卖和租赁等。其中包括如何获得房地产经纪人的许可证、如何进行房屋检查以及如何在交易方面遵守土地法规等程序。

5. 环境法规

克罗地亚的环境法规体系以宪法为核心，辅以一系列专门的环境保护法规，共同构筑该国环境保护的法律基础。这些法规不仅体现克罗地亚对环境保护的坚定承诺，也为维护生态平衡、促进可持续发展提供有力的法律保障。通过严格执行这些法规，克罗地亚致力于实现环境与经济、社会的和谐共生，为子孙后代留下一个绿色、健康、宜居的家园。以下是克罗地亚环境法规的一些重要方面。

（1）宪法

克罗地亚宪法规定维护和保护环境的义务，并承诺保护生态平衡和生态系统的完整性。环境问题一般与其他社会政治问题一样得到公众关注，并在政府决策中占有重要地位。

（2）环境保护法

克罗地亚环境保护法规定环境影响评估程序、污染控制、生态系统和生物多样性保护等环境问题的管理和调控。此外，该法规还规定污染应对措施、废物管理、水资源管理、空气质量控制、噪声、辐射等方面的规定。

（3）污染和环境监管

克罗地亚的法规规定各种污染源的排放要求和监管要求，包括制造工厂、污水处理厂、垃圾处理场、交通和运输、矿物采矿和石油开采等。其中监管机构及其责任得到明确界定，从而确保该国按照环境法规进行管理。

（4）垃圾处理和废弃物管理

克罗地亚环境法规定垃圾处理和废物管理的程序和要求。规定需要按照环保标准进行分类、处理和丢弃垃圾及其他杂物。

（5）生态保护和资源管理

克罗地亚的环境法规定各项生态保护和资源管理的措施，包括：森林、野生动植物和自然保护，水、土地和矿产资源管理等。

三、经济园区

（一）自由经济区

自由经济区（Free Zone，简称自由区），是指位于海港或机场、江河码头、国际公路沿线和其他具备自由区运作条件的地区内，用特殊围栏和标记的区域。

克罗地亚的自由区由中央政府规划，适用于其他区域不同的商业和贸易法规，旨在通过减免关税、简化海关程序等措施促进贸易活动。在最初，克罗地亚全国共设 11 个自由区，其中 7 个是陆地区，4 个是港口区，均位于海港、空港、河港、公路等重要交通枢纽毗邻区域。区内企业主要从事进出口和转口贸易、商业性或工业性加工生产、仓储、物流及金融服务等。《克罗地亚自由区法》为自由区的建立和运作提供了指导，规范了克罗地亚共和国自由区的建立、管理和运营。自由区的特点是其商业制度不同于该国其他地区的制度（海关和税收性质），必须用栅栏围起来、做标记并进行安排，以便货物和人员只能通过特定的出口或入口进出自由区。

自由区内企业主要从事进出口贸易、转口贸易、商业性或工业性加工生产、仓储物流及金融服务等业务。部分自由区位于开发区内，但与开发区其他区域隔离。克罗地亚政府对自由区内的企业给予关税、增值税等减免优惠。自由区内货物可以免税运出（欧盟）境外。优惠政策包括：①园区内克罗地亚公民、外国公民个人或法人团体（外资公司）可在克罗地亚境内按《克罗地亚公司法》注册公司；②境内货物及境外货物均可进入自由区内，无存储时间限制；在自由区内，货物可以免税存储、加工、批发等不受海关监管运出境外；可建立技术研发和创新中心，提供非银行服务等；③政府对自由区内的企业给予关税和国内增值税减免优惠。产品离开自由区并进入欧盟市场（含克罗地亚）时需交纳增值税，如果出口至第三国，则免交增值税。

克罗地亚自由区的数量以及在其中运营的自由区数量正在不断减少。2019 年，原本 11 个自由区中有 8 个在运营，共有 71 家公司，雇用了近 3 000 名工人。到 2022 年底，克罗地亚自由区只剩下 6 个在运营，其中两个位于内陆，分别位于萨格勒布和斯克尔耶沃，4 个是港口自由区，分别位于普拉、里耶卡、斯普利特和普洛切。详见表7-4。

表7-4 克罗地亚的自由区

自由区名称	所在地	成立时间（年）	建筑面积（万平方米）	目前是否在运营
库库利亚诺沃自由区	滨海和山区省巴卡尔市	1997	100.00	否
里耶卡港自由区	滨海和山区省里耶卡市	1997	64.10	是
奥西耶克自由区	奥西耶克—巴拉尼亚省	1997	13.00	否
萨格勒布自由区	萨格勒布市	1997	7.99	是
克拉皮纳—萨戈尔耶自由区	克拉皮纳—扎戈列省	1997	6.40	否
斯普利特港自由区	斯普利特—达尔马提亚省	1998	28.39	是
普洛切港自由区	杜布罗夫尼克—内雷特瓦省	1999	214.59	是
斯普利特—达尔马提亚自由区	斯普利特—达尔马提亚省	1999	213.39	否
普拉港自由区	伊斯特拉省—普拉市	1999	5.98	是
武科瓦尔自由区	武科瓦尔—斯里耶姆省	2002	0.76	否
里耶卡—斯克尔耶沃自由区	滨海和山区省巴卡尔市	2013	33.76	是

资料来源：根据 https：//total-croatia-news.com/news/croatian-free-zones-2/ 和 https：//gov.hr/en/free-zones/1370 等作者整理而成。

根据2022年克罗地亚自由区业务报告，自由区内共有57家公司，雇用了近2 000名员工。和2012年的业务量相比，出现了持续的大幅下滑。2012年有234家公司在克罗地亚自由区进行运营活动，雇用了近8 000名员工。当时，克罗地亚自由区的收入为7.3亿欧元。然而，到了2022年，减少至2.23亿欧元。在10年的时间里，这些自由区的收入下降了69%。2022年，普洛切港的经营业绩最好，收入为1 510万欧元，利润为170万欧元。普拉港的经营业绩最差，2022年底亏损24.7万欧元。在克罗地亚自由区，仓储是最具代表性的业务，57%的用户从事仓储业务。其中，较小部分（28%）从事生产业务。

（二）企业区

克罗地亚的企业区（Entrepreneurial Zone）由地方政府规划，区域内企业可享受当地政府提供的费用减免等优惠，旨在为企业的生产、仓储和物流等活动提供便利条件。

企业区按活动类型可分为生产加工、物流配送、商业服务、孵化器等。克罗地亚全国共设100多个企业区，区内企业可享受市政费用减免、租金减免等优惠政策。

巴卡尔工业园是克罗地亚最大、设施最齐全的企业区之一。该园区距巴卡尔市和里耶卡市较近，且位于连接地中海地区和中欧地区的枢纽地带。面积达500万平方米，约有200家企业入驻。此外，部分园区位于亚得里亚海沿岸，距离里耶卡港、扎达尔港等海港较近，海运便利。详见表7-5。

表7-5　　　　克罗地亚海运便利的主要企业区

企业区名称	所在地区	区域总面积（万平方米）	企业数	主要产业
PODI ZAPAD	斯普利特—达尔马提亚省	97.0	8	仓储与运输等
MURVICA DONJA	扎达尔省	89.5	13	批发与零售、金属制造等
GALI ANA	伊斯特拉省	71.4	26	金属制造、食品加工等
VRANJAK 3	杜布罗夫尼克—内雷特瓦省	39.0	2	建筑服务、批发与零售等
VODNJAN SJEVER	伊斯特拉省	36.0	11	食品加工等
BANICI	杜布罗夫尼克—内雷特瓦省	33.0	5	天然气供应、家具制造等

资料来源：中国国际商会：《企业对外投资国别（地区）营商环境指南——克罗地亚（2021）》。

四、营商环境

克罗地亚政府正在实施多项措施改善营商环境。自2017年以来，已实施了五轮税制改革，企业家和公民共获得110亿库纳的税收减免。欧洲商会在欧洲最佳营商国家报告2020中根据经济和营商环境对46个欧洲国家进行了排名和分析，该排名是基于世界银行和透明国际的国际公认指数进行分析的结果。欧洲商会表示："商业诚信和透明度发挥着战略性的作用。"在2020年排名中，北欧国家仍然位列居前，分别是丹麦、瑞典、挪威和芬兰，其次是瑞士、英国和德国，克罗地亚居第27位。详见表7-6。

表 7-6　　2020 年欧洲 46 国最佳营商环境排名

排名	国家	得分	排名	国家	得分	排名	国家	得分
1	丹麦	86	17	西班牙	70	33	亚美尼亚	58
2	瑞典	84	18	格鲁吉亚	70	34	希腊	58
3	挪威	83	19	葡萄牙	69	35	土耳其	58
4	芬兰	83	20	斯洛文尼亚	68	36	北马其顿	58
5	瑞士	81	21	拉脱维亚	68	37	保加利亚	58
6	英国	80	22	波兰	67	38	塞尔维亚	57
7	德国	80	23	捷克共和国	66	39	哈萨克斯坦	57
8	荷兰	79	24	塞浦路斯	66	40	科索沃	55
9	冰岛	79	25	意大利	63	41	阿塞拜疆	53
10	奥地利	78	26	斯洛伐克	63	42	摩尔多瓦	53
11	爱沙尼亚	77	27	克罗地亚	60	43	俄罗斯	53
12	爱尔兰	77	28	马耳他	60	44	阿尔巴尼亚	51
13	比利时	75	29	白俄罗斯	60	45	波黑	51
14	卢森堡	75	30	黑山	59	46	乌克兰	50
15	法国	73	31	匈牙利	59			
16	立陶宛	71	32	罗马尼亚	59			

资料来源：欧洲最佳营商国家报告 2020（BEST EUROPEAN COUNTRIES FOR BUSINESS 2020）。

1. 营商便利度

根据世界银行发布的《2020 年营商环境报告》，克罗地亚营商环境便利度在 190 个经济体中排第 51 位，较 2019 年上升 7 位（见表 7-7）。

表 7-7　　2020 年克罗地亚营商环境便利度指标排名与得分情况

项目	营商环境便利度排名	营商环境便利度分数	营商环境便利度分数较 2019 年变化情况（%）
总体	51	73.6	0.6↑
开办企业	114	85.3	2.7↑
跨境贸易	1	100.0	—
保护少数投资者	37	70.0	—
执行合同	27	70.6	—

续表

项目	营商环境便利度排名	营商环境便利度分数	营商环境便利度分数较2019年变化情况（%）
纳税	49	81.8	—
登记财产	38	77.4	3.5↑

注：↑表示2020年较2019年得分上升，↓表示2020年较2019年得分下降，"—"表示2020年与2019年得分持平。

2020年，克罗地亚总体营商环境状况在世界的中上游，营商环境便利度分数也呈现为上升态势，相比2019年提高了0.6个百分比。投资者关注的大多数领域也都呈正向优化，其中跨境贸易得分为满分。虽然开办企业的便利度排名相对靠后，但是便利度分数的提速非常可观。

2. 投资者保护

克罗地亚在投资者保护方面相较于美国和德国，虽在管理人责任指数上稍占优势，但在交易透明度和股东权力方面仍有提升空间。尽管拥有高质量的基础设施、高旅游潜力及战略地位等优势，克罗地亚仍需通过增强市场交易的透明度、公平性，并加强股东在公司治理中的作用，以吸引更多投资者，推动经济持续健康发展。详见表7-8。

表7-8　　　　　　　　　　投资者保护比较

保护投资者的国家比较	克罗地亚	东欧和中亚	美国	德国
交易透明度指数*	5	7.5	7	5
管理人责任指数**	6	5	9	5
股东权力指数***	6	6.8	9	5

注：*表示数越大，交易条件越透明；**表示数越大，经理个人责任越大；***表示数越大，股东就越容易采取法律行动。

资料来源：《2020年营商环境报告》。

3. 信用评级

2020—2022年，国际评级机构惠誉（Fitch Ratings）① 对克罗地亚主

---

① 惠誉的长期评级是衡量经济主体偿付外币或本币债务能力的关键指标。其长期信用评级体系划分为投资级和投机级两大类别。投资级包括AAAAA、A系列和BBB，而投机级则涵盖BB、B、CCCCC、C、RD及最低级别的D，后者表示一个实体或国家主权已对所有金融债务违约。AAA为最高评级，代表最低信贷风险；而D则为最低评级。惠誉的短期评级则主要关注到期日在13个月以内的债务，强调发债方定期偿付债务所需的流动性。短期评级从F1至D不等，其中F1为最高，同样支持使用"+"或"-"进行微调，但仅限于F1这一短期评级。此外，惠誉还通过"展望"来预测某一评级在未来一至两年内的可能变动方向，展望分为"正面"（预示评级可能上升）、"稳定"（评级预计保持不变）和"负面"（评级可能下降）。

权信用评级为 Ba1/Bal（如表 7-9 所示），展望为稳定。

克罗地亚在 2020—2021 年，其长期外币主权评级从 BBB- 提升至 BBB，短期外币主权评级从 F3 提升至 F2，这体现该国在偿还长短期外币债务方面的能力增强。BBB 评级作为"投资级别"彰显克罗地亚财政的稳定性和较低的债务违约风险。可以看出，克罗地亚在 2020—2022 年均获得"正面"评价，预示着其主权评级有进一步提升的可能。在国际比较中，克罗地亚的评级处于中游水平，高于一些经济风险较高的国家，低于部分财政状况更优的国家。这些积极的迹象共同体现克罗地亚经济的稳健发展和市场的积极信心。

表 7-9　　2020—2022 年惠誉对中东欧国家主权信用评级结果

国别	2020—2021 年			2021—2022 年		
	长期外币主权评级	短期外币主权评级	展望	长期外币主权评级	短期外币主权评级	展望
波兰	A-	F2	稳定	A-	F1（2022.02.18）	稳定
匈牙利	BBB	F2	稳定	BBB	F2	稳定
捷克	AA-	F1+	稳定	AA-	F1+	负面（2022.05.06）
斯洛伐克	A	F1+	负面	A	F1+	稳定（2022.03.18）
爱沙尼亚	AA-	F1+	稳定	AA-	F1+	稳定
拉脱维亚	A-	F1	稳定	A-	F1	稳定
希腊	BB	B	稳定	BB	B	正面（2022.01.14）
罗马尼亚	BBB-	F3	负面	BBB-	F3	负面（2022.04.08）
保加利亚	BBB	F2	正面	BBB	F2	正面（2022.01.21）
克罗地亚	BBB-	F3	稳定	BBB（2021.11.12）	F2（2021.11.12）	正面（2021.11.12）
塞尔维亚	BB+	B	稳定	BB+	B	稳定
波黑	—	—	—	—	—	—
阿尔巴尼亚	—	—	—	—	—	—
北马其顿	BB+	B	负面	BB+	B	负面
黑山	—	—	—	—	—	—

4. 世界竞争力

在《2022 年世界竞争力年报（IMD World Competitiveness Ranking，简称 WCR）》[①] 中，虽然克罗地亚整体世界竞争力在选取的 63 个主要国家中排名相对靠后，但在多个关键领域均取得显著的进步与成就，各项竞争力与 2021 年相比，排名的上升势头迅猛。其中，在基础设施领域，得分为 39.85 分，排第 45 位，较 2021 年上升 5 个名次。基础设施的完善不仅提高了国家的整体竞争力，也为居民的生活带来更多便利。可见克罗地亚的全球竞争力正在不断上升，在招商引资上越来越具备优势。在国家主要吸引力指标评估中，克罗地亚在可靠的基础设施（70.1%）、劳动力技能（62.7%）、高教育水平（53.7%）方面获得了良好的评价。2022 年这一成绩表明克罗地亚在交通、通信、能源等基础设施建设方面取得显著进展，为国家的经济社会发展提供有力支撑。详见表 7 – 10。

表 7 – 10   2021—2022 年克罗地亚世界竞争力各项指标排名得分及变化

竞争力指标	2022 年排名	得分	与 2021 年相比排名变化
整体	46	57.30	13 ↑
经济表现	32	55.45	16 ↑
政府效率	46	41.30	11 ↑
营商效率	49	29.45	16 ↑
基础设施	45	39.85	5 ↑

资料来源：《2022 年世界竞争力年报》，瑞士洛桑国际管理发展学院。

根据环球印象投资分析克罗地亚事业部发布的《2022—2026 年后疫情时代克罗地亚投资环境及发展潜力报告》，克罗地亚政府为推动生产、增加出口和创造新的就业岗位，不断优化改善投资和营商环境，克服金融危机所带来的消极影响，进而实现经济复苏与增长。针对境外投资者，克罗地亚政府制定了较为完善的政策体系，营商环境是积极且稳定的。

自 2018 年以来，克罗地亚政府一直致力于通过修订投资法案、推进税制改革、鼓励研发创新、提高营商便利度等方式，为投资者提供更好的

[①] 这是一份关于各国竞争力的综合性年度报告，该年报是由瑞士洛桑国际管理发展学院（IMD）所编制的，旨在为全球各国和地区提供一个综合评估其竞争力的框架。报告列出了全球 63 个经济体在 2022 年的竞争力表现，主要通过四个主要标准进行评估，即经济表现、政府效率、营商效率及基础设施。

营商环境，促进经济健康发展。通过上述几个报告，可以基本认定这些举措对于提高竞争力和优化营商环境的效果是显著的。

5. 创新能力

克罗地亚在科技领域拥有坚实的基础，并且不断展现出其独特的科技发展潜力。克罗地亚的科技产业涵盖诸如信息技术、电子商务、生命科学、机械、工程和先进制造等多个领域。在信息技术方面，克罗地亚已经发展出许多领先的科技企业，如 Infobip、Spotsie、Rimac Automobili 等。

为促进科技和创新行业的发展，克罗地亚政府一直致力于制定政策。政府提供的创新和科技资助计划，如创业投资计划和大学科技计划，以及专业的技术中介机构，如 Croatian Innovation Agency，也在推动科技行业的发展。

克罗地亚拥有一些著名的科研机构和大学，如萨格勒布大学，波雷奇研究所，鲍里斯·纳波利大学等。这些机构提供高品质的科技研究和创新支持资源，为科技产业提供数千名研究人员，帮助提高该国的研究水平。此外，克罗地亚举办许多关于科技和创新方面的国际竞赛，如 Cro AI Summit，Zagreb Connect，Innovation Day 等。这些活动促进科技行业的发展和人才的增长，提高克罗地亚在全球科技创新领域中的影响力。

2024 年 7 月 8 日，欧盟发布《欧洲创新记分牌（European Innovation Scoreboard，EIS）2024》报告，该报告将欧盟国家的创新分为三种类型，分别是创新强势国家、中度创新国家和新兴创新国家。

创新强势国家是指创新领导者，拥有极具吸引力的研究体系，并在数字化方面实力雄厚。强大创新者在其创新生态系统（产品和业务创新）中表现出显著优势。报告将比利时、奥地利、爱尔兰、卢森堡、德国、塞浦路斯、爱沙尼亚和法国列为创新强势国家；中度创新国家存在一系列积极趋势，特别是在研究合作方面的发展。报告将斯洛文尼亚、西班牙、捷克、意大利、马耳他、立陶宛、葡萄牙、希腊和匈牙利列为中度创新国家；新兴创新国家在创新表现方面总体呈现出积极趋势，但仍处于落后状态。报告将克罗地亚、波兰、斯洛伐克、拉脱维亚、保加利亚和罗马尼亚列为新兴创新国家。

报告显示，在 2023 年至 2024 年期间，欧盟 15 个成员国的国家创新绩效有所提高，而另外 11 个成员国则有所下降，克罗地亚保持稳定，被列为新兴创新国家。丹麦在欧盟创新领先国家中排名第一，瑞典、芬兰、荷兰紧随其后。

第八章

浙江省与克罗地亚投资合作案例

第一节
浙江泰格医药收购克罗地亚 Marti Farm 公司

一、投资规模

2023 年 1 月 19 日，行业领先的一体化生物医药和医疗器械研发服务平台——杭州泰格医药科技股份有限公司宣布完成对克罗地亚 CRO[①] 公司 Marti Farm 的收购。

通过收购 Marti Farm 进一步提升了泰格医药公司在欧洲地区的服务能力与规模，扩大了全球范围内安全监测能力。作为致力于行业创新的领头人，公司对创新生物制药及医疗器械初创企业进行少数股权投资，行业声

---

① CRO 全名为 Contract Research Organization（委托研究机构），由被称为临床研究机构（临床研究机构）。简单地说，就是接受药厂或生技公司委托进行研究服务的机构，提供新药开发时所需的非临床与临床试验、数据分析、法规咨询等专业服务。CRO 这种专业分工的体系在国外已行之有年，提供制药，生技及医疗器材产业和研究单位机构，从药物研发到上市的一切服务，可免除各单位因某些阶段性的研发工作而投入过多人力及设备，同时可以追踪并分析大量的临床及临床前试验数据，节省临床实验的时程。

誉、经验及专业知识使公司能够识别早期投资机会，打造多元化的投资组合。

此次战略收购进一步强化泰格医药在欧洲地区的服务能力与规模，扩大全球范围内安全监测能力，并更好地为客户提供定制化的临床研究方案。同时，通过团队扩张或并购整合，进行全球商务开拓，实现海外业务的增长以及临床运营的协同能力，在欧美以及新兴区域市场打造差异化竞争优势，加强当地临床试验运营的专业能力，逐步提升全球运营能力，助力客户走向全球，成为创新产品国际化的桥梁和纽带。

截至 2023 年 8 月，泰格医药公司已完成对 Marti Farm 的收购和整合，可同时在欧洲和中国两地提供临床及上市后安全监测解决方案（包括药品、器械、疫苗、化妆品等）。Marti Farm 药物警戒和临床团队与泰格团队融合并共同服务全球客户，进一步提高公司为全球客户在欧洲提供高质量临床服务的能力。公司建立了欧洲本土商务团队，同时完善和扩大欧洲一体化临床运营管理和职能团队，包括医学部、解决方案、项目管理、临床运营、上市后研究、药物警戒、质量保证等，形成完整的服务平台体系。

二、主体简介

（一）关于泰格医药

1. 公司发展概况

泰格医药（股票代码：300347.SZ/3347.HK）是杭州泰格医药科技股份有限公司（Hangzhou Tigermed Consulting Co., Ltd, Tigermed）的简称，公司的法定代表人是曹晓春。它是行业领先的一体化生物医药研发服务平台，专注于为新药研发提供临床试验全过程专业服务的合同研究组织（CRO），致力为生物医药产业提升研发效率、降低研发风险、节约研发经费，推进医药产品市场化进程，为全球医药和医疗器械创新企业提供跨越全周期的、全面而综合的临床创新研究解决方案。主要通过全面的服务体系和严格的质量标准，从临床前开发到临床试验到上市后研究，助力生物医药产业提升研发效率、降低研发风险，确保研究项目高质量交付，加速医药产品市场化进程。

作为全球化的研发平台，泰格医药通过覆盖各领域的 100 多家子公司，打造赋能全产业链的创新生态，推动医疗产业创新和发展。截至 2023

年 8 月，泰格医药在全球布局 180 多个办事处和分支机构，公司员工人数为 9 455 人（海外员工 1 525 名），覆盖 5 大洲的 54 个国家。其中包括，专业临床监查员（CRA）1 100 余名、专业临床研究协调员（CRC）2 400 余名、数据管理及统计分析人员超过 800 名以及实验室服务人员 1 400 余名。按职能及地区划分的人员明细具体见表 8-1。

表 8-1　　　　　　　　泰格医药雇员人数情况　　　　　　　　单位：人

职能	中国	亚太地区（中国除外）	欧洲、中东和非洲	美洲	总计
项目运营	7 133	508	765	70	8 476
营销及业务开发	365	23	34	7	429
管理及行政	432	32	77	9	550
总计	7 930	563	876	86	9 455

资料来源：杭州泰格医药科技股份有限公司 2023 年半年度报告。

2020 年，胡润研究院发布《2019 胡润中国 500 强民营企业》，泰格医药以市值 470 亿元列第 143 位；同时，泰格医药以 570 亿元人民币市值列《2020 胡润中国百强大健康民营企业》第 19 位。2022 年 8 月，泰格医药入选《2022 中国品牌 500 强》榜单，列第 288 位。

公司在境外（包括韩国、澳大利亚及美国）进行中的单一区域临床试验 188 个；在亚太地区、欧洲、北美洲、拉丁美洲及非洲进行中的国际多中心临床试验（MRCT）62 个，涉及 17 个治疗领域包括肿瘤、呼吸、心血管、内分泌、风湿免疫（自身免疫）、感染、罕见疾病及疫苗等。公司 MRCT 数量新增 21 个；启动了首个覆盖仅限欧洲多国的肿瘤 MRCT 项目。截至 2023 年 3 月，公司与美国 100 多个临床试验中心建立合作。

2. 企业主要业务

泰格医药提供涉及肿瘤、抗感染、血液、心脑血管、内分泌、风湿免疫、中枢神经、消化以及眼科等领域的服务。提供的服务主要包括临床试验技术服务和临床试验相关服务及实验室服务。临床试验技术服务提供创新药物、仿制药及医疗器械临床试验运营服务以及临床试验直接相关的配套服务；临床试验相关服务及实验室服务提供在药物开发过程中的相关服务及实验室服务。

泰格医药旗下在研究中心协助临床试验机构进行现场管理和具体操作，即临床试验现场管理组织（Site Management Organization，SMO），致力于通过提供临床试验相关的专业服务,协助研究者和研究机构承担在临床试验中非医生判断类的事务性工作,提高临床试验质量和进度,推动临床试验规范化进程。详见表8-2。

表8-2　　　　　　　　　　泰格医药主要业务内容

主要业务	业务内容
药物临床研究服务	公司搭建药物临床研究服务全流程、一体化、数字化平台,涵盖I-IV期临床试验,包括IIT研究、NIS试验及上市后监测。
医疗器械	提供IVD临床服务和包括医疗器械咨询、法规事务、质量咨询、临床研究等服务。
注册与申报服务	泰格医药注册与申报服务团队可承接项目多元,产品类型主要包括化学药品和生物制品,化学药品项目主要包括创新药、仿制药临床试验申请和上市申请、FDA临床试验申请以及注册咨询、原辅包备案、BE备案等,生物制品项目主要包括预防类生物制品和治疗类生物制品(血液制品、重组生物制品、细胞治疗及基因治疗产品)的注册咨询、临床试验申请和上市申请以及FDA临床试验申请等。
真实世界研究	依托对NMPA真实世界研究法规指导的理解、创新技术平台以及临床运营和现场管理的能力和丰富经验,提供一站式真实世界研究服务,包括回顾性/前瞻性真实世界研究,新药上市后药品安全性监测,研究者发起的研究,真实世界患者管理等整体解决方案,助力药品全生命周期管理。
药物警戒	提供覆盖全球范围内临床阶段、上市后阶段药品、器械、疫苗、化妆品领域的药物警戒和用药安全监测解决方案。
医学翻译	公司医学翻译业务覆盖医疗器械、体外诊断试剂、药品、动物保护、疫苗、健康营养品等多领域,从业务流程、线上系统(TIS/EPS/TEP/TOC)、业务管理和应用、质量控制、翻译生产、技术算法等形成完整的业务架构体系,可支持80多种语言的医学翻译,并于海外服务商达成合作协议,实现欧洲和东南亚地区各国语种全覆盖。
临床试验相关服务	包括数据管理服务(主要是临床数据采集、数据库设计、数据输入与储存、医疗程序编写及数据核查、输出、传输及存档)和统计数据分析服务(制订统计数据分析计划、进行实际统计数据分析及编撰统计数据分析报告)。
实验室服务	公司实验室服务主要由子公司方达控股运营,旨在为参与药物开发的客户提供实验室测试支持,服务涵盖生物分析、生物标志物、基因组学、CIC分析测试以及中心实验室服务。

资料来源:"泰格医药:2023年业绩增长与市场多元化发展分析",中商产业研究院,2024-05-22。

2023年泰格医药进一步巩固了与优质且多元化客户群体的业务合作,前20大客户中有8家是跨国大药企,有11家是上市公司。泰格医药通过不断拓展跨国药企和国内大型药企客户实现业绩长期增长与发展。

同时，泰格医药继续寻求与医疗健康行业各参与方建立互惠互利的外部伙伴关系并与其开展合作。泰格医药的卓越临床研究中心（E-Site）拥有224家E-Site重点合作中心，74家绿色通道中心，完成7家共建中心建设，形成了多元化深度共赢的战略合作模式。报告期内，公司与52家医院的临床中心正式达成战略合作，共同探索建立高标准的临床研究管理体系，助力新药研发，满足广大患者的临床需求。

3. 企业经营情况

中国国内CRO市场增长很快，前景巨大。泰格公司在海外50余个国家拥有专业团队（公司海外业务占比近半），具有跨国经营的能力，并在国际市场取得一定的市场份额和服务经验。此外，公司对海外市场的关注也可视为对市场多元化的把控，以及对全球医药创新研究的深入探索。泰格公司在国内药品研究和创新领域具有强大的实力和资源，并在国内医药市场处于领先地位。通过多年的内生发展与外延并购，公司已经实现临床CRO领域全业务覆盖，并向上延伸到临床前CRO领域、向下延伸CMO领域。

如图8-1、表8-3所示，2023年，泰格医药克服诸多不利因素包括新冠疫苗收入同比大幅下滑的影响，仍然实现了营业收入的增长，保持了国内临床CRO行业的市场领先地位。公司的营业收入从2019年的28.03亿元增长至2023年的73.84亿元，五年间增长了164.3%；营业成本从2019年的20.76亿元增长至2023年的55.54亿元，五年间增长了167.1%。这五年期间，营业成本的增长速度与营业收入的增长速度相近，表明泰格医药的成本控制相对较为稳定。

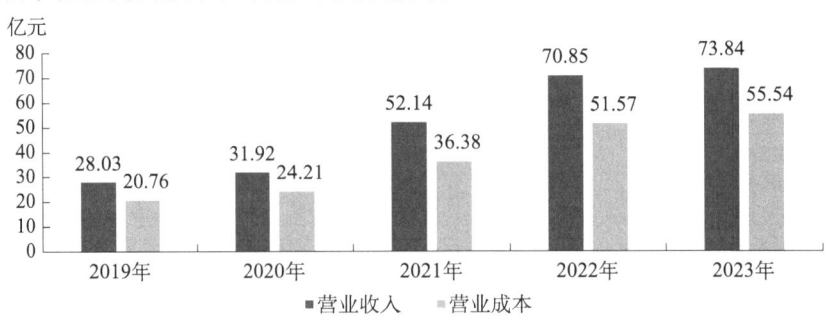

图8-1　2019—2023年泰格医药经营情况

资料来源：泰格医药公司年报。

表 8-3　2020—2022 年泰格医药主要会计数据和财务指标

	2022 年	2021 年	本年比上年增减	2020 年末
营业收入（元）	7 085 471 468.87	5 213 538 054.00	35.91%	3 192 278 504.71
归属于上市公司股东的净利润（元）	2 006 552 035.30	2 874 163 020.17	-30.19%	1 749 774 781.53
归属于上市公司股东的扣除非经常性损益的净利润（元）	1 539 519 788.35	1 231 520 119.19	25.01%	708 191 021.88
经营活动产生的现金流量净额（元）	1 357 500 892.41	1 423 796 250.17	-4.66%	998 675 096.55
基本每股收益（元/股）	2.32	3.31	-29.91%	2.20
稀释每股收益（元/股）	2.32	3.30	-29.70%	2.19
加权平均净资产收益率	10.72%	16.75%	-6.03%	18.68%
资产总额（元）	27 446 510 596.44	23 741 171 551.32	15.61%	19 506 057 719.48
归属于上市公司股东的净资产（元）	19 583 022 331.99	18 123 626 117.21	8.05%	16 118 568 008.27

资料来源：杭州泰格医药科技股份有限公司 2022 年度报告。

在产品方面，随着客户对远程智能临床试验解决方案等服务需求的持续增加，2023 年，泰格医药加大投入新兴业务拓展和技术创新以及生态圈建设，以满足客户对科学事务、早起药理学、药物警戒、真实世界研究等新兴服务以及一体化服务的需求。如图 8-2 所示，2023 年，泰格医药临床试验技术服务收入 41.68 亿元，2022 年为 41.25 亿元，同比增长 1.04%；2023 年临床试验相关服务及实验室服务收入 31.21 亿元，2022 年为 28.76 亿元，同比增长 8.51%。

整体来看，泰格医药的业务结构在过去五年中保持相对稳定，临床实验技术服务和临床试验相关服务及实验室服务是公司的主要收入来源，2023 的占比分别为 56.45% 和 42.27%；而其他业务服务虽然占比较小（2023 年占比为 1.29%），但呈现增长趋势。如图 8-2、图 8-3 所示。

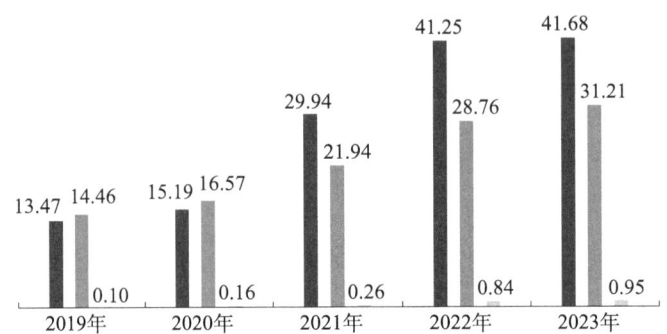

图 8-2　2019—2023 年泰格医药分产品收入情况

资料来源：泰格医药公司年报。

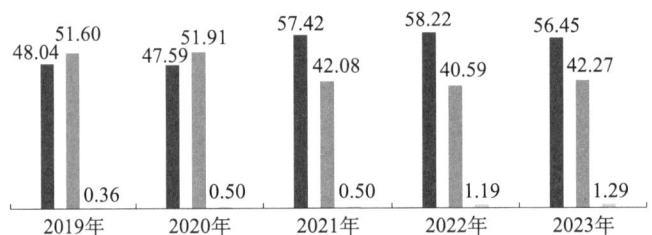

图 8-3　2019—2023 年泰格医药营业收入分产品占比情况

资料来源：泰格医药公司年报。

在地域方面，公司在 EMEA（欧洲/中东/非洲）地区进行中的临床试验项目 35 个（包括医疗器械临床和国际多中心临床）。员工及运营实体覆盖 EMEA 地区的 16 个国家。公司在东南亚和南美两个地区进行中的临床实验项目 31 个，包括 23 个国际多中心临床项目，涉及治疗领域包括肿瘤、疫苗、心血管、内分泌、感染等。2023 年，泰格医药公司境内主营业务收入 41.63 亿元，2022 年同期为 35.42 亿元，同比增长 17.51%。主要持续受益于公司在中国临床外包服务市场的领导地位，药物、医疗器械项目的临床试验运营的收入持续增加，同时现场管理和患者招募业务在 2023 年实现了较快的业务增长；数据管理和统计分析业务、科学事务、医学影像、真实世界研究和药物警戒等服务收入稳步增长。2023 年，泰格医药公司境外主营业务收入 31.27 亿元，2022 年同期为 34.59 亿元，同比下降 9.62%，下降的主要原因是由于公司开展的特定疫苗项目临床试验相关收入同比减少。

2023年，前五名客户合计销售收入7.16亿元，2022年同期前五名客户合计销售金额为15.41亿元，同比下降46.46%；前五名客户销售金额占年度销售总额的比例从2022年的21.75%显著下降至9.70%。这表明泰格医药的客户基础变得更加多元化，公司在拓展新的客户群体上有了显著成效。详见图8-4。

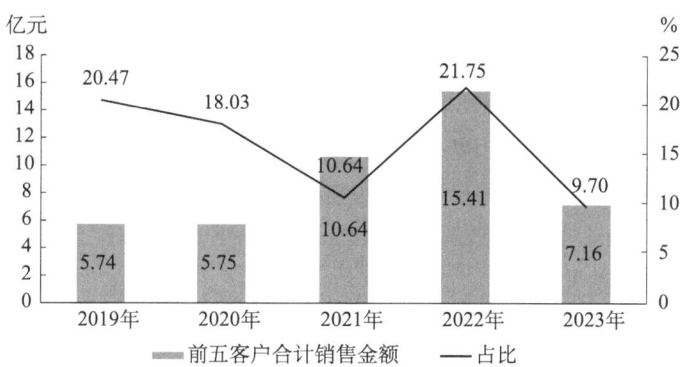

图8-4　2019—2023年泰格医药营业收入按客户计算的占比情况

资料来源：泰格医药公司年报。

（二）关于Marti Farm

1. 公司发展概况

Marti Farm是一家在临床合同研究组织（CRO）领域拥有广泛经验和专业技能的公司，为欧洲及全球客户为医疗保健、制药和食品行业提供药物警戒、临床运营、注册和医学事务等临床研发咨询服务和解决方案。公司成立于1998年。总部位于克罗地亚萨格勒布。

Marti Farm在药物研发和临床研究等医药领域提供一系列服务，包括药物警戒、临床运营、数据管理、统计分析、注册和医学事务等，其客户主要包括制药公司、医疗设备公司、生物技术公司和学术机构等。公司的目标是通过提供质量卓越的服务和专业的领导力，帮助客户开发、注册和推出新型药物和治疗方案，以促进人们的健康和福祉。

从早期开发到法规申报，Marti Farm恪守最高质量标准并始终以保护患者安全和健康为主旨，赋能客户高效、快速地推进研发进程。该公司的主要发展历程包括：2001年，Marti Farm成为美国FDA（Food and Drug Administration）注册的合格CRO，加强其在国际市场上的声誉；2004年，

Marti Farm 成为全球性生物技术公司 ICON 的战略合作伙伴，进一步扩大公司在药物研发服务领域的地位；2006 年，Marti Farm 在医学事务和临床质量管理领域实现重大突破，并为客户提供专业的咨询和培训服务，推动公司的业务快速发展；2010 年，Marti Farm 扩大其业务范围，成为欧洲药品管理局（EMA）认证的 CRO，进一步提升公司在欧洲市场上的竞争力；2015 年，Marti Farm 在人力资源管理和员工培训方面实现重要进展，推出一系列涵盖员工培训、发展计划和职业发展的活动和计划，为公司持续增长提供有力保障；2019 年，Marti Farm 设立中国公司，进一步扩大在亚洲市场的覆盖范围，并更好地服务于全球客户的需求。

- Marti Farm 已通过 ISO9001：2015 质量体系认证[①]；
- Marti Farm 被选为欧洲十大药物警戒咨询公司之一；
- Marti Farm Ltd 被美国期刊《Pharma Tech Outlook》评选为欧洲十大药物警戒咨询公司之一。

2. 公司主要业务

Marti Farm 为制药、生物技术、医疗器械、食品补充剂、化妆品和医疗保健行业提供各种核心服务领域的需求。公司通过简化从创意到产品注册的监管流程，实现一站式、全方位的高效服务。作为一家咨询和监管服务提供商，Marti Farm 服务范围涵盖药物警戒、注册和市场准入、临床试验、患者支持计划和医学写作。具体包括：安全监控（如药物警戒、临床试验中的药物警戒、警觉、化妆品警戒）、登记（如医药产品和医疗器械、化妆品、食品补充剂、RUT/PIL 和过渡报告）、eCTD 和服务、医学写作、医疗营销、医疗信息、病人支持计划、卫生经济学和市场准入（如何氏分析，定价、报销和市场准入）、临床试验、翻译、审计、推广、分发和销售（如营销与广告、营销材料的合规性）等。

三、投资合作情况

（一）投资合作优势

中国国内 CRO 市场增长很快，前景巨大。许多药厂都需要专业机构做新药的临床试验，一些跨国制药企业也需要专业机构在中国开展创新药

---

① 通过应用 ISO9001：2015 质量管理体系，组织可以证明其能够持续提供符合客户、法规和条例要求的产品和服务。通过确保符合这些要求，组织还可以提高客户满意度。

的临床试验，但国内缺乏专业性 CRO 机构。市场需要就是商机，泰格医药也是在此时应运而生。泰格公司是一家具有全球化视野和创新能力的医药企业，在国内外市场都有卓越表现。其专业团队和实力的构成，为泰格公司的国际拓展和药品研发提供有力保障。并计划通过团队扩张或并购整合，进行全球商务开拓，实现海外业务的增长以及临床运营的协同能力，在欧美以及新兴区域市场打造差异化竞争优势，加强当地临床试验运营的专业能力，逐步提升全球运营能力，助力客户走向全球，成为创新产品国际化的桥梁和纽带。公司的主要发展优势包括如下 4 个方面：

一是丰富的项目执行经验。作为行业领先的 CRO，泰格医药成立近 20 年来已积累了丰富的创新药物和医疗器械临床研发服务经验，全球客户累积超过 2 800 家，包括跨国药企和国内大型制药企业，中小型创新药研发企业等，产品覆盖化药、生物制品、疫苗、器械等各个类型，以及肿瘤、呼吸、感染、内分泌、血液、神经系统、心血管、皮肤、免疫、消化、代谢、罕见病等在内的绝大部分疾病领域。截至 2023 年末，泰格医药累计临床运营项目经验超过 3 500 个，包括 700 多项中国 1 类新药临床研究，120 多项国际多中心临床研究。

二是拥有全球同步运营和管理能力。泰格医药在世界各洲多个国家布局子公司并组建本地临床团队，拥有熟悉各国药政法规和临床实践的专业人员，并建立同步运营和协作机制，具备同步执行全球化项目的能力。同时，也通过收购海外 CRO 公司来扩大服务海外客户群体和出海客户的运营能力，加强全球化运营能力。截至 2023 年 12 月 31 日，泰格医药全球员工数量达到 9 701 人，覆盖全球 28 个国家。2023 年，泰格医药在中国香港成立国际总部，成为公司海外职能管理和业务拓展的中枢。

三是服务领域覆盖研发全产业链。对于 CRO 企业来说，一体化服务能够增加与客户合作的深度和广度，减少研发流程中的沟通和衔接成本，提升效率，提高合作的稳定性。目前，泰格医药已建立了药品和医疗器械两大一体化研发服务平台。泰格医药的药品研发一体化服务平台可提供药物发现、临床前开发、IND 申报、临床Ⅰ—Ⅲ期开发、上市注册、上市后及真实世界研究等在内的全流程、端到端服务。器械研发一体化服务平台可提供产品设计与研发、临床前、临床开发与评价、注册申报、上市后研究等贯穿器械研发全生命周期的研发服务。

四是与中国及全球研究机构的广泛合作网络。泰格医药在中国的办事处和运营网络超过150个,覆盖国内大部分大中型城市,与中国1 380余家临床试验机构开展合作。与美国45个州的超过500个临床研究中心开展合作。泰格医药还推出了E-site卓越中心战略,持续加强与优秀临床试验机构的合作,共同培养专业临床研究团队,共建临床中心,提升管理和访视效率,打造共赢和可持续的临床研究网络。截至2023年12月31日,泰格医药已与52家中心正式达成战略合作,在全国有224家重点合作中心。

综上所述,泰格医药是全球领先的医药研发服务企业,也是国内最早一批专注于临床试验服务的CRO公司。泰格医药从2004年成立至今,见证并参与了中国医药产业从仿制到跟随再到自主创新的全过程。随着医药研发外包市场需求的持续快速增长,泰格医药的服务能力不断增强,连续多年实现业务量的显著增长,成为全球CRO行业中发展最为迅猛的企业之一。经过近20年的发展,泰格医药从一家本土CRO走向亚太,再从亚太地区逐渐走向欧美,已成长为国内领先且业务范围能够覆盖全球5大洲,具备全球同步研发服务能力的国际性CRO公司。通过提供全面而综合的临床研究解决方案,泰格医药助力全球医药和医疗器械创新企业加速研发进程,确保研究项目高质量交付,推动医药产品市场化进程,其卓越的服务和专业能力赢得了业界的广泛认可。从2004年成立至2023年间,泰格医药累计为中国61%的已上市1类新药研发提供了服务。根据弗若斯特沙利文的报告,泰格医药连续多年在中国临床外包服务市场份额排名第一,也是唯一进入全球前十的中国临床外包服务提供商。

(二) 投资合作目的

一是减免税费。跨国投资可以通过国际合作获得更优惠的税收优惠,从而降低企业的税负,提高企业的盈利能力。同时,也可以通过合理的财务策划避免重复缴纳税费、减少税收支出和利润损失。中国应与克罗地亚加强在造船、医药等产业的合作,把克罗地亚先进的技术引进到中国,把中国先进的技术输出到克罗地亚,不断提高中国与克罗地亚两国产业融合发展的质量与水平。

二是拓展全球业务。收购Marti Farm后,泰格医药可以进一步拓展其在全球临床研究服务领域的业务。Marti Farm在欧洲和全球范围内都拥有广泛的客户群体和业务渠道，泰格医药能够通过收购的方式快速进入并占领这些市场。

三是提高研发能力。泰格医药通过收购 Marti Farm，可以提高其在药物研发和临床研究领域的专业能力和竞争力。Marti Farm 在临床研究方面拥有 20 年以上丰富的经验和专业技能，这对提升泰格医药在药物研发和临床研究方面的效率和质量有很大帮助。

四是强化市场地位。Marti Farm 作为欧洲知名的 CRO 公司之一，其品牌和市场影响力在欧洲和全球范围内都比较大。泰格医药通过收购 Marti Farm，可以进一步强化其在全球临床研究服务市场的地位，提高品牌认知度和市场份额。

五是提高效率和质量。Marti Farm 在临床研究方面拥有专业的技术和流程，能够提供更高效、更高质的临床研究服务。泰格医药可以借助 Marti Farm 的技术和流程，进一步优化其研发流程，提高研发效率和质量。

收购 Marti Farm 对泰格医药来说是一个非常有价值的投资，可以帮助泰格医药进一步扩大业务范围和提高市场竞争力，在全球临床研究服务市场中获得更大的机会和优势。

（三）投资合作模式

泰格医药收购 Marti Farm 是一种并购投资模式。并购是指通过购买或吞并目标公司的股份，实现企业的兼并或合并。泰格医药通过收购 Marti Farm 的股份，获得其所有权并控制其经营管理权，以加强泰格医药在欧洲的市场布局和产品渠道的拓展。并购是一种重要的投资策略，可以通过整合行业资源、优化企业结构等方式提升企业的竞争力和盈利能力，同时带来一定的风险和挑战，需要进行充分的尽职调查和风险评估。而资本密集、生产高效和大 企业则更倾向于选择合资或并购方式。这种选择是双向的，在东道国的资源禀赋外，企业本身的优势特征以及其与前者的匹配会影响企业对外投资方式的选择。详见表 8 – 4。

表 8 – 4　　　　　　　　合并成本及商誉　　　　　　　　单位：元

合并成本	Marti Farm
—现金	42 992 220.10
—非现金资产的公允价值	

续表

合并成本	Marti Farm
—发行或承担的债务的公允价值	
—发行的权益性证券的公允价值	
—或有对价的公允价值	
—购买日之前持有的股权于购买日的公允价值	
—其他	
合并成本合计	42 992 220.10
减：取得的可辨认净资产公允价值份额	15 761 150.87
商誉/合并成本小于取得的可辨认净资产公允价值份额的金额	27 231 069.23

资料来源：杭州泰格医药科技股份有限公司2023年半年度报告。

四、投资合作风险

（一）合规风险

建设合规运营是企业稳健发展的基石。医药行业涉及到众多的法规法律，包括药品注册、生产、销售等方面的监管规定，且不同地区或国家的法律法规和标准可能存在不同，如果不遵循合规要求，就可能面临罚款、行政处罚或业务暂停等问题。由于医药行业法律政策复杂、专业性强的特性，建立完善的临床研究合规管理体系是铸造医药行业长期竞争力、实现行稳致远的重要保障。

新药研发是政策高度监管和持续激励的领域之一，为了更有效地监管和引导新药研发，药监部门持续制定和发布规范性文件和技术指导原则。为及时跟进最新政策变化，促进合规发展，应基于国内外药政法规的变化，持续迭代内部管理制度。

（二）专利侵权风险

医药行业的研发和创新涉及大量的专利权利问题，如果投资者未能获得许可或未能正确评估专利或专利侵权风险，就可能面临侵权诉讼或财务损失的风险。公司需注重知识产权，在保证不侵犯申办方知识产权的同时，亦重视对自身知识产权的保护、积累与管理。根据双方国家的相关法律法规，明确公司知识产权类型、科研管理人员职责等，以制度规范保障自身无形资产。

（三）临床试验风险

临床试验是医药行业新药研发中不可或缺的环节，在试验过程中可能出现各种安全问题、不良反应和效果不佳情况，如果试验数据不真实或未能获得必要的许可或批准，就可能涉嫌造假、欺诈或违法。此外，还涉及临床试验伦理，企业须严格遵守《药物临床试验质量管理规范》《医疗器械临床试验质量管理规范》《中华人民共和国个人信息保护法》等相关法律法规，按照伦理委员会要求，确保受试者权益和安全得到保护。

（四）用工法律风险

这一风险主要体现在解决劳工纠纷时法律成本高昂。由于教育水平、文化风俗、生活习惯等方面的差异，员工、工会组织与企业之间在薪酬待遇、工作强度、工作胜任度等方面容易产生纠纷，甚至可能引发罢工。解决这些纠纷时，诉诸法律的成本往往较高，因此自行商议解决成为主流。这就要求企业在进入东道国市场时，必须深入解当地的法律规定，不仅要尊重和维护当地员工的合法权益，承担相应的社会责任，还要积极争取自身的利益。企业需通过合规的用工策略，建立和谐的劳动关系，以确保投资的顺利进行和企业的长远发展。

五、投资合作政策需求

CRO企业服务于药物研发的整个阶段，负责药物开发过程所涉及的全部或部分活动，其基本目的在于协助制药企业进行科学或医学研究，主要提供的服务包括新药发现、安全性评价研究服务、药代动力学、药理毒理学等临床前研究及临床数据管理、新药注册申请等。是直接关系到人民生命健康的战略性行业，需要强有力的政策保障和监管、财政、税收等各方面的支持。

给予财政政策支持，提高企业的积极性，鼓励信息技术、装备自动化及生物医药等企业联合创新，促进国内现有的优势企业和产业集群自主创新和质量管理升级。鼓励数字化服务供应商与生物医药企业深度合作，打通双方之间的数据链，拓展、深耕生物药品、医疗器械的研发领域，不断提高生物医药企业在研发设计、生产制造、运营管理、供应链管理等各方面数字化程度，提升生物医药企业的研发能力和创新水平。

继续完善监管制度，督促 CRO 企业按照政策要求提升行业规范化发展水平，从而为企业提供良好发展环境。通过政府的有效监管，确保公司研发过程中的 CRO 数据合规、受试者知情同意、药物临床试验记录与规范、数据溯源性保障等会问题，做到在国际领域，国际人用药品注册技术协调会（ICH）在 ICH GCP E6（R2）项下阐述了数据完整性（Data Integrity）的四大要素，国际标准所要求的全面性（Complete）、一致性（Consistent）、准确性（Accurate）和可信赖性（Trustworthy）。

加强文化交流可以帮助不同企业之间建立友好合作关系，增加理解和信任，进一步提高合作创新效益。医药企业的文化交流有助于提高企业的核心技术研发和创新能力，拓展业务范围和市场渠道，促进行业的持续发展。并且，通过借助文化交流，积极促进和加强中外高校合作和高技能人才基地建设，通过生物医药数字化产教融合模式，培养一批既懂 BT（生物医药技术）又懂 DT（数字化技术）的生物医药数字化转型复合型、创新型人才。

第二节
浙江吉利控股集团与克罗地亚 RiMac Automobili 成立合资公司

一、投资规模

2018 年，浙江吉利控股集团与 RiMac Automobili 在中国浙江省宁波市成立了名为"G-production"的合资公司，致力于研发和生产高性能电动汽车和电动车部件。宁波公司是该合资公司的主要研发和生产基地之一，公司的研发中心、生产车间和测试设施等都设在宁波。

根据合资协议，双方将共同投资 2 000 万欧元。其中，浙江吉利控股集团在合资公司中拥有 80% 的股权，RiMac Automobili 持有 20% 的股权。此外，双方还签署战略合作框架协议，展开在电动汽车领域方面的深入合作，包括在电动车底盘、电池系统、电机驱动系统、电子控制系统等领域进行技术研发和产业升级合作。该合作旨在推动两家公司技术的互补,并共同开拓全球高端电动汽车市场。根据合资公司的计划,在宁波公司投入使用的设施包括电动超级跑车的轮毂、挡泥板、前后车轮盘制造线、电机测试区等。宁波公司还设有先进的生产工艺和生产线,并引进高精度的生产设备,公司的生产能力和生产工艺都达到国际先进水平。

与浙江吉利集团合作是 RiMac Automobili 首次与中国汽车制造商的战略合作,也是中国汽车制造商跨界合作发展高端电动汽车市场的重要举措。

该合资公司的成立标志着浙江吉利集团进军高端电动汽车市场的新举措。随着全球汽车市场的竞争越来越激烈,浙江吉利集团通过与克罗地亚知名高端电动汽车制造商的合作,有望拓展其在国际市场的业务,并为中国汽车制造业升级换代注入新的活力。

二、主体简介

(一)关于浙江吉利控股集团

浙江吉利控股集团(简称"吉利控股集团")始建于1986年,1997年进入汽车行业,一直专注实业,专注技术创新和人才培养,不断打基础练内功,坚定不移地推动企业健康可持续发展。现资产总值约3 300亿元,员工总数超过12万人,连续七年进入全国企业500强。2018年,吉利控股集团旗下各品牌车型累计销量超215万辆,同比增长18.3%,四年销量翻番,实现跨越式发展。详见表8-5。

- 2022年2月,获选十大"国品之光"品牌。
- 2023年1月,入选2022年·胡润中国500强。
- 2023年12月,获选十大"中国ESG榜样"企业。
- 2024年7月,《财富》发布2024年中国企业500强榜单,浙江吉利控股集团有限公以70 356.8百万美元营业收入列榜单第54位。

表8-5　吉利集团5个财年业绩及资产与负债概要　　　单位:千元人民币

项目	2023年	2022年	2021年	2020年	2019年
收益	179 203 592	147 964 647	101 611 056	92 113 878	97 401 248
税前溢利	4 949 942	4 681 941	4 665 175	6 440 978	9 636 268
税项	(14 924)	(32 278)	(312 167)	(866 348)	(1 374 910)
本年度溢利	4 935 018	4 649 663	4 353 008	5 574 630	8 261 358

续表

项目	2023 年	2022 年	2021 年	2020 年	2019 年
归属：					
本公司股权持有人	5 308 408	5 260 353	4 847 448	5 533 790	8 189 638
非控股股东权益	(373 390)	(610 690)	(494 440)	40 840	71 720
资产与负债	4 935 018	4 649 663	4 353 008	5 574 630	8 261 358
总资产	192 597 681	157 826 329	134 341 404	110 815 729	107 927 578
总负债	(107 446 183)	(81 630 514)	(64 120 432)	(46 602 463)	(53 003 112)
权益总额	85 151 498	76 195 815	70 220 972	64 213 266	54 924 466
为：					
归属本公司股权持有人权益	80 508 824	75 130 455	68 606 146	63 631 114	54 435 626
非控股股东权益	4 642 674	1 065 360	1 614 826	582 152	488 840
	85 151 498	76 195 815	70 220 972	64 213 266	54 924 466

资料来源：吉利汽车控股有限公司 2023 年年报。

吉利集团已成为中国第一家拥有自主品牌、具备全球化竞争力、以及进军欧洲市场的汽车制造商。吉利控股集团旗下拥有吉利汽车、领克汽车、几何汽车、极氪汽车、沃尔沃汽车、Polestar、宝腾汽车、路特斯汽车、伦敦电动汽车、远程新能源商用车、太力飞行汽车、曹操专车、荷马、盛宝银行、铭泰等众多国际知名品牌。吉利在全球建有吉利汽车（杭州湾研究总院）、吉利杭州研发中心、吉利汽车欧洲研发中心（CEVT）、吉利英国考文垂研发中心、吉利德国研发中心这五大工程研发中心，共有研发设计人员 2 万多人，拥有大量发明创新专利，全部产品拥有完整知识产权。此外，吉利在全球拥有五大设计造型中心和 2 万名研发设计人员，不断向世界输出一流设计作品。详见表 8-6。

表 8-6 五大设计造型中心

造型中心	位置及其作用
上海造型中心	坐落于全球最具活力和激情的大都市上海中心腹地，是吉利全球五个造型设计中心的枢纽，承载着搭建吉利未来设计体系，构建最新吉利设计语言，拓展吉利全球化设计的重任。
瑞典哥德堡造型中心	坐落于哥德堡林德霍尔姆科技中心，集聚众多国际设计优秀人才。领克品牌正是诞生于此。

续表

造型中心	位置及其作用
英国考文垂造型中心	吉利最新的设计造型中心,坐落在英国汽车工业的中心——中部地区考文垂。英国造型中心充分尊重路特斯品牌的美学传统,同时通过拓展全新产品矩阵,逐步复兴路特斯品牌,其全新的设计理念也将辐射到吉利其他品牌造型设计。
美国加州造型中心	坐落于有北美汽车创新创意中心之称的加州大洛杉矶地区,毗邻世界著名的艺术中心设计学院,与加州独特的多文化环境完美融合,为吉利汽车的其他造型体系提供最新、最前沿、最潮流的设计理念。
西班牙巴塞罗那造型中心	位于国际公认的艺术和设计之都——巴塞罗那市中心。来自7个国家的优秀设计师从南欧大陆的多元文化、艺术、建筑和都市潮流中汲取灵感,为吉利全球设计团队提供前瞻创新思维。

(二) 关于 RiMac Automobili

RiMac Automobili(瑞马克汽车)是一家克罗地亚的高性能电动汽车制造商,成立于2009年,总部设于克罗地亚圣内德利亚,以手工打造高端电动超级跑车而闻名,主力研制超级电动跑车,亦为其他品牌制造动能回收系统及电池等零件。2021年,该公司与大众集团的保时捷组成联营,共同经营大众旗下的布加迪品牌,新公司名为"布加迪-瑞马克"(Bugatti-Rimac)。克罗地亚新锐电动汽车生产商 Rimac,2023年4月18日,以150亿元人民币的企业估值入选《2023·胡润全球独角兽榜》,排第466名。

该公司在九年前进军汽车行业,开始着手开发电动超级跑车,并在2018年推出其首款生产车型 Concept One[①],其他车型还有 Concept S、Concept Two[②]、Nevera[③]。除超级跑车之外,公司还进行零部件制造,为阿斯顿·马丁的新款跑车 Valkyrie 生产电池系统;为柯尼赛格(特别是 Re-

---

① Concept One(概念一号)被称为世界上第一款电动超级跑车,它拥有4个电动马达、最大输出功率达到1 224马力、最高时速超过350公里/小时,并且可以一次充电行驶达到400多公里的距离。该车是一款全电动的高性能跑车,其配置和性能都堪比传统的燃油动力超级跑车。

② 采用许多先进的技术,如全电机矢量控制、动态车身控制和高级的人机界面等。

③ Nevera 是一款完全客制化的超级跑车,其速度的关键在于其先进的电池系统、动力系统和软体,全部由 Rimac 集团内部开发。前后动力总成均由两个单独的摩打组成,分别为每个车轮提供动力。在后部,1MW 双逆变器可实现每个摩打 900Nm 和 450kW,而完全客制化的前动力总成旨在提供最佳的动力和控制。所有系统均由内部开发的电子控制单元组成的复杂网路进行监控,并与基于 NVIDIA Pegasus 的超级电脑结合使用来计算每秒向四个动力总成系统发送 100 次输出。

gera)、捷豹 E-type Zero 概念车和 SEAT Cupra e-Racer 概念车生产电池系统。2018 年，它与宾尼法利纳汽车建立了技术合作伙伴关系，后者的第一款跑车 Battista 据说与 Nevera 基于相同的架构并使用相同的动力系统。RiMac Automobili 还与其他汽车制造商合作，将其电动汽车技术和电动系统应用于其他车型的开发中。该公司已与一些知名的豪华汽车制造商合作，如阿斯顿·马丁、保时捷和克莱斯勒。该公司与保时捷合作开发 Taycan 机型的电动系统，并成功将其应用于保时捷的生产车辆中。这些合作关系使得 RiMac Automobili 的电动汽车技术在其他汽车制造商中得到广泛应用。

RiMac Automobili 公司的优势之一是其技术优势，该公司的创始人 Mata Rimac 是一名年轻的工程师，他曾在年轻时就推出过一款改装后的电动汽车，并为此获得许多媒体的报道。RiMac Automobili 的团队成员大多来自科技和汽车行业，并且都具有丰富的经验和专业知识。

总体而言，RiMac Automobili 是在电动汽车领域具有创新和技术优势的厂商，作为一家兼具颠覆性和创新性的汽车制造商，其将电动汽车推向新的高度，并在电动汽车领域展现出强大的实力和潜力。公司自主研发的电动汽车产品已经获得一定的市场认可，并与其他汽车制造商建立合作关系。

自成立以来，RiMac 品牌已从一个人的梦想发展成为拥有超过 2 200 名员工的集团，在欧洲四个国家设有分支机构。该公司深耕于"一切皆电"的概念，致力于为消费者提供可靠的电力解决方案，并在性能、设计和技术方面不断突破创新。如今，RiMac 集团合并了全球终极超级跑车品牌成为 Bugatti Rimac、电车技术供应商 imac Technology 和负责能源研发的 Rimac Energy。

公司具有与中国合作的深厚基础，曾在 2017 年 9 月的一轮投资中，中国电池生产商骆驼股份向 Rimac 投资 3 000 万欧元，其他投资者包括哥伦比亚企业家弗兰克·卡奈特·耶普斯（Frank Kanayet Yepes）、中国香港商人任志刚和中国动力控股有限公司（China Dynamics Holdings Ltd.）。

三、投资合作情况

（一）投资合作优势

作为规模较大的民营企业，吉利集团间距灵活的机制和强大的市场影响力，相对于国有企业，管理机制更加灵活，决策与实施更快速，经营模式更加多样化。经营灵活自主，更容易实现业务上的多样化和创新，生产和销售方式也更加灵活多变，管理方式更加弹性。同时，吉利集团规模较大，具备更广泛的市场渗透力和更高的品牌知名度，可以更好地吸引和维持客户群体。

近几年，新能源汽车产业快速崛起，颠覆整个汽车产业格局。一些原本"并不出挑"的城市，站在风口，抓住机遇，成为新赛道新领域的胜利者和领先者。浙江省近年来进行产业变革和优化，已在新能源汽车领域具备相当充足的经验，浙江省新能源汽车企业积极参与"17+1"合作项目，加强与中东欧国家的经济合作和技术交流，推动新能源汽车技术研发和产业化。浙江省的新能源汽车产业已经形成完整的生态系统，具有一些明显的优势和发展特点：

一是先进的技术积累。浙江省拥有众多的新能源汽车企业和科研机构，经过多年的发展已经形成比较完善的技术创新能力，具备强大的技术积累和创新能力。比如，杭州吉利汽车在电动汽车领域拥有多项核心技术储备，已经形成全面的电动汽车产品布局。

二是成熟的产业链体系。浙江省作为国内新能源汽车产业的重要地区，具有完整的新能源汽车产业链体系，包括动力电池、电动驱动系统、充电设备、汽车整车生产装备等多个领域的产业链，形成集群效应和竞争优势。

三是稳定的政策支持。浙江省政府一直非常重视新能源汽车产业的发展，出台一系列有力的政策支持措施，如财政补贴、车购税减免、用车政策制定等，鼓励企业加大新能源汽车的研发和生产，推动产业发展。参与"十四五"规划：浙江省积极参与国家"十四五"规划的编制工作，建立省级规划协商会，与各级政府、企业和专家密切合作，推动新能源汽车产业在规划中的充分发挥。

四是先进的市场环境。浙江省的汽车消费市场始终保持着活力和创新性，消费者对于环保、健康和品质的要求提高，为经销商和制造商创造出更大的市场空间。同时，浙江省积极推进城市绿色发展，鼓励推广使用新能源汽车，为其发展创造宽广的市场环境。吉利集团为落实全球化战略，已在全球范围内建立自己的供应链网络，选择更好的材料和更优秀的合作伙伴，与捷克、斯洛伐克、塞尔维亚等中东欧国家都有投资合作的项目和生产体系。这也标志着吉利集团正在进军电动汽车高端市场领域。

同时，与吉利集团合作的克罗地亚 RiMac Automobili 公司同样是电动汽车领域的领跑者。正如上文所述，RiMac Automobili 公司专攻新能源汽车，并设有许多研发和设计中心，比如说新能源跑车的开发，RiMac Automobili 具有在新能源领域的精细化生产技术和创新经验，这是作为综合汽车生产的吉利集团所不具备的。并且 RiMac Automobili 公司有过与国际知名汽车品牌的合作先例，如保时捷等，有助于吉利集团减少合作风险，并且更快的打通国际化通道。

（二）投资合作目的

1. 实现技术上的互通有无

合作的目的是结合两家公司的技术和资源，创造出卓越的电动汽车，从而在全球性的市场竞争中取得领先地位。中国成为制造大国，是以较为低端的制造业嵌入全球经济市场及产业链，而现在大环境的变革逐渐将其剥离出来，产业技术的变革具有相当大的必要性，浙江省企业和政府以干在实处永无止境，走在前列要谋新篇为导向，作为中国汽车制造业的领军企业之一的吉利集团，其规模和业务范围广泛，已经拥有相当的生产能力和市场份额。而 RiMac Automobili 则是一家兼具创新和技术优势的电动超级跑车制造商，其在电动技术和汽车性能领域取得令人瞩目的成就。浙江省企业在"一带一路"共建国家输出新能源汽车相关技术和设备，推动当地新能源汽车产业的发展。吉利集团等浙江省企业与"一带一路"共建国家进行技术交流与合作，为当地提供车辆智能化、电池技术等领域的技术支持。杭州吉利联合瑞典沃尔沃汽车公司，成为全球第 10 大汽车生产商，共同推进新能源汽车的研发和生产。新能源汽车技术上的创新，如启动速度，时速，持续里程等硬性条件的优化提高产品性能和质量，从而增加产品附加值，增强市场竞争力。

2. 拓展全球业务，为企业国际化积累经验

党的二十大报告中明确提出，要加快构建以国内大循环为主体、国内国际双循环相互促进的新发展格局。以国内大循环吸引全球资源要素，增强国内国际两个市场两种资源联动效应，提升贸易投资合作质量和水平。从企业微观层面看，依托外资参股提升企业国际化程度，是实现国际国内

双循环相互促进的有效途径和典型表现。两家公司之间的合作不仅是为推进电动汽车的技术和性能，也是为探索全球化市场，荟萃全球资源，积极拓展市场。同时，该合资公司计划将在未来几年内推出多款电动汽车，进一步拓宽其产品组合。总之，此次合作对于吉利和Rimac来说都是一个重要的机遇，有望为全球的电动汽车市场注入新的活力，并为两家公司带来更大的增长机会。

吉利集团通过优化产品结构，提高利润，增加高端产品、加入高附加值配件（如电池系统、电驱动系统、充电设备、车身结构、智能驾驶系统）与Rimac公司的投资合作可以以克罗地亚为跳板，辐射整个中东欧乃至欧洲市场，及时获取市场动态，掌握市场信息，丰富拓展渠道资源，增加销售数量和利润，提高毛利率。例如，与经销商展开战略合作、拓展电商渠道等。通过加强品牌营销，提高品牌知名度和美誉度，提高产品溢价能力，从而带动销售增长，提高毛利率。

3. 投资合作模式

此次合作模式为中外合资办厂，这是一种深度融合的跨国投资方式，它汇集国内外资本的力量，共同开拓市场，实现互利共赢。在这种模式下，一家企业的成立通常是由国内的一个或多个投资方与国外的一个或多个投资方共同出资，共同设立并运营。

中外合资企业不仅汇聚双方的资本，更重要的是，它融合不同国家的经营理念、管理方式和市场资源。国内投资方通常拥有本土市场的深入解和丰富的资源网络，而外国投资方则可能带来先进的技术、管理经验和国际市场的拓展能力。这种互补性的结合，使得中外合资企业在市场竞争中更具优势。在外商投资企业中，中外合资是其中一种重要的形式，它与外商独资和合作经营共同构成外商投资企业的三大类别。相较于外商独资和合作经营，中外合资更注重双方的平等合作和共同决策，这种模式能够更好地促进双方文化的交流和融合，同时也降低单一投资方可能带来的风险。

随着全球化进程的加速和国际贸易的不断发展，中外合资办厂这种投资合作模式越来越受到国内外企业的青睐。它不仅为国内外企业提供更广阔的市场和更多的机遇，也为促进国际经济合作和贸易往来发挥重要作用。

四、投资合作风险

（一）技术风险

中国和克罗地亚合资的新能源汽车领域面临许多技术风险：

1. 电池技术风险

电池是新能源汽车的核心部件，制造工艺复杂，成本高。克罗地亚公司可能缺乏电池制造经验和技术，同时还需要关注电池遭遇过度充电、过度放电、高温、低温等问题，耗损过快或出现安全隐患。

2. 供应链风险

新能源汽车的生产需要依赖各种零部件、材料和设备，供应链的不稳定和供应风险可能会影响产品的生产和质量。汽车行业的复杂供应链可能会受到各种风险的影响，如原材料短缺、供应商倒闭、物流问题等。此外，生产线的故障和生产延迟也可能会导致损失。

3. 充电技术风险

新能源汽车需要大量的充电设施，而充电技术的不成熟和不充足，可能会影响汽车在克罗地亚乃至欧洲市场的推广和普及。

4. 主动安全技术风险

随着新辅助技术的不断发展和完善，主动安全系统日益成为新能源汽车发展的关键。但是主动安全技术的不成熟和误判率高低等问题也会引起安全隐患。

5. 电池回收和再利用技术风险

电池回收和再利用的技术需要依赖高度专业的设备和技术，如果运作不当，可能会对环境造成严重污染和废弃物处理成本过高等问题。

6. 数据隐私风险

新能源汽车具有高度的智能化特征，涉及有大量的用户或车辆数据。如果这些数据被不良分子盗用或泄露，将会对用户隐私和数据安全产生影响。

克罗地亚作为新能源汽车市场的初创之地，需要面对的风险和挑战不少。中国和克罗地亚合资的企业需要密切注意以上风险，并通过技术研究、规范制定、安全管理等手段进行全面的风险管理。

（二）文化风险

克罗地亚与浙江省之间的投资合作不仅面临经济和技术上的挑战，还需要特别注意文化风险。这些文化风险可能源自两国在历史、价值观、商业习惯、法律法规等方面的差异。这些风险可能源于两国在多个方面的文化差异，包括但不限于以下几个方面：

1. 价值观差异

克罗地亚和浙江省在文化、社会价值观方面存在显著差异。例如，克罗地亚人可能更注重家庭、传统和社区关系，而浙江省的商业文化则更加注重效率、创新和个人奋斗。这种差异可能导致在商业决策、项目执行和团队合作中出现沟通障碍和误解。

2. 商业习惯差异

克罗地亚和浙江省在商业习惯上也存在很大差异。克罗地亚的商业环境可能更加保守和传统，而浙江省则更加开放和灵活。这种差异可能导致在商务谈判、合同签署和项目管理等方面出现不同的期望和做法。如果双方不能充分理解和尊重对方的商业习惯，可能会导致合作中出现摩擦和冲突。

3. 法律法规差异

克罗地亚和浙江省在法律法规方面也存在差异。不同的法律体系、法律解释和执行方式可能导致在投资合作中出现法律风险和纠纷。因此，在投资前，双方需要充分解对方的法律法规，并确保自己的投资行为符合当地的法律规定。

4. 语言沟通障碍

尽管克罗地亚和浙江省在商业合作中可能会使用英语作为共同语言，但语言沟通障碍仍然是一个潜在的风险。语言差异可能导致在信息传递、理解和执行过程中出现误解和偏差。因此，双方需要确保在合作过程中有适当的语言支持和翻译服务。

为降低文化风险，投资者需要在投资前进行充分的市场调研和风险评估，了解克罗地亚的文化、商业环境和法律法规。同时，双方需要加强沟通和理解，尊重对方的文化和商业习惯，寻求共同的合作方式和解决方案。通过建立良好的合作关系和信任机制，可以最大限度地降低文化风险，实现投资合作的成功。

五、投资合作政策需求

（一）完善知识产权保障体系

新能源汽车以其节能环保、低碳减排等优势，开始逐渐替代传统燃油汽车成为未来的发展趋势。新能源汽车领域着重技术突破和布局，专利的申请保证必要性十足。在技术方面，新能源汽车强调智能化和信息化，需要应用包括电池技术、车联网技术、自动驾驶技术、充电技术等核心技术。双边政府必须落实相关专利申请，保护知识产权，使得企业的研发成果得到基础保障。近年来，在新能源领域，全球各个国家和地区的企业和研究机构都在积极申请相关的专利。因此，政府有必要加大新能源汽车领域知识产权保护力度，完善新能源汽车领域知识产权的协同保护和海外知识产权纠纷应对指导制度。

根据数据统计，截至2021年，全球新能源车领域的专利数量已经达到62.6万份，中国是新能源汽车领域专利申请数量最多的国家之一。

（二）强化跨国投资税制

税收是企业生产经营所面临的重要成本之一，"一带一路"背景下的跨国协作对中国的税制改革提出新的要求：一方面，我们需要继续扎实推进减税降费工作，避免重复征税并降低遵从成本；另一方面，我们也要强化与沿线国家的税制协调，创造良好的跨国税收环境。双边税收协定能够有效降低企业税负，因此，中国企业更愿意对已经与中国签订双边税收协定的东道国进行投资。

政府应当制定相关税收政策：政府可以制定有关税收方面的政策和法规，包括鼓励跨国投资的税收优惠政策，促进企业的协同发展；简化税收程序：政府可以简化跨国投资的税收程序，提高处理效率，为投资方提供方便；加强信息共享：政府可以加强与其他国家的信息共享，合理利用信息资源，更好地审核跨国投资的税收事项；消除国际双重征税：政府可以与其他国家签署双重征税避免协议，防止资金重复征税，降低跨国投资成本；建立税收稳定性机制：政府可以加强税收政策的可持续性和稳定性，对跨国投资方提供税收稳定政策，降低投资风险。

强化跨国投资税制有助于提高企业的协同效应，加速新能源汽车技术的创新和普及。针对新能源汽车领域的跨国投资，各国政府应制定合适的政策，为企业提供良好的投资环境，推动新能源汽车产业可持续发展。

第三节
浙江泰地控股集团成为克罗地亚巴德尔酒庄最大股东

一、投资规模

正如前文所述，克罗地亚坐落于地中海美丽的水域——亚德里亚海，素有"千岛之国""地中海的明珠"等美誉，这个美丽的国度不仅拥有奇特而丰富的自然景观与人文遗产，还拥有悠久的葡萄种植及葡萄酒酿造历史，有着得天独厚的葡萄种植地理位置——北纬45°（和法国波尔多同纬度、与意大利隔海相望），温和的海洋性气候和充足的日照使克罗地亚葡萄品质优良，种类繁多，盛产 Dingac、Postup、Teran、Plavac Mali 等优质酿酒葡萄。

2012年1月11日，在萨格勒布，浙江泰地集团与克罗地亚 Badel 1862（巴德尔1862）酒业公司就共同投资成立合资酒业贸易公司达成协议，张朱奔副董事长和奥雷布董事长分别代表双方企业签约。该巴德尔泰地酒业贸易公司将设在浙江省，主要经销来自克罗地亚的优质葡萄酒及其他酒类饮品。

巴德尔泰地酒业有限公司是中国泰地集团和克罗地亚巴德尔1862股份有限公司强强联手创立的首个中克合资公司，是世界红酒的知名品牌—巴德尔1862葡萄酒公司在华的独家代理商，致力于打造中国进口酒行业的畅销品牌，将具性价比的优质葡萄酒与烈酒带给消费者。

二、主体简介

（一）泰地控股集团

泰地控股集团有限公司成立于2005年11月，是一家从事石油能源、房地产开发、国际贸易、投资等多元化业务领域的综合性民营集团公司，注册资本为1亿元人民币。集团下辖泰地房地产集团、泰地石化集团、浙江温州新世纪集团、泰地物业集团四大集团，成员企业近30家。2013—2023年，集团连续十一年荣登"中国民营企业500强"。例如，位列

"2019年中国民营企业500强"第419名、"2020年中国民营企业500强"第372名、"2021年中国民营企业500强"第415位、"2022中国民营企业500强"第423位、"2023中国民营企业500强"第367位。据2021年公布的财报，公司总资产达到2700亿元人民币，年销售额超过1000亿元人民币，营业收入293.97亿元人民币。2023年，营收收入为337.16亿元人民币。

泰地控股集团秉承"创造人居美学"的理念，致力于为客户创造最优质的生活体验和服务，主要业务包括房地产开发、物业管理、商业运营、酒店经营和文化旅游等方面。公司在国内外拥有多个子公司和分支机构，在综合性商业地产、高端住宅、全球豪宅和星级酒店等多个领域有所涉及；在国际集市场方面也有着积极的探索和布局，如在美国洛杉矶、新加坡、肯尼亚等地均开展房地产和酒店等项目。此外，集团还有信息科技和国际贸易产业，经过多年的发展，也形成相当的规模，取得较显著的经济效益和社会效益。

（二）巴德尔酒庄

巴德尔酒庄（又名 Badel 1862）是克罗地亚历史悠久的葡萄酒、烈酒和酒精饮料生产商，是拿破仑三世时期法国宫庭贡酒的供应商，继承于著名的四家公司——Pokorny、Patria、Arko 和 Badel Vinoprodukt，并发展成为克罗地亚葡萄酒行业的支柱企业。以生产高品质的葡萄酒和烈酒而闻名，年产量占克罗地亚的烈酒市场的 50% 和葡萄酒出口总量的 70%。公司成立于 1862 年，总部位于克罗地亚首都萨格勒布，分公司遍布波黑、塞尔维亚、马其顿等国家。Badel 1862 拥有多个葡萄酒品牌，包括 Plavac、Kutjevo、Korlat、Iločki Podrumi、Osječko、Sundara 和坎波·弗拉门科等。同时还生产威士忌、白兰地、利口酒和火酒等烈酒。

Badel 1862 致力于保持质量和口感的高标准，在葡萄种植、酿造、陈酿和瓶装等各个环节都采用现代技术和设备，同时也尊重传统和手工工艺。Badel 1862 作为克罗地亚重量级的酒庄，其产品深受国际市场消费者的欢迎。该公司的产品曾多次在国际性的比赛中获奖，并被评为世界上最好的葡萄酒之一。Badel 1862 旗下品牌屡次荣获国际大奖，如：2007 德国国际葡萄酒大奖赛金奖、2007 法国品醇客世界葡萄酒大奖赛银奖等奖项、2011 布鲁塞尔国际评酒协会金奖、2011 法国国际烈酒银奖、2011 伦敦国际葡萄酒挑战赛铜奖,部分酒品更是得到著名酒评家罗伯特·帕克的推荐。

除酿酒业务,Badel 1862 还参与许多其他业务领域,如餐饮服务、酒店管理、旅游和零售业。公司的使命是通过生产高品质的饮品和服务,展现克罗地亚的美丽和文化。

三、投资合作情况

(一) 投资合作优势

克罗地亚是世界上最知名的五大葡萄生产产地,Badel 1862 是克罗地亚最大、历史最悠久的葡萄酒生产商,在克罗地亚的名声与中国茅台酒一样家喻户晓。泰地公司独具慧眼看中这一优势,于 2012 年强强联手创立首个中克合资公司——巴德尔 1862 泰地投资有限公司,成为巴德尔 1862 葡萄酒公司在中国的独家代理商。"克罗地亚酒品俱乐部"也同年在杭州揭幕。

泰地集团下辖业务门类多,范围广。根据公开资料,2018 年底,泰地集团成功收购克罗地亚 Badel 1862 51% 的股份。双方合作的初衷是共同拓展克罗地亚和中国市场,推广巴德尔酒庄的葡萄酒品牌,并加强两国在葡萄酒领域的合作。

自此之后,泰地集团与巴德尔酒庄之间进行一系列的战略合作。泰地集团为酒庄提供资金和技术支持,协助酒庄提升葡萄酒的生产能力和质量。泰地集团还在中国市场推广巴德尔酒庄的产品,并在泰国等地开设品酒馆,让更多消费者解和品尝其葡萄酒产品。

另外,这次收购也为泰地集团进一步扩张其全球业务提供机会。除在克罗地亚,泰地集团还在其他国家进行一系列的战略投资,如英国、澳大利亚和新加坡等。通过这些投资,泰地集团正在加速实现其成为国际化企业的目标。

总的来说,泰地集团与巴德尔酒庄的投资合作是有益的双赢合作,将对双方的商业发展和国际化进程都带来积极的推动。

(二) 投资合作目的

一是共同拓展克罗地亚和中国市场。双方合作的初衷是共同拓展克罗地亚和中国市场,推广巴德尔酒庄的葡萄酒品牌,并加强两国在葡萄酒领域的合作。自此之后，泰地集团与巴德尔酒庄之间进行一系列的战略合作。泰地集团为酒庄提供资金和技术支持，协助酒庄提升葡萄酒的生产能力和质量。泰地集团还在中国市场推广巴德尔酒庄的产品，并在杭州等地开设品酒馆，让更多消费者解和品尝其葡萄酒产品。

二是争取良好口碑和销售业绩。从而提高消费者的购买意愿和品牌认可度。另外，这次收购也为泰地集团进一步扩张其全球业务提供机会。除在克罗地亚，泰地集团还在其他国家进行一系列的战略投资，如英国、澳大利亚和新加坡等。通过这些投资，泰地集团正在加速实现其成为国际化企业的目标。

总的来说，泰地集团与巴德尔酒庄的投资合作是有益的双赢合作，将对双方的商业发展和国际化进程都带来积极的推动。

（三）投资合作模式

泰地集团除在巴德尔泰地酒业有限公司是中国泰地集团和克罗地亚巴德尔1862股份有限公司强强联手创立的中克合资公司。致力于打造中国进口酒行业的畅销品牌，将具性价比的优质葡萄酒与烈酒带给消费者。

2019年1月11日，泰地商业CUICUI珠宝与巴德尔泰地酒业携手中国工商银行滨湖支行，于厦门泰地万豪酒店举办高端品鉴VIP答谢会。

四、投资合作风险

中国葡萄酒行业的发展虽然具有潜力，但投资葡萄酒行业同样面临着多方面的风险，这些风险可能来自市场、消费者偏好、行业竞争、经营管理等多个方面。

（一）中国葡萄酒市场规模缩减

1. 消费者偏好的不确定性

消费者偏好的不确定性也是一个不可忽视的风险。随着生活方式的变化和健康意识的提高，消费者对酒精饮品的需求可能会发生变化。如果不能有效把握消费者的变化趋势，葡萄酒企业可能会丧失市场机会。

目前，中国国内尚未形成浓厚的葡萄酒消费文化，大多数消费者没有养成经常饮用葡萄酒的习惯，葡萄酒一般作为补充性酒品进行消费，这使得葡萄酒行业的抵抗风险能力较弱。此外，葡萄酒还面临来自其他酒类产品，如白酒、啤酒等替代品威胁。中国传统的饮酒习惯和进口葡萄酒的品质认知会影响消费者的选择，特别是在价格敏感的消费者群体中。在疫情和烈酒竞争的双重影响下，2022年我国葡萄酒的市场消费量仅为8.8亿升，同比下降16%。随着消费量的持续减少，国产葡萄酒企业遭遇重大挑战，规模以上企业的销售收入从2017年的318.83亿元降至2022年的79.04亿元。大多数葡萄酒生产经营企业面临经营困难，行业整体仍然处于亏损的边缘。

2. 行业利润规模下降

中国葡萄酒行业的发展主要经历了四个阶段：行业形成阶段（1945—1997年）[1]、行业发展阶段（1978—1998年）[2]、快速发展阶段（1999—2012年）[3]和行业调整阶段（2013年至今）[4]。随着中国宏观经济增速放缓，高端葡萄酒消费需求大幅减弱。同时，受海外直采比重增加、"零关税"政策等的影响，进口葡萄酒快速挤压中国葡萄酒市场份额。国产葡萄酒市场逐年下滑，截至2022年底，国产葡萄酒产量和葡萄酒行业销售收入仍呈现双下降态势。中国海关发布发布了2023年1—12月的葡萄酒进口数据。整体来看，2023年葡萄酒进口量约为2.43亿升，进口额约为10.82亿美元（约合人民币77.86亿元）；进口量同比下降25.67%、进口额同比下降19.41%。

在利润方面，中国的规模以上葡萄酒企业总利润呈现波动下降的态势。2022年，葡萄酒企业利润为2.78亿元，同比下降15%，这反映了行

---

[1] 这一阶段标志着中国葡萄酒行业的初步形成。1954年，中国政府在第一个五年计划中将葡萄酒建设列为国家156项重点建设项目之一。这一政策的实施促使了一系列葡萄酒厂的建立和发展，其中包括张裕和青岛葡萄酒厂。这些企业在这一时期不仅成立了，还进行了大规模的扩建，奠定了中国葡萄酒行业的基础。

[2] 1978年，随着改革开放的深入推进，长城葡萄酒公司（中粮酒业前身）研制出了中国第一瓶全汁干红葡萄酒，标志着中国葡萄酒工艺的一大进步。此后，1996年左右，张裕推出了解百纳干红葡萄酒，进一步推动了行业的发展。这一时期，中国葡萄酒行业开始步入稳定发展的轨道。

[3] 进入21世纪，中国葡萄酒行业进入了快速发展阶段。2003年，国产葡萄酒凭借渠道成本优势迅速占领市场，张裕、王朝、长城成为行业的三巨头，而威龙莫高、中葡等品牌也迅速崛起。这一阶段，国产葡萄酒通过提升品质和营销策略，成功赢得了大量消费者的认可。

[4] 自2013年起，中国葡萄酒行业进入了调整阶段。随着中国宏观经济增速的放缓，国家出台了限制"三公消费"和"八项规定"等政策，导致高端葡萄酒消费需求大幅减弱。同时，进口葡萄酒凭借"零关税"政策和海外直采的优势，快速挤压了国产葡萄酒的市场份额。至2022年底，国产葡萄酒产量和销售收入双双下降，显示出市场面临的巨大挑战。

业整体盈利能力的减弱。其中，产品价格变化明显，在 2018—2023 年，高档和中低档葡萄酒产品的价格走势呈现出明显的对比。高档葡萄酒价格呈下降趋势，2020 年由于疫情的冲击，价格大幅下降。而中低档葡萄酒价格则相对稳定且略有上升。比如，2018 年高档葡萄酒的价格为每瓶 347 元，而到了 2023 年 10 月降至 281.6 元；中低档葡萄酒的价格从 71.48 元上升至 80.09 元。

（二）葡萄酒行业竞争激烈

市场竞争风险是首要考虑的因素。中国葡萄酒行业内部竞争激烈，且随着进口葡萄酒的零关税政策以及国际品牌的积极进入，市场竞争愈发加剧。中国目前是世界上最大的红葡萄酒进口国和世界第六大葡萄酒消费国，也是世界上最大的葡萄酒生产国之一。克罗地亚葡萄酒面对的是来自中国本土葡萄酒和其他进口葡萄酒的竞争。

1. 中国本土葡萄酒

中国国内葡萄酒占据国内市场的主导地位，约有 83% 的市场份额。中国酿酒葡萄酒产区主要集中在北纬 38°至北纬 53°，分布在华北地区、沿海一带、新疆、甘肃等地，且已形成新疆、甘肃省威武、河北昌黎、东北、山东胶东半岛、山西省清徐、宁夏贺兰山及西南地区八个葡萄酒产区。其中，张裕、威龙、长城等龙头企业均位于昌黎产区。

根据胡润研究院于 2024 年 1 月 19 日发布的首份《2024 胡润中国葡萄酒酒庄 50 强》榜单显示，中国葡萄酒行业中实力最强十大酒庄分别是长城天赋酒庄、贺东庄园、贺兰神酒庄、君顶酒庄、龙谕酒庄、美贺庄园、西鸽酒庄、天塞酒庄、志辉源石酒庄和中信尼雅酒庄。这些酒庄不仅代表了中国葡萄酒的顶尖生产水平，也体现了中国酒庄的多样化和地域特色。

随着市场增长放缓，众多国内酒庄争夺有限的市场份额，这导致价格战和营销策略的多样化。品牌之间为了获得消费者的认可，不断推陈出新，提高产品质量和服务水平。

2. 进口葡萄酒

乳制品、葡萄酒、橄榄油、松露等克罗地亚优质农产品正逐步被中国市场所熟知，但就葡萄酒市场而言早就被以法国为首的其他国家抢占。

自 2001 年 12 月中国加入世贸组织以后，中国深度参与经济全球化，中国改革开放进入历史性新阶段。加入世贸组织以后，中国积极践行自由贸易理念，全面履行加入承诺，大幅开放市场，国外葡萄酒如泉涌般涌入中国市场。但受中国饮食习惯、消费习惯的禁锢和进口葡萄酒价格等因素，2008年以前，进口葡萄酒虽然每年都有增长，但增长幅度并不大，进口葡萄酒也主要以葡萄酒专业知识传播和消费者培育为主，进口葡萄酒销量并不大。

2008年以后，进口葡萄酒进入高速发展阶段，以法国为代表的旧世界国家葡萄酒尤其是名庄酒、品牌酒被广大葡萄酒爱好者青睐，2011年国内葡萄酒进口量比2008年翻了1倍还多。2010年卡斯黛乐单一品牌葡萄酒年销售量突破2 000万瓶，2011年突破了3 000万瓶。2015年起，以澳洲、智利为代表的国家葡萄酒以其独特的口感，香气和饮用方式更加适合国人，受到国人的青睐，再加上国家对其优惠进口关税政策，新世界葡萄酒快速进入中国市场，国内葡萄酒进口量一度攀高，比2008年翻了3倍还多。2017年，中国葡萄酒进口量接近国产葡萄酒产量近80%的份额，但销售额远远超过了国产葡萄酒，影响力也几乎超越国产葡萄酒。

2022年，按国别来看，中国十大瓶装葡萄酒进口来源地依次为法国、智利、意大利、西班牙、美国、新西兰、德国、南非、阿根廷和格鲁吉亚。在市场占有率方面，法国、智利和意大利这3个国家占据了中国将近80%的进口葡萄酒市场，深受消费者喜爱。其中，自法国进口6.62亿美元，占72.5%；自智利进口3.27亿美元，占11.5%；自意大利进口1.36亿美元，占4.8%。详见表8-7。

表8-7 中国葡萄酒十大进口来源地 单位：万美元

排名	国家	进口总额	排名	国家	进口总额
1	法国	66 190	6	新西兰	2 960
2	智利	32 670	7	德国	2 600
3	意大利	13 560	8	阿根廷	2 080
4	西班牙	10 220	9	南非	2 040
5	美国	4 845	10	格鲁吉亚	1 502

资料来源：中国进出口葡萄酒与烈酒协会（CAWS）的数据。

（1）法国葡萄酒

法国是享誉世界最好的葡萄酒生产地区之一。法国葡萄酒的悠久历史让法国的葡萄酒生产商可以培育世界最古老的葡萄藤，运用优秀的葡萄酒酿造技术。每一个法国的葡萄酒产区都有自己独特的品质，而且往往是全世界葡萄酒界讨论的话题。法国率先进入并开发中国葡萄酒市场，最早的中国国内葡萄酒的成功也带来了早期法国葡萄酒公司的成功。对于中国的消费者来说，这种情况巩固了法国葡萄酒是世界上最好的葡萄酒的理念，它们的先发优势非常大。法国是中国最大的瓶装静止葡萄酒和起泡酒供应国，2022 年 1—12 月，法国对中国的葡萄酒出口总额达 6.619 亿美元，是智利出口总额的 2 倍之多。除了葡萄酒方面的成绩喜人外，法国对中国的烈酒出口额也处于领先地位。

（2）智利葡萄酒

在 2021 年时，智利葡萄酒对华的出口创下历史新高。2022 年的对华出口总额略微下降，但仍然保持住了其作为中国第二大葡萄酒供应国的地位。从 2022 年的数据来看，智利对中国的葡萄酒出口量达 1.345 亿升，比 2021 年增长了 5.81%。均价上涨近 7%，达每升 4.17 美元，总出口额下降了 1.53% 至 3.267 亿美元，在中国市场上的占比为 22.77%。出口至中国的瓶装葡萄酒总金额为 2.515 亿美元，约占智利葡萄酒总出口额的 76%。如 CAWS 所示数据一样，智利出口到中国的葡萄酒约 1/4 是散装酒，智利也是中国最大的散装葡萄酒进口国，排在法国和西班牙之前。2022 年，智利向中国出口的散装葡萄酒总额达 7 520 万美元，比 2021 年增长了 18.9%。

（3）意大利葡萄酒

2022 年，意大利对中国的葡萄酒出口量为 2 590 万升，较 2021 年下降了 19.26%；出口额为 1.356 亿美元，同比下降 17.95%，在中国市场上的占比从 10% 略下降至 9.45%，每升均价为 5.51 美元。

（4）西班牙葡萄酒

西班牙是仅次于意大利的世界第二大葡萄酒生产国，也是中国第四大葡萄酒供应国，在中国市场的占有率约为 7.13%。大部分出口到中国的葡萄酒是以丹魄和红葡萄品种为主的红酒。根据西班牙葡萄酒在全球市场占比高达 21% 这一数据来看，其在中国市场上仍然有很大的增长潜力。根据 CAWS 的数据，2022 年西班牙对中国的葡萄酒出口总量为 4 030 万升，较 2021 年下降了 37.3%，出口额为 1.022 亿美元，相比下降了 29.96%，每升均价为 2.87 美元。

（5）美国葡萄酒

由数据可以看到，美国对中国的葡萄酒出口正在逐步复苏状态，在

2022年，美国向中国出口的葡萄酒总金额达4 845万美元，相比2021年增长了18.89%。受到通货膨胀以及物料价格飙升的影响，均价也在上升，为每升7.7美元。

除了表8-7显示的十大进口来源地外，还有澳大利亚葡萄酒。澳大利亚曾是中国市场的第二大进口葡萄酒生产国。澳洲葡萄酒在中国成功的一大部分归功于澳洲政府的支持。2015年，中国和澳大利亚自由贸易协定（CAFTA）签署，确定中国将逐渐减少进口关税，至2019年进口关税完全消除。在2019年，澳大利亚葡萄酒进口进入零关税时代后，当年中国澳大利亚葡萄酒进口量超过了法国酒，在总份额中排名第一，占到中国市场进口酒总额的35.5%。据官方数据显示，2015—2019年，澳大利亚葡萄酒出口中国数量从5.67万千升增至12.08万千升，增长幅度为113%，其所占中国市场份额也由3.66%增长至13.36%。2020年8月，商务部对澳大利亚进口相关葡萄酒启动了反倾销、反补贴调查，和国内酒类市场竞争环境变化，进口葡萄酒销量开始下滑。到了2022年，澳大利亚在中国进口葡萄酒排行榜跌出前十，此前的市场份额被法国、智利、意大利等多个葡萄酒生产国接手。

（三）管理风险

合资运营海外酒庄，就像跨国组建家庭一样，是一项需要长期坚持与投入的事业，专业与耐心缺一不可，虽然中国葡萄酒市场潜力巨大，但依然要注意风险，不要盲目，要选择专业的团队打理。

首先，中外合资牵扯到两国不同的文化及法律体系；其次，葡萄酒也是一个文化产业，需要对酒了解，对跨国文化了解，特别是对克罗地亚文化的了解；最后，还要通晓国际贸易，特别重要的是对中国酒市场的了解，对中国国内酒的销售渠道的了解。政策和法规变化也是一个重大风险。政府对葡萄酒行业的税收政策、消费限制以及行业规范可能会改变，影响企业的运营成本和市场布局。例如，对高档葡萄酒的消费税政策变动可能会影响整个高端市场的消费。

运营管理上还会存在供应链风险，主要体现在葡萄种植和酿酒原料的采购上。自然灾害、气候变化、病虫害等都可能影响葡萄的产量和品质，进而影响葡萄酒的生产成本和产品品质。此外，国际贸易摩擦可能导致进口原料成本上升，也给葡萄酒企业带来压力。

综上所述，国际合作会为企业提供增长的新机遇，但经营发展也会受到多种力量的影响。企业需要通过创新、品质提升和有效的市场定位来应对内外部的竞争压力。

五、投资合作政策需求

中国政府一直在为葡萄酒行业发展提供政策支持。如通过减税、提供财政补贴、优化产区规划和保护地理标志产品等措施，鼓励行业发展和国内外投资。政府部门出台葡萄酒行业从生产到销售各个环节的监管政策，实现葡萄酒质量安全顺向可追踪、逆向可溯源、风险可管控，发生质量安全问题时产品可召回、原因可查清、责任可追究，切实落实质量安全主体责任，保障葡萄酒质量安全。同时，政府还积极推进葡萄酒行业的国际化，通过国际交流和合作，提高中国葡萄酒的全球竞争力。

葡萄酒企业的发展离不开地方政府政策的支持，中外合资葡萄酒企业亦是如此。激烈的竞争对于克罗地亚这一中国葡萄酒行业的新进入者而言，面临的壁垒相对较高。除了资金和技术要求外，建立品牌信任和渠道关系也是重要挑战。

在全球化时代，信息的流通和共享对于促进国际合作具有至关重要的作用。政府应提供多样化的平台，以地方和部门间政策协调为助力，以企业、社会组织等开展项目合作为载体，建立起多层次、多平台、多主体的常规性沟通渠道，来加强双方合作互信，并助力克罗地亚葡萄酒的营销宣传。多样化的平台包括进口博览会、经济论坛、投资洽谈会等。如经济论坛为各国政府间的高层会晤提供机会，让政府领导人及商界精英之间可以在非正式场合交流、协商及互动，促进经济与政治交流合作；进口博览会能有效降低国际贸易交易成本，推动经济全球化，促进各国间投资便利、贸易繁荣、技术发展和人员流动。从而加强政府间的合作，推动信息共享平台的建设，促进国际组织、企业、学术界等各方的沟通交流。同时，也需要利用现代科技手段，如互联网、大数据等，提高信息传播的效率和准确性。

第四篇

浙江省与克罗地亚的产业合作

第九章

浙江省与克罗地亚产业合作现状

近年来,浙江省作为中国与中东欧国家合作版图中不可或缺的关键一环,与克罗地亚在贸易往来、投资合作及旅游交流等领域取得显著进展,为双边产业合作持续注入强劲活力。伴随中国—中东欧国家合作框架的不断拓展与深化,以及"一带一路"倡议的稳步前行,浙江省与克罗地亚之间的产业合作已跨越多个维度,展现出日益紧密的联系。本章将从教育、文化、科技、旅游四个角度探讨浙江省与克罗地亚间各个方面的产业合作。

第一节
浙江省与克罗地亚教育产业合作

一、浙江省与克罗地亚教育产业合作基础

(一)浙江省高等教育概况

1. 浙江省高等教育体系

中国的高等教育分为普通高等教育和成人高等教育(继续教育),通过高考录取入学的学校皆为施行普通高等教育的普通高等学校（一些普通高等学校亦进行成人高等教育）。

普通高等教育包括大学专科（高职）（2—3年学制）和大学本科（4—5年学制），2019年后本科又分为普通本科和职业本科。大学专科层次的高等学校多以职业学院或职业技术学院或高等专科学校等冠名；大学本科层次的高等学校多以大学或学院冠名，一些开展大学本科层次的高等学校也有开展大学专科层次教育。

本科毕业可以得到本科毕业证书，符合学校学位要求可以获得学士学位证书。高职或专科毕业只有专科毕业证书而没有学位，但在读期间可以参加一次普通专升本考试，该考试由专科院校所在省实施，考试通过并录取的学生到被录取高校完成两年（对应四年制本科）或三年（对应五年制本科）学业后参照该校其他本科生也可获得本科毕业证书和学士学位证书。

本科还是成人高等教育本科毕业之后都可以通过参加全国硕士研究生入学考试进行深造，专科毕业后满足"本科同等学力"也可以参加该考试，但会有学校和专业的限制亦可能需要加试。其中考上的学生可以选择考研究所，或者是各个有硕士学位授予权的普通高等学校的研究生院，一般有全日制和非全日制两种学习方式。

攻读硕士学位需要2—3年才能毕业获得学位，以后是博士。在有了硕士学位以后，一般攻读博士学位需要3—4年时间。硕士之后继续攻读博士学位，需要再参加报读院校设立的博士生入学考试。

部分学校可以为成绩优异的普通本科学生提供毕业后直接升入硕士研究生的机会，其中也有很多院校还可以是直博，即本科毕业后，只需要5年时间攻读博士学位，但是如果中途辍学或者是想退出的话，如果未达到博士毕业要求，则没有博士学位证书并且也没有硕士学位证书。

2. 浙江省高等教育的规模

据浙江省统计局相关数据显示（见表9-1和图9-1），浙江省高等学校数量由2012年的105所增加至2021年的109所，其中，普通本科学校58所（含独立学院15所），本科层次职业学校2所，专科层次职业学校49所，其中高等专科学校1所。在校学生数量由2012年的98.67万人增加至2021年的134.02万人。其中，本专科学生数量由2012年的93.23万人增加至2021年的121.03万人，研究生数量由2012年的5.44万人增加至 2021 年的 12.99 万人。10 年间浙江省的高等教育规模实现全面而深刻的扩大，不仅体现在教育机构数量的增加上，更在于学生总数的飞跃式增长，特别是本专科及研究生教育的显著扩张，为浙江省乃至全国的经济社会发展输送大量高素质人才。

表 9–1   2012—2021 年浙江省高等学校基本情况

年份	学校数量（所）	在校学生数量（万人）	本专科学生数量（万人）	研究生数量（万人）
2012	105	98.67	93.23	5.44
2013	106	101.74	95.96	5.78
2014	108	103.87	97.82	6.05
2015	108	105.47	99.11	6.35
2016	108	106.34	99.61	6.72
2017	108	107.68	100.23	7.44
2018	109	110.20	101.94	8.25
2019	109	116.71	107.47	9.24
2020	110	125.88	114.87	11.01
2021	109	134.02	121.03	12.99

资料来源：浙江省统计局。

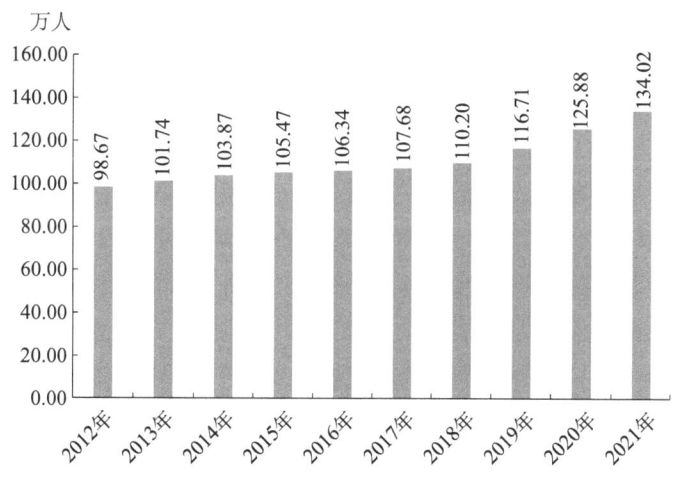

图 9–1   2012—2021 年浙江省高等学校在校学生数

在 2011—2020 年，浙江省高等教育国际学生规模不断扩大。如图 9–2 所示，浙江省高等学校国际学生数量由 2011 年的 1.30 万人增加至 2020

年的 5.04 万人，说明浙江省在国际文化教育和国际人才培养上愈发重视。这是浙江省与克罗地亚在教育产业上，尤其是在高等教育上紧密合作的良好基础。

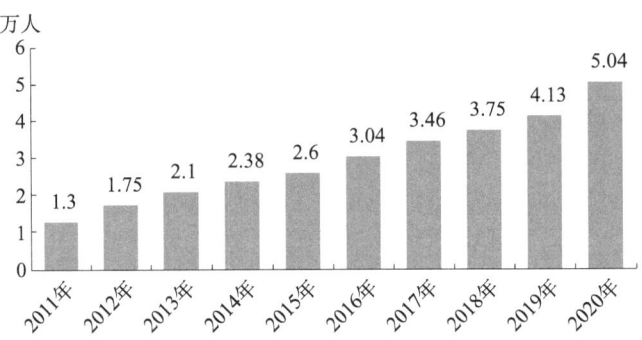

图 9-2　2011—2020 年浙江省高等学校国际学生数量

资料来源：浙江省教育厅。

（二）克罗地亚高等教育概况

1. 克罗地亚的教学体系

克罗地亚的教育体系早已迈入现代化行列，与欧洲多国先进的教育体制比肩，展现与国际接轨的卓越教育水准。克罗地亚的教育分为幼儿教育、基础教育、中等教育和高等教育四个层次。基础教育为九年制，中等教育为三年制，高等教育提供本科、硕士和博士专业学位。其中，克罗地亚的幼儿教育分为早期幼儿教育和到 6 岁为止的幼儿教育。早期幼儿教育主要是为年龄在 1—3 岁的儿童提供日托和儿童园服务，到 6 岁，儿童必须参加一年的预备就读，为其日后进入小学做好准备；中等教育主要是面向 15—18 岁的学生，提供综合教育和职业教育两种学习方式。在这个阶段，学生可以选择一些学术和职业课程；高等教育涵盖本科和研究生专业。克罗地亚的大学大都是公立大学，拥有包括医学、工程、人文学科、自然科学和社会科学等多个领域。克罗地亚大学的课程设置都在欧洲学分转移和积累系统（ECTS）之下运作，这意味着学生的成绩可以在欧洲国家之间转移。此外，克罗地亚还拥有许多私立大学，包括一些提供商业管理和 IT 方面的课程的学校。

克罗地亚的学校系统分为公立学校和私立学校两种类型，大部分学校都是公立学校。大学则由国家和私人组织的大学共同组成。克罗地亚的教育制度结构严谨且合理，其发展趋势日益朝向现代化迈进。相较于其他欧洲国家，克罗地亚的学杂费相对较低，为广大学生提供更为经济实惠的教育选择。此外，该国还致力于提供国际化教育，部分课程甚至采用英语授课，为学生们提供更广阔的学习和交流平台。

由于浙江省与克罗地亚在教育领域的合作主要集中在高等教育，下面重点围绕高等教育进行分析。

克罗地亚的高等教育由克罗地亚科学教育部统一监管。高等教育机构分为职业学院、高校、大学学院和艺术学院。从 2005 年开始，该国所有高等教育系统的计划与课程都符合博洛尼亚进程的目标，也就是符合欧洲高等教育体系。其高等教育体系普遍遵循学士、硕士及博士三级学位架构，并采纳欧洲学分转换系统（ECTS）。

克罗地亚的高等教育分为学术教育（University Study，大学课程）与专业教育（Professional Study，专业课程）两大类别。大学作为学术教育的主要提供者，在获得国家高等教育委员会（National Council for Higher Education）的批准后，亦可开展专业教育，旨在培育兼具学术素养与专业技能的高素质人才。而其他高等教育机构则专注于专业教育，为社会输送具备职业能力的劳动力。

学术教育帮助学生能够在科学和高等教育、商业领域、公共部门和社会中工作。大学课程是由众多学院联合组织的，根据学位，分为本科、硕士研究生和博士研究生。在学术教育第一阶段本科教育，完成后，学生获得大学学士学位（univ. bacc.），学制通常为 3—4 年；再经过一到两年的研究生学习后，将获得硕士学位（mag.）；大学博士研究生学习为期 3 年，以博士论文答辩的形式完成，之后授予理学博士（dr. sc.）或文科博士（dr. art.）学术学位。此外，大学还设有为期 1—2 年的专业领域博士课程（postgraduate specialist study），以满足特定领域的深入研究需求。

专业教育为学生提供从事专业工作所需的知识和技能，使他们能够从事专业职业和直接就业。专业课程在职业学院或高校进行，也可以在大学进行。专业教育第一阶段的学习期限为 2—3 年，完成后，毕业生将根据专业获得专业学士学位（bacc.）；第二阶段的专业硕士课程（specialist professional graduate study）则持续 1—2 年，即职业学院或高校可以为完成专业课程或大学本科课程的学生组织为期 1—2 年的专科研究生课程。完成后，毕业生将获得专业专家（struc. spec.）学位。大学还可以组织为期

1—2年的专业研究生课程,根据专业获得大学专家学位(univ. spec.)。克罗地亚高等教育体系详见图9-3。

图9-3 克罗地亚高等教育体系

资料来源:根据克罗地亚科学教育部资料作者绘制。

此外,克罗地亚高等教育领域涵盖大学、理工学院、应用科学学院、艺术学院等多种类型的高等教育机构,从而展现出其高等教育体系全面且多元化的特点。这些机构在各自的领域内享有较高的声誉和影响力,为克罗地亚培养大量高素质的人才。大学作为该体系的基石,提供跨学科、全方位的学术教育与研究环境,致力培养卓越的学术人才和高素质的专业人士;理工学院则聚焦工程技术与自然科学领域,强调实践与创新的结合,与工业界紧密携手,共同培育未来的工程师和科学家;应用科学学院则针对具体行业需求,注重培养学生的职业技能与实践经验;艺术学院则专注艺术创造力的培养。此外,职业高等教育学院与私立高校等补充机构也发挥着重要作用,为克罗地亚学生提供多样化的学习路径和国际化的教育资源,共同推动高等教育事业的繁荣发展。

2. 克罗地亚高等教育的规模

克罗地亚的高等教育机构阵容强大,包括91所公立高等教育机构和28所私立高等教育机构,共同构成其多元化且富有活力的高等教育体系。81.3%的学生在大学院系就读大学课程。2003—2023年,克罗地亚高等院校教育现状呈现出稳步发展的态势。高等院校教育在规模、质量和层次上均取得显著进步,为培养更多高素质人才、推动社会经济发展作出重要贡献。如图9-4所示,在2021/2022学年,高等学校招生154 894人,毕业生数量为33 415人,共有13 424名学生住在24个学生宿舍。在2021/2022学年,大学博士研究生招生3 987人,专业博士研究生招生1 463人。

2021年，737名学生获得博士学位，521名学生获得硕士学位或大学专家学位。2021/2022学年，18 892名教师和教职员工在高等教育机构任教，其中11 182人具有博士学位。

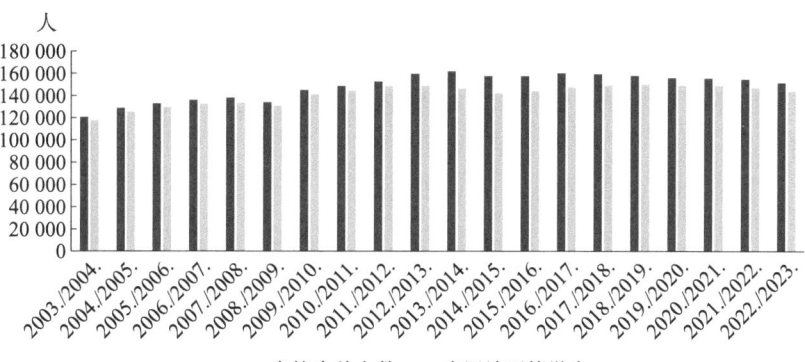

图9-4 克罗地亚高校在校学生数

注：按照永久居留地，各学院年度冬季学期报读专业及大学课程的学生人数。

资料来源：世界银行数据库。

3. 克罗地亚高等教育的国际排名

2021年6月9日，全球高等教育研究机构QS（Quacquarelli Symonds）发布2022年世界大学排名。在这次排名中，克罗地亚有4所高校上榜，详见表9-2。

表9-2 　　　　　2022年QS排名中的克罗地亚大学

排名	大学名称	成立时间
751—800	萨格勒布大学	1874年
1 001—1 200	奥西耶克大学	1975年
1 001—1 200	里耶卡大学	1973年
1 201 +	斯普利特大学	1974年

（1）萨格勒布大学（Universitas Studiorum Zagrabiensis）

萨格勒布大学的历史可以追溯到1669年，那年的9月23日，当时利奥波德国王将萨格勒布耶稣会学院提升为大学。1776年，玛丽亚·特蕾莎女皇下令在萨格勒布成立皇家科学院，最初设有神学、法学和哲学三个院系。现代萨格勒布大学成立于1874年，有神学、法学和哲学院系。如今，萨格勒布大学是克罗地亚最大的大学，拥有31个院系和3个艺术学院（戏剧、美术、音乐）。

（2）奥西耶克大学（Josip Juraj Strossmayer University of Osijek）

奥西耶克大学全称奥西耶克约瑟夫·尤拉伊·斯托斯马耶尔大学，成立于1975年，是一所公立的综合性研究型大学。设置12个学院，包括：经济学院、法学院、农业学院、食品工程学院、土木工程学院、电气工程学院、机械工程学院、哲学院、教育学院、医学院、天主教神学院、艺术学院。

（3）里耶卡大学（University of Rijeka）

里耶卡大学成立于1973年5月17日，里耶卡大学在2008年做出具有前瞻性的决策，特别设立生物技术、信息学、数学及物理这4个前沿学科系列。如今，里耶卡大学已发展成为一所拥有9个专业学院、1个充满活力的艺术学院、4个专注于深入研究与教学的系部，以及1座藏书丰富、设施先进的大学图书馆的综合性高等教育机构。此外，学校还配备现代化的学生中心，这里不仅是学生们学习交流的重要场所，更是他们放松身心、拓展兴趣爱好、提升综合素质的温馨家园。

（4）斯普利特大学（University of Split）

斯普利特大学成立于1974年，是克罗地亚的公立大学，也是欧洲大学协会的成员。电气工程、机械工程和造船学院是该大学最大的组成部分之一，也是萨格勒布首都以外最大的技术学院。该大学在萨格勒比特的图书馆是克罗地亚最富有的图书馆之一，拥有大约40万册图书，其中包括丰富的稀有和珍贵的版本。作为该地区首屈一指的科学研究与教学公共机构，该校规模不断壮大，目前院系设置有土木工程，建筑和大地测量学院、理学院、经济学学院、法学院、天主教神学院、化学与技术学院、医学院、运动机能学院、海事研究学院、哲学院、美术学院。

从中国的蓬勃发展尤其是浙江省的显著进步中，克罗地亚洞察到合作的新机遇；同时，浙江省也高度认可克罗地亚在教育领域的雄厚实力。基于此，双方在教育等多个领域持续深化并拓展着彼此间的合作。中国—中东欧国家合作机制建立11年以来，浙江省积极打造对中东欧教育合作高地，已取得一系列合作成果。由宁波工程学院等浙江省内26所高校共同发起，搭建起浙江省—中东欧国家教育智库间的交流合作与资源共享平台，致力于推进浙江省与中东欧国家教育资源、科技资源、人才资源等的双向流动,服务国家"一带一路"倡议,共谋双方繁荣发展。

全省教育机构与中东欧国家近 100 所院校建立了常态合作交流关系,设立了中国—中东欧国家创新合作研究中心、浙江省—中东欧国家教育智库联盟、中国(宁波)—中东欧国家教育合作交流会等高能级合作交流平台。2022 年由浙江省纺织服装职业技术学院发起成立的中国—中东欧国家职业院校产教联盟已正式纳入中国—中东欧国家合作框架。

二、浙江省与克罗地亚教育产业合作现状

2012 年 4 月 26 日,中国—中东欧国家合作宣告成立。十多年来,双方聚焦务实合作,合作领域涵盖经贸、文化、教育等,成为跨区域合作的典范,其中教育合作一直是中国—中东欧国家合作的一大亮点。在这期间,浙江省与克罗地亚定期举办教育交流活动,大力开展教育交流活动,如教育论坛、文化节、展览等,为双方师生提供展示成果、交流经验的平台。

当前,浙江省宁波市已建成国内首批教育国际合作和交流综合改革试验区,以部市协同推进共建"一带一路"教育行动为契机,深耕中东欧教育合作土壤,争创中国—中东欧国家教育合作高地。特别是宁波市,在与中东欧国际教育合作方面积累丰富的经验,在职业教育领域形成自己的特色和品牌,成为我国推进与中东欧国家教育合作的重要城市。宁波全市与中东欧国家 90 余所院校围绕联合科研、学分互认、人才培养、师生互访等开展合作,教育合作实现国别全覆盖,并与中东欧国家建立 27 对中小学姐妹学校。此外,吸引 200 多家高校、企业和研究机构进行深度合作,达成合作协议超过 100 项;建成 2 个部级国别和区域研究中心,启动 5 个中东欧国家教育合作特色项目(平台)的建设。

如表 9-3 所示,截至目前,浙江省已连续举办八届中国(宁波)—中东欧国家教育合作交流会,签署近 100 项教育合作协议。年均师生双向交流突破 500 人次,成立全国首个"一带一路"产教协同联盟、浙江省—中东欧国家教育智库联盟等多边教育合作机制,建成波兰语、俄罗斯语等 8 个"一带一路"国家语言文化中心,塞尔维亚、斯洛文尼亚等 8 个国别与区域研究中心,以及宁波海上丝绸之路研究院、中非贝宁职业教育培训学院等地方智库。通过各方努力,浙江省与中东欧国家在教育领域的合作硕果累累。

表 9-3　　历届中国（宁波）—中东欧国家教育合作交流会

时间	届数	教育合作成果
2014.06.09	第一届	● 宁波高校及中小学与中东欧 7 个国家 13 所院校等签订了教育合作协议达 22 项 ● 宁波市政府设立中东欧留学生奖学金，吸引中东欧学生来宁波留学
2015.06.10	第二届	● 宁波大学、宁波工程学院等 9 所宁波高校与波兰等 8 个中东欧国家的 15 所学校签订合作协议 ● 《中国—中东欧国家合作贝尔格莱德纲要》正式发表，为拓展中国同 16 国的互利合作搭建了新平台
2016.06.10	第三届	● 宁波外事学校与德瓦艺术中学合作建设宁波外事学校罗马尼亚分校—中罗（德瓦）国际艺术学校 ● 宁波中东欧国家合作研究院进行了签约揭牌 ● 研究院正积极筹备建设中国—中东欧国家合作大数据信息中心
2017.06.09	第四届	● "丝绸之路商学院联盟"正式成立，联盟秘书处设在浙江万里学院商学院
2018.06.09	第五届	● 丝路联盟国际商务 MOOC 开发中心、中国（宁波）—中东欧企业家教授联盟同时启动 ● 中国（宁波）—中东欧城市基建教育与投资合作研究平台正式揭牌 ● 中国—中东欧城市基建教育与投资合作研究平台揭牌
2019.10.10	第六届	● 宁波工程学院牵头发起"一带一路"工学院联盟 ● 7 个教育文化中心联合揭牌
2021.06.09	第七届	● 浙江省—中东欧国家教育智库联盟 ● 宁波中东欧大学生影视联盟 ● "一带一路"大学生文化交流联盟揭牌
2023.05.19	第八届	● 宁波大学中国（宁波）—中东欧教育现代化研究中心 ● 浙江省纺织服装职业技术学院"宁波—中东欧国家青年驿站" ● 市教育局和浙江省纺织服装职业技术学院共同创立中国—中东欧国家职业院校产教联盟

浙江省内的教育机构已与中东欧国家的近 100 所院校建立长期稳定的合作交流机制，并成功设立多个高能级的合作与交流平台，如中国—中东欧国家创新合作研究中心、浙江省—中东欧国家教育智库联盟，以及中国（宁波）—中东欧国家教育合作交流会等，这些平台为双方在教育领域的深度合作与广泛交流提供坚实的支撑。

（一）语言教育领域交流

近年来，由于中克交流日益频繁，如国家领导人访克、奥运会及世博会等活动的举办，汉语教学在克罗地亚得到迅速发展，学校数量不断增加，家教和留学的需求也随之上升。

对于克罗地亚民众，特别是克罗地亚青年人来说，学习汉语可以提升自身的职业素质。对于中国民众来说，克罗地亚语有利于拓宽小语种就业的方向。因此，两国民众学习对方语言具有现实的"功利因素"。克罗地亚民众主要通过安装卫星天线观看汉语节目来接触汉语和中国文化。在学习汉语的人群中，大多数为大学生，他们学习汉语的主要驱动力是职业需求；而少数老人及中小学生则是出于文化兴趣或旅游规划而学习。

萨格勒布大学作为克罗地亚汉语教学的先行者，不仅开设语言课程，还设置中国文化课程。该大学内的孔子学院是目前克罗地亚的唯一一所孔子学院，于2012年9月正式启动招生与开课工作，在中文教学、人才培养与促进两国教育合作等起到重要作用。孔子学院与萨大经济学院、工程学院、艺术学院等院系广泛合作，在"中文+商务"、"中文+工程"等领域取得良好成绩。此外，随着中克文化、体育、经济等全方位的深入交流与密切合作，孔子学院逐渐扮演着更多的角色。2024年3月27日，萨格勒布大学汉学专业从辅修提升到主修专业，汉学专业本科生就读三年后可以取得学士学位，之后还可攻读汉学专业硕士学位。

浙江省与克罗地亚教育合作和交流主要以孔子学院为依托，通过高校间的互访，拓展师生交流及教学研究等高校合作，助推商贸洽谈和科研人员交流合作。从中也不难看出，萨大孔子学院在传播中华文化和汉语言的同时不仅搭建中克友谊的桥梁而且也搭建中克商贸的桥梁，为中克贸易往来作出积极贡献。详见表9-4。

- 2016年5月30日，萨格勒布大学孔子学院参加中克企业家峰会，并助力商贸洽谈。
- 2018年9月21日，萨格勒布大学孔子学院参加"中国（浙江省）——克罗地亚商务论坛"。
- 2019年6月中上旬，浙江省大学国际教育学院、人文学院代表团一行5人应邀对克罗地亚萨格勒布大学（University of Zagreb）和杜布罗夫尼克大学（University of Dubrovnik）进行工作访问。

表 9-4　2016—2023 年浙江省与克罗地亚教育及商务交流情况概览

时间	主题	内容
2016.05.30	萨格勒布大学孔子学院参加中克企业家峰会	参加并助力商贸洽谈
2018.09.21	萨格勒布大学孔子学院参加"中国（浙江省）——克罗地亚商务论坛"	参加并助力商贸洽谈
2019.05	宁波工程学院成立"一带一路"科技教育交流合作中心，并在克罗地亚设立人才科技项目检索网络	促进科研人员交流互访
2019.05	宁波工程学院与克罗地亚萨格勒布大学建立高校双边合作关系	加大师生交流、教学研讨及技术信息交流等高校间的合作
2019.06	浙江省大学国际教育学院、人文学院代表团访问克罗地亚萨格勒布大学和杜布罗夫尼克大学	工作访问，拓展师生交流及教学研究等高校合作
2023.10.29	宁波工程学院校领导访问克罗地亚萨格勒布大学	工作访问，推进科研人员交流互访、开放创新公共政策项目研究的合作

资料来源：萨格勒布大学网站（https://www.unizg.hr/）及宁波工程学院网站（http://www.nbut.edu.cn/）。

（二）高等教育领域交流

在全球化教育浪潮的推动下，浙大宁波理工学院积极践行教育国际化的战略愿景，携手克罗地亚享有盛誉的萨格勒布大学，共同开启一段跨越国界的深度合作新篇章。两校基于共同的发展理念与科研追求，在新材料科学、新能源技术、前沿分析方法及机器人工程等多个高科技前沿领域，展开多层次、宽领域的合作研究与教育交流。这一合作不仅促进双方学术资源的共享与优势互补，更为两国青年学者与学生搭建广阔的交流平台，激发创新思维与跨文化合作的火花。通过定期的学术研讨会、联合实验室建设、师生互访及共同培养研究生项目，浙大宁波理工学院与萨格勒布大学在科研探索与人才培养上实现深度融合，共同推动科技进步与知识创新。

浙江省工商职业技术学院积极响应"一带一路"倡议，与克罗地亚等中东欧国家的10余所院校建立广泛而深入的合作关系，涵盖师生交流、专业共建及科研合作等多个维度。特别是2019年6月，为贯彻落实教育部《推进共建"一带一路"教育行动》，深化与"一带一路"沿线国家的教育合作与交流，提升学校国际影响力，浙江省工商职业技术学院与克罗地亚卓尔旅游管理学院合作成立了"中克语言文化中心"，不仅为两国师生搭建语言学习与文化交流的桥梁，还进一步推动浙江省与中东欧国家在教育领域的合作与交流，展现工商职院在高职国际化道路上的积极探索与显著成效。借助"中克语言文化中心"这一平台，开展学生交流、教师交流、科研合作等工作，通过双方学校开设汉语辅修专业和克罗地亚语辅修专业，传播两国优秀传统文化，并在此基础上，落地"中克丝路学院"，为当地培养技术技能人才，帮助中国企业实现"走出去"的目标。

2019 年 5 月，宁波工程学院成立"一带一路"科技教育交流合作中心。目前已在斯洛文尼亚、克罗地亚、捷克等中东欧地区设立 8 个人才科技项目检索网络，与包括瑞典皇家理工学院，俄罗斯国立圣彼得堡大学、波兰国家科学院等"一带一路"沿线 30 多个国家的 100 多所高校和科研院所及创新型企业建立了不同层次的合作关系。此外，宁波工程学院又协同浙江省内 26 所高校共同发起，搭建了"浙江省—中东欧国家教育智库间的交流合作与资源共享平台"，致力于推进浙江省与中东欧国家教育资源、科技资源、人才资源等的双向流动，服务国家"一带一路"倡议，共谋双方繁荣发展。

2023 年 6 月 7—14 日，宁波大学副校长汪浩瀚一行访问了克罗地亚斯普利特大学等高校。斯普利特大学是一所综合性的大学，有药学、艺术、土木工程、计算机科学、理学、法学等学科，专业设置与学生规模等与宁波大学相近，而斯普利特大学是欧洲涉海大学联盟的牵头高校。这次访问为两校下一步的合作打下了基础，特别是在两所大学都有设立的涉海学科方面的交流与合作。

（三）职业教育领域交流

2021 年 10 月，时任中华人民共和国教育部副部长田学军于第八届中国—中东欧国家教育政策对话会上，提出"成立中国—中东欧国家职业院校产教联盟"这一倡议，此倡议获得中东欧国家的积极回应以及广泛支持。

2022 年 11 月 25 日，中国—中东欧国家职业院校产教联盟在浙江省宁波市设立。该联盟由宁波市教育局和浙江省纺织服装职业技术学院携手创立，首批就有 113 家中外单位加入，众多务实的合作项目得以落地。自该联盟成立之后，举办 30 余场学术沙龙，开展中国—中东欧国家职业技能大赛等直播竞赛活动，为 20 余家中东欧企业提供服务。校企联合建成中东欧青创中心孵化基地、中东欧商品直播电商基地等一批"联盟＋场馆＋基地"模式的中东欧产教融合重要平台，还建成 4 个中东欧国家语言文化中心，承接中华人民共和国教育部、中华人民共和国商务部的援外项目，并加大境外办学的力度。在 2023 年 4 月，该联盟被正式归入中国—中东欧国家合作框架，成为我国首个被纳入中国—中东欧国家合作框架的职教领域机构。

在全球教育日益趋向国际化与全球化的宏观背景下，浙江省作为中国东部沿海的经济与教育强省，与克罗地亚这一位于东南欧、拥有丰富教育传统与创新活力的国家之间的教育产业合作正以前所未有的速度增长。双方凭借开放包容的合作态度，共同构建多元化的教育合作平台，旨在跨越国界，促进教育资源的深度共享、教育质量的显著提升以及教育国际化步伐的稳健迈进。

这些活动的举办，增进了浙江省与克罗地亚双方的理解和友谊，也为未来的进一步的深度和广度合作奠定了坚实的基础。

三、浙江省与克罗地亚教育产业合作机制

一是以政府政策为引领。政府间合作框架的深化，为浙江省与克罗地亚在教育领域的合作铺设坚实的基石。2021 年 6 月 24 日，浙江省发展和改革委员会、浙江省教育厅印发《浙江省教育事业发展"十四五"规划》，明确提出要扩大教育开放合作，坚持"走出去"与"请进来"相互结合相互促进，通过开放合作提供发展新动能，使浙江省成为教育发展的前沿高地。为浙江省对中东欧国家采取的教育合作政策，涵盖浙江省对克罗地亚采取的教育合作政策。

在深化国际合作方面，《浙江省教育事业发展"十四五"规划》特别指出要深化与中东欧国家的教育合作，通过提升中国（宁波）中东欧教育交流活动的国际影响力，努力打造成为面向中东欧地区的教育合作新高地。同时，持续推动"千校结好"提升项目的深入实施，鼓励中小学校积极开展国际交流与合作，借鉴国际先进教育理念与实践经验，不断提升自身办学质量与水平。此外，还倡导深化友好城市间的教育合作，强化中外人文交流，加强中小学阶段的国际理解教育，培养学生的全球视野与人类命运共同体意识。

二是以合作平台为支点。浙江省与克罗地亚政府通过正式签署一系列的合作协议，明确教育合作的战略方向与目标，还通过定期的互访交流、学术研讨会及联合项目等多种形式，不断深化彼此间的理解与信任，为教育合作提供强有力的政策支持和制度保障，从而形成了多层面、多样化的合作交流平台。

- "一带一路"国家教育合作高峰论坛作为国际间教育交流的重要平台，覆盖教育资源共享、师生交流、联合科研、课程开发等多个维度，为双方教育领域的深度合作奠定坚实的基础。

- 中国—中东欧国家高校联合会（2014年9月22日启动），截至2024年5月，联合会成立十年来，共组织召开了8次联合会会议，成立了11个学科建设共同体，并开展教育能力建设项目、外交官中国行等活动，覆盖了人员流动、联合科研和学科建设等方面，取得了丰硕成果。

- "一带一路"工学院联盟（2019年10月10日成立）由宁波工程学院牵头发起，旨在联合"一带一路"沿线国家杰出工科大学和工科学院，搭建跨国、跨区域学生、教师、工程师、企业家开放合作平台，服务"一带一路"沿线国家工程、经济、教育信息的开放与共享，致力于开展国际工科人才培养和项目交流。

- 中国—中东欧国家职业院校产教联盟，自2022年成立以来，联盟致力于构建"八大平台"，包括职教合作、人文交流、创新创业、项目合作、技能大赛、标准共建、人才引培、经贸服务等领域。首批成员单位112家，其中来自14个中东欧国家成员单位57家。该联盟被纳入中国—中东欧国家合作框架，成为全国职教领域首个纳入合作框架的多边合作平台。

- 丝路联盟国际商务MOOC开发中心（2018年6月9日启动）作为双方在数字化教育资源建设上的创新合作，旨在通过开发高质量的在线课程，促进全球教育资源的互联互通与共享。

- 中国（宁波）—中东欧企业家教授联盟（2018年6月9日启动）搭建了一个跨界融合的交流平台，汇聚企业界与学术界的智慧与力量，共同探索教育与产业融合的新路径。

- 中国（宁波）—中东欧城市基建教育与投资合作研究平台（2018年6月9日启动）汇聚双方在城市基础设施建设、工程管理、投资规划等领域的专业力量，致力于通过教育与投资的双重驱动，促进中国与中东欧国家在城市化进程中实现优势互补、互利共赢。通过举办研讨会、培训项目、联合研究等多种形式，推动双方在基础设施建设领域的深度合作，共同应对城市化挑战，促进区域经济的可持续发展。

三是以高校合作为抓手。浙江省内多所高校与克罗地亚高校建立紧密的合作关系，包括师生交流、科研合作、联合培养等多个方面。浙大宁波理工学院积极践行教育国际化的战略愿景，携手克罗地亚享有盛誉的萨格勒布大学基于共同的发展理念与科研追求，在新材料科学、新能源技术、前沿分析方法及机器人工程等多个高科技前沿领域，展开多层次、宽领域的合作研究与教育交流。

浙江省工商职业技术学院与克罗地亚安吉布拉大学签署合作协议，不仅标志着双方在教育领域合作的正式开启，更是为两校师生搭建一个广阔的国际交流平台。通过多次精心策划的师生交流活动，这种合作超越传统的课堂教学范畴，深入到实验室科研合作、文化沉浸体验等多个层面。实验室合作中，双方师生携手攻克技术难题，共同探索科研新领域，促进学术研究的国际化与前沿化。而丰富多彩的文化体验活动，则让师生们在轻松愉快的氛围中深入了解对方国家的风土人情、历史传统与现代文化，极大地拓宽国际视野，增强跨文化交流的能力与信心。

浙江省万里学院与克罗地亚萨格勒布经管学院两校通过签署合作协议，共同推出联合培养项目，这一创新举措实现教育资源的优化配置与深度整合。在联合培养计划的框架下，两校共同制定人才培养方案，确保课程内容的互补性与连贯性，并实现课程互认与学分转换的便捷机制。学生有机会在两所知名学府分别学习一段时间，体验不同的教育环境与学术氛围，最终获得双方学位或双学位，这无疑是对他们学术能力与国际视野的双重肯定。这种培养模式不仅极大地提升学生的国际竞争力，为他们未来的职业生涯奠定坚实的基础，同时也促进双方教育资源的深度融合与共享，为两国教育事业的繁荣发展注入新的活力与动力。

浙江大学金华研究院①架起中克友谊桥梁，共促国际科技合作。2023年7月10日，浙江大学金华研究院与克罗地亚萨格勒布创新中心成功举

---

① 浙江大学金华研究院是由金华市人民政府与浙大共建的地方性新型科研机构，成立于2021年9月24日。以其独特的"创新驱动为核心、企业需求为牵引、资金扶持为催化"的发展理念，已成为政产学研深度融合的典范。

办线上交流会，双方就共同关心的科研项目合作、科技成果转化等议题进行深入而富有成效的探讨，并达成多项共识。特别是在干细胞生长的关节手术医疗器械、大健康产品等前沿领域，双方将携手开展深度合作，共同探索新技术、新产品、新应用，以期为全球医疗健康事业带来革命性的变革。此合作项目的实施，不仅将有力推动相关领域的科技进步，促进新技术、新产品的不断涌现，同时也将为中克两国教育水平的提升注入新的动力。通过共同参与国际科研项目、分享科研成果与经验，两国的教育工作者与科研人员将不断深化对彼此教育体系、科研环境的理解与认识，从而推动双方在人才培养、学科建设等方面的交流与合作迈上新的台阶。

四、浙江省与克罗地亚教育产业合作成效

随着中克两国在教育科研领域的合作日益深化，浙江省与克罗地亚在教育合作领域积极探索联合办学、师生互换、科研项目合作等多元化合作模式，旨在构建全方位、多层次的教育合作体系。这些举措不仅丰富教育合作的内涵，也为两国乃至全球的教育发展注入新的活力与动力，共同推动构建人类命运共同体背景下的教育交流与合作新格局。

1. 教育资源优化配置与教学质量全面跃升

中克教育合作平台的构建，犹如一座精心雕琢的桥梁，横跨地域界限将浙江省与克罗地亚的教育资源紧密相连，开启一场前所未有的资源优化配置与共享盛宴。这一平台实现课程资料、先进教学设施及卓越师资力量的无缝对接。这种跨区域的资源整合，不仅避免资源的重复建设与浪费，还使得优质教育资源得以在更广泛的范围内流通与应用，极大地提高教育资源的利用效率。通过共享图书馆资源、在线教学平台、科研数据库等，学生们能够接触到更加多元、前沿的知识体系，教师们也能在交流互鉴中不断提升自身的教学与科研能力。

随着合作的日益深化，有助于加速双方教育体系的整体优化与升级，促使教育机构积极响应全球教育发展的趋势与挑战，不断优化课程体系设置，创新教学方法与手段，并构建更加科学、全面的教育评价体系，从而助力于培养更多具备创新精神、实践能力和国际竞争力的高素质人才，以满足日益变化的社会需求。

2. 教育国际化进程加速

浙江省与克罗地亚之间合作关系的日益深化，无疑为双方教育国际化的宏伟蓝图添上浓墨重彩的一笔,成为推动两地教育跨越国界、融合发展的重要引擎。这一合作不仅标志着两国在教育理念、资源共享、人才培养等多个层面上的深度融合,更预示着双方在全球教育版图上地位的显著提升。

随着教育合作的逐步加深,浙江省与克罗地亚在国际教育领域的互动愈发频繁且多元化。双方通过定期举办高层次国际教育论坛,汇聚全球教育精英,共同探讨教育创新、质量提升及国际化路径等前沿议题,为双方乃至全球教育体系的未来发展贡献智慧与方案。同时,丰富多彩的文化节、艺术展览等交流活动,不仅为两地学生搭建跨文化交流的桥梁,促进语言学习、文化理解和友谊的深化,还向世界生动展现浙江省的悠久历史、现代风貌以及克罗地亚的独特文化魅力,进一步增强双方在国际舞台上的文化软实力。

此外,合作的深化还带来双方在教育标准、质量认证体系等方面的深度对接与互认。这意味着两国的学生和学者在对方国家求学或交流时,能够享受到更加便捷、高效的服务与支持,减少因制度差异带来的障碍,极大地促进国际学生的双向流动与学术研究的国际合作。这种制度性的合作机制,不仅为两国青年学子提供更加广阔的国际视野和成长空间,也为提升双方在全球教育领域的竞争力和影响力奠定坚实基础。

3. 助力双方经济稳健增长

教育合作作为深化人力资源开发与促进技术创新的桥梁,显著提升双方教育体系的质量与效能。这一合作机制不仅孕育更多具备丰富专业知识与精湛技能的高素质人才,还着重培养他们的跨文化沟通能力与国际视野,确保这些未来精英能够无缝对接全球化经济环境,迅速融入并引领劳动力市场的变革,成为推动区域经济稳健增长不可或缺的中坚力量。

同时,教育合作在科研领域的深入交融,极大地促进双方的技术创新步伐与产业升级进程。通过携手开展前沿技术的联合研发与新产品的共创,企业界不仅实现技术实力的飞跃,还成功提升市场竞争力,推动产业结构的优化与转型,为双方经济的持续繁荣与增长注入强劲动力。

浙江省与克罗地亚双方在国际合作项目的探索,特别是涉及新能源、新材料、生物医学等全球前沿科技领域的合作,能促进科研资源的跨国界整合,加速科技成果的转化与应用,为全球科技进步贡献中国浙江省与克罗地亚的智慧与力量。

第二节
浙江省与克罗地亚文化产业合作

一、浙江省与克罗地亚文化产业合作基础

（一）浙江省文化产业概况

1. 浙江省文化产业规模

根据浙江省文化部门统计数据显示（如表9-5所示），2012—2022年，浙江省电影放映单位、艺术表演团体、文化馆与站、公共图书馆及博物馆的数量均呈现出稳步增长的态势。特别是近年来，文化产业的繁荣促进这些机构数量的显著增加。电影放映单位数量从2012年的196个迅速增长至2022年的845个，反映电影市场的蓬勃发展和民众观影需求的增加；艺术表演团体数量虽略有波动，但总体保持稳定，表明传统艺术表演形式依然受到重视；文化馆与站的数量在逐年调整中略有下降后回升，稳定在1 400多个，为公众提供丰富的文化活动空间；公共图书馆数量稳步增长，从2012年的97个增加到2022年的103个，显示出对公共阅读和文化传播的重视；尤为显著的是，博物馆数量增长迅速，从2012年的103个猛增至2022年的161个，表明国家和社会对文物保护、展示及文化传播的重视的提升。详见表9-5。

表9-5　　2012—2022年文化部门文化、艺术、文物机构数　　单位：个

年份	电影放映单位	艺术表演团体	文化馆、站	公共图书馆	博物馆
2012	196	65	1 447	97	103
2013	263	60	1 432	98	103
2014	325	57	1 420	98	105
2015	418	57	1 417	100	108
2016	520	59	1 466	102	111
2017	650	59	1 472	101	117
2018	725	58	1 475	103	119

续表

年份	电影放映单位	艺术表演团体	文化馆、站	公共图书馆	博物馆
2019	755	59	1 464	103	143
2020	737	59	1 446	104	158
2021	810	62	1 451	103	161
2022	845	60	1 463	103	161

资料来源：浙江省统计局。

2023 年，浙江省的"文化浙江省建设"结出硕果。良渚古城遗址成功申遗，24 个项目入选第五批国家非遗名录、实现"五连冠"；基本公共文化服务设施实现五级全覆盖；全国文明城市、全国双拥模范城创建实现设区市"满堂红"；文旅加速融合发展，景区村、景区镇、景区城覆盖率分别达 57%、57% 和 70%。

浙江省报纸和杂志的出版数量在近年来保持相对稳定，尽管总印量和总印张略有下降。具体来看，报纸种类连续三年保持在 66 种，其中综合报和专业报各占一定比例，但综合报的印量和印张远高于专业报，显示出综合报在浙江省报纸市场中的主导地位。然而，无论是综合报还是专业报，其总印量和总印张均呈现出逐年递减的趋势，从而反映出数字阅读对传统纸质媒体的影响。在杂志方面，种类数量连续三年稳定在 236 种，涵盖综合、哲学、社会科学、自然科学技术、文化教育和文学艺术等多个领域。尽管杂志种类数量未变，但总印量和总印张在不同领域间有所波动。哲学、社会科学类杂志的印量和印张保持相对稳定，而文化教育类杂志则占据较大的印量和印张份额，显示出公众对文化教育内容的持续需求。自然科学技术类杂志的印量和印张也相对稳定，反映科学技术信息在杂志出版中的重要性。详见表 9-6。

表 9-6　　　　　　报纸和杂志出版数量

项目	种数（种）			总印量（万册、万份）			总印张（千印张）		
	2020 年	2021 年	2022 年	2020 年	2021 年	2022 年	2020 年	2021 年	2022 年
报纸	66	66	66	181 008	168 076	164 095	5 207 065	4 917 538	4 759 273
综合报	42	42	42	152 480	141 581	138 552	4 704 653	4 449 802	4 325 342
专业报	16	16	16	20 764	19 154	18 684	370 701	343 923	329 671
其他	8	8	8	7 764	7 341	6 859	131 711	123 813	104 260

续表

项目	种数（种）			总印量（万册、万份）			总印张（千印张）		
	2020 年	2021 年	2022 年	2020 年	2021 年	2022 年	2020 年	2021 年	2022 年
杂志	236	236	236	6 430	6 342	6 176	298 580	291 821	294 495
综合	21	20	20	21	21	21	1 355	1 341	1 348
哲学、社会科学	49	49	49	1 640	1 655	1 662	94 814	94 264	96 207
自然科学技术	118	118	118	364	361	362	22 818	23 912	23 780
文化教育	31	32	32	4 169	4 053	3 905	167 713	159 512	162 007
文学艺术	17	17	17	235	253	225	11 880	12 793	11 153

资料来源：浙江省统计局。

浙江省图书出版数量在近两年内呈现出稳步增长的态势。2022 年，浙江省出版的本版图书种数达到 16 415 种，相较于 2021 年有所增加，显示出图书出版的活跃度和多样性。尽管租型图书种数略有减少，但总印数和总印张均实现显著增长，分别达到 50 803 万册和 4 162 212 千印张，表明图书市场的整体规模在不断扩大。在图书分类上，文化、科学、教育、体育类图书占据最大的比重，无论是图书种数还是印数和印张都远高于其他类别，反映出浙江省在文化教育领域的深厚底蕴和市场需求。文学和艺术类图书也保持一定的增长，体现公众对精神文化生活的追求。哲学、社会科学总论以及自然科学总论类图书虽然种数相对较少，但在知识传播和学术研究方面仍发挥着重要作用。值得注意的是，使用《中国标准书号》的图书占据绝大部分市场份额，表明浙江省图书出版业在标准化、规范化方面取得显著成效。详见表 9 – 7。

表 9 – 7　　　　　　　　　　图书出版数量

项目	本版图书种数（种）		租型图书种数（种）		总印数（万册、万份）		总印张（千印张）	
	2021 年	2022 年	2021 年	2022 年	2021 年	2022 年	2021 年	2022 年
图书总计	16 211	16 415	397	385	51 000	50 803	3 897 535	4 162 212
使用《中国标准书号》部分合计	16 126	16 371	397	385	50 939	50 768	3 893 175	4 158 970
哲学	127	169			108	137	14 513	18 377
社会科学总论	269	294			147	151	19 943	17 785

续表

项目	本版图书种数（种）		租型图书种数（种）		总印数（万册、万份）		总印张（千印张）	
	2021年	2022年	2021年	2022年	2021年	2022年	2021年	2022年
文化、科学、教育、体育	8 658	8 319	389	379	42 598	41 314	3 103 638	3 239 526
文学	2 238	2 450			3 700	3 629	340 945	353 779
艺术	1 893	1 854			1 104	1 235	95 991	94 904
自然科学总论	41	50			18	23	3 739	3 918
不使用《中国标准书号》部分合计	85	44			61	35		

资料来源：浙江省统计局。

浙江省电视节目制作情况在2016—2022年保持稳定增长与局部调整的趋势。省市级电视台数量及电视节目套数基本维持稳定，而电视发射台及转播台数量逐年增加，为更广泛的观众群体提供覆盖。播出时间虽有小幅波动，但总体保持在高水平，显示出浙江省电视节目的持续生产和播出能力。在节目类型上，新闻资讯节目和专题服务节目占据较大的播出比例，反映出浙江省电视台对信息传递和社会服务的重视。影视剧节目则一直是观众喜爱的重点，其播出时间始终保持在较高水平。综艺益智节目虽然播出时间有所减少，但仍保持一定的市场份额。广告节目播出时间有所波动，但总体稳定。其他节目类型则根据市场需求和观众喜好进行相应的调整。电视人口覆盖率逐年提升，接近百分之百，表明浙江省电视信号已经深入千家万户，为公众提供便捷的收视服务。然而，有线电视实际用户数却呈现出逐年下降的趋势，这可能与流媒体服务、网络电视等新兴媒体的兴起有关。详见表9-8。

表9-8　2016-2022年浙江省电视节目制作基本情况

项目	2016年	2017年	2018年	2019年	2020年	2021年	2022年
省市级电视台（座）	12	12	12	12	12	12	12
电视节目套数（套）	118	116	116	116	116	117	116
电视发射台及转播台（座）	164	168	180	186	190	188	186

续表

项目	2016年	2017年	2018年	2019年	2020年	2021年	2022年
播出时长（小时）	755 972	740 705	744 396	738 453	706 896	724 133	710 932
新闻资讯节目	116 754	115 792	116 054	114 860	110 315	105 834	104 018
专题服务节目	104 435	107 359	113 963	112 319	104 475	103 435	104 486
综艺益智节目	36 906	36 350	34 420	31 124	24 339	24 289	23 470
影视剧节目	305 808	289 295	288 290	293 763	300 736	307 599	300 684
广告节目	119 556	119 209	122 085	114 962	106 847	111 348	111 149
其他节目	72 511	72 699	69 581	71 425	60 184	71 628	67 125
电视人口覆盖率（%）	99.72	99.75	99.80	99.82	99.84	99.86	99.88
有线电视实际用户数（万户）	1 526.08	1 419.56	1 434.67	1 346.73	1 321.40	1 304.10	1 251.45

资料来源：浙江省统计局。

浙江省广播节目制作情况在2012—2022年保持相对稳定的发展态势。省市级广播电台和广播节目套数基本维持不变，表明广播基础设施和服务体系较为稳固。中短波广播发射台和转播台数量略有波动，但整体变化不大。县级广播电视台数量也保持稳定，并在2022年略有增加，反映出广播在地方层面的持续覆盖。广播人口综合覆盖率逐年提升，接近百分之百，显示出浙江省广播在人口覆盖上的广泛性和深入性。全年公共广播节目播出时间保持在高水平，虽然存在小幅波动，但总体稳定，为听众提供丰富的广播内容。从节目类型来看，新闻咨讯类、专题服务类、综艺类、广播剧类、广告类和其他类节目构成广播节目的主要框架。新闻咨讯类节目播出时间较为稳定，是广播节目的重要组成部分。专题服务类节目和综艺类节目播出时间有所波动，但整体上仍保持较高的播出量，满足听众的多样化需求。广播剧类节目播出时间有所减少，但仍在一定范围内波动。广告类节目播出时间相对稳定，为广播机构提供重要的收入来源。详见表9-9。

表 9-9　2015—2022 年浙江省广播节目基本制作情况

项目	2015 年	2016 年	2017 年	2018 年	2019 年	2020 年	2021 年	2022 年
省市级广播电台（座）	12	12	12	12	12	12	12	12
广播节目套数（套）	113	113	112	112	112	112	112	112
中短波广播发射台和转播台（座）	37	36	38	33	36	36	36	37
县级广播电视台（个）	66	66	66	66	66	66	66	67
广播人口综合覆盖率（%）	99.60	99.65	99.68	99.73	99.73	99.77	99.79	99.81
全年公共广播节目播出时长（小时）	761 835	778 581	770 768	770 765	768 027	773 410	772 275	766 322
新闻咨讯类节目	157 933	168 162	160 904	156 898	150 880	155 532	153 899	156 283
专题服务类节目	185 974	179 690	163 848	162 958	162 024	172 024	173 879	181 425
综艺类节目	175 431	175 715	187 907	182 589	177 913	173 677	169 276	166 556
广播剧类节目	28 619	26 689	21 678	24 301	18 988	20 314	22 035	19 945
广告类	77 091	78 293	78 198	83 128	84 590	76 684	76 733	77 502
其他类节目	136 787	150 032	158 233	160 891	173 632	175 179	176 453	164 611

资料来源：浙江省统计局。

2. 浙江省文化产业的发展特点

敢为人先的浙江省人，从 2003 年的文化体制改革破冰之举到现在，全省文化产业增加值占 GDP 比重从 3.8% 增长至 7.02%，打造出许多全国知名的典型。

（1）文化遗产绽放活力

浙江省坚持不懈，以文化基因解码工程为笔，数字化技术为墨，为文物与文化遗产的保护与利用注入新活力。勇于开拓，率先实践传统村落的联动保护与发展新模式，让古老村落焕发新生机。随着西湖、中国大运河、良渚古城遗址相继申遗成功，不仅标志着这些璀璨的文化遗产得到国际认可，更开启它们保护、传承与创新发展的新纪元。浙江省乘势而上，深化历史文脉的延续行动，精心擦亮浙江省作为历史文化高地的金色名片，让这份厚重的历史底蕴更加熠熠生辉。同时，积极推动文化遗产保护传承的体制机制改革，力求在创新中寻求突破，为文化的传承与发展注入不竭动力。中国历代绘画大系项目，以"久久为功"之毅力，汇聚中华传世名画的精华于一"系"之中，成为连接古今、沟通中外的文化桥梁。而浙江省文化研究工程，则如同挖掘机一般深入文化的深层，让古老的文化宝藏历久弥新，绽放出更加耀眼的光芒。

（2）媒体融合成效显著

通过精心布局与创新实践，浙江省成功构建了省级层面的重大传播平台体系，形成了独具特色的"两平台一大脑"传播生态格局。这一布局不仅强化了信息的聚合力与传播力，还极大地丰富了内容呈现形式与渠道。其中，"浙江省宣传"微信公众号的设立，成为连接政府与民众、传播浙江省声音的重要窗口，通过高质量的内容生产与精准推送，有效提升了浙江省故事的传播力与影响力。同时，传播大脑科技公司的成立，标志着浙江省在媒体技术融合与创新方面迈出坚实步伐，以科技赋能媒体，推动传播手段与方式的现代化转型。

在内容创新方面，"潮新闻"与"Z视介"两大品牌应运而生，它们以独特的视角、生动的形式，讲述着浙江省的时代变迁与发展成就，吸引广大受众的关注与喜爱。特别是"第一视点"专栏的开设，更是聚焦浙江省发展的热点与亮点，以深度报道和权威解读，拓宽讲好浙江省故事的维度与深度。

（3）公共文化体系完善

全省范围内精心布局，成功构建近1.2万个"15分钟品质文化生活圈"，这一创举极大地丰富城乡居民的精神文化生活，让高品质的文化体验触手可及。并致力于打破地域界限，通过创新推进乡村博物馆、城市书房、文化驿站等"小而美"的新型公共文化空间建设，不仅为乡村注入文化活力，也实现城市文化资源的有效下沉，促进城乡文化发展的均衡与一体化。在此过程中，农村文化礼堂作为乡村文化振兴的重要载体，得到广泛的推广与建设。截至目前，全省已建成2万余个农村文化礼堂，实现对500人以上行政村的全面覆盖。这些文化礼堂不仅成为村民举办文化活动、传承乡土文化的场所，更是连接乡村与城市、传统与现代的桥梁，为乡村振兴注入强大的文化动力。

（4）文艺精品百花绽放

浙江省在推动文化艺术繁荣发展方面迈出坚实步伐，通过建立健全浙江省文化艺术发展基金的运行管理机制，为文化艺术项目提供强有力的资金保障与制度支持。在这一框架下，浙江省创新性地实施重大文艺创作项目的"揭榜挂帅"机制，鼓励并吸引国内外优秀文艺创作团队积极参与，共同打造文化精品。热播电视剧《狂飙》与环境式越剧《新龙门客栈》

等，正是在这一机制下诞生的杰出代表性作品，它们不仅赢得市场的广泛认可，也展现浙江省文化艺术的高水平与创新力。为进一步推动文化艺术产业的集聚与发展，浙江省还着力建设中国网络作家村、之江编剧村等重大平台。这些平台不仅为网络文学与影视编剧提供良好的创作环境与资源支持，还促进创作人才之间的交流与合作，推动文化艺术产业的跨界融合与创新发展。通过这些平台的打造，浙江省正逐步构建起一个集创作、生产、传播、消费于一体的文化艺术生态系统，为文化艺术的繁荣发展注入了新的活力与动力。

(5) 文旅融合加快推进

浙江省深入实施文旅深度融合工程，以深化文旅融合改革试验区创建为突破口，不断探索文旅融合的新路径、新模式。这一战略举措取得显著成效，2024年全国县域旅游综合实力百强县的榜单中，浙江省独占35席，连续六年稳居全国榜首，彰显浙江省文旅融合的强大生命力和广阔发展前景。为进一步巩固和扩大这一优势，浙江省出台了《浙江省文旅深度融合工程实施方案（2023—2027年)》，为未来五年的文旅深度融合发展绘制蓝图。该方案明确文旅融合的目标任务、重点举措和保障措施，旨在通过政策引导、项目带动、科技赋能等手段，推动文化旅游产业高质量发展，实现文化旅游资源的优化配置和共享共赢。同时，浙江省还积极推动丝绸、文房四宝、青瓷、宝剑等历史经典产业的振兴发展。这些产业不仅承载着丰富的历史文化内涵，也是浙江省文化旅游的重要资源和特色亮点。通过挖掘和传承这些产业的文化价值，结合现代设计理念和技术手段，打造一批具有鲜明地域特色和时代气息的文化旅游产品，进一步丰富浙江省文旅融合的内涵和外延。

(6) 文化数字建设迈进

浙江省在推动文化科技深度融合的进程中，一系列重点项目如红色基因库、中国新时代文学大数据中心、数字诗路文化体验馆、影视文化在线等被加速推进，旨在利用现代科技手段保护和传承中华优秀传统文化，同时激发文化创新活力。这些项目不仅丰富文化资源的展现形式，还提升文化传播的效率和影响力。同时，杭州、宁波、横店这三个文化重镇，以及包括浙报传媒、大丰实业、宋城演艺、网易云音乐等在内的十家优秀企业，凭借其在文化科技融合领域的杰出贡献和创新实践，共同荣获"国家文化和科技融合示范基地"的殊荣。这一荣誉不仅是对这些单位在促进文化与科技深度融合方面所取得成就的肯定，更是对它们未来继续引领文化科技创新发展、推动文化产业转型升级的期许。

（二）克罗地亚文化产业概况

1. 克罗地亚文化产业规模

在20世纪60—70年代，克罗地亚文化领域的职业化和创意的重要性开始得到克罗地亚当时所在国南斯拉夫政府的关注，被作为反映国家多民族特色的重要方面。得益于文化遗产的保护和文化权利的下放等一系列的利好政策，克罗地亚文化产业将进入发展的黄金时期，文化产业各个领域面临着前所未有的发展机遇。

（1）影视

克罗地亚电影工业拥有深厚的历史底蕴。尽管战乱曾一度中断电影在该国的发展，但克罗地亚人对电影的热爱却从未熄灭。自1896年南斯拉夫王国首次放映卢米埃尔兄弟的影片以来，电影便深深植根于克罗地亚人的生活之中。1917年，萨格勒布成立克罗地亚电影公司，并成功拍摄《布尔茨柯在萨格勒布》《玛季雅·古贝茨》等经典影片，确立电影作为该国最具影响力的艺术表现形式的地位。随着1946年南斯拉夫解放后电影制片厂的纷纷建立，包括萨格勒布亚德兰电影制片厂在内的众多机构，为克罗地亚电影业的繁荣奠定坚实基础。1991年克罗地亚独立后，尽管面临政治与经济的双重挑战，但电影人凭借不屈不挠的精神，迅速恢复生产，依托国家电视台 HRT 等平台，重振电影产业的活力。此外，近21年间，克罗地亚广播及电视使用人数逐年增加，分别从2003年的116.79万人和109.47万人增至2023年的140.19万人和125.42万人，增幅不大。见图9-5。

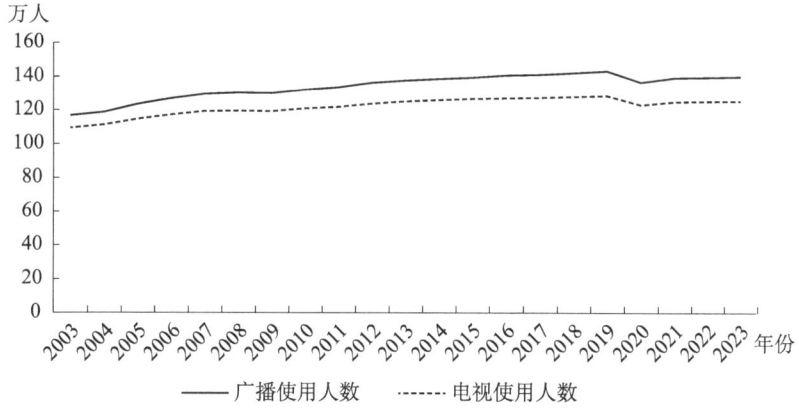

图9-5　2003—2023年克罗地亚的广播及电视使用人数

（2）展会

2021 年，克罗地亚共举办展会 76 场，展位数 34 461 个，共计 246.6 万人参加。2008—2023 年期间，2023 年，克罗地亚举办的展会场次和展位数是自 2008 年来最多的一次，共计 113 场，45 740 个展位数，参加的人数达 388.1 万人。详见表 9-10。

表 9-10 2008—2023 年克罗地亚的展会情况

项目	2008 年	2009 年	2010 年	2011 年	2012 年	2013 年	2014 年	2015 年
展会场次（场）	81	75	72	78	77	74	67	78
展位数（个）	34 201	31 936	31 023	37 840	36 355	36 066	33 310	34 998
参展人数（名）	3 282 900	3 523 873	3 355 313	3 558 049	4 064 350	4 156 674	4 079 522	4 347 959
项目	2016 年	2017 年	2018 年	2019 年	2020 年	2021 年	2022 年	2023 年
展会场次（场）	70	71	77	75	75	76	79	113
展位数（个）	32 864	34 577	35 792	34 720	34 303	34 461	36 204	45 740
参展人数（名）	4 531 922	4 813 538	4 859 686	5 026 447	1 503 306	2 466 331	3 158 507	3 880 772

资料来源：根据克罗地亚统计局数据，作者整理绘制而成。

（3）各类演出

2021 年度，克罗地亚共举行剧院和管弦乐队/合奏团的表演 9 253 场，音乐会 573 场。2008—2022 年，克罗地亚剧院和管弦乐队/合奏团的表演有近一半是在首都萨格勒布市举办；音乐会更多，占比高达 70% 左右。可以看出，萨格勒布作为克罗地亚政治和文化中心的地位。详见表 9-11。

表 9-11 2008—2022 年克罗地亚的各类演出情况

年份	类别	克罗地亚全国（场次）	首都（场次）	占比（%）
2008/2009	剧院和管弦乐队/合奏团的表演	7 388	3 497	47.33
	音乐会	590	450	76.27
2009/2010	剧院和管弦乐队/合奏团的表演	9 351	4 928	52.70
	音乐会	585	457	78.12
2010/2011	剧院和管弦乐队/合奏团的表演	9 489	5 045	53.17
	音乐会	570	438	76.84
2011/2012	剧院和管弦乐队/合奏团的表演	9 057	4 984	55.03
	音乐会	482	354	73.44

续表

年份	类别	克罗地亚全国（场次）	首都（场次）	占比（%）
2012/2013	剧院和管弦乐队/合奏团的表演	11 027	5 976	54.19
	音乐会	545	390	71.56
2013/2014	剧院和管弦乐队/合奏团的表演	11 274	5 965	52.91
	音乐会	887	608	68.55
2014/2015	剧院和管弦乐队/合奏团的表演	11 340	5 770	50.88
	音乐会	887	610	68.77
2015/2016	剧院和管弦乐队/合奏团的表演	11 828	6 018	50.88
	音乐会	842	581	69.00
2016/2017	剧院和管弦乐队/合奏团的表演	12 384	6 369	51.43
	音乐会	725	533	73.52
2017/2018	剧院和管弦乐队/合奏团的表演	12 725	6 729	52.88
	音乐会	817	570	69.77
2018/2019	剧院和管弦乐队/合奏团的表演	12 614	6 560	52.01
	音乐会	751	559	74.43
2019/2020	剧院和管弦乐队/合奏团的表演	8 861	4 228	47.71
	音乐会	528	375	71.02
2020/2021	剧院和管弦乐队/合奏团的表演	5 336	2 950	55.28
	音乐会	439	323	73.58
2021/2022	剧院和管弦乐队/合奏团的表演	9 253	4 559	49.27
	音乐会	573	439	76.61
2022/2023	剧院和管弦乐队/合奏团的表演	11 277	5 851	51.88
	音乐会	694	482	69.45

资料来源：根据克罗地亚统计局数据，作者整理绘制而成。

（4）图书馆

2021年克罗地亚共有图书馆1 760座，馆藏3 337.2万册，经常使用人数达116万人，就业人员4 065人。

（5）博物馆

克罗地亚同时以其丰富多样的博物馆资源而著称。2021年，克罗地亚共有126座博物馆，就业人数为1 684名，接待游客132万人[①]。其中，

---

① 数据来源克罗地亚国家统计局。

首都萨格勒布市拥有近 25 座博物馆，占近 20%，故享有"博物馆之城"的美誉，汇聚众多文化与历史的瑰宝。详见表 9-12。

表 9-12　　　　　　　　　　克罗地亚的主要博物馆

博物馆类型	主要博物馆
历史博物馆	克罗地亚历史博物馆
城市博物馆	萨格勒布博物馆、奥西耶克博物馆、斯普利特博物馆、杜布罗夫尼克博物馆
艺术博物馆	克罗埃西亚业素人艺术博物馆、扎格瑞布美术馆、斯拉沃尼业博物馆、斯普利特美术馆、梅什特罗维奇美术馆、萨格勒布萨当代艺术博物馆、艺术和工艺品博物馆
考古博物馆	克罗地亚考古文物博物馆、奥西耶克考古学博物馆、萨格勒布考古学博物馆

建于 1836 年的考古博物馆是萨格勒布最古老的博物馆，以其悠久的历史和深厚的底蕴成为探索克罗地亚古代文明的重要窗口，是萨格勒布乃至整个克罗地亚最为知名的考古研究机构之一。藏品多达 45 万件，充分展现了克罗地亚从古至今的历史。

成立于 1907 年的市博物馆则集中展示了萨格勒布从罗马时期至今几百年间的历史，其馆藏涵盖公会收藏、教会收藏、战争收藏等诸多领域。

萨格勒布最有名的文化民俗类博物馆是艺术与手工艺博物馆及民族学博物馆。前者建立于 1880 年，收藏了 4—20 世纪的 10 万件工艺品，包括建筑、雕塑、铁制品、瓷器、玻璃制品等 10 余个品类，保存了克罗地亚大量珍贵的传统技艺和文化遗产。后者建立于 1919 年，馆内的收藏品多为克罗地亚各地区、各民族日常生活中所用的物品，分为服饰、小型木制饰品、陶器和枝编工艺、家居日常用品、乐器、传统饰品、纺织品等。藏品虽看似普通，却生动再现了克罗地亚人的生活，尤其是其丰富多彩的民族文化。

萨格勒布艺术类博物馆主要包括米马拉博物馆、斯特罗斯马约古代大师美术馆和稚拙艺术博物馆。米马拉博物馆藏有约 3 700 件艺术作品，其中不乏拉斐尔、乔尔乔内、卡拉瓦乔等大师的杰作；斯特罗斯马约古代大师美术馆收藏有 14—19 世纪欧洲画家的 4 000 多件绘画作品；而建立于 1954 年的稚拙艺术博物馆，则是克罗地亚规模最大、设施最现代化的当代艺术殿堂，集中展示了克罗地亚和外国艺术家的各种新奇作品。它不仅展示克罗地亚当代艺术的辉煌成就，也引领着艺术潮流的新风尚。

失恋博物馆成立于 2010 年，坐落于萨格勒布，以其独特的主题——收集并展示情侣分手后遗弃的礼物而吸引全球的目光。其创意之新颖，情感之真挚，不仅赢得公众的广泛共鸣，更在 2011 年荣获欧洲年度博物馆奖中的殊荣，彰显其独特的文化价值和社会意义。

此外，克罗地亚"博物馆之夜"作为该国一年一度的文化盛事，自 2005 年首次举办以来便深受民众喜爱。这一活动通常在每年 1 月的最后一个周五举行，届时，克罗地亚众多博物馆将免费向公众开放，为民众提供一次难得的近距离接触艺术、历史与文化的机会。经过十多年的发展，"博物馆之夜"已吸引超过 200 家博物馆的积极参与，成为克罗地亚文化生活中不可或缺的一部分。

2. 克罗地亚文化产业发展特点

克罗地亚，这个位于东南欧的璀璨明珠，不仅以其壮丽的自然风光和悠久的历史文化闻名于世，更在文化产业领域展现出独特的魅力和强劲的发展势头。近年来，克罗地亚的文化产业在国际舞台上的影响力不断提升。通过举办各种国际文化交流活动、参加国际文化展览和电影节等方式，克罗地亚向世界展示其独特的文化魅力和创新能力。同时，克罗地亚还积极参与国际文化合作与交流项目，与其他国家共同推动文化产业的繁荣发展。这些努力不仅提升克罗地亚文化在国际上的知名度和影响力，也为克罗地亚文化产业的国际化发展奠定坚实的基础。其文化产业的发展特点，可概括为深厚的历史底蕴、坚定的政策支持、丰富的自然与人文资源以及多元化的产业格局。

（1）深厚的文化历史底蕴

克罗地亚的文化产业深深植根于其悠久的历史之中。从 1896 年南斯拉夫王国首次放映电影，到 1917 年萨格勒布克罗地亚电影公司的成立，再到战后电影工业的迅速恢复，克罗地亚的电影工业见证国家文化的变迁与发展。此外，其丰富的文化遗产，如杜布罗夫尼克古城堡等，不仅是国家的骄傲，也是文化产业取之不尽的灵感源泉。这些历史元素为克罗地亚文化产业的发展奠定了坚实的基础，使其能够在传承与创新中不断进步。

（2）强劲的政策支持

克罗地亚政府对于文化产业的发展给予高度的重视和支持。通过制定明确的文化政策，如强调文化多元化、创作自由以及增加和多样化文化资金来源等，为文化产业的发展提供良好的政策环境。同时，政府还出台一系列投资优惠政策，鼓励国内外资本进入文化产业领域，推动文化产业的快速发展。这些政策的实施，不仅为文化产业注入新的活力，也为其在国际舞台上展现魅力提供有力保障。

（3）独特的自然与人文元素

克罗地亚拥有丰富的自然资源和人文资源，这些资源为文化产业的发展提供了得天独厚的条件。亚得里亚海沿岸的优美风光、1 000多个岛屿以及8个国家公园等自然景观，吸引无数游客前来观光旅游，带动文化旅游产业的繁荣。同时，克罗地亚还是欧洲拥有最多非物质文化遗产的国家之一，这些非物质文化遗产不仅丰富文化产业的内涵，也为其在国际市场上树立独特的品牌形象。

（4）多元文化产业格局

克罗地亚的文化产业呈现多元化的格局，涵盖电影、电视、广播、旅游、教育、艺术等多个领域。这些领域之间相互促进、相互融合，形成具有鲜明特色的文化产业体系。在电影工业方面，克罗地亚注重与数字技术相结合，提升电影制作的质量和水平；在旅游方面，则注重将文化遗产保护与文化旅游相结合，推动文化旅游产业的快速发展。此外，克罗地亚还积极推动文化产业与其他产业的融合创新，如将文化与科技、农业等领域相结合，创造出更多具有市场竞争力的文化产品和服务。

二、浙江省与克罗地亚文化产业政策

（一）浙江省文化产业政策

1. 浙江省对外文化合作政策

根据2021年浙江省文化和旅游厅印发的《浙江省旅游业发展"十四五"规划》，浙江省未来对外旅游业的发展目标与前景可以从中窥见。

（1）建设辐射全球的对外传播窗口

围绕"重要窗口"建设，大力创新对外传播理念，拓展对外传播渠道和载体，构建更具国际影响和浙江省特色的对外传播体系，多参与、多发声、展形象，讲好浙江省故事、中国故事。

打造对外传播精品。围绕"展形象"深耕传播内容，精心提炼和培育具有鲜明标识的对外传播名片和浙江省文化符号。全方位宣介习近平新时代中国特色社会主义思想在浙江省的生动实践，组织开展习近平总书记重要著作和相关主题图书海外合作翻译出版和宣传推介，策划推出一批面向海外受众的新媒体产品，做实做新做活理论外宣。实施浙江省好故事对外传播计划，实施精品图书多语种翻译推广工程，推进浙江省优秀传统文化海外传播工程，加强优秀传统文化经典的译介推广，做好物质文化遗产和非物质文化遗产的活态展示和国际推介，凸显中华优秀传统文化的当代价值和世界意义。

拓展文化走出去渠道。深化对外文化交流合作，加强文化交流机制和品牌建设，探索建立地方性国际传播中心，提升对外文化交流话语权。实施浙江省文化"出海计划"，推动影视、图书、动漫等优秀作品在海外传播。发挥政府间人文交流机制的平台和引领作用，支持举办友城论坛、市长论坛、青年论坛等活动，支持中外青年高端人才培养、双向留学、职业教育、创新创业等方面的人文交流合作，拓展建设"西泠学堂"。以"一带一路"建设为统领，推进区域文化交流合作机制多元化。支持中非文化合作交流示范区、浙江省（青田）华侨经济文化实验区建设。发挥浙江省侨务大省资源优势，推广海外传播官、海外宣讲团、民间文化大使等对外文化传播模式，发挥浙江省自由贸易试验区在推动文化走出去方面的平台作用。实施海外文化市场拓展计划，培育外向型文化旅游企业，鼓励和引导有实力的民营互联网企业、电商平台等拓展海外市场、传播中国文化。推进对外文化交流重大平台建设，办好亚洲艺术节，打响丝绸之路文化周品牌，举办诗路文化国际峰会、和合文化国际论坛。用好2022年杭州亚运会、亚残运会契机，做好"家门口"的文化外宣。

构建多元化国际传播体系。加强互联网传播能力建设，创新智能移动对外传播渠道，巩固拓展海外社交媒体阵地，深化"美丽浙江省"国际传播矩阵建设。统筹发挥新闻网站、网信企业、头部平台、网民群体等各类力量作用，打造网络传播出海联盟。建设国际传播媒体集群，办好浙江省广电集团英语频道、"天目"新闻英文频道、杭州英文电台，推动省市主流媒体开展多语种外宣。鼓励网络视听平台、短视频平台拓展海外市场，加快推进海外社交平台账号建设，打造区域性海外传播共同体。办好面向海外受众和境内外国人的外语传播平台，加强与境外传播机构的合作。重视发挥海外华文媒体作用，加强与海外主流媒体合作传播，举办国际合作传播论坛，建设国际人文交流基地和媒体合作交流平台。

（2）国际传播重点项目

新媒体国际传播平台。优化"印象浙江"英文网，扩大中国·浙江省英文网覆盖面，建立省级和市级联动的"1+11"英文网集群，建立一批媒体、高校、机构和个人海外社交账号，培育"国际网红"，打造现象级"爆款"产品。

"天目"新闻英文频道。面向在浙外国人，创新办好"天目"新闻英文频道，提供方便快捷、内容丰富、实用贴心的媒体服务，展示浙江省人文、山水、发展之美，提升"重要窗口"国际影响力。

浙江省广电集团英语频道。以在浙外国人为目标人群，利用全英文播报和4K高清播出，通过时政资讯、历史文化、政策服务等，构建符合外国人信息诉求与认知习惯的内容传播体系，提升浙江省国际影响力。

杭州英语电台。依托杭州广播主频率"杭州之声"，推出英文节目，打造城市国际传播平台，使之逐步成为外国友人走进杭州、认识浙江省、解中国的窗口。

国际人文交流基地。在全省范围遴选一批体现浙江省特色、代表中国形象、具有国际影响力的机构或单位，到2025年，建成50个承载国际交流合作、文化海外传播、国际形象塑造功能的国际人文交流基地。

2. 浙江省对中东欧文化合作政策

浙江省在中国——中东欧国家合作过程中扮演着十分重要的角色，浙江省与中东欧国家近年来在文化方面合作成果频出，并努力以"更广泛领域、更高层次和更多方位"为目标，积极拓宽合作领域。

（1）中国—中东欧国家博览会

中国—中东欧国家博览会作为创造合作交流机遇的平台，以"浙江省+主宾国经贸合作"为主题开展双边经贸互动，辅之以"人文交流周"为主题开展多边人文互动。在人文交流创新方面，浙江省政府联合商会等中东欧组织展开多边"人文交流周"，在两地分阶段举办高校合作洽谈会、青年人才创业交流会、记者圆桌会议、音乐节、电影节、美食节等多种人文活动，架起民心互通桥梁，加强直接互动频次，化解存在的认识误解和刻板印象。

（2）孔子学院与文化中心

浙江省与中东欧国家在文化领域建立广泛的联系，有关院校在捷克、塞尔维亚、罗马尼亚等国家建立孔子学院，传播中国文化，增进中东欧人民对中国的了解和认识。同时，在索非亚文旅部与宁波合作建立中国文化中心，为中东欧民众提供更多了解中国文化的窗口。宁波的高校还设立波兰、捷克等语言文化中心，并且与约 90 所中东欧国家的院校开展 100 多个合作项目。

（3）举办人文交流活动

2021 年 6 月 7—9 日，宁波老外滩举办舌尖上的相遇——中东欧美食与"诗画浙江·百县千碗"人文交流活动，来自中东欧各个国家的特色美食在这里汇聚，波兰的酸奶、塞尔维亚的葡萄酒和捷克的啤酒与宁波特色、浙江省小吃碰撞，更有诸多"大厨"在现场烹饪"异域佳肴"，让中东欧的概念走进浙江省的家家户户，助力浙江省与中东欧的文旅交流。

（4）深化中东欧文旅合作

在浙江省文化厅 2018 年工作要点中提到，2018 年浙江省文化厅立足浙江省特色，充分挖掘浙江省文化资源，拟订《"一带一路"文化交流合作行动计划（2018—2022 年）》，推动对外文化交流合作不断深化，全年实施对外文化交流 2 122 起。成功举办中国—中东欧国家非物质文化遗产保护专家级论坛等重大活动。组派 16 个艺术团，分赴 16 个国家的 30 座城市开展 96 场海外"欢乐春节"文化交流活动。承办文化和旅游部 2018 "汉学与当代中国"浙江省考察活动，22 个国家的中国问题研究专家和智库学者参加活动。

3. 浙江省对克罗地亚文化合作政策

（1）文化交流活动支持政策

浙江省政府及相关部门积极组织和资助与克罗地亚的文化交流活动，如"浙里有爱·万水千山'粽'是情"端午慰侨活动，这些活动在克罗地亚等地成功举办，不仅传递节日的问候，还促进中克两国的文化交流。并且通过提供资金、物资或技术支持，鼓励民间团体、企业和个人参与文化交流活动，推动文化交流活动的多样化和广泛性。除此之外，浙江省与克罗地亚共同搭建文化交流平台，如利用中国—中东欧国家博览会等平台，举办文化展览、演出、研讨会等活动，展示各自的文化成果，促进相互了解和认识。

（2）文化教育合作政策

浙江省积极推进与克罗地亚在语言教学与研究领域的合作，推动双方高校、研究机构在语言教学、翻译、文学研究等方面的合作与交流。通过互派留学生、教师、访问学者等方式，促进双方在语言教学与研究领域的深度合作。浙江省与克罗地亚在学历互认方面的合作也不断进行,为双方学生提供更多的留学机会和便利。设立奖学金项目,鼓励和支持优秀学生到对方国家深造,增进对彼此文化的了解和认同。

(3) 友好城市合作与建设政策

浙江省与克罗地亚近几十年来一直保持着良好的关系,不仅民间交流活动频繁,而且浙江省许多城市与克罗地亚的许多城市间都保留着良好的合作关系。浙江省与克罗地亚友好城市交流往来近几年取得傲人的成绩。2009 年 9 月 19 日,浙江省与克罗地亚伊斯特利亚省建立友好交流城市关系。2011 年 6 月 6 日,宁波市与克罗地亚里耶卡市建立友好城市关系,是近几年来浙江省内首座与克罗地亚建立友好城市关系的城市。在这之后,杭州市于 2014 年 10 月 16 日与克罗地亚斯普利特市建立友好城市关系,舟山紧随其后,于 2015 年 12 月 18 日与克罗地亚扎达尔市建立友好交流关系,湖州也于 2015 年和克罗地亚的卡日洛瓦兹市建立友好交流城市关系。详见表 9 – 13。

表 9 – 13　　　　浙江省与克罗地亚友好城市一览表

浙江省(城市)	克罗地亚(城市)	缔结时间	关系类型
浙江省	克罗地亚伊斯特利亚省	2009.09.19	友好交流
宁波市	里耶卡市	2011.06.06	友好城市
杭州市	斯普利特市	2014.10.16	友好城市
湖州市	卡日洛瓦兹市	2015.12.02	友好城市
舟山市	克罗地亚扎达尔市	2015.12.18	友好交流

资料来源:浙江省人民政府外事办公室(http://fad.zj.gov.cn/index.html)。

(二) 克罗地亚文化产业发展政策

克罗地亚,一个坐落在地中海东岸的迷人国度,不仅是自然美景的天堂,更是承载着千年历史与文化的璀璨宝库。它那蜿蜒的亚得里亚海海岸线,不仅勾勒出令人向往的地中海风光,更见证古罗马、拜占庭乃至中世纪诸王国的兴衰更迭。作为欧盟的一员,克罗地亚在推动文化产业的国际合作中展现出积极主动的态度,特别是与地理位置上相距甚远的国家,如东方大国中国,建立起稳固的文化桥梁,共同编织着跨文化交流的美丽篇章。

1. 克罗地亚本国文化发展政策

(1) 文化遗产保护与国际认可

克罗地亚政府深知其文化遗产的价值所在，因此投入大量资源与精力用于文化遗产的保护与传承。该国的文化遗产保护体系相当完善，设有专门的机构负责可移动与不可移动文化遗产的维护工作，包括古建筑、艺术品以及非物质文化遗产。在可移动文化遗产的保护方面，克罗地亚的博物馆和档案馆承担着至关重要的角色，它们不仅收藏着珍贵的文物，还通过展览、教育项目和学术研究，让公众深入解历史，激发对文化遗产的尊重和保护意识。不可移动文化遗产，如散布在克罗地亚各地的古城墙、教堂和宫殿，则由国家文化遗产保护机构进行严密监控和定期修缮，确保它们的真实性和完整性得以延续。

尤为瞩目的是，克罗地亚与联合国教科文组织（UNESCO）保持着密切合作，共同致力于文化遗产的保护与推广。克罗地亚的多个重要遗址已被列入世界文化遗产名录，其中最著名的包括杜布罗夫尼克古城——被誉为"亚得里亚海明珠"，以及特罗吉尔古城——有着"克罗地亚的小威尼斯"之称。这些世界文化遗产不仅成为克罗地亚的骄傲，也成为全球游客心中的旅游胜地，为克罗地亚带来巨大的国际声誉和经济效益，促进跨文化间的理解和尊重。

(2) 国际艺术节与文化交流

克罗地亚是国际艺术节的热土，每年都会举办一系列富有特色的文化活动，吸引着全球艺术家和观众的参与。例如，"萨格勒布动画电影节"作为全球历史最悠久的动画电影节之一，不仅展示动画艺术的多样性和创新性，还为动画创作者提供一个国际性的展示舞台。"斯普利特夏季音乐节"则是一场古典音乐与戏剧的盛宴，它在古老的城市背景下上演，营造出一种穿越时空的艺术享受。这些活动不仅丰富克罗地亚的文化生活，也促进不同文化之间的交流与融合，增强国际社会对克罗地亚文化的认知和欣赏。

(3) 教育合作与人才培养

克罗地亚的高等教育体系在文化管理和艺术史领域具有显著优势，与全球多所知名学府建立深厚的学术联系。克罗地亚的大学积极参与国际教育项目，不仅定期邀请国际学者来校讲学，分享最新的研究成果和实践经验，而且也鼓励本国学生赴海外留学，学习先进的文化遗产保护技术及文化管理理念。这种双向的教育交流机制，不仅提升克罗地亚在文化遗产保护和管理方面的人才质量，也促进国际间在文化政策制定与执行上的深度对话与合作，为克罗地亚在全球文化合作领域树立典范。

克罗地亚的文化产业合作政策旨在构建一个开放、包容、充满活力的文化交流平台。通过保护和弘扬文化遗产，举办丰富多彩的国际文化活动，以及深化教育领域的国际合作，克罗地亚正逐步成为全球文化合作的佼佼者，向世界展示着其独特的文化魅力和深远的国际影响力。

2. 克罗地亚对中国的文化合作政策

在深化与中国的文化合作框架下，克罗地亚正采取一系列措施，旨在促进两国间的人文交流与相互理解。教育与语言交流方面，双方致力于双向语言文化教学，包括在克罗地亚增设汉语课程，同时在中国推广克罗地亚语教学，这为学生提供解彼此国家文化、历史和社会的独特机会。此外，两国将实施教师交流项目，互派语言教师，以加深文化交流。学生双向流动也得到支持，通过设立奖学金计划和开发双学位及联合学位项目，推动高等教育的国际化，增强毕业生的就业竞争力，并建立学历学位互认框架，确保两国高等教育资格得到正式认可。

体育合作领域，两国政府体育部门、奥委会和体育单项协会之间加强交流，定期举行体育政策对话，分享管理经验，同时实施运动员和教练员的互访计划，特别是在双方有优势的体育项目上。联合训练营和比赛的组织，为两国运动员提供高水平的竞技环境，促进技术交流和友谊的建立。文化遗产与旅游合作则侧重于文化遗产保护的技术与经验共享，以及通过设立旅游信息中心和联合推广活动来提高两国作为旅游目的地的知名度，鼓励民众访问对方国家，体验不同文化和风景。

在"一带一路"倡议下，克罗地亚与中国将共同举办文化节和艺术节，展示两国丰富的艺术表现形式，同时支持学者和研究机构在历史、文化和经济议题上的合作研究，以及在基础设施建设和贸易项目中融入文化元素，如文化交流中心的建设，以促进更广泛的人文交流和理解。

3. 克罗地亚对浙江省的文化合作政策

浙江省与克罗地亚之间的文化合作是中克两国更广泛文化交流框架下的一个生动例证，不仅加深两地人民的相互理解与友谊，同时也为双方带来经济和社会的双重收益。浙江省在克罗地亚设立的经贸联络处，不仅加强两地的经济和贸易联系，同时也为文化合作搭建稳固的桥梁，促进能源、基础设施、旅游和农业等领域的合作。双方通过文化合作部长论坛等高级别会议，深入探讨深化文化合作的方式，其中包括在浙江省举办的论坛，展现两地在文化政策对话上的紧密联系。

浙江省与克罗地亚之间的旅游合作是文化交流的重要载体，双方设立旅游信息中心，为游客提供详尽的旅游信息与服务，鼓励两地民众亲身探索对方国家的自然景观和文化遗产，进一步加深相互之间的解与尊重。经贸代表团与商务论坛的组织，如浙江省贸促会率领的代表团访问克罗地亚，不仅强化两地的商业联系，也为文化互动提供契机。例如，由朱从玖副省长率领的代表团访问克罗地亚并参加中国（浙江省）—克罗地亚商务论坛，论坛上双方就旅游、石油、农业、物流、数字经济等领域的合作展开深入讨论，促进经贸与文化的融合。

艺术与表演交流是两地文化合作的亮点，克罗地亚艺术家马克西姆在浙江省的演出，不仅将克罗地亚的音乐魅力带到中国，也让克罗地亚观众有机会接触到来自浙江省的中国艺术，促进艺术形式的交流与创新。虽然具体细节未被详细记录，但可以合理推断，浙江省内的高等教育机构与克罗地亚的大学在学生交换、联合研究项目、学术会议等方面可能存在合作，这些教育与学术交流活动为深化两地文化理解、促进知识共享搭建平台。

浙江省与克罗地亚的合作在"一带一路"倡议的框架下获得新的动力。这一倡议鼓励基础设施、贸易和人文交流领域的合作，为两地文化合作开辟新的机遇和平台，进一步促进经济与文化的深度融合。浙江省与克罗地亚的文化合作涵盖经贸、旅游、艺术、教育等多个领域，这些合作不仅加深两地人民的相互解，丰富文化的多样性和内涵，同时也为双方带来实实在在的经济与社会收益，展现地方一级文化交流的活力与潜力。

三、浙江省与克罗地亚文化产业合作机制

2012年合作建立以来，在中国和中东欧国家领导人的共同关心和引领下，两国经贸人文交流合作取得积极进展。

（一）浙江省和克罗地亚文化合作的顶层设计

1. "一带一路"倡议框架

在"一带一路"倡议下，中国同"一带一路"国家坚持共商共建原

则，互利共赢，不仅给沿线国家的人民带来福祉，更推动世界朝着共同繁荣的方向发展。

克罗地亚佩列沙茨跨海大桥是"一带一路"合作下最有标志性的项目之一。克罗地亚佩列沙茨大桥的顺利通车，实现连接南北领土的夙愿，不仅仅是一座桥，在这座桥施工开始之后，周边许多当地企业承接设施加工等任务做到起死回生，更有许多的酒店、饭店在佩列沙茨大桥建设的带动下如火如荼的开展生意，更好地服务国内外旅客。

在"一带一路"倡议框架下设立的中东欧博览会已经连续四年在浙江省宁波举行。在宁波与中东欧各国朋友的共同努力下，两地旅游、人文、经济各领域的交往正在持续引向深入。

2. 双循环新发展格局

2020年，双循环的新发展格局被提出，其中指出要以国内大循环为主体，建设国内国际双循环的格局。而在双循环新格局的推进下，我国与中东欧合作往来更加密切。更密切的交流促进打造中国在区域合作的新形象，同时，也让中东欧国家走进更多人的心中，两地的人民愿意去往对方的国家进行旅游等人文交流，也让当地的企业、店家以更好的服务态度来服务游客。

3. "17+1"合作机制

"17+1合作"是根据中国同中东欧国家的共同愿望打造的跨区域合作平台。2012年，随着首次中国—中东欧国家领导人会晤在波兰华沙举行，中国—中东欧国家合作正式启动，共有16个国家加入。在2019年，随着希腊的加入，"16+1合作"扩容为"17+1合作"。

"17+1合作"自开始便在文化与旅游领域展开活动。2012年，即合作开始的第一年就在上海中国国际旅游交易会期间举行了中东欧国家旅游产品专场推介会。2015年为"中国—中东欧国家旅游合作促进年"，举行了中国—中东欧国家旅游合作促进年启动仪式、第二次中国—中东欧国家旅游合作高级别会议等活动。2016年为"中国—中东欧国家人文交流年"，举办了中国—中东欧国家艺术合作论坛、首届中国—中东欧国家文学论坛、中东欧16国知名画家写生团、首届中国—中东欧国家文化产业论坛、中国—中东欧国家合唱夏令营、家国际戏剧节艺术总监访华团、中国—中东欧国家非物质文化遗产保护专家级论坛、中国—中东欧国家创新合作大会、中国—中东欧国家旅游合作高级别会议等活动。2018年为

"中国—中东欧国家地方合作年,举办第四次中国—中东欧国家旅游合作高级别会议。2019年,分别举办第四届中国—中东欧国家文化合作部长论坛、第五次中国—中东欧国家旅游合作高级别会议。2022年为中国—中东欧国家合作启动10周年,同年举办中国—中东欧国家旅游线上会议。

(二)浙江省和克罗地亚文化合作平台

1. 中国—克罗地亚文化交流年

2019年,浙江省政府与克罗地亚文化部共同宣布启动"中国—克罗地亚文化交流年"。这一为期一年的系列活动将全面覆盖视觉艺术、表演艺术、传统手工艺、美食、电影等多个领域。在这一年里,双方将轮流在各自的标志性城市——如中国的杭州、宁波、温州,以及克罗地亚的萨格勒布、杜布罗夫尼克等地举办一系列艺术节、展览、研讨会以及工作坊,旨在增进两地民众对彼此文化的深度解与欣赏,同时也为两国的艺术家和文化工作者提供展示与交流的舞台。在此基础上,促进了双方的"文化出海"。例如:

● 2017年1月24日,浙江省宁波市演艺集团在克罗地亚萨格勒布市里西斯大剧院,献演中克建交25周年晚会。

● 2017年6月7日,"听宁波讲故事"——中东欧国家旅游推介冷餐会在浙江省宁波市举行,宁波首次采用景观剧表演方式,让中东欧外宾"听宁波讲故事"。克罗地亚政府国务秘书弗兰诺·马图希奇、克罗地亚驻中国大使奈博伊沙·科哈罗维奇等外方嘉宾参加了晚会。

● 2024年4月,应克罗地亚驻华大使馆邀请,杭州歌剧舞剧院在克罗地亚首都萨格勒布,为现场观众呈现了一场"最忆是杭州"文艺演出。这场由中国传统歌、舞、乐组成的精彩演出,吸引了克罗地亚各界嘉宾与观众。来自杭州歌剧舞剧院的艺术家们带去了《梁祝》《丝路》《巴郎》和《烟雨江南》等经典之作。克罗地亚第二大城市斯普利特和杭州是姐妹城市,杭州的演出团队在戴克里先宫和拉迪奇广场也举行了一场精彩的文艺演出,包括歌曲《春天的芭蕾》、琵琶独奏《十面埋伏》、二胡独奏《赛马》、歌舞《乘着歌声的翅膀》,以及《克罗地亚狂想曲》等节目。

● 2024中国(宁波)—中东欧国家交流周于5月23日至25日在浙江省宁波市举办。主题为"深度合作,甬绘精彩",由宁波市人民政府主办。5月24日中国—中东欧国家音乐会上,四位中东欧国家艺术家登台献演,其中一位就是克罗地亚大提琴家安娜·鲁兹内尔(Ana Rucner)。

● 2024年5月23日至25日,中东欧国家主流媒体记者团访问浙江省宁波市,其中就包括了克罗地亚的记者。他们参加了中国—中东欧国家联合商会第八次会议、2024年"嗨购中东欧"消费促进月、中国—中东欧国家记者圆桌会、中国—中东欧国家音乐会等重磅活动,还体验了一把中国非遗文化项目,"打卡"浙江纺织服装职业技术学院、宁波舟山港穿山港区、宁波博物馆等地标。他们笔端和镜头里的"宁波故事",将成为中东欧国家人民了解浙江省、了解中国的载体。

2. "丝路之旅"国际艺术节

作为"文化交流年"的核心活动,"丝路之旅"国际艺术节在浙江省的杭州、宁波、温州等城市以及克罗地亚的萨格勒布、杜布罗夫尼克等地盛大举行。这一艺术节将邀请来自两国的顶尖艺术家同台献艺,通过戏剧、舞蹈、音乐、摄影、视觉艺术等多种形式,展示各自国家的传统与现代艺术魅力。特别值得一提的是,艺术节还将设立"青年艺术家交流计划",为年轻创作者提供一个跨文化的对话与合作平台,鼓励他们通过艺术创作探索不同文化的交汇点,激发新的创意火花。

3. 教育与学术交流项目

浙江省内的多所高等学府,如浙江省大学、浙江省工业大学等,将与克罗地亚的萨格勒布大学、里耶卡大学等高等教育机构建立姊妹学校关系。这些合作将涉及学生交换项目、暑期课程以及研究合作,覆盖语言学习、历史、文化研究以及创新科技等多个领域。学生和学者们将有机会亲身体验对方国家的文化与学术氛围,增进对彼此文化的深刻理解,同时培养具备全球视野和跨文化沟通能力的未来领导者。

4. 中东欧美食与"诗画浙江·百县千碗"人文交流活动

自2019年6月9日,由浙江省文化和旅游厅、浙江省商务厅、宁波市人民政府联合主办第一届的"舌尖上的相遇——中东欧美食与'诗画浙江·百县千碗'人文交流活动"到现在,该活动已成功举办三届(2019年、2021年及2023年)。

美食无国界,游以吃为先。"舌尖上的相遇——中东欧美食与'诗画浙江·百县千碗'人文交流活动"作为中东欧博览会期间的人文交流活动人文交流活动,以美食为媒,在素有宁波"城市客厅"美誉的老外滩展现中西方美食文化交相辉映的独特风采。以中东欧的饮食文化为起点,在展示中东欧国家特色美食及人文风情的同时，拓宽了宁波与中东欧国家的文化之路、友谊之路、投资之路、贸易之路，搭建起一座中国与中东欧国家之间合作交流的桥梁，促进各方开展深度合作。

（三）浙江省与克罗地亚文化合作模式的深化与拓展

在当今全球化的时代背景下，文化交流与合作已成为推动国家间相互理解和友谊的重要桥梁。浙江省，作为中国东部沿海的经济文化大省，以其丰富的历史底蕴、独特的自然风光和蓬勃的发展活力，吸引世界的目光。而克罗地亚，这个位于欧洲东南部的国家，以其悠久的历史、灿烂的文化和迷人的自然风光，同样在国际舞台上展现着独特的魅力。通过深入探讨浙江省与克罗地亚文化合作模式的未来发展方向，展望双方合作的新篇章，以期为进一步促进两国文化交流与合作提供有益的参考。

1. 培养未来的文化使者

（1）孔子学院与汉语国际推广的深化

孔子学院作为中国文化"走出去"的重要载体，已经在全球范围内建立广泛的影响力。未来，浙江省与克罗地亚可以进一步加强孔子学院的建设和管理，提升教学质量，丰富课程内容，吸引更多克罗地亚学生了解中国文化，学习汉语。双方可以共同开发适合克罗地亚学生特点的汉语教材，引入现代化的教学手段和评估体系，提高教学效果。同时，还可以举办各类文化活动，如中国文化节、书法展、茶艺表演等，让学生在轻松愉快的氛围中感受中国文化的魅力。

（2）高等教育与职业教育的对接

浙江省与克罗地亚在高等教育和职业教育领域具有广阔的合作空间。双方可以继续鼓励和支持高校之间的校际合作，开展联合培养、教师互访、学生交流等项目。通过互派留学生、举办学术研讨会、共建实验室等方式，促进学科交叉融合和创新发展。此外，还可以探索职业教育领域的合作，共同培养具有国际视野和专业技能的人才。例如，在旅游、酒店管理、海洋科学等领域开展合作办学项目，为克罗地亚培养更多了解中国市场和文化的人才。

（3）远程教育与在线学习平台的搭建

随着互联网技术的飞速发展，远程教育和在线学习已成为全球教育领域的重要趋势。浙江省与克罗地亚可以共同搭建远程教育平台或利用现有的在线学习平台，开展远程汉语教学、文化交流课程等。这种合作方式不仅可以突破时间和空间的限制，让更多人参与到文化交流中来，还可以提高教育资源的利用效率，降低合作成本。双方可以共同开发适合在线学习的课程内容和教学资源，提高教学效果和学习体验。

2. 增进民心相通

（1）定期举办大型文化交流活动

浙江省与克罗地亚可以商定定期举办大型文化交流活动，如文化节、艺术展览、电影周等。这些活动可以围绕双方共同关心的文化主题展开，展示各自的文化特色和艺术成果。通过举办丰富多彩的文化活动，不仅可以增进两国人民之间的相互解和友谊，还可以促进文化产业的合作与发展。双方可以共同策划和组织活动内容，邀请知名艺术家、学者和民众参与其中，形成广泛的社会影响力和参与度。

（2）民间文化交流团体的互动与合作

民间文化交流团体在推动两国文化交流中发挥着重要作用。浙江省与克罗地亚可以鼓励和支持民间文化交流团体的互动与合作，通过举办文化交流论坛、工作坊、演出等活动，促进双方文化的深入交流和融合。这些团体可以涵盖艺术、文学、音乐、舞蹈等多个领域，通过互访、演出、展览等方式，展示各自的文化魅力和艺术风采。同时，还可以加强在文化遗产保护、传统手工艺传承等方面的合作与交流。

（3）利用现代科技手段促进文化交流

互联网、社交媒体等现代科技手段为文化交流提供更加便捷和高效的途径。浙江省与克罗地亚可以充分利用这些科技手段，开展线上文化交流活动。例如，通过社交媒体平台发布两国文化资讯、视频和图片等内容，吸引更多网民关注和参与；利用虚拟现实（VR）、增强现实（AR）等技术手段打造沉浸式文化体验项目；开展在线文化讲座、研讨会等活动，让更多人能够跨越时空限制参与到文化交流中来。

3. 守护共同的记忆

（1）共同开展文化遗产保护项目

浙江省与克罗地亚都拥有丰富的文化遗产资源，这些遗产不仅是两国人民的宝贵财富，也是全人类共同的文化遗产。双方可以共同开展文化遗产保护项目，对重要的文化遗产进行修复、保护和传承。通过派遣专家进行实地考察和评估、制定科学合理的保护方案、加强人员培训和技术交流等方式，共同推动文化遗产保护事业的发展。此外，还可以建立文化遗产保护基金或专项基金，为文化遗产保护提供资金支持和保障。

（2）推动文化遗产的国际化展示与交流

文化遗产的国际化展示与交流是提升文化遗产知名度和影响力的重要途径。浙江省与克罗地亚可以共同推动文化遗产的国际化展示与交流工作。通过举办国际展览、参加国际文化遗产保护会议等方式，将各自的文化遗产推向世界舞台。同时，还可以加强与国际组织和机构的合作与交流，共同推动文化遗产保护事业的国际化发展。这些努力不仅有助于提升两国文化遗产的知名度和影响力，还有助于促进国际社会对文化遗产保护事业的关注和支持。

（3）加强文化遗产数字化保护与传承

数字化技术在文化遗产保护与传承中发挥着越来越重要的作用。浙江省与克罗地亚可以加强在文化遗产数字化保护与传承方面的合作与交流。通过运用数字化技术手段对文化遗产进行数字化采集、存储、加工和展示，可以实现对文化遗产的永久保存和广泛传播。双方可以共同研发文化遗产数字化保护技术，建立文化遗产数字资源库，实现文化遗产信息的共享与利用。同时，利用虚拟现实（VR）、增强现实（AR）等先进技术，打造文化遗产数字化展示平台，让观众能够在虚拟环境中亲身体验和感受文化遗产的魅力，提升公众对文化遗产保护的认识和参与度。

4. 共享旅游资源，促进经济文化交流

（1）开发联合旅游线路和产品

浙江省与克罗地亚在旅游资源上各具特色，具有极强的互补性。双方可以共同开发联合旅游线路和产品，将浙江省的自然风光、人文景观与克罗地亚的海洋风情、历史文化相结合，打造具有吸引力的旅游品牌。这些线路和产品可以涵盖观光旅游、休闲度假、文化体验等多个方面，满足不同游客的需求。通过联合推广和营销，可以吸引更多游客前往两地旅游，促进旅游业的繁荣发展。

（2）加强旅游从业人员的交流与合作

旅游从业人员的素质和服务水平直接影响到游客的旅游体验和满意度。浙江省与克罗地亚可以加强旅游从业人员的交流与合作，通过举办培训班、研讨会、实地考察等方式，提升旅游从业人员的专业素养和服务能力。双方可以分享旅游管理和服务经验，共同研究解决旅游业发展中遇到的问题和挑战，推动旅游业的高质量发展。

（3）推动旅游市场的互动与融合

随着旅游市场的不断发展，游客对旅游产品和服务的需求日益多样化。浙江省与克罗地亚可以推动旅游市场的互动与融合，共同开发适应市场需求的新产品和服务。例如，可以推出"一带一路"主题旅游产品，将浙江省与克罗地亚纳入同一旅游线路中，吸引更多游客参与。同时，双方还可以加强在旅游营销、旅游投资等方面的合作，共同拓展旅游市场，实现互利共赢。

浙江省与克罗地亚在文化合作方面具有广阔的前景和巨大的潜力，双方需继续深化在教育、文化交流、文化遗产保护、旅游等领域的合作与交流。通过政府、企业和民众等多方的共同努力和创新实践，双方可以不断拓展合作领域和方式，提升合作层次和水平。同时，还可以加强在国际舞台上的协调与配合，共同推动"一带一路"倡议和全球文化多样性的发展。浙江省与克罗地亚文化合作模式的深化与拓展将为两国人民带来更多的福祉和机遇。通过加强文化产业的合作与交流，共同推动文化事业的繁荣发展，增进两国人民之间的友谊和相互了解。

第三节
浙江省与克罗地亚科技产业合作

一、浙江省与克罗地亚科技产业合作现状

（一）浙江省与克罗地亚合作的时代背景

1. "一带一路"倡议的推进

2013年9月和10月，中国国家主席习近平在出访哈萨克斯坦和印度尼西亚时先后提出共建"丝绸之路经济带"和"21世纪海上丝绸之路"的重大倡议。共建"一带一路"倡议源自中国，更属于世界；根植于历史，更面向未来；重点面向亚欧非大陆，更向所有伙伴开放。中东欧地区作为"丝绸之路经济带"的关键节点，是中国与欧洲之间沟通的重要纽带和桥梁。中国提出的"一带一路"倡议为深化与中东欧国家的经济合作开辟广阔的前景。中国与沿线国家签署一系列合作框架协议和谅解备忘录，在电力、油气、核电、新能源、煤炭等领域开展广泛合作，与相关国家共同维护油气管网安全运营，促进国家和地区之间的能源资源优化配置。基础设施互联互通水平大幅提升。"道路通，百业兴"。基础设施投入不足是发展中国家经济发展的瓶颈，加快设施联通建设是共建"一带一路"的关键领域和核心内容。在这一机制的推动下，中国与中东欧国家在基础设施建设和能源等领域的合作得到更为紧密的强化。

2. 克罗地亚经济转型升级的加快

克罗地亚正处于经济结构深刻调整与转型升级的关键时期，这一转型过程不仅要求区域内国家优化产业结构，提升创新能力，还迫切呼唤着基础设施的全面升级与现代化，以支撑其日益增长的经济发展需求。从国内生产总值（2021年为582亿欧元）来看，克罗地亚是东南欧最强的经济体之一，并且超过一些其他欧盟成员国的经济。独立以后，克罗地亚正在向开放的市场经济转型，特别是工业生产方面。而中国在此领域具有丰富的经验和强大的实力，双方的合作能够实现优势互补，共同推动经济发展。

3. 全球化的趋势与多边主义的呼唤

在全球化的时代背景下，各国之间的联系如同紧密的网络，将世界各个角落紧紧相连。中国与克罗地亚之间的合作，不仅局限于两国之间的利益交换，更是对全球经济繁荣与发展的积极推动。在这种大环境下，中国和克罗地亚的合作不仅有助于增进两国的福祉，更在无形中为全球的经济发展注入新的活力。同时，全球性挑战的存在使得多边主义的重要性愈发凸显。面对这些挑战，各国需要携手应对，共同寻找解决方案。中国与克罗地亚的合作，正是对这一理念的生动实践。通过合作，各国可以集思广益，共同应对全球性挑战，实现共同发展。这种合作模式不仅体现中国对多边主义的坚定支持，也为国际社会提供一个积极的示范，激励着更多的国家加入到多边合作的行列中来，共同构建一个更加和谐、稳定的世界。

（二）浙江省与克罗地亚科技产业合作的战略意义

在全球经济一体化和科技创新日新月异的今天，国际科技产业合作已成为推动经济发展的重要动力。浙江省，作为中国东部沿海的经济强省，以其强大的制造业基础、活跃的民营经济和创新驱动的发展模式而闻名遐迩。而克罗地亚，作为东欧地区的一个科技创新潜力股，凭借其在高端制造、海洋科技、生物医药等领域的独特优势，正逐渐成为国际科技合作的新热点。

浙江省与克罗地亚之间的科技产业合作，不仅基于两国经济结构的互补性和发展需求的契合性，更是双方共同应对全球挑战、实现可持续发展的战略选择。通过深化科技合作，浙江省可以引入克罗地亚的先进技术和管理经验，加速产业升级和转型；而克罗地亚则可以借助浙江省的市场资源和产业链优势，推动科技成果的转化和商业化应用。这种互利共赢的合作模式，对于促进两国经济社会的全面发展具有重要意义。

（三）合作领域具体挑战

1. 贸易合作的瓶颈与挑战

浙江省与克罗地亚的贸易往来主要集中在某些特定领域，如农产品、机电产品等。这种贸易结构单一的情况可能导致双方对彼此市场的依赖度过高，一旦其中一方市场出现波动，就会对双方合作产生较大影响。如何拓展贸易领域，实现贸易结构的多元化，是双方合作面临的一个重要挑战。

2. 数字与园区合作的困境

虽然浙江省在数字经济领域具有领先优势，但与克罗地亚在数字经济方面的合作仍处于起步阶段。中东欧国家包括克罗地亚在内，其数字化转型需求尚未充分激活，且受制于欧盟数字标准的影响，数字贸易技术性壁垒较为突出。如何打破这些壁垒，推动双方在数字经济领域的深度合作，是双方合作面临的又一重要挑战。

克罗地亚拥有一定数量的园区，但层级和建设水平普遍不高。而浙江省在园区建设方面具有丰富的经验和优势，但双方在这一领域的合作机制尚不健全。如何加强园区建设合作，建立更加完善的合作机制，促进双方在产业、技术、人才等方面的交流与合作，是双方合作需要解决的一个关键问题。

3. 企业合作与标准对接难题

克罗地亚拥有一定数量的中小企业，这些企业在经济发展中扮演着重要角色。然而，由于信息不对称、市场准入门槛高等原因，这些企业在与浙江省企业合作时面临着诸多困难。如何加强中小企业合作，为双方企业提供更多的合作机会和平台，降低合作成本，提高合作效率，是双方合作需要努力的方向之一。

在国际贸易中，市场准入标准和产品标准是影响贸易活动的重要因素。浙江省与克罗地亚在部分产品标准上存在差异，这可能导致双方在贸易活动中出现摩擦和纠纷。如何加强市场准入标准和产品标准的对接工作，减少贸易摩擦和纠纷的发生，是双方合作需要解决的一个重要问题。

（四）展望未来

浙江省与克罗地亚的科技产业合作将继续保持强劲的发展势头。随着全球科技产业的不断发展和变革，双方将在更多领域开展深入合作，共同推动科技创新和产业升级。同时，随着"一带一路"倡议的深入推进和"亚得里亚海—波罗的海—黑海"发展合作的加强，双方将进一步加强区域合作与互联互通，为科技产业合作提供更加广阔的发展空间和机遇。在具体合作方向上，双方具备广阔的拓展空间，能够在电子信息、智能制造、生物医药、新能源、海洋经济等关键领域深化合作，从而实现优势互补、协同发展。

就电子信息领域而言，当前5G技术正以惊人的速度普及，全球5G用户数量预计到2025年将超过30亿户。据相关数据显示，人工智能市场规模在未来几年内有望突破万亿美元。在此背景下，双方可以加强在5G网络基础设施建设、智能终端设备研发，以及人工智能在工业生产、智能交通等领域的深度应用，同时加大对大数据分析与处理技术的研发投入，通过挖掘海量数据中的潜在价值，为企业决策和社会发展提供有力支持。

在智能制造领域，根据行业报告，智能制造市场规模预计将在未来五年内以每年15%的速度增长。双方可以携手共同推动智能制造技术的创新与应用，比如合作研发工业机器人、智能控制系统等先进技术，提升生产过程的自动化和智能化水平。2023年，奇瑞汽车在青岛建成投产超级工厂，这座工厂涵盖冲压、焊装、涂装、总装四大工艺和研发中心、试验检测、试车场等设施，可同时实现多款常规动力和新能源乘用车的混线生产，年产20万台，平均每1.5分钟就能有一台全新整车下线，预计可实现年产值380亿元。2024年7月，Rimac公司推出了名为Verne的自动驾驶出租车，这款车以其科幻的外观和前沿技术引人注目。Verne取消了传统车辆中的后视镜、雨刮器等手动驾驶元素，专注于提供无人驾驶的出行服务，乘客可以享受完全无人驾驶的出行体验。

在生物医药领域，随着全球老龄化趋势的加剧，对新药研发和医疗器械的需求日益增长。据统计，每年全球新药研发投入超过千亿美元。双方可以加强在新药研发、医疗器械等方面的合作，共同攻克重大疾病的治疗难题。

此外，双方还可以加强在科技创新人才培养与交流方面的合作。通过设立奖学金、互派留学生等方式，培养具有国际视野和创新能力的科技创新人才；通过举办科技创新论坛、研讨会等活动，加强双方在科技创新领域的交流与合作。这些举措将有助于提升双方的科技创新能力和国际竞争力，为科技产业合作注入新的活力和动力。

二、浙江省与克罗地亚科技产业合作基础

（一）浙江省科技产业发展概况

浙江省作为中国东部沿海的经济强省，以其强大的制造业基础、活跃的民营经济和创新驱动的发展模式而闻名遐迩。在中国辽阔的版图上，浙江省犹如一颗璀璨的明珠，以其卓越的科技创新能力和蓬勃的发展态势，成为引领中国经济转型升级的重要力量。作为东部沿海的经济大省，浙江省不仅在经济总量上持续攀升，更在科技创新领域取得举世瞩目的成就，展现一个地区通过创新驱动实现高质量发展的生动实践。

浙江省的科技创新之路，源远流长，底蕴深厚。自古以来，这片土地就孕育丰富的文化底蕴和开放的商业精神，为科技创新提供肥沃的土壤。进入新时代，浙江省更是将科技创新作为推动经济社会发展的核心战略，不断加大对科技研发的投入，优化科技创新生态，努力打造具有国际竞争力的科技创新高地。

近年来，浙江省在科技创新领域取得一系列显著成果。从国家科学技术奖的获奖项目到地方科技成果的转化应用，从高新技术企业的迅速崛起到发明专利的持续增长，浙江省的科技创新实力得到充分展现。特别是在数字经济、智能制造、生物医药、新材料等前沿领域，浙江省更是走在全国乃至全球的前列，形成一批具有核心竞争力的科技企业和产业集群。

浙江省的科技创新离不开其完善的科技创新支撑体系。一方面，浙江省注重加强科技创新基础设施建设，例如在杭州建立了之江实验室，这是一个融合前沿基础研究、关键技术攻关和核心系统研发的高水平科研机

构，聚焦智能感知、智能计算、智能网络和智能系统等领域开展研究，为浙江省乃至全国的数字经济发展提供了强大的技术支撑。同时，还打造了西湖大学这样新型的研究型高校，吸引了众多国内外顶尖科学家，在生命科学、物理学、化学等基础学科领域取得了一系列重要成果。另一方面，浙江省还积极营造良好的创新氛围和政策环境，通过出台一系列优惠政策和激励措施，鼓励企业和个人积极参与科技创新活动，激发全社会的创新创造活力。比如浙江省的"科技创新券"政策，企业可以凭借创新券获得科研机构的服务支持，大大降低了创新成本。还有"雏鹰计划"，对新创办的科技型企业给予资金、场地等方面的扶持，杭州的一家初创型生物医药企业就受益于此，在短短几年内成功研发出具有自主知识产权的新药，并实现了产业化。此外，浙江省还设立了科技成果转化引导基金，引导社会资本投向科技创新领域，推动科技成果的转化和应用。浙江省在推动科技创新的过程中，始终注重与产业发展的深度融合。通过实施创新驱动发展战略，浙江省不断推动传统产业转型升级和新兴产业发展壮大，形成以数字经济为核心、先进制造业为支撑、现代服务业全面发展的现代产业体系。在这个过程中，科技创新不仅为产业发展提供强大的技术支撑和动力源泉，还促进产业结构的优化升级和经济效益的显著提升。

（二）克罗地亚科技产业发展概况

在东南欧的广袤版图中，克罗地亚凭借其独有的地理位置、丰饶的自然资源以及深厚的文化底蕴，于科技产业领域渐露锋芒。近些年来，全球科技竞争愈发激烈，区域经济一体化进程不断加快，在此形势下，克罗地亚政府将科技创新视为推动国家经济发展的关键驱动力，给予了高度重视。在追逐科技产业迅猛发展的征途中，克罗地亚既迎来了众多机遇，也遭遇了不少挑战。

克罗地亚在科技创新领域已然踏出了坚实的脚步。政府精心制定了一系列行之有效的政策举措，比如大幅增加科研投入，全力优化创新环境，大力鼓励产学研合作等，为科技产业的茁壮成长提供了强劲支撑。克罗地亚政府计划到2030年将研发、创新投资增加到GDP的3%，这一目标体现其对科技创新的坚定决心和积极追求。克罗地亚为推动数字经济发展和公共服务数字化而制定《2032年数字克罗地亚战略》。该战略着重致力于强化数字基础设施建设，例如扩大高速宽带网络的覆盖范畴，以确保企业和居民均可畅享稳定且迅捷的网络连接，进而为数字业务的开展及创新筑牢坚实根基。积极推动传统产业的数字化转型，鼓励制造业采纳诸如工业4.0相关的智能制造技术，借此提升生产效率与产品质量；促进农业借助数字化手段达成精准农业，增强农业生产的智能化水准。在达成关键公共服务数字化的目标方面，倾力打造便捷高效的电子政务服务，比如公民能够通过在线平台顺遂办理各类行政事务，大幅削减繁琐的线下流程和等待时间。此外，大力推动教育领域的数字化进程，为学生供应更多的在线学习资源以及远程教学机会，以契合未来数字化社会对人才的需求。

在信息技术、生物技术、新材料等新兴产业的赛道上，克罗地亚正逐步崛起，成为极具竞争力的国家之一。这些新兴产业凭借其高成长性、高附加值以及强大的带动能力，已然成为克罗地亚科技产业发展的璀璨亮点。

信息技术方面，软件开发推出创新应用程序和定制化软件，网络安全在威胁检测等方面有重要突破，云计算提供高效稳定的服务。生物技术领域，生物医药研发治疗罕见病和慢性病的新药，农业生物技术培育出抗病虫害和高产的农作物品种，环境生物技术改善污水处理和土壤修复。新材料领域，研发高性能的金属和复合材料，开发可降解、生物基等环保可持续材料，并提高废旧材料回收利用率。这些成果使克罗地亚在新兴产业领域的竞争力不断增强。

然而，克罗地亚在科技产业发展的进程中，也面临着一系列难题。首当其冲的便是资金短缺的问题。虽然政府不断加大对科技研发的投入，但相较于庞大的科技产业发展需求，仍存在较大缺口。为了有效缓解资金压力，克罗地亚必须积极拓展融资渠道，广泛吸引国内外投资，共同参与科技产业的建设。其次是人才流失的困扰。由于国内经济发展相对滞后，薪资水平偏低等因素，众多优秀的科技人才纷纷选择奔赴国外谋求发展。为了留住人才，并吸引更多优秀人才回国效力，克罗地亚需要加大对本土人才的培养力度，同时提高薪资水平以及完善福利待遇。此外，产业结构单一也是制约克罗地亚科技产业发展的关键要素。为了攻克这一难关，克罗地亚需要加速产业结构的调整和优化升级，全力推动传统产业的转型升级，并积极培育新的经济增长点。

（三）双方合作的优势

浙江省作为中国东部沿海的经济大省，以其发达的制造业、活跃的民营经济和强大的创新能力而闻名。特别是在电子信息、生物医药、新能源等新兴产业领域，浙江省拥有众多具有国际竞争力的企业和科研机构。而克罗地亚，作为东欧地区的重要国家，虽然经济体量相对较小，但在科技研发、高端制造、海洋环境监控等方面具有独特优势。两国在科技产业上的互补性为双方合作提供了坚实的基础：

1. 产业结构互补性强

浙江省与克罗地亚在产业结构上展现出高度的互补性，这一特征为双方合作奠定坚实的基础，并孕育无限的发展空间与巨大潜力。浙江省，作为中国制造业的璀璨明珠，其电子信息产业引领潮流，高端装备制造业独领风骚，生物医药产业亦在国际舞台上展现出强劲的竞争力。这里汇聚众多世界级的企业和产业集群，形成完整的产业链条和高效的创新生态。而克罗地亚则以其独特的优势在高端制造、海洋科技以及环保技术领域独树一帜。克罗地亚的高端制造业以其精湛的工艺和创新能力闻名于世，海洋科技方面则依托其丰富的海洋资源，不断探索和突破；而在环保技术领域，克罗地亚更是致力于绿色可持续发展，为全球环保事业贡献智慧与力量。

这种产业结构的互补性，如同两块拼图完美契合，为浙江省与克罗地亚之间的合作开启无限可能。双方可以通过深度合作，实现资源的优化配置与共享，充分发挥各自的优势，形成合力，共同推动相关产业的创新发展。在电子信息、高端装备、生物医药、海洋科技以及环保技术等多个领域，双方可以开展联合研发、技术转移、市场拓展等多方面的合作，共同探索新的增长点，实现互利共赢。

2. 科技创新资源丰富

浙江省和克罗地亚都拥有丰富的科技创新资源。浙江省拥有众多高校、科研院所和创新型企业，形成较为完善的科技创新体系。而克罗地亚则在某些领域拥有世界领先的科研机构和专家团队，如萨格勒布大学、克罗地亚科学院等。这些科技创新资源为双方合作提供强有力的支撑和保障。通过加强科技创新合作，双方可以共同攻克技术难题、推动科技成果转化和商业化应用。

3. 两国政策支持力度大

两国政府均将科技产业合作置于重要战略位置，纷纷制定并实施一系列政策措施，旨在为合作项目的顺利推进提供坚实支撑。浙江省政府积极响应"一带一路"倡议，大力推动国际科技合作新篇章，通过一系列优惠政策与扶持措施，为浙江省企业拓展海外市场、参与国际竞争铺设坚实的政策基石，助力其"扬帆出海"，实现全球化布局。同时，克罗地亚政府亦展现出对吸引外资与引进先进技术的强烈愿望，将促进科技产业发展视为国家发展的重要驱动力。政府通过优化投资环境、提供税收优惠、加强知识产权保护等措施，积极营造开放包容的合作氛围，旨在吸引全球科技创新资源汇聚克罗地亚，共同推动其科技产业迈向新的高度。双方政府在政策层面的高度协同与积极推动，为两国之间的科技产业合作搭建宽广的舞台，提供肥沃的土壤。这种政策环境的持续优化与升级，无疑将进一步激发合作潜力，拓宽合作领域，为双方带来更加丰硕的合作成果。

（四）产业合作成果

1. 电子信息与智能制造

在电子信息领域，浙江省与克罗地亚的合作主要集中在软件开发、集成电路设计、智能制造等方面。浙江省的企业通过引进克罗地亚的先进技术和经验，提升产品的智能化水平和竞争力。同时，双方还共同开展智能制造项目的研发和应用，推动制造业的转型升级和智能化发展。例如，某浙江省智能制造企业与克罗地亚某科技公司合作开发一套智能工厂解决方案，实现生产过程的自动化和智能化管理，提高生产效率和产品质量。

2. 生物医药与大健康

在生物医药和大健康领域，浙江省与克罗地亚的合作也取得显著成果。双方通过共同研发新药、医疗器械和健康产品等项目，推动生物医药产业的创新和发展。同时，双方还加强在医疗技术、健康管理等方面的交流与合作，共同提升医疗健康服务的质量和水平。例如，浙江省生物医药企业与克罗地亚研究机构合作开展一项关于干细胞治疗的研究项目，取得重要进展并有望在未来实现临床应用。

3. 新能源与环保

随着全球对环保和可持续发展的重视，新能源领域的合作也成为双方合作的重点之一。浙江省与克罗地亚在风能、太阳能等可再生能源领域开展深入合作，共同推动新能源技术的研发和应用。双方还合作开展海洋环境监控系统和智能监测系统的研发工作，为环保事业贡献力量。例如，某浙江省新能源企业与克罗地亚某科技公司合作开发一套智能风电运维系统，实现风电设备的远程监控和故障预警等功能，提高风电场的运行效率和安全性。

4. 海洋经济与海洋科技

克罗地亚作为沿海国家，在海洋经济和海洋科技方面具有独特优势。浙江省与克罗地亚在海洋渔业、海洋工程、海洋旅游等领域开展广泛合作。双方通过共同开展海洋资源勘探、开发和保护等工作，推动海洋经济的可持续发展。同时，双方还加强在海洋科技领域的交流与合作，共同提升海洋科技的创新能力和应用水平。例如，某浙江省海洋工程企业与克罗地亚某海洋研究机构合作开展一项关于海洋工程装备的研发项目，取得重要成果并有望在未来实现商业化应用。

三、浙江省与克罗地亚科技产业合作机制

1. 官方层面的合作机制

为确保浙江省与克罗地亚科技产业合作的顺利进行，两国政府建立官方层面的合作机制。通过高层互访、签署合作协议等方式，双方政府加强政策沟通和协调合作，为合作项目提供有力的政策支持和保障。同时，两国政府还建立定期会晤机制和工作机制等制度性安排，确保合作项目的顺利推进和有效实施。

2019年4月10日至12日，于克罗地亚举行的第八次中国—中东欧国家领导人会晤期间，中国驻克罗地亚大使胡兆明和克罗地亚科学与教育部部长布拉任卡·迪维亚克分别代表双方签署了《中华人民共和国科学技术部与克罗地亚共和国科学与教育部关于联合资助研发合作项目的谅解备忘录》。依此备忘录，中国科技部和克罗地亚科学与教育部将会共同扶持两国的科研机构、高校、企业于双方协定的优先领域进行联合研发以及成果产业化的合作。

中克两国发表的《中华人民共和国政府和克罗地亚共和国政府联合声明》表明："双方将对两国的高校、研究机构、科技型企业和其他组织予以鼓励和支持，使其在环境保护、信息通信技术、生物医学、海洋科学等重点领域开展联合研发合作，共同推动科研成果的商业化和产业化。"克罗地亚乃是中国于中东欧地区的关键科技合作伙伴。在中克政府间科技合作委员会的引领之下，双方在科技领域的交流和合作成果丰硕。双方将处于"一带一路"倡议和"16+1合作"的框架之中,持续积极推进科技创新合作。

2023年5月19日,中国—克罗地亚科技合作委员会第十届例会以视频形式在北京和宁波圆满举行。中国科技部副部长张雨东与克罗地亚科学和教育部国务秘书伊维察·舒沙克,分别作为委员会的双方主席主持了此次例会。

在本届例会上,双方通报了各自国家的科技发展状况、科技规划以及相关政策,总结了第九届例会议定书项目的执行情况,并针对未来双边科技合作的优先方向与重点任务交换了看法,同时确定了委员会第十一届例会的会期及地点。张雨东副部长指出,中克科技合作作为中克关系的关键构成部分,近些年来已步入健康、平稳的发展阶段。在中克科技合作委员会的引领下,两国的科研院所及研究人员携手实施合作项目,搭建起长效的科技合作平台,并获取了积极成效。接下来,双方需持续深化在科技创新领域的务实合作,为两国关系的发展注入新的内涵。舒沙克国务秘书称,克中科技合作推进顺遂,克方对此颇为满意,期望未来在科研人员交流往来、项目落地实施等领域继续拓展互利合作。①

2. 学术交流与科研合作

在学术交流与科研合作方面,浙江省与克罗地亚的科研机构和高校建立广泛的合作关系。双方通过共同开展科研项目、互派学者访问等方式加强学术交流与合作。这种合作不仅促进双方科研水平的提升和创新能力的提升,还推动科技成果的转化和商业化应用。

国际工程与技术科学院理事会(CAETS)轮值主席、克罗地亚工程院院长韦德兰·莫纳尔于2023年5月25日至29日访华,并在京进行了一系列学术交流活动。韦德兰院长参加了5月25日晚的中关村论坛开幕式、26日上午的全体会议以及26日下午我院主办的中关村论坛平行论坛——全球工程创新论坛,并作主题发言《工程师在建设未来中的作用》。29日上午,他就工程教育创新、工程教育数字化转型等议题,与联合国教科文组织国际工程教育中心副主任兼秘书长王孙禺教授及其团队专家交流。当天下午,韦德兰院长还与北京化工大学相关学院的专家学者、科研人员就

---

① 中国—克罗地亚科技合作委员会第十届例会成功举行—中华人民共和国科学技术部(most.gov.cn)。

国际工程科技前沿问题开展交叉研讨并探讨合作。

2023年10月8日至12日，中国工程院院长李晓红赴克罗地亚出席由克罗地亚工程院轮值主办的国际工程与技术科学院理事会（CAETS）2023年会。CAETS成立于1978年，其理事会是主要行政决策机构。今年会上，李晓红参与多项审议和表决，我院当选新一届CAETS董事会成员院。今年的学术会议主题为"电动交通：解决方案和机遇"，我院推荐的专家作主旨报告。此次出访提升了中国工程院在CAETS中的影响力和全球科技治理能力，强化了与各成员工程院的合作交流，巩固拓展了合作领域，推动了国际工程科技界的团结与合作。

3. 企业合作平台与产业园区与孵化器建设

为促进浙克两国企业直接交流合作，双方建立了包括经贸洽谈会等在内的多个企业合作平台和项目对接机制，为企业提供展示、寻伴、谈项目的机会，助浙企了解克方市场等信息，也助克企进入中国市场，实现互利共赢。为优化合作环境，双方还共同推动产业园区和孵化器建设，为科创企业提供优质条件，降低创业成本风险，吸引企业入驻形成集聚效应，推动科技产业发展，还可作为示范项目展示成果经验，供其他地区借鉴参考。

四、浙江省与克罗地亚科技产业合作政策

（一）浙江省科技发展政策

科学技术是第一生产力，创新是引领发展的第一动力。为推进浙江省的科技产业的发展，政府陆续出台了一系列的政策文件。

1. 浙江省知识产权发展"十二五"规划（2013年11月21日）

（1）背景

当前，知识产权越来越成为国际竞争与合作的重要手段。发达国家将知识产权问题作为国际竞争的战略制高点，围绕战略性新兴产业的发展，加快在本国以及新兴市场国家的专利、商标、版权等知识产权布局，不断通过知识产权运营进行全球产业链整合，加大对知识产权资源的开发、应用与管理。同时，在纠纷、争端不断凸显的情况下，合作共赢仍是知识产权发展的主题。政府间的会晤与合作不断推进，国际组织的指导与协调不断加强、民间社团的学术交流与友好往来日趋活跃。我国知识产权事业发展呈现法律法规体系逐步健全、知识产权拥有量快速增长、市场主体运用

知识产权能力逐步提高、知识产权领域国际影响力逐渐增强的良好态势。在我国经济社会发展中，知识产权日益成为国家发展的战略性资源和国际竞争力的核心要素，成为建设创新型国家的重要支撑和掌握发展主动权的关键，在应对金融危机和保持经济健康发展中提供内在动力。在当前和今后一个时期内，调整经济结构、转变经济发展方式是我国经济发展的战略重点，自主创新能力的提升、战略性新兴产业的培育以及国家创新体系的完善，对知识产权工作提出更高的要求。

（2）意义

- 完善法规政策体系：规划强调要制定知识产权促进条例，出台一批支持市场主体创造与运用知识产权的政策法规，形成有利于知识产权制度建设的良好法制环境。这将有助于进一步规范知识产权市场，保护知识产权创造者的合法权益。

- 激励创造：规划坚持"激励创造"的发展方针，通过政策引导和市场机制，激发企业、高校、科研院所等创新主体的创造活力，提升自主创新能力。

- 培育优势企业：规划提出要继续培育一批以专利、商标、版权、标准研制等为特色的知识产权优势企业，以试点促推广，以示范促普及，推动企业的知识产权制度建设。这将有助于形成一批具有核心竞争力的知识产权优势企业，带动整个行业的创新发展。

- 推动产业升级：知识产权作为现代市场经济的基本制度之一，是发展创新型经济的重要推动力。规划的实施将有助于推动浙江省产业结构的优化升级，加快形成以创新为引领和支撑的经济体系和发展模式。

- 学习先进经验：通过与国际先进国家和地区的交流与合作，浙江省可以学习借鉴其在知识产权创造、运用、保护和管理方面的先进经验和做法，不断提升自身的知识产权工作水平。

- 提升服务能力：规划提出要加强知识产权服务机构的建设和发展，提升知识产权服务的质量和效率。这将有助于为创新主体提供更加全面、专业、高效的知识产权服务，促进知识产权的转化和运用。

- 拓展国际市场：规划提出要加强与国际组织、其他国家和地区在知识产权领域的交流与合作，推动浙江省的知识产权事业走向世界。这将有助于拓展国际市场，提升浙江省在国际知识产权领域的影响力和竞争力。

2.《浙江省科技服务业"十三五"发展规划》（2016 年 7 月 18 日）

（1）背景

浙江省科技服务业处于快速发展阶段，但与发达国家和国内发达地区相比，还有诸多不足，面临着创新资源欠缺、区域发展不平衡、创新能力不够强、高端服务较少等问题，尚不能完全满足浙江省经济社会发展和科技创新的需求，还有较大提升空间。

（2）意义

● 推动供给侧结构性改革：规划提出要发挥市场在配置资源中的决定性作用，围绕"一带一路"、"浙商回归"等战略部署，推动科技服务业的发展。这有助于促进浙江省经济结构的优化升级，推动经济从要素驱动、投资驱动向创新驱动转变。

● 加强科技人才队伍建设：规划提出要引育高端科技人才，实施高层次人才培育计划。这有助于吸引和培养一批高水平的科技人才，为浙江省科技创新提供坚实的人才保障。

● 激发企业创新活力：规划鼓励企业加大研发投入，推动技术创新和产品升级。同时，通过完善服务供给机制、加强合作和服务机制建设等措施，激发企业的创新活力，提升企业的核心竞争力。

● 加强基础研究：规划提出要稳定支持重点学科方向，培育新兴学科，并争取一批国家重大科技基础设施落户浙江省。这有助于提升浙江省的基础研究能力，为科技创新提供坚实的理论支撑。

3.《长三角科技创新共同体建设发展规划》（2021 年 1 月 22 日）

（1）背景

以习近平新时代中国特色社会主义思想为指导，深入贯彻党的十九大和十九届二中、三中、四中、五中全会精神，以加强长三角区域创新一体化为主线，以"科创＋产业"为引领，充分发挥上海科技创新中心龙头带动作用，强化苏浙皖创新优势，优化区域创新布局和协同创新生态，深化科技体制改革和创新开放合作，着力提升区域协同创新能力，打造全国原始创新高地和高精尖产业承载区，努力建成具有全球影响力的长三角科技创新共同体。

（2）意义

● 优化资源配置：构建长三角科技创新共同体有助于打破科技创新资源配置的行政边界，实现科技创新资源的自由流动和优化配置。这包括将区域内的各种科技创新资源进行分配、整合、使用和管理，避免地区间科技创新资源的无序竞争和重复建设，形成科技创新活动的空间集聚以及分工协作格局。

- 增强自主创新能力：通过联合提升原始创新能力，长三角可以逐步建立起面向全球的"科技创新雷达矩阵"，动态、及时搜索辨析未来产业重大原创性突破的研发热点、竞争焦点、发展重点。这有助于激发区域科技创新潜力，增强自主研发创新能力。
- 应对全球科技竞争：在新发展阶段，硬科技创新和大科学工程是应对世界前所未有大变局、构建国内国际双循环发展新格局的重要抓手。长三角科技创新共同体建设将有利于铸就科技创新合力，提升我国在全球科技竞争中的地位。
- 打造全球影响力：根据《长三角科技创新共同体建设发展规划》，长三角被定位为"高质量发展先行区、原始创新动力源、融合创新示范区、开放创新引领区"。通过稳步推进长三角科技创新共同体建设，长三角将力争到2025年形成现代化、国际化的科技创新共同体，到2035年全面建成全球领先的科技创新共同体。

4. 浙江省科技创新发展"十四五"规划（2021年6月11日）

（1）背景

"十三五"以来，浙江省深入推进"八八战略"再深化、改革开放再出发，始终坚持创新型省份建设一张蓝图绘到底。但是与先进省份相比，我省原始创新和关键核心技术攻关能力不强、高端创新人才紧缺、重大创新平台和载体偏少等短板还比较明显，科技创新支撑高质量发展的动能不强。

（2）意义

- 明确发展目标：规划确立科技强省建设的"两步走"战略发展目标，即到2025年和2035年的具体发展目标，为浙江省科技创新发展指明方向。
- 提升创新能力：规划强调着力打好关键核心技术攻坚战，加快抢占科技制高点，有助于提升浙江省的自主创新能力和核心竞争力。
- 强化人才支撑：规划注重高水平人才队伍的建设，通过实施一系列人才政策，加快打造全球人才蓄水池，为浙江省科技创新提供坚实的人才保障。

- 推动产业升级：规划加快完善产业协同创新体系，大力促进产业基础高级化发展，有助于推动浙江省传统产业的转型升级和新兴产业的快速发展。
- 提升科技成果转化效率：规划提出加快建设科技成果转移转化示范区，着力提升科技成果转化效率，将科技成果转化为现实生产力，推动经济高质量发展。
- 规划强调以全球视野推动区域联动、协同创新，深度融入长三角一体化发展和"一带一路"建设，加速嵌入全球创新版图，有助于浙江省更好地融入国家创新体系。
- 支撑共同富裕示范区建设：规划作为浙江省加快建设共同富裕示范区的重要支撑，将通过科技创新推动经济高质量发展，为实现共同富裕提供强大动力。
- 增强区域创新实力：规划的实施将有助于提升浙江省的区域创新能力，使其在全国乃至全球的创新版图中占据更加重要的位置。

5.《浙江省中长期科技创新战略规划》（2021年6月23日）

（1）背景

国际环境日趋复杂，不稳定性不确定性明显增强，全球经济和创新版图加速演变，全球科技格局呈现多极化趋势。我国已转向高质量发展阶段，正在开启全面建设社会主义现代化国家新征程，正在构建以国内大循环为主体、国内国际双循环相互促进的新发展格局，创新已经确立在我国现代化建设全局中的核心地位，科技自立自强已经成为国家发展的战略支撑。

（2）意义

- 支撑和引领现代化建设：该规划旨在通过科技创新，支撑和引领浙江省基本实现高水平现代化，推动经济社会高质量发展。
- 推动创新强省建设：规划深入实施人才强省、创新强省战略，有助于提升浙江省的自主创新能力、科技综合实力和竞争力。
- 促进产业升级和转型：通过推动新技术、新业态和新商业模式的发展，规划有助于浙江省产业结构的优化升级，推动经济转型升级。
- 增强国际竞争力：规划强调全球视野和国际化战略，有助于浙江省在全球创新网络中占据更有利的位置，提升国际竞争力。
- 服务国家战略：规划的实施不仅有利于浙江省自身的发展，也有力支撑我国跻身创新型国家前列，服务国家创新驱动发展战略。

（二）克罗地亚科技发展政策

1. 税收优惠与资金补助

根据克罗地亚的《投资促进法》修正案，对涉及制造加工、创新开发、商业支持和高附加值服务的投资项目，政府将提供税收减免。特别是针对研发创新活动，克罗地亚出台《国家研究与开发项目援助法》，规定对在克罗地亚进行基础研究、工业研究、实验开发以及可行性研究的项目给予资金援助及税收减免。政府对符合条件的科技项目提供资金支持，以鼓励企业和研究机构进行科技创新。这些资金补助可能用于研发设备购置、人才引进、技术转化等方面。

2. 研发创新与人才培养

克罗地亚鼓励企业和研究机构加大研发投入，开展技术创新和产品研发。政府通过设立专项基金、提供研发补助等方式，支持企业和研究机构进行技术攻关和新产品开发。克罗地亚重视科技创新人才的培养和引进。政府通过设立奖学金、提供科研岗位等方式，吸引国内外优秀人才来克罗地亚从事科技创新工作。同时，政府还鼓励大学和企业开展产学研合作，共同培养科技创新人才。

3. 国际科技合作与交流

克罗地亚积极参与国际科技合作与交流，与多个国家和地区建立科技合作关系。这些合作涉及联合研发、技术转移、人才培养等多个方面，有助于克罗地亚引进先进科技成果和技术经验。克罗地亚政府支持企业和研究机构参加国际科技展览、学术会议等活动，以展示克罗地亚的科技创新成果和实力。同时，政府还鼓励科技人员赴国外进行学术访问和交流，拓宽国际视野和合作渠道。

4. 营商环境优化

克罗地亚致力于通过修订投资法案、推进税制改革、提高营商便利度等方式，为投资者提供更好的营商环境。这些措施有助于吸引国内外企业和资本来克罗地亚进行科技创新和投资。克罗地亚在基础设施建设方面投入较大，包括交通、通信、能源等领域。这些基础设施的完善为科技创新提供有力保障和支撑。

克罗地亚在投资者保护方面相较于美国和德国，虽在管理人责任指数上稍占优势,但在交易透明度和股东权力方面仍有提升空间。尽管拥有高质量的基础设施、高旅游潜力及战略地位等优势,克罗地亚仍需通过增强市场交易的透明度、公平性,并加强股东在公司治理中的作用,以吸引更多投资者,推动经济持续健康发展。

(三)浙江省与克罗地亚科技合作政策

1. "17+1"合作机制

"17+1合作"是根据中国同中东欧国家的共同愿望打造的跨区域合作平台。2012年,随着首次中国—中东欧国家领导人会晤在波兰华沙举行,中国—中东欧国家合作正式启动。当时共有16个中东欧国家加入,也被称为"16+1合作"(2019年希腊加入,扩容为"17+1")。"17+1合作"的主要活动为领导人会晤、地方领导人会议,以及其他领域的多种不同形式的活动。2021年,中国—中东欧国家合作形成了政府主导、民间参与的模式,涵盖从中央到地方、从官方到民间诸多领域的多元沟通交流方式。目前中国—中东欧国家合作已在20多个领域建立了50多个合作平台,在旅游、农业、林业等特定领域的合作已走向机制化,被业界人士称为最具活力、最有代表性跨区域合作机制之一。创建以来,"17+1合作"取得的成果清单多达三百多项。这些务实合作提升了"17+1合作"的韧性和灵活性,即使在疫情阴霾笼罩下的2020年,中国与中东欧17国贸易额也逆势上扬,突破千亿美元,同比增长8.4%,同期增速是中国外贸整体增速的4倍以上。

2. "中国—中东欧国家科技创新伙伴计划"

2018年7月7日,国务院总理李克强访问保加利亚并出席在索非亚举行的第七次中国—中东欧国家领导人会晤。其间,依据与会各方共同达成的《中国—中东欧国家合作索非亚纲要》,"各方支持在公平的基础上,强化在研究和创新领域的互利合作,启动'中国—中东欧国家科技创新伙伴计划',并定期举办中国—中东欧国家创新合作大会。各方愿意在自愿的基础上展开联合研究,加强科技人员的交流,开展科普合作。"在中国—中东欧国家合作("16+1合作")框架下,科技创新合作顺利推进。"中国—中东欧国家科技创新伙伴计划"积极开展以下合作:开展科技创新政策对话,交流政策制定和体系建设,推进研究合作网络建设。定期举办创新合作大会,深化科研成果产业化及技术转移合作。共建技术转移中心,推动合作交流。共建"一带一路"联合实验室,根据需求和基础选择优先领域,搭建长期稳定合作平台。开展联合研发合作,磋商建立共同资助项目机制,提升研发水平和攻关能力。实施科技人文交流行动,包括杰出青年科学家来华工作项目和科技培训班。开展科普合作与交流活动,每年邀请中东欧国家派团参与。

第四节
浙江省与克罗地亚旅游产业合作

一、浙江省与克罗地亚旅游产业现状分析

(一) 浙江省旅游规模分析

浙江省国际旅游产业发展稳定,相关数值呈现出稳步提升的趋势。入境层面,根据浙江省统计局的相关数据,2012年至2017年,浙江省入境旅游者人数、出入境旅游的外国人人数由865.93万人、570.51万人逐年稳步增加到了1 211.73万人、801.5万人。2018年,受统计口径和范围调整的影响,相关数值出现了大幅度下降,现实来讲,2012年至2019年的八年间,关于入境旅游的上述两项指标的增长趋势是稳固的。2020年受全球新冠疫情影响,浙江省入境旅游者人数和出入境旅游的外国人人数大幅下降。2021年全球疫情形式转好,旅游业得以复苏,相关数值实现小幅正增长。旅游创汇收入方面,2012年至2019年,浙江省旅游创汇收入持续增长,同样的,由于2018年相关统计口径和范围进行了调整,浙江省旅游创汇收入在数值上大幅下降,这并不意味着实际旅游创汇收入能力下降了。受全球疫情影响,2020年浙江省旅游创汇收入下降为1.64亿美元,2021年小幅回升至2.04亿美元。出境层面,2018年,全省旅行社组织出境游客283.7万人次,比上年增长16.3%,显示出强劲的市场需求。2019年,浙江省旅行社组织的出境游客人数进一步攀升至306.5万人次,表明浙江省居民的出境旅游热情持续高涨。受疫情影响,2020年浙江省旅行社组织出境游客的数量大幅下降,境外旅游陷入停滞。2022年以来,随着疫苗接种率的提高和全球疫情防控措施的逐步放宽,浙江省出境旅游市场开始出现复苏迹象。详见表9-14。

表9-14　　　　　2012—2021年浙江省国际旅游发展情况

年份	入境旅游者人数（万人次）	入境旅游的外国人人数（万人次）	旅游创汇收入（亿美元）
2012	865.93	570.51	51.52
2013	866.28	576.57	53.93
2014	931.03	614.45	57.53
2015	1 012.04	672.26	67.88
2016	1 120.30	731.62	74.31
2017	1 211.73	801.50	82.76
2018	456.76	323.41	25.96
2019	467.11	329.83	26.68
2020	38.35	27.67	1.64
2021	42.84	32.74	2.04

注：2018年起入境旅游者口径和范围调整为入境过夜游客。
资料来源：浙江省统计局。

（二）克罗地亚旅游规模分析

据克罗地亚统计局相关数据显示，克罗地亚接待游客总数、国内游客总数和国外游客总数分别由2013年的1 244.1万人次、128.6万人次和1 078万人次增加到2019年的2 010万人次、335万人次和1 735万人次，增幅明显，达到了克罗地亚旅游历史上的新高度。2020年受全球疫情影响，克罗地亚接待游客总数量、国内游客数量和国外游客数量分别大幅下降至701万人次、147万人次和504万人次，下降幅度超30%，是近十年来的最低值。2021年，此三者数值有一定幅度的上升，达到了1 270万人次、206万人次和1 064万人次，展现出明显的复苏迹象。详见本书第一章第四节中有关旅游业的论述。

（三）浙江省旅游资源分析

近年来，浙江省坚持打出"诗画浙江"的旅游品牌，提出了"大花园建设"行动计划，力求全面建成中国最佳旅游目的地。浙江省文化属于典型的"中国东南文化区"，拥有国家级风景名胜区127处，国家级重点风景名胜区 18 个，省级风景名胜区 42 个，国家级历史文化名城 6 座，省级历史文化名城 12 座，全国重点文物保护单位 134 处，省级重点文物保护单位 279 个，国家级自然保护区 10 个，国家森林公园 35 个，旅游资源丰富。

1. 文人故居

浙江省自古以来文人墨客辈出，尤其在近代历史中出现了鲁迅、茅盾等具有文人风骨的著名文学家。在他们去世之后，他们曾居住过的地方吸引了世界各地的游客前来瞻仰。鲁迅故居为例，一篇《从百草园到三味书屋》让所有读者意味无穷，纷纷造访绍兴的鲁迅故居。茅盾故居在桐乡市乌镇观前街和新华街交接处，是一代文化大家茅盾出生和成长的地方，1988 年被列为全国重点保护单位。整个建筑采用木制结构，东边与茅盾立志书屋相邻，如今是包含有茅盾小学时代作文本在内的大批文物和资料的纪念馆，与昭明书屋、唐代银杏、修真观戏台构成了一部研究茅盾的基地，吸引了国内外游客前来瞻仰。

2. 历史遗迹

浙江省处于长江的中下游，作为中华文明的发祥地之一，浙江省境内的历史遗址众多，从杭州良渚古城到宁波余姚河姆渡遗址，仿佛历史画卷一般在游客的眼前摊开。宁波余姚的河姆渡遗址是我国新时期时代的重要遗址，对论证长江也是中华文明诞生之地发挥了重要作用，吸引了全球的科考爱好者的关注与瞩目。

良渚遗址，主要集中在浙江省杭州市余杭区瓶窑镇、良渚街道境内，地处中国长江下游环太湖流域，年代为公元前 3300 年至公元前 2300 年，持续发展约 1 000 年，属于新石器时代晚期文化遗址群。2019 年 7 月 6 日，良渚古城遗址被列入世界遗产名录，良渚古城遗址是人类早期城市文明的范例，证明了中华五千年的文明史，此次申遗成功，标志着中华五千年文明史得到国际社会认可。

3. 岛屿交错

浙江省位于中国东南沿海地区，这就不得不提到它彼此交错的岛屿了。以浙江省舟山群岛为例，一个个岛屿散落在海上，乘坐游船乘着海风，往返于各个小岛之间，可以去桃花岛感受金庸笔下大侠们的世外桃源生活，也可以去探索祖国东方神秘的那个小岛——东极岛。

小岛星罗棋布在这片海洋上，每个小岛都有其独特的特点。以舟山普陀岛为例，它是我国主要的佛教集中地之一。作为我国四大佛教名山之一的普陀山就坐落于此，有悠久的佛教文化，又有丰富的海岛风光，古人称之为"海天佛国""南海圣境""人间第一清静境"。普陀山山上山下又建有许多寺庙，其中又以俗称前寺的普济禅寺和后寺的法雨禅寺最为著名，俨然构成了佛教胜地的感觉。

4. 江南古镇

提起江浙地区，古风古味的江南古镇是必不能少的话题。除了悠久历史留下来的古镇遗产，更加上浙江省颁布的对保护和开发古镇等一系列政策法令，让一个个古色古香的江南小镇焕发新机。以嘉兴的乌镇为例，乌镇以河成街，桥街相连，古色古香，水镇一体，呈现一派古朴、明洁的幽静，是江南典型的"小桥、流水、人家"的代表。但是真正让乌镇出名的是自2014年开始举办的全球互联网大会乌镇峰会，距今已举办超9届，作为全球互联网技术交流的盛会，高科技与古色小镇相碰撞，让乌镇焕发出盎然生机。

（四）克罗地亚旅游资源分析

克罗地亚是一个小众旅游目的地，不同于热门的欧洲旅游胜地，克罗地亚更像是欧洲的一座秘密的花园，不会花枝招展地告诉全世界，它会静静地呆在那，等待着你不经意间踏入，去欣赏它的音乐与艺术，去感受海岸和田间。

1. 神圣教堂

克罗地亚国内有着许许多多的教堂建筑，不仅是不同的宗教信仰，还可以体验不同的建筑艺术，其中以圣马可教室、圣母升天大教堂等最为出名。以圣马可教堂为例，它处于克罗地亚首都萨格勒布的圣马可广场，融合后期哥特式和罗马式建筑风格，不仅是能引得游客驻足，更是当地居民生活中不可缺少的一部分。

圣母升天大教堂，建成历史悠久，遭遇过两次破环，如今重建为哥特式建筑。圣母飞天大教堂作为萨格勒布市的地标性建筑，其塔尖在城市各地都能够见到，两座双子塔直耸入云，守望着这两座城市，给前来瞻仰它的人一种望而生畏的感觉。

2. 清爽海景

克罗地亚有着漫长的海岸线，这给了它天生的旅游优势。与浙江省的舟山群岛类似,除了海风海浪,克罗地亚也有着星罗密布的岛屿,不过不同在于,克罗地亚的岛屿更带有一些神秘与清静的感觉。姆列特海岸线就是其中的代表,那里有两个咸水湖,周围布满了稀有的野生植物,包括五颜六色的鲜花,可以说是大自然爱好者的天堂和寻找宁静之人的圣地。

布拉克岛是克罗地亚最著名的金角沙滩的所在地,岛上拥有由华美松树环绕的海滩、独立的海湾和克罗地亚群岛的最高峰(VidovaGora,海拔778米),岛上的小镇充满着浪漫的广场和酒吧,7月和8月是其最热闹的季节。

3. 庄严古城

克罗地亚有着悠久的历史,许许多多的古城散落在这片大地上,神秘而又寂静。以杜布罗夫尼克为例,它建立于7世纪,繁华可与当时的威尼斯比拟,而如今又作为《权力的游戏》中的君临城而闻名。这座老城保留着能体现罗马式、哥特式和文艺复兴式等不同的建筑风格的古城堡,更留存着欧洲仅存的最完整和复杂的城墙,可谓是当地的旅游担当。

扎达尔,克罗地亚西部的历史名城,是扎达尔县和北达尔马提亚地区的行政中心,也是克罗地亚的第五大城市。这一地区是克罗地亚的文化发源地,有着3 000多年的悠久历史,老城人文深厚、古迹众多。实地浏览这个城市的古迹,超过了阅读的每一本书。

4. 创意博物馆

克罗地亚的首都萨格勒布分布着各式各样的博物馆,从奇奇怪怪的青蛙博物馆,到阴森吓人的酷刑博物馆,再到引人深思的战争博物馆,相信每一段博物馆的浏览经历都能给游客带来不同的体验。以失恋博物馆为例,作为经典创造性现代博物馆之一,失恋博物馆将失恋转化为艺术,不仅在当地大有名气,更在全球21个国家进行了巡展。2011年,欧洲博物馆授予它"欧洲最有创意博物馆奖";2012年,失恋博物馆跻身萨格勒布市必参观景点排行榜第三名。2018年,失恋博物馆登录上海,得到国内外游客的青睐。

二、浙江省和克罗地亚旅游合作政策

(一)浙江省对克罗地亚旅游合作政策

1. 浙江省对外旅游合作政策

根据2021年浙江省文化和旅游厅印发的《浙江省旅游业发展"十四

五"规划》(下文简称为《规划》),可从中一观浙江省未来对外旅游业的发展目标与政策导向。

(1) 推动自贸试验区旅游发展

《规划》中提到,推动自贸试验区旅游发展是本次"十四五规划"的重点任务。重点发展邮轮游艇旅游、商贸旅游、特色医疗旅游、娱乐演艺旅游、文化旅游、滨海旅游、健康养生旅游、体育竞技旅游、教育旅游、会展旅游等业态,通过赋权改革形成新的增长点。要扩大旅游业对外开放,引进跨国企业和著名品牌企业、平台入驻试验区。此外,通过设立50家退税店,争设一批免税店,打造富有吸引力的购物旅游胜地。详见表9-15。

表9-15 浙江省自贸试验区旅游发展重点

片区	发展重点
舟山片区	推进中国邮轮旅游发展实验区、海岛公园、舟山国家健康旅游示范基地、朱家尖国际旅游度假区等重大项目建设,全面创建自贸旅游岛。
宁波片区	建设自贸区文化艺术品交易中心、文化和旅游进口博览会等平台。培育竞技赛事、康养、休闲运动等新业态,创建滨海体育赛事基地、专业装备进口基地、康养基地、邮轮游艇旅游中心、文物修复国际中心。打造数字文旅谷、文化和旅游知识产权服务中心。
杭州片区	推动杭州钱塘新区台湾免税购物综合体、保税免税商品交易市场建设,发展购物旅游。推进大创小镇、东部湾湿地公园、杭州空港小镇、滨江物联网小镇、互联网小镇等建设,发展休闲度假、数字经济、会展节庆旅游,促进文创贸易。建设杭州东部湾总部基地、杭州生物医药产业园等区块,创新发展医疗康养旅游。
义乌—金华片区	打造世界商贸旅游目的地。设立影视旅游基地,培育外向型影视文化旅游企业。探索创新综保区内国际高端艺术展品、文物担保监管模式,建设国际文化艺术品展示交易中心,探索海外文物艺术品交易、回流工作模式,发展国际会展旅游。

资料来源:《浙江省旅游业发展"十四五"规划》。

(2) 旅游业国际化标尺再提升

《规划》对"十四五"时期浙江省旅游业的国际化程度进行了量化,使用出入境游客规模体现浙江省旅游业国际化程度,并采用住宿单位接待入境过夜游客(万人次)、国际旅游(外汇)收入(亿美元)、旅行社组织出境旅游人数(万人次)三个细分指标来科学计算出入境游客规模。《规划》不仅计算了2019年和2020年浙江省旅游国际化的实际值,还明确了 2025 年目标值，如表 9-16 所示。不难看出，受全球新冠疫情影响，各项指标的数值降幅明显。对此，《规划》设定了至 2025 年的目标，即浙江省的旅游业国际化水平需复苏至疫情前的水平，相关指标数值预计超过 2019 年实际值。

表 9-16　"十四五"时期浙江省旅游业发展主要指标之国际化程度

一级指标	二级指标	三级指标	2019 年实际值	2020 年实际值	2025 年目标值
国际化程度	出入境游客规模	住宿单位接待入境过夜游客（万人次）	467.1	38.3	470
		国际旅游（外汇）收入（亿美元）	26.7	1.6	27
		旅行社组织出境旅游人数（万人次）	306.5	12.8	310

资料来源：《浙江省旅游业发展"十四五"规划》。

2. 浙江省对中东欧旅游合作政策

浙江省在中国—中东欧国家合作过程中扮演着十分重要的角色，尝试在多领域探索合作，文旅领域的合作成果频出。

(1) 举办人文交流活动

2021 年 6 月 7 日到 6 月 9 日，宁波老外滩举办舌尖上的相遇—中东欧美食与"诗画浙江·百县千碗"人文交流活动，来自中东欧各个国家的特色美食在这里汇聚，波兰的酸奶、塞尔维亚的葡萄酒和捷克的啤酒与宁波特色、浙江省小吃碰撞，更有诸多"大厨"在现场烹饪"异域佳肴"，让中东欧的概念走进浙江省的家家户户，助力浙江省与中东欧的文旅交流。

(2) 旅游办学探索机遇

浙江省在中国—中东欧国家地方合作中勇当先锋，积极探索旅游教育领域的合作，其中，宁波提供了带有宁波特色的旅游教育合作方案。"中国与'一带一路'（中东欧）国家旅游高等教育研讨会"由宁波大学昂热大学联合学院（中欧旅游与文化学院）于 2018 年发起创立，已连续举办 4 届，成为两大最具影响力的中国—中东欧旅游教育合作平台之一。除此之外，宁波外事学校、浙江纺织服装职业技术学院、宁波城市职业技术学院还分别在中东欧探索境外办学，为旅游合作提供动力。

(3) 深化中东欧旅游合作

浙江省文化厅在 2018 年工作要点中提到，2018 年浙江省文化厅立足浙江特色，充分挖掘浙江省文化资源，拟订了《"一带一路"文化交流合作行动计划（2018—2022 年）》，推动对外文化交流合作不断深化，全年实施对外文化交流 2 122 起；成功举办中国—中东欧国家非物质文化遗产保护专家级论坛等重大活动；组派 16 个艺术团，分赴 16 个国家的 30 座城市开展 96 场海外"欢乐春节"文化交流活动；承办文化和旅游部 2018"汉学与当代中国"浙江省考察活动，22 个国家的中国问题研究专家和智库学者参加活动。

3. 浙江省对克罗地亚旅游合作政策

浙江省与克罗地亚近几十年来一直保持着良好的交互关系，民间交流活动频繁，双方许多城市之间也缔结了良好的合作关系。

在"一带一路"框架下，浙江省与克罗地亚的旅游合作主要体现在加强旅游交流与推广上。浙江省鼓励本地旅游企业与克罗地亚旅游机构建立合作，推动旅游资源共享和市场拓展。此外，两地还通过举办旅游推介活动、互派旅游考察团等方式，促进双方游客的相互访问。合作的最终目标是提升双方的旅游吸引力，增进文化交流。

双方的旅游合作政策和举措主要体现在以下几个方面：

一是旅游推介和市场推广。在旅游展览与推介活动方面，浙江省和克罗地亚定期举行旅游推介会和展览活动，例如浙江省组织的"浙江旅游推介会"在克罗地亚举办，展示浙江的自然风光、文化遗产和旅游资源。这类活动帮助克罗地亚的旅游业者了解浙江的旅游产品，吸引克罗地亚游客到浙江旅游；在参与国际旅游展览方面，双方共同参与国际旅游展览，例如在欧洲旅游博览会等大型展会上展示彼此的旅游资源，增加对方旅游市场的曝光率。

二是旅游线路和产品合作。在联合开发旅游产品方面，浙江省的旅游企业与克罗地亚的旅行社合作，共同开发针对中国和克罗地亚游客的旅游线路和产品。例如，推出结合浙江文化和克罗地亚风情的双向旅游套餐；在特色主题旅游方面，开发以文化交流为主题的旅游产品，例如"浙江文化与克罗地亚历史文化之旅"，让游客在体验浙江的传统文化的同时，也深入了解克罗地亚的历史和现代文化。

三是旅游交流与合作。在互访考察方面，双方定期组织旅游部门和企业代表互访考察。例如，浙江省的旅游官员和旅行社代表访问克罗地亚，以了解当地的旅游资源和市场需求，反之亦然；在培训与交流方面，组织旅游从业人员的培训和交流活动，提升双方旅游服务水平和业务能力，分享成功的旅游营销和管理经验。

四是推动航空及交通合作。在航班开通与增加方面，浙江省与克罗地亚在推动直飞航班方面的合作。例如，争取开通从浙江省主要城市杭州到克罗地亚主要城市萨格勒布的直飞航班，方便游客的往来；在提升交通便利性方面，推动双方在交通设施和服务上的合作，例如优化签证政策、简化入境手续，提升游客的便利性。

五是举办文化交流活动。在文化节和艺术展览方面，在浙江省和克罗地亚举办互办文化节、艺术展览等活动，展示彼此的艺术和文化传统。例如，克罗地亚艺术家在浙江举办展览，浙江的传统艺术在克罗地亚展出，增加文化互动。

通过这些具体的政策和举措，推动双方旅游业的共同发展，促进经济和文化交流。

（二）克罗地亚对外旅游合作政策

旅游业是克罗地亚的支柱性产业，旅游业收入主要由外来入境旅游和国内旅游构成，其中外来入境旅游占大头。2020—2023年，克罗地亚政府陆续出台了一系列促进入境旅游和挖掘国内旅游潜力的政策，致力于促进旅游业的可持续发展。

2020年底，克罗地亚议会通过了2030年可持续旅游业发展战略，该战略将会于2023年1月生效，与2030年克罗地亚国家发展战略、欧盟基本政策以及克罗地亚国家复苏和韧性计划（NRRP）相一致。可持续旅游发展战略中提到，要通过更有效的立法和管理培育更具创新性、竞争力和弹性的旅游业，具体要完善环境商业标准，增进当地居民福祉，保护历史和自然遗产，解决熟练劳动力短缺问题，同时强调要发展绿色旅游，减少气候变化对旅游业的负面影响。具体措施涉及以下几个方面：

1. 挖掘旅游新增长点

如何挖掘好克罗地亚的旅游潜力是克罗地亚政府正在深入考虑的问题。克罗地亚的旅游资源不只是阳光和沙滩，克罗地亚是一个巨大的自然与历史交融的舞台，这里有杜布罗夫尼克夏季运动会、斯普利特夏日嘉年华和拉布岛手工艺风俗节等盛大节日，也有古城教堂等特色建筑，除此之外还应该拓展文化旅游、运动旅游、生态旅游、健康游和乡村游等特色旅游业态。

2. 加码酒店投资建设

克罗地亚计划加大酒店投资建设力度，逐步提高酒店住宿接待比例。政府规划在 2020 年，将酒店接待能力提升至整体接待能力的 18.1%，将民宿接待比例降低至 43.4%。克罗地亚的酒店在疫情之前扩张迅速，且品牌连锁店的年增长率高于个别连锁店。但连锁酒店品牌众多，2018 年数据显示，超过 30 000 间客房属于该地区不同的大小品牌。克罗地亚国内的连锁酒店品牌的市场占有率远远超过国际酒店品牌，数据显示，克罗地亚境内的 15 家国际酒店提供超过 8 500 间客房，但国内连锁店的房间总数达 30 000 间，足以说明国内品牌连锁店的主导地位。在未来，克罗地亚将会继续扶持大型连锁酒店的发展，同时也支持主题突出、特色性强的中小型酒店做大做强。

3. 推动旅游跨界合作

克罗地亚正在努力建立起政府部门和旅游企业的良性互动，促进旅游与制造、文化、环保、交通、安全等各领域的深度融合，充分发挥旅游业的带动作用。通过向游客提供更多高质量的国内企业产品，进而提升克罗地亚产品的知名度和国际影响力。旅游业作为克罗地亚的支柱性产业之一，将会承担起更多的促进当地其他产业发展的责任，这意味着旅游业带来的将不再是游客那么简单，而是创造更多的投资机会，将本地产品转化为国际产品，提振经济发展，促进产业融合发展。

（三）浙江省和克罗地亚合作机制

1. 浙江省和克罗地亚文旅合作的顶层设计

（1）"一带一路"倡议

通过"一带一路"倡议，中国与中东欧国家关系更近一步，在贸易、投资、能源和基建等领域取得了一个又一个的成就。在贸易领域，与中东欧贸易额屡创新高。在投资领域，中国投资成为促进中东欧国家经济发展与提高民生保障的一个代名词。截至 2020 年底，中国累计对中东欧国家全行业直接投资 31.4 亿美元，同期中东欧国家累计对华投资 17.2 亿美元。

盘点中克合作的闪光点，佩列沙茨跨海大桥是"一带一路"倡议下双方合作最具标志性的项目之一。克罗地亚佩列沙茨大桥的顺利建设，不仅实现了克罗地亚人民对于连接南北领土的夙愿，同时还为周边企业提供了一系列的承接设施加工的业务，帮助实现业绩好转，更有许多的酒店、饭店在佩列沙茨大桥建设的带动下如火如荼的开展生意，更好地服务国内外旅客。

（2）双循环新发展格局

2020年，双循环的新发展格局被提出，其中指出要以国内大循环为主体，建设国内国际双循环的格局。在双循环新格局的推进下，我国与中东欧合作往来更加密切，打造了中国在区域合作中的新形象，同时，也让中东欧国家走进更多人的心中，两地的人民愿意去往对方的国家进行旅游等人文交流。

（3）"17+1"合作机制

"17+1合作"是根据中国同中东欧国家的共同愿望打造的跨区域合作平台。2012年，随着首次中国—中东欧国家领导人会晤在波兰华沙举行，中国—中东欧国家合作正式启动，共有16个国家加入。在2019年，随着希腊的加入，"16+1"扩容为"17+1"。

"17+1合作"自开始以来便在文化与旅游领域展开合作，2012年，中国国际旅游交易会期间，在上海举办了中东欧国家旅游产品专场推介会。2015年为"中国—中东欧国家旅游合作促进年"，举行中国—中东欧国家旅游合作促进年启动仪式、第二次中国—中东欧国家旅游合作高级别会议等活动。2016年为"中国—中东欧国家人文交流年"，举办了中国—中东欧国家艺术合作论坛、首届中国—中东欧国家文学论坛、中东欧16国知名画家写生团、首届中国—中东欧国家文化产业论坛、中国—中东欧国家合唱夏令营、家国际戏剧节艺术总监访华团、中国—中东欧国家非物质文化遗产保护专家级论坛、中国—中东欧国家创新合作大会、中国—中东欧国家旅游合作高级别会议等活动。2018年为"中国—中东欧国家地方合作年，举办了第四次中国—中东欧国家旅游合作高级别会议。2019年，分别举办了第四届中国—中东欧国家文化合作部长论坛、第五次中国—中东欧国家旅游合作高级别会议。2022年为中国—中东欧国家合作启动10周年，同年举办了中国—中东欧国家旅游线上会议。

2. 浙江省和克罗地亚旅游合作平台的开发

（1）中东欧美食与"诗画浙江·百县千碗"人文交流活动

"舌尖上的相遇—中东欧美食与'诗画浙江·百县千碗'人文交流活

动"是中国—中东欧国家博览会暨国际消费品博览会唯一的人文交流活动，已在浙江省宁波市顺利举办了三届。"诗画浙江·百县千碗"与中东欧美食以长桌宴形式进行交流。"诗画浙江·百县千碗"美食展区精选了浙江省11个地市色香味俱全、口碑上佳的特色美食，温州"永嘉麦饼"与斯洛伐克煎饼、台州的"麦饼筒"与"墨西哥卷"、嘉兴的"稻草扎肉"与马其顿烤猪肉……开展"舌尖上的相遇"。与此同时，还有中东欧国际美食邀请赛，中东欧咖啡红酒生活节，布拉格之夏·捷克啤酒美食节等活动同步有序展开。外交官厨艺直播、"邂逅·艺术风情"演绎交流、欧洲古典油画展、"诗画浙江·百县千碗"数智化体验、中东欧国家网红直播推介也陆续上演。美食无国界，游以吃为先，以美食为媒，搭建起了一座中国与中东欧国家之间合作交流的桥梁，促进各方开展深度合作。

（2）中国—中东欧国家旅游合作高级别会议

中国—中东欧国家旅游合作高级别会议于2014年首次召开，以协调中心为平台，加强协调，密切合作，积极推进同中国的旅游合作，推动中国—中东欧国家合作取得新进展。2018年，第四次中国—中东欧国家旅游合作高级别会议在克罗地亚南部旅游名城杜布罗夫尼克召开，与会各方总结了近年来在"16+1"框架下中国和中东欧国家的旅游合作经验，并就进一步加强交流与合作，促进旅游资源整合与人员交流达成多项共识。其中，克罗地亚旅游部长卡佩利说，今年初至9月中旬已有15.3万人次中国游客到访克罗地亚，而去年全年为16万人次，中国游客的到来对提振当地旅游业和经济发展起到了十分重要的作用。2019年，第五次中国—中东欧国家旅游合作高级别会议在拉脱维亚首都里加召开，与会各国高度评价中国在中国—中东欧国家旅游合作机制中发挥的积极作用，均表示将以此次会议为契机，愿同中方共同努力，不断丰富合作内容，创新合作形式，出台更多便利化措施，扩大人员往来，推动中国—中东欧国家旅游合作迈上新台阶。另外，本次会议还颁发了首届"马可·波罗"奖，旨在奖励面向中国市场的创新型旅游线路和产品。

（3）中国（宁波）—中东欧旅游合作交流会

2016年，中国（宁波）—中东欧国家旅游合作交流会在宁波香格里拉大酒店盛大举行，对进一步提升浙江省，特别是宁波同中东欧国家旅游合作的深度和广度，推动各方旅游业共同繁荣具有重要意义。本次交流合作会的召开，将进一步推进资源与资本的无缝对接，浙江省将以更饱满的热情、更优秀的品质、更高的效率,为中东欧及世界各地的朋友提供优质的服务和完善的保障,促进各方旅游业共同发展。交流会上,还进行了"诗画浙江"旅游产品和投资环境推介、六个中东欧国家旅游资源和产品推介、20个重大旅游项目现场签约、中国(宁波)—中东欧国家旅游市场合作专题对洽会、中东欧国家旅游资源专场推介活动等环节,是一场极具异域风情的交流会,将两个不同文化的旅游资源进行完美碰撞,这场中西交流的旅游文化盛宴也将持续远航。

(4) 中国—中东欧国家博览会暨国际消费品博览会

2023年,第三届中国—中东欧国家博览会暨国际消费品博览会在宁波举办。此次展会特别设置了中东欧国家服务贸易展区,将展示双方在人文、旅游等方面的合作交流内容,为前来参展的观众提供了解中东欧国家的窗口,也为两国增进友谊、扩大合作、共谋发展,开辟更广阔的空间。2023年是中国—中东欧国家合作新十年的起步之年,第三届中东欧博览会也是国际交流全面重启后我国面向欧洲方向的首个大型机制性展会。本次中东欧博览会设置了特色旅游板块,为旅游业业务开拓搭建了平台、增强了信心。在克罗地亚展区,克罗地亚国家旅游局以及克罗地亚最大的旅游公司之——Uniline旅行社,结合商品与本国特色将自己的国家介绍给来往地参展者们,勾起了参展者们前往克罗地亚亲身体会当地美食美景的愿望。

3. 浙江省和克罗地亚合作模式的探讨

(1) 景区基建合作

景区的基础建设是给旅客良好体验的基础,包括住、行、食等。浙江省文化和旅游厅在2021年发布的《浙江省加强旅游服务质量监管提升旅游服务质量工作总结(高质量发展)》中提到了要增强旅游服务质量建设,要求补齐A级及以上旅游景区和国家级、省级旅游度假区基础设施短板,加强游客服务中心、通景道路、旅游码头、旅游停车场(含公共充电桩)、旅游厕所等基础设施建设,显著改善旅游基础设施条件。克罗地亚在其旅游局官方网站中也提到,为了广泛吸引外国游客,克罗地亚尽可能去开发与完善其旅游设施,在遵循可持续发展要求的同时,竭尽所能将性价比提升到更高水平,以此来最大程度地满足游客需求。

基于浙江省在互联网技术方面的发展优势,浙克合作可以将"互联网+旅游"加入合作的范围,共同推进旅游基础设施的建设,特别是向着智慧化方向升级。

(2) 品牌建设合作

品牌建设正在成为旅游城市提高竞争力的重要手段，是不可忽视的"软实力"。浙江省文旅厅在发布的《浙江省加强旅游服务质量监管提升旅游服务质量工作总结（高质量发展）》中明确提到要培育优质旅游服务品牌，首先，要完善旅游服务品牌建设制度。一是牵头制定各类标准和实施细则，包括制定全省首个服务业"品字标"——饭店"品字标"评定标准，修订完成《品质饭店评价规范》实施细则，修订完成《品质旅行社评价规范》等。二是深入推进创评创建，完成全省 53 家四星级饭店年度复核工作，责令 11 家星级饭店限期整改，擦亮星级饭店"金字招牌"；举办全省旅游饭店标准宣贯网络培训班，新创建 2 家五星级旅游饭店、1 家四星级旅游饭店、31 家绿色旅游饭店、50 家"品质饭店"、28 家特色文化主题饭店、4 家五星级品质旅行社。其次，要加强旅游服务品牌宣传，高质量举办"亚洲之光"国际艺术节、中国越剧艺术节，打造高端国际文化交流和艺术展示平台。实施"文化浙江""诗画浙江"全球推广计划，加速建设一批浙江省文旅境外推广中心。持续深化"诗画浙江与世界对话""美丽中国·诗画浙江""浙江文化旅游节""千人万人游客互送""丝绸之路周"等品牌交流会。克罗地亚也在深入挖掘旅游业增长潜力，当局正在努力结合本地资源打造许多独特的节日、展览、演出和活动，如杜布罗夫尼克夏季运动会、斯普利特夏日嘉年华、拉布岛手工艺风俗节普拉和莫托文电影节的城市狂欢节。

浙江省在品牌建设上具有强劲实力和丰富经验，而克罗地亚文化资源丰富且极具特色，双方在旅游品牌建设方面的合作大有前途，且必将是互惠互利的。

(3) 人才建设合作

文化旅游产业发展的核心就是人才。浙江省十分注重旅游业人才的挖掘，在完善教育培训制度方面，将旅游服务质量教育纳入了旅游教育培训体系。推动建立政府、院校、科研院所、行业协会和旅游企业共同参与的旅游服务质量教育网络。增强旅游职业技术技能教育适应性，深入推进产教融合、校企合作，大力推广现代学徒制度。充分发挥文化和旅游人才培训基地的作用，组织和开展多层次多类别的旅游服务标准化、旅游服务质量管理和服务技能培训。克罗地亚也在不断加大对旅游从业人员的培训力度，包括完善从业资格相关要求，提升旅游从业人员整体素质等，致力于为远道而来的旅客提供尽善尽美的体验。

浙江省与克罗地亚之间的旅游人才培养合作已经走过了一些年头，以宁波为例，当地学校如宁波外事学校、浙江纺织服装职业技术学院、宁波城市职业技术学院分别在克罗地亚探索境外办学。旅游教育领域，由宁波大学昂热大学联合学院（中欧旅游与文化学院）于2018年发起创立的"中国与'一带一路'（中东欧）国家旅游高等教育研讨会"已连续举办4届，成为最具影响力的中国—中东欧旅游教育合作平台之一。一批中东欧学者近几年来一直参与宁大旅游学科的人才培养和科研合作，其中6人经宁波大学申报入选科技部高端外国专家引智项目。而在未来，如何制定个性化的合作方案，扩大双向交流规模，打造多层级的教学合作是未来浙江省与克罗地亚可探索的方向。

（4）旅游信用制度建设合作

旅游行业信用体系建设是提升旅游服务质量的重要保障，是推动旅游市场治理体系和治理能力现代化的重要抓手。浙江省加快推进旅游信用体系建设，包括信用评价提质拓面、健全信用制度、高效归集信用信息以及推进信用监管等措施。在全省范围内深入推进"旅行社"行业信用评价、新增"演出经纪机构"信用评价，在衢州、奉化等13个试点市县推行"网吧""星级饭店"等主体信用评价。旅行社信用评价"浙江模式"先后被评为"全省信用数字化应用场景十大优秀案例""全国文化和旅游信用体系建设典型案例"。依托"浙江省文化和旅游信用监管平台"，浙江省建立了跨部门、跨领域、跨层级的数据共享机制，其中，公共信用信息通过省公共数据工作平台交换自动获取，行业信用信息能够实时接入全国旅游监管服务平台等8个系统的行业数据。

因此，在如何建设旅游信用体系，运用好数据库高效归集数据等方面浙江省有丰富的经验，克罗地亚可以在这些方面与浙江省展开长足的合作。

（5）企业文旅创新合作

旅游企业是地方旅游业发展的坚实基础和活力主体，旅游公司的创新发展不仅可以提升自己的竞争实力，更可以提高一个地区旅游业的整体发展水平。浙江省致力于培养旅游企业创新能力和提高旅游公司管理水平。就培养企业创新能力来看，浙江省促进旅游企业线上线下融合，推动旅企业数字化发展，支持大数据、云计算、区块链、人工智能等在旅游服务中的应用。推进景区智慧管理设施升级改造，强化流量监测管理。实施智慧旅游咨询服务工程，依托"浙里好玩"平台，跨部门共享公安、交通、环境、气象等部门数据，打造旅游公共服务数据"驾驶舱"。就提升企业管理质量来看，鼓励和支持旅游企业建立健全质量管理体系，大力推广应用先进质量管理方法，创新旅游服务质量管理模式，完善消费后评价体系。鼓励和支持杭州天元大厦等旅游企业建立"首席质量官""标杆服务员"制度。

克罗地亚有着巨大的旅游潜力，如何通过创新去挖掘旅游资源、放大资源价值是当地旅游公司不得不去思索和解决的问题。在推进数字化发展、智慧化管理方面可以与浙江省的旅游公司展开深入合作，将大数据、人工智能应用于旅游服务，打造旅游信息咨询与发布平台，完善流量可视化、开放时间以及举报建议的渠道，让前来克罗地亚的游客玩的安心，玩得放心。

（6）旅行社合作

根据浙江省统计局的数据，浙江省2012年共有旅行社2 012个，其中国际旅行社99个。至2018年，浙江省旅行社群体发展迅速，达到2 851个，而国际旅行社数量提升到了309个，是2012年的3倍。2019年受疫情冲击影响，旅行社数量有一定的减少，但很快得以恢复，2020年，旅行社数量基本达到并超过疫情前水准。因此，浙江省旅行社发展成熟，旅游业发展富有韧性。克罗地亚作为小众欧洲旅行国家，通过旅行社合作吸引浙江省旅客前往克罗地亚是不错的选择，旅行社也能够为克罗地亚旅客来到浙江省提供更多便利。详见表9-17。

表9-17　　　　　　2010—2021年浙江省内旅行社数量

年份	浙江省旅行社数（个）	国际旅行社数（个）
2010	1 682	67
2011	1 860	78
2012	2 012	99
2013	2 102	119
2014	2 160	134
2015	2 461	182
2016	—	—

续表

年份	浙江省旅行社数（个）	国际旅行社数（个）
2017	—	—
2018	2 851	309
2019	2 769	307
2020	2 896	306
2021	3 014	—

注："—"代表数据缺失。
资料来源：浙江省统计局。

随着全球化和区域经济一体化的深入发展，克罗地亚愈发意识到，完善的基础设施网络是吸引外资、促进贸易、加速产业融合与升级不可或缺的基础。然而，受限于历史遗留问题、资金短缺及技术瓶颈等因素，这些国家在基础设施建设方面仍面临诸多挑战。道路、桥梁、港口、机场、电网、通信系统等传统及新型基础设施的升级需求尤为迫切，它们直接关系到国家经济的长远发展和民众生活质量的提升。

中国，作为世界第二大经济体和基础设施建设领域的佼佼者，拥有丰富的项目经验、先进的技术水平、高效的施工能力和充足的资金储备。多年来，中国在高铁、桥梁、港口、智慧城市、5G通信等领域取得举世瞩目的成就，为全球多国提供高质量的基础设施建设服务。因此，克罗地亚与中国在基础设施建设领域的合作，无疑能够形成优势互补，实现互利共赢。

双方的合作不仅有助于克罗地亚快速推进基础设施的现代化进程，提升区域互联互通水平，还能够带动相关产业的发展，创造就业机会，促进经济增长。同时，中国企业的参与也将为克罗地亚带来先进的技术和管理经验，助力其提升自主发展能力，实现经济的可持续发展。

当然，浙江省与克罗地亚的产业合作也遭遇诸多挑战。

经济形势与竞争压力。当前，全球经济形势纷繁复杂且多变，贸易保护主义不断抬头，地缘政治风险持续增加。这些不确定因素均有可能给浙江省与克罗地亚的合作带来消极影响。全球经济的波动或许会致使市场需求下滑，对双方贸易及投资活动的开展形成阻碍。于国际市场中，浙江省与克罗地亚皆面临着源自其他国家和地区的激烈竞争。浙江省作为中国东部沿海的经济大省，其出口产品在国际市场具备一定竞争力，然而，同时也承受着来自东南亚、南亚等低成本生产地区所带来的竞争压力。而克罗地亚身为中东欧国家的一员，其经济发展水平与市场规模相对有限，同样需要在国际市场内寻求更多合作契机。

市场准入与政策法规差异。市场准入壁垒是制约浙江省与克罗地亚合作进一步深化的关键因素之一。在国际贸易里，各国为保护本国产业及市场，常常设置各类贸易壁垒，像关税壁垒、非关税壁垒（涵盖技术性贸易壁垒、绿色壁垒等）以及投资壁垒等。这些壁垒可能会提高双方合作的成本，加大合作的难度，降低合作效率。特别是对于浙江省企业而言，若要进入克罗地亚市场并开展业务活动，就必须充分了解并遵循当地的法律法规、市场规则以及技术标准等要求，这无疑增添了合作的复杂性与不确定性。

浙江省与克罗地亚在政策和法规方面存在一定差别。这种差异可能在贸易政策、投资政策、税收政策、知识产权保护政策等诸多方面有所体现。此类差异或许会致使双方在合作进程中出现政策对接不通畅、法规执行不一致等问题，进而影响合作的顺利推进。为应对这一挑战，双方需要强化政策沟通与协调，构建更为完善的合作机制，以推动政策和法规的相互衔接与融合。

文化语言的障碍。文化与语言方面的障碍也是对浙江省与克罗地亚合作产生影响的重要因素之一。尽管双方在文化上存在一定相似性，但依旧存在部分差异和隔阂。这种差异和隔阂可能致使双方在合作过程中出现沟通不顺畅、理解有偏差等状况。另外，语言障碍也可能增加双方合作的成本与难度。为克服这一挑战，双方需要加强文化交流与沟通，提升语言沟通能力，以增进相互了解和信任。

第十章

浙江省与克罗地亚产业合作案例

第一节
浙江省与伊斯特里亚省旅游产业合作

在全球化和"一带一路"倡议的推动下，国际旅游业合作成为促进各国经济、文化交流的重要途径。中国浙江省和克罗地亚伊斯特利亚省，作为各自国家主要行政省份，近年来在旅游产业合作方面取得了显著进展。

一、基本情况

伊斯特利亚省位于克罗地亚西北部的伊斯特利亚半岛，西部与意大利接壤，人口约20万人，经济以旅游、纺织、造船等为主。伊斯特利亚半岛的旅游组织可以追溯到罗马时期，当时的罗马皇帝修建了普拉竞技场以供娱乐。在奥匈帝国统治时期当地旅游资源被进一步开发。第二次世界大战后，当地人民结合自然环境、历史、文化遗产，并合理利用投资使服务业发展得更加完善，竞争力更强。农家乐是位于中心地带的城市中日益流行的一种趋势，伊斯特利亚中部有多家奇特的农家乐住宿加早餐酒店，为游客提供了体验非常真实的伊斯特利亚的机会。伊斯特利亚一直以来是克罗地亚最重要的旅游目的地，接待来自世界各地的游客，该省是游客最多的旅游地区，也是克罗地亚经济最为活跃的省份，克罗地亚全国旅游收入的 1/3 来自该省。

浙江省经济发展迅速，人均 GDP 与收入在中国名列前茅。浙江省居民的可支配收入逐年增长，这为他们的旅游消费提供了充足的经济支持，富裕的家庭和个人更倾向于追求高质量的生活方式，旅游消费成为他们的重要选择。随着国际旅游市场的不断拓展，浙江省和克罗地亚在旅游服务和基础设施方面的合作也在不断加强。运输方式完善的旅游服务体系，为浙江省游客前往克罗地亚提供了极大的便利。克罗地亚的旅游部门与浙江省的旅行社合作，推出了多种针对中国游客的旅游产品和服务，进一步提升了游客的旅行体验。

两地在旅游产业发展中都具有一定优势，浙江省游客前往伊斯特利亚省可以享受到优质的服务与游玩体验，同时也能增加浙江省旅行社与伊斯特利亚省本地旅游企业的经济收入，这些企业增加的经济收入又能增加当地政府的税收，带动两地经济发展。基于此中克两国政府在旅游领域的政策支持和双边合作为旅游产业发展提供了保障，中国浙江省与克罗地亚伊斯特利亚省通过签署友好合作协议、加强旅游宣传推广以及提高旅游从业人员的交流与培训等方式，促进了两地旅游产业的合作。

二、合作内容

2005 年，经中国驻克罗地亚大使馆推荐，浙江省代表团访问伊斯特利亚省，双方共同看好在旅游领域的合作前景，并就开展旅游合作与旅游产品贸易达成共识。之后浙江省与伊斯特利亚省正式签署了《两省建立友好省关系协议书》。2015 年双方旅游产业合作关系进一步加强，当年宁波举办中国—中东欧国家地方省州长联合会，来自中东欧 16 国的众多省（州）市长参加，共同发布《中国—中东欧国家城市合作纲要》。参加论坛的克罗地亚伊斯特利亚省省长表示伊斯特利亚省深受游客欢迎，浙江省是中国最发达的省份之一，希望能彼此进一步增加了解，扩大人文领域的交流。

在合作前期，浙江省的旅行社和运营商组成的代表团游历克罗地亚各地，对克罗地亚著名的旅游目的地进行考察，将伊斯特里亚、扎达尔、希贝尼克、斯普利特、杜布罗夫尼克和科纳夫莱制定为主要旅游地。时任克罗地亚旅游部长 Darko Lorencin 指出，中国市场潜力巨大，是克罗地亚重点发展的旅游客源地。数据显示，城市合作协议签署后，当年中国赴克罗地亚的游客数量和过夜次数较往年均翻了一番，克罗地亚共接待了超过 15 万名中国游客，过夜次数达到 20 万次[①]。为进一步巩固和发展两地的旅游合作，克罗地亚在上海任命一位旅游代表，专门负责中国市场的推广工作。双方在"16+1 旅游年"项目框架下深化合作，共同开发新的旅游产品和服务。

2018 年双方旅游产业合作进一步加强，中国东南欧商业协会与克罗地亚旅游部、克罗地亚国家旅游局以及"马可波罗之路"国际协会合作，举办第一届丝绸之路旅游研讨会。研讨会将有来自中国各地的旅行社代表参加，其中大部分来自浙江省。研讨会的重点将集中在克罗地亚的旅游产业配套服务。此次会议之后伊斯特利亚省酒店、旅馆等旅游产业配套服务质量不断提高，到该地旅行的中国游客数量也大幅增加，每年游客数增长率约 40%。

由于 2020—2022 年的疫情，中国浙江省与克罗地亚伊斯特里亚省之间旅游产业合作受到重创。2023 年后双方旅游产业合作开始逐步恢复，克罗地亚伊斯特利亚省通过实地参展等方式展示其旅游产品，进一步推广其旅游资源。这一举措不仅展示了当地丰富的自然和文化景点，如亚得里亚海的美丽海岸线、历史悠久的城镇和独特的美食文化，还凸显了克罗地亚在发展多样化旅游体验方面的努力。通过邀请浙江省及周边地区的旅游业界人士参加一系列的商务洽谈会，在面对面的交流下克罗地亚深入了解中国游客的需求和偏好，从而更好地调整和优化其旅游产品和服务。在后疫情时代，中国浙江省与克罗地亚伊斯特利亚省将探索更多合作机会，共同推动两地旅游业的发展。

三、合作影响

浙江省与伊斯特利亚省之间旅游产业的合作为两地在经济、文化等层面带来了深远与显著的影响。

1. 经济增长与就业率提高

通过加强旅游合作，伊斯特利亚省吸引了大量游客，游客的到来带动

---

① 此数据与下文数据来自克罗地亚旅游和体育部（https://mint.gov.hr）与 Total Croatia News（https://total-croatia-news.com）。

了当地的住宿、餐饮、交通、购物等多个相关产业，从而显著提高了旅游收入，推动了地方经济的发展，这也直接增加了就业机会，缓解了当地的就业压力。同时大量游客出行也增加了浙江省本地旅行社的收入，提高了本地税收，带来了额外的经济增长。

2. 基础设施建设投资增加

伊斯特利亚省为了吸引游客和提升旅游体验，在交通、住宿、景区设施等方面进行了大量的投资。这些投资不仅改善了旅游设施，还提升了整体的基础设施水平，为未来的长期发展奠定了基础。

3. 文化交流与国际友谊

浙江省游客通过访问伊斯特利亚省，深入了解克罗地亚的历史、文化和自然风光。同时，当地人民也可以体验浙江省人文特色。合作期间，两地组织了多种文化交流活动，如文化节、展览、艺术表演等。这些活动不仅展示了文化魅力，也为游客提供了丰富的文化体验机会。

4. 市场开拓与品牌建设

两地通过旅游合作成功开拓了市场，伊斯特利亚省在浙江省旅游市场上建立了品牌知名度。同时双方的合作促进了旅游产品的市场推广，在一定程度上增强了国际影响力，提升了品牌形象，这也会为相关旅游产业吸引更大的目标市场和更多的潜在客户。

5. 政策支持与合作模式创新

浙江省与伊斯特利亚省两地政府通过签署友好合作协议、制定旅游发展政策等措施，提供了政策支持和保障，推动了双方的旅游合作进程。在合作中，两地探索了新的合作模式和管理经验，如"16+1旅游年"项目、定期旅游展会等，这些创新的合作模式提升了旅游产业的整体发展水平。

第二节
宁波舟山港与克罗地亚里耶卡港海运合作

在全球贸易互联互通的新时代，港口间的合作愈发重要。作为世界上货物吞吐量最大的港口之一，宁波舟山港与克罗地亚最大的港口里耶卡港携手共进，通过签订友好协议，双方在亚欧大陆形成了一条重要的海上航运纽带。

一、基本情况

（一）宁波舟山港

宁波舟山港是全球首个年货物吞吐量突破 10 亿吨的大港，也是世界集装箱运输发展最快的港口，是中国大陆重要的集装箱远洋干线港、全国最大的铁矿石中转基地和原油转运基地、全国重要的液体化工储运基地和华东地区重要的煤炭、粮食储运基地，是中国的主枢纽港之一。港口区位优势十分明显，地处中国大陆海岸线中部、"丝绸之路经济带"和"21世纪海上丝绸之路"的交汇点、"长江经济带"的南翼"龙眼"，面朝繁忙的太平洋主航道，背靠中国大陆最具活力的长三角经济圈，坐拥"服务世界"的全球视角，300 条集装箱航线连接着 200 多个国家和地区的 600 多个港口，勾画着港通天下的海运贸易网。

宁波舟山港由镇海、北仑、大榭、穿山、梅山、金塘、衢山、六横、岑港、洋山等 19 个港区组成，现有生产泊位超 600 座，其中万吨级以上泊位约 200 座，5 万吨级以上大型、特大型深水泊位超百座，自然条件得天独厚，核心港区主航道水深在 22.5 米以上，30 万吨级巨轮可自由进出港，40 万吨级以上超级巨轮可候潮进出，是中国超大型巨轮进出最多的港口，也是世界上少有的深水良港。

2022 年，宁波舟山港完成货物吞吐量达 12.6 亿吨，连续 14 年位居全球第一，2023 年，宁波舟山港完成货物吞吐量 13.24 亿吨，同比增长 4.94%；完成集装箱吞吐量 3 530.1 万标箱，同比增长 5.85%[①]。

（二）里耶卡港

里耶卡港是克罗地亚最大的港口，位于受保护的自然资产克瓦内尔湾，其北亚得里亚海港口相对于北海或波罗的海港口的优势源于欧洲、中东和亚洲之间最短的海上联系。里耶卡港拥有得天独厚的地理优势，港口吃水深度大于 18 米，能够处理大量不同的货物，包括集装箱、矿石、木材、谷物、磷酸盐以及原油和精炼石油产品。39 个泊位可停泊各类船舶，

---

① 数据来自浙江省港航管理中心（https://jtyst.zj.gov.cn/col/col1229327533/index.html）。

包括油轮、干货船、集装箱船、杂货船、客滚船。里耶卡港拥有专门从事各类货物的港池，由积极主动、高素质的特许经营商管理，能够获得足够的货物和旅客数量，确保现代和有竞争力的港口能力的占用。目前里耶卡港最重要的码头为萨格勒布深海集装箱码头和亚得里亚海门集装箱码头。萨格勒布深海集装箱码头是里耶卡门户项目最重要的目标，被设计为最终长度为 680 米、平均宽度为 300 米的直码头。该码头分两期建设，第一期建设 400 米长的码头，第二期建设 280 米长的码头。亚得里亚海门集装箱码头专门从事集装箱转运，配备最先进的设备、沿海和仓库起重机以及火车转运机械。码头二期由里耶卡港务局和特许公司共同投资建设，长 330 米、水深 14.8 米的新码头以及新的仓储区和出入境点已投入使用。如今该码头总面积达到 17 公顷，共有 2 个泊位，总长 630 米，其与通往萨格勒布的高速公路直接相连[①]。

二、合作内容

2010 年 11 月，时任宁波市市长毛光烈率宁波市代表团访问里耶卡市，会见了时任里耶卡市市长沃伊科·奥伯斯内尔和议长布科瓦茨，双方就开展经贸、港口、文化等领域的友好交流与合作进行了会谈，并签署了《宁波市与里耶卡市加强经贸和港口交流与合作备忘录》。友好协议签署后，两港口之间的合作在物流和贸易增长迅速。通过开通定期的集装箱航线，双方有效地促进了货物的双向流通。为进一步提高港口运作效率，宁波舟山港与里耶卡港纷纷开启扩建工程，双方通过一定交流与合作，提升了各自港口的装卸效率和信息化管理水平。

2017 年，宁波在全国率先提出创建"一带一路"建设综合试验区，确定了"一核一港三区三网"任务框架，包括 74 项重点任务、34 个重点平台和 50 个重点工程项目。设施联通是共建"一带一路"倡议的一项重要内容。近年来，宁波按照《创建"一带一路"建设综合试验区三年行动计划（2018—2020 年）》要求，充分发挥港口功能，强化港口管理技术输出和软实力提升，注重内联外通，着力提升交通互联互通水平和港口影响力。当前，在中东欧国家，宁波舟山港与克罗地亚里耶卡港已经形成紧密合作关系。双方不仅开通了一条挂靠的集装箱国际航线，每周各有一个

---

① 数据来自克罗地亚海洋、交通和基础设施部（https：//mmpi.gov.hr）。

定期班轮，还在港口设施和管理技术方面展开了深入合作，这不仅增强了两地的贸易往来，也进一步推动了双方经济的互联互通。

当前，宁波舟山港在港口物流枢纽建设、数字化升级等方面取得了创新突破。港口引入了智能化管理系统，提升了物流运作效率，并通过大数据分析优化了货物调度和运输流程。与此同时，里耶卡港也在探索由传统港口向智能化港口转型。计划通过引进先进的自动化设备和管理系统，里耶卡港将会大幅提高港口的运作效率和安全性。

三、合作影响

宁波舟山港和里耶卡港之间的航运合作是互惠互利的，双方港口、区域经济都从此合作中获利。此外宁波舟山港与里耶卡港直接航运合作也对国际贸易产生了深远的影响。

1. 促进贸易往来

通过开通定期的集装箱航线，宁波舟山港和里耶卡港有效地促进了货物的双向流通，带动了两地的进出口贸易。定期班轮的开通为企业提供了稳定的运输保障，提高了贸易效率，降低了物流成本。

2. 推动区域经济发展

宁波舟山港和里耶卡港的合作带动了周边地区的经济发展。宁波舟山港作为中国大陆的重要港口，通过"一带一路"倡议，加强了与里耶卡港的联系，进一步推动了长三角经济圈的国际化进程。里耶卡港作为克罗地亚最大的港口，通过与宁波舟山港的合作，增强了在欧洲、中东和亚洲之间的物流枢纽地位，促进了克罗地亚及周边地区的经济发展。

3. 促进双方技术创新与智能化升级

宁波舟山港在港口物流枢纽建设和数字化升级方面取得了创新突破，通过智能化管理系统和大数据分析优化了物流运作流程。这些先进的技术和管理经验通过与里耶卡港的合作得以输出，帮助里耶卡港向智能化港口转型，提高了其运作效率和安全性。

4. 增强国际影响力

宁波舟山港和里耶卡港的紧密合作不仅增强了双方在各自地区的影响力，也提升了在全球航运网络中的地位。通过"一带一路"倡议，两港口在国际舞台上发挥了更加重要的作用，推动了全球航运业的发展和国际合作的深化。

第三节
浙江省高校与克罗地亚高校教育合作

自1992年建交以来，中国与克罗地亚两国在文教科技等领域上的交流与合作不断加深，双方既维持官方的学术交流、也鼓励民间进行学术交流。在中国—中东欧国家合作机制建立后，浙江省积极打造对中东欧教育合作高地，在高等教育领域取得一系列成果。

一、合作背景

21世纪以来，浙江省高等教育发展迅速，逐步冲破瓶颈走向大众化，高等教育滞后于经济社会发展的问题已得到极大改善，高校办学水平与软硬件设施已挤进国家前列。高等教育资源方面浙江省顶尖学府为浙江大学，其直属中华人民共和国教育部，是一所综合型研究型创新型大学，本部位于浙江省杭州市，是中国排名前列的高校之一，是"双一流"建设高校和原"985工程"、原"211工程"重点建设大学。此外，浙江省还有一批地方综合性高校，以宁波大学为例，其于1986年由世界船王包玉刚先生捐资创立，邓小平同志题写校名，建校之初由北京大学、复旦大学、浙江大学、中国科学技术大学、原杭州大学对口援建，以高起点开启办学历程。目前宁波大学是国家"双一流"建设高校、省部市共建高校，学校已成为一所综合性的教学研究型大学，综合实力稳居中国高校百强行列。

自20世纪末克罗地亚独立战争结束以后，克罗地亚的高等教育进入了一个重建与发展的新阶段。在教育体系方面，博洛尼亚进程的引入使得克罗地亚高等院校教育体系与欧洲其他国家教育体系接轨，提高了国际化水平。此外政府对高等教育投资不断增加，原有大学规模得到扩展，一些大学和高等教育机构得以建立。如今克罗地亚拥有萨格勒布大学、斯普利特大学等一批世界知名院校。其中萨格勒布大学是克罗地亚首都萨格勒布市的一所公立研究型大学，该大学始建于1669年，它是克罗地亚规模最大的大学，也是欧洲历史最悠久的大学之一。斯普利特大学于1974年正式成立于克罗地亚港口城市斯普利特，其是首都萨格勒布市以外最大的技术学院。目前斯普利特大学是欧洲涉海大学联盟的牵头高校，电气工程、机械工程和造船学院是该大学最重要的组成部分。

"十四五"期间，为全面提升浙江省高等教育办学水平和竞争力，大力实施教育现代化战略和高等教育强省战略，浙江省出台《浙江省国民经济和社会发展第十四个五年规划和二〇三五年远景目标纲要》《浙江教育现代化 2035 行动纲要》《浙江省高等教育"十四五"发展规划》等一系列文件，文件内明确指出要推动人才培养国际化，不断拓展和优化开放办学布局，鼓励高校与国际高水平大学开展合作办学，努力培养具有全球竞争力的高素质创新人才。此外也要积极推进中外人文交流，积极应对后疫情时代人文交流新挑战，加快与深化教育对外开放，提升学校国际影响力。在此政策推动下，浙江省与克罗地亚结合自身高校资源，在教育领域开展积极合作，同时组织了一系列师生交流项目与教育合作会议。

二、合作内容

2013 年 11 月，中国—中东欧国家领导人会晤在罗马尼亚布加勒斯特举办。会晤期间，中国与中东欧国家共同发表了《中国—中东欧国家合作布加勒斯特纲要》。此后在教育部和省教育厅的推动下，浙江省高校与克罗地亚高校展开了积极的交流与合作。

浙江大学于 2018 年举办了第二届"一带一路"国际青年论坛。来自克罗地亚、波兰、捷克等中东欧国家的青年代表，围绕"'一带一路'与青年机遇：中东欧视角"展开了深入的交流与讨论。这一论坛不仅为青年学者提供了一个了解"一带一路"倡议的机会，也为他们在未来的学术研究和职业发展中提供了宝贵的资源和支持。浙江大学还通过这一平台加强了与中东欧国家高校的合作关系，推动了跨文化交流与理解。克罗地亚的萨格勒布大学也在积极促进与中国高校的合作。该校的人文社科学院于近期举行了汉学专业学位项目的启动仪式，这标志着汉学专业从辅修学科正式提升为学位专业。萨格勒布大学的人文社科学院希望通过这一项目，进一步深化与中国在教育和文化领域的合作，加强对中国语言、文化和历史的研究与教学。

省属高校方面，宁波大学与克罗地亚斯普利特大学展开深度合作，其也是斯普利特大学在中国合作的第一所高校。斯普利特大学邻近亚得里亚海，在船舶制造、海事研究、海洋经济等领域具有一定优势。宁波大学同样处于沿海地区，在水产养殖，海洋经济等领域发展迅速。两所大学都有涉海学科，未来合作前景广阔。2023 年宁波大学代表团访问了克罗地亚斯普利特大学。在会谈中，校长 Dragan Ljutic 对宁波大学代表团表达热烈欢迎，同时他强调斯普利特大学是欧洲涉海大学联盟的牵头高校，欢迎宁波大学加入联盟，宁波大学也对两校的交流合作表达积极态度。

在浙江省与克罗地亚高校相互交流之外，一系列由政府组织的教育合作会议也得以落实。2023 年 5 月，第八届中国（宁波）—中东欧国家教育合作交流会开幕式暨第二届中东欧国家智库论坛在宁波举行。会议由浙江省教育厅、宁波市政府主办，宁波市教育局、浙江省教育国际交流协会承办，主题为"数字教育的机遇和挑战"。克罗地亚前副总理司马安、中国教育国际交流协会副秘书长傅博、宁波市副市长朱欢等出席活动。中国—中东欧国家合作机制建立 11 年以来，浙江省特别是宁波市积极打造对中东欧教育合作高地，已取得一系列合作成果，全省教育机构与中东欧国家近 100 所院校建立了常态合作交流关系。未来，浙江省与克罗地亚在教育合作方面的前景令人期待。两地高校可以通过联合培养项目、科研合作、学术交流等多种形式，进一步深化彼此的合作关系。在海洋科学、数字教育、创新创业等领域的合作将有望实现更多突破，推动两地教育事业的共同发展。

三、合作影响

1. 推动科研创新

双方高校在海洋科学、船舶制造、数字教育等领域的合作，促使科研资源的共享和科研项目的联合开展。通过合作研究和技术交流，浙江省和克罗地亚高校期望能够在多个领域取得创新性突破，推动两地科技的共同进步。

2. 促进文化交流

浙江省高校与克罗地亚高校的合作在促进教育交流的同时，也推动了文化的双向交流。通过学术交流、交流论坛、相关课程学习等活动，双方增进了对彼此文化的理解和认同，促进了中克两国民间的友好关系。

3. 增强教育机构的国际影响力

浙江省高校通过与克罗地亚高校的合作，提升了自身的国际知名度和影响力。参与国际合作项目、举办国际学术会议等活动，使浙江省高校在国际教育界树立了良好的声誉，吸引了更多国际学生和学者的关注。

4. 提升教育质量与国际化水平

通过与克罗地亚高校的合作，浙江省高校能够借鉴克罗地亚高校在博洛尼亚进程指导中改变的经验，优化自身的教育体系和教学方法。这种国际合作有助于提升教育质量，使浙江省的高校更具国际竞争力。

第四节
浙江省万丰奥威与瓦拉日丁市航空复合材料产业合作

航空制造业是当前各经济强国关注的重点领域，也是各国产业合作的重要领域，中国与克罗地亚在飞机制造业的合作正逐渐成为两国经济联系中的新亮点。随着中国航空工业的快速发展和技术创新，中国航空制造企业不断寻求全球合作伙伴，以提升竞争力和市场份额，而克罗地亚拥有优越的地理位置和制造业基础，成为中国企业拓展欧洲市场的重要桥头堡。浙江省万丰奥威汽轮股份有限公司在政策推动、要素吸引双重作用下，在轻型通航飞机复合材料制造领域与克罗地亚瓦拉日丁展开并保持长久合作，为各自航空制造业发展带来新的活力。

一、基本情况

（一）万丰奥威

浙江省万丰奥威是一家以创新和先进制造为核心的国际化企业，公司确立了"双引擎"发展战略，以镁合金、铝合金、高强钢为主要材料的汽车轻量化零部件和通用航空飞机制造为主要业务，公司收购 Diamond Aircraft 后已成为全球第三大通航飞机制造企业，目前在中国、奥地利、捷克、克罗地亚等地拥有多个飞机制造厂与工程中心，为全球各制造基地提供有力的技术保障和售后服务。公司目前拥有 1.2 万名全球员工，1 400 项专利，国际级及省级项目分别为 48 项和 106 项。

(二) Diamond Aircraft

万丰奥威收购的 Diamond Aircraft 公司的历史可以追溯到 1981 年。20 世纪 90 年代初，它加入了航空先驱的行列。Diamond Aircraft 的计划简单而优雅，如今，其已是全球领先的轻型飞机制造商，旗下飞机产品融合了创新的机身技术、先进的航空电子系统和现代电子控制喷气燃料活塞发动机。Diamond Aircraft 直接受总部位于浙江省绍兴市的万丰奥威领导，在位于奥地利维也纳新城和加拿大安大略省伦敦的先进工厂进行产品生产，同时也在第三方授权工厂生产，以满足各自的市场需求。其业务垂直整合，内部运营程度很高，以实现最佳质量控制。从设计到原型制作、工具生产、复合材料的生产，再到整架机身、焊接金属部件、电线束、仪表板、系统和组件的制造，所有这些工作都是公司内部完成的。当前公司将海外先进飞机设计研发技术和生产管理国内产业化、工程化，拥有轻型运动飞机系列以及钻石系列飞机 DA20、DA40、DA42、DA50、DA62 等 10 种基本型、18 款机型的知识产权，为全球前三强的活塞式固定翼飞机制造商。详见表 10 - 1。

表 10 - 1　　　　　　　万丰奥威旗下飞机产品主要参数

指标	DA20	DA40 NG	DA42	DA50	DA62
引擎	Rotax 912 iSc3 Sport	Austro Engine AE330	2xAustro Engine AE330	Continental CD-300	2xAustro Engine AE330
最大起飞质量（千克）	800	903	1 999	1 999	2 300
座位数（个）	2	4	4	5	7
燃油容量（升）	84	147	289	185	327
最大航程（千米）	1 302	1 730	2 269	1 520	2 385
最大速度（千米/小时）	226	285	365	335	356
最大爬升率（米/秒）	3.4	3.3	5.7	3.96	5.2

资料来源：https://www.diamondaircraft.com。

经历市场经济改革后，克罗地亚主要以旅游业作为经济支撑，但其制造业仍然在国家经济中发挥一定作用。就轻型飞机材料生产制造而言，需要投入大量劳动力与土地要素，而克罗地亚当地劳动力要素成本相对欧洲其他地区低廉。数据显示，2022 年克罗地亚平均每月净工资为 1 018 欧元，2023 年为 1 117 欧元，与上年同期相比名义增长 11.7%，实际增长 1.2%。土地方面，根据相关法律规定，克罗地亚允许来自欧盟的外国人自由购买土地，且相较于其他欧盟国家，克罗地亚的土地购买价格与租金价格更为低廉。此外，克罗地亚拥有发达的基础设施与优秀的地理位置，为连接其他欧盟国家做出了重大贡献，也会为跨国公司销售提供便利。

二、合作内容

在全球航空制造业日新月异的发展中，复合材料的应用日益成为提高飞机性能和制造效率的关键因素之一。早在 2004 年，Diamond Aircraft 在奥地利建立了一个占地 9 300 平方米的全新复合材料工厂，旨在推动公司在飞机设计和制造领域的技术革新。这座工厂专门用于生产 DA42 双引擎飞机和正在研发中的 D-Jet 的机翼和机身，支持公司将年生产能力提高到 600 架飞机的目标。然而，当时的市场环境也促使公司寻求新的生产策略来控制成本和提高效率。2004 年期间，欧元兑美元汇率持续走强，同时，克罗地亚的劳动力市场价格相对较低，成为许多欧洲企业外包生产任务的重要考虑因素。在这种背景下，Diamond Aircraft 决定在克罗地亚瓦拉日丁设立一家名为 Diamond Aircraft 的新供应导向型子公司。这家子公司专门生产劳动密集型复合材料部件，这些部件随后被运往维也纳的生产线进行整机组装。这一举措不仅帮助公司有效控制了生产成本，还借助克罗地亚在复合材料制造方面的优势，提升了产品质量和生产效率。

克罗地亚在复合材料生产方面具有独特的优势。其低廉的劳动力成本使得大规模复合材料生产成为可能，这为 Diamond Aircraft Croatia 的成功运营提供了坚实的保障。在这里生产的复合材料部件，质量可靠、性能优越，满足了 Diamond Aircraft 对高标准航空部件的严格要求。复合材料具有重量轻、强度高、耐腐蚀等优点，这些特性使其在航空制造业中得到了广泛应用。与传统的铝制材料相比，复合材料能够显著降低飞机的重量，提高燃油效率，同时增加飞机的耐用性和安全性。在 Diamond Aircraft 的飞机设计中，复合材料不仅被用于机翼和机身的制造，还被广泛应用于其他关键结构部件中，这使得其飞机在市场上具有显著的竞争优势。

万丰奥威收购 Diamond Aircraft 后，这一中欧合作模式得以延续和深化。万丰奥威作为中国领先的制造企业，致力于通过国际合作提升自身技术水平和市场竞争力。当前，万丰奥威旗下的钻石飞机依然采用先进的复合材料技术进行生产，这些飞机的安全舱使用坚固耐用的玻璃和碳纤维复合材料制成，在碰撞测试中可承受 26G 的损伤，在飞行中可承受 10G 的损伤，符合行业内独一无二的高标准。这种高标准的背后，是克罗地亚复合材料生产的强大支持。克罗地亚生产的复合材料部件被运往奥地利维也纳的生产线进行整机组装，确保每一架钻石飞机都具备卓越的品质。复合材料的应用不仅提升了飞机的性能，还延长了其使用寿命。与传统铝制飞机相比，采用复合材料制造的机身具有更高的耐用性、空气动力学性能和安全性，这使得万丰奥威的钻石飞机在市场上更具竞争力。

克罗地亚的复合材料生产能力，不仅体现在劳动密集型部件的制造上。随着技术的发展和经验的积累，克罗地亚在轻型飞机复合材料生产方面也逐渐展现出其独特的优势。瓦拉日丁的分公司不断改进生产设备和工艺，工人的技能水平也在持续提升，这些都使得克罗地亚成为 Diamond Aircraft 复合材料供应链中不可或缺的重要一环。这种国际合作模式，不仅有助于克罗地亚提升自身的轻型飞机材料制造水平，也为浙江省的航空制造业带来了新的发展机遇。通过这种合作，万丰奥威能够充分利用克罗地亚的制造优势和自身与其他子公司的技术优势，打造出更加优质的航空产品。克罗地亚在复合材料生产方面的独特优势，为万丰奥威通航飞机生产提供了坚实的基础。

通过与克罗地亚在复合材料制造方面的合作，浙江省万丰奥威的飞机制造业务有效控制了生产成本，提升了产品的国际竞争力，同时这种合作模式也推动了克罗地亚在材料制造领域的发展。以浙江省万丰奥威与克罗地亚瓦拉日丁之间复合材料的合作为起点，中克两国在复合材料产业领域的合作迅速扩大。2023 年 10 月，未来先进复合材料结构件股份公司项目的启动，标志着中克两国复合材料合作关系迈入了崭新的阶段[①]。

三、合作影响

浙江省与克罗地亚在航空复合材料产业的合作促进了双方在经济、技

---

① 资料来自中华人民共和国外交部（https：//www.mfa.gov.cn/zwbd_673032/gzhd_673042/202310/t20231030_11170468.shtml）。

术方面的发展。

1. 提升浙江企业产品国际竞争力

万丰奥威与克罗地亚的合作，为万丰奥威的飞机制造业务提供了重要的复合材料部件支持。通过在克罗地亚设立复合材料生产基地，万丰奥威有效降低了生产成本，提升了产品的市场竞争力。克罗地亚低廉的劳动力成本和优越的地理位置，使得万丰奥威在生产和销售方面获得优势，从而在全球市场中占据更有利的地位。

2. 促进当地经济与技术发展

万丰奥威与克罗地亚的合作，不仅推动了万丰奥威自身的发展，也带动了克罗地亚相关产业的发展。在瓦拉日丁设立的复合材料生产基地，为当地创造了大量的就业机会，提升了当地居民的收入水平，促进了当地经济的发展。同时，这种跨国合作模式，也为克罗地亚吸引更多的外资和技术提供了示范效应，推动了克罗地亚整体经济的增长。

3. 加强双方经济联系

万丰奥威与克罗地亚的合作，进一步深化了双方的经济联系。通过在复合材料产业的合作，两国在经济、技术和人力资源等方面实现了互补和共赢。万丰奥威与克罗地亚的合作，树立了中克两国在复合材料产业合作的典范，未来先进复合材料结构件股份公司项目的启动，标志着中克两国复合材料合作关系迈入了崭新的阶段，这不仅将进一步深化两国在复合材料领域的合作，也为其他领域的合作提供了宝贵的经验和借鉴。

4. 促进全球航空产业发展

万丰奥威与克罗地亚的合作，为全球航空制造业的发展注入了新的活力。通过复合材料产业国际合作，万丰奥威能够有效利用全球资源，提升自身的技术水平和生产能力，这在一定程度上也推动了全球航空产业的发展。同时，这种合作模式，也为其他航空制造企业提供了借鉴和参考，有助于推动全球航空制造业的技术进步和产业升级。

参考文献

论文资料

[1] 白洁,梁丹旎,王悦.中国与中东欧国家贸易的竞争互补关系及动态变化[J].财经科学,2020(07):92-105.

[2] 曹翔,李慎婷."一带一路"倡议对沿线国家经济增长的影响及中国作用[J].世界经济研究,2021(10):13-24,134.

[3] 陈虹,章国荣.中国服务贸易国际竞争力的实证研究[J].管理世界,2010(10):13-23.

[4] 陈晓倩,陈勇.中国—中东欧国家林产品贸易影响因素PEST分析[J].西部林业科学,2022,51(03):165-172.

[5] 程鉴冰.以中国—中东欧合作为契机,助推贸易高质量发展[J].中国发展观察,2020(Z2):73-77.

[6] 崔卫杰,李泽昆.中国与中东欧贸易合作:现状、问题与建议[J].国际经济合作,2018(11):43-46.

[7] 戴曼纯.冲突视角下的克罗地亚语言与民族建设[J].语言战略研究,2024,9(02):53-63.

[8] 邓靖,李敬.贸易竞争、贸易互补与贸易环境——中国与中东欧国家贸易合作的实证检验[J].首都经济贸易大学学报,2019(03):47-56.

[9] 刁莉,丁禹竹,樊筠茹.中国与中东欧国家贸易便利化问题研究[J].俄罗斯东欧中亚研究,2023,(04):23-45+162-163.

[10] 都永杰.中国自上合组织国家进口贸易影响因素及潜力分析[D].东北财经大学,2020.

[11] 杜方鑫,支宇鹏.中国与RCEP伙伴国服务贸易竞争性与互补性分析[J].统计与决策,2021(08):132-135.

[12] 郭连成，左云. 中国与欧亚经济联盟国家的贸易效率及潜力研究——基于随机前沿引力模型的分析 [J]. 经济问题探索，2021（03）：100-110.

[13] 郭垠宏，宋涛，葛岳静. 中欧科技—经贸合作网络的共同演化分析——基于电气工程领域的实证研究 [J]. 地理与地理信息科学，2023，39（05）：47-56.

[14] 韩萌. 新形势下深化中国—中东欧国家贸易合作的政策选择 [J]. 欧亚经济，2020（6）：95-107+126.

[15] 蒿琨. "一带一路"与中东欧沿线枢纽国家发展战略对接思考 [J]. 国际关系研究，2020（02）：132-152+158-159.

[16] 华红娟，张海燕. "一带一路"框架下中国与中东欧国家"精准合作"研究 [J]. 国际经济合作，2018（02）：31-36.

[17] 华红娟. 中国与中东欧国家产业深度合作的实现路径研究 [J]. 区域经济评论，2020（05）：114-121.

[18] 黄赜琳，姚婷婷. 中国与"一带一路"沿线国家经济周期协同性及其传导机制 [J]. 统计研究，2018（09）：40-53.

[19] 姜琍. "16+1合作"和"一带一路"框架内的中国与斯洛伐克经贸合作 [J]. 欧亚经济，2019（03）：58-70+126+128.

[20] 孔寒冰，韦冲霄. 中国与中东欧国家"16+1"合作机制的若干问题探讨 [J]. 社会科学，2017（11）：14-23.

[21] 孔庆峰，董虹蔚. "一带一路"国家的贸易便利化水平测算与贸易潜力研究 [J]. 国际贸易问题，2015（12）：158-168.

[22] 匡增杰，高军. "一带一路"倡议下中国与中东欧国家贸易潜力研究 [J]. 统计与决策，2019，35（13）：122-124.

[23] 李博英，尹海涛. "一带一路"倡议下中国与克罗地亚贸易投资合作研究 [J]. 人文地理，2022，37（02）：167-172.

[24] 李芳芳，张巧，程宝栋. 中国与"一带一路"沿线国家贸易切入点探索——基于制成品出口技术结构的比较分析 [J]. 经济问题探索，2018（11）：117-124.

[25] 李关定. 从"活化石"到"先行者"宁波在"一带一路"中的重要角色 [J]. 人民论坛，2017（18）：110-111.

[26] 李敬，陈旎，万广华，等. "一带一路"沿线国家货物贸易的

竞争互补关系及动态变化——基于网络分析方法[J].管理世界,2017(04):10-19.

[27] 李玉辉.我国制造业在"一带一路"沿线国家的贸易竞争性和互补性的分析[J].经济论坛,2020(08):52-59.

[28] 李长青,彭馨,陈玉萍.中东欧国家对华贸易的同群效应研究[J].中国软科学,2021(09):163-171.

[29] 林清泉,郑义,余建辉.中国与RCEP其他成员国农产品贸易的竞争性和互补性研究[J].亚太经济,2021(01):75-81+151.

[30] 刘进,闫晓敏."一带一路"沿线国家的高等教育现状与发展趋势研究(二十四)——以克罗地亚为例[J].世界教育信息,2019,32(06):28-32.

[31] 刘青峰,姜书竹.从贸易引力模型看中国双边贸易安排[J].浙江社会科学,2002(06):16-19.

[32] 刘思琦.高质量推进新亚欧大陆桥经济走廊建设[J].宏观经济管理,2024(01):37-44.

[33] 刘筱,崔延强."一带一路"沿线中东欧国家留学生教育现状及中国的对接战略[J].高等教育研究,2020,41(10):101-109.

[34] 刘永辉,赵晓晖,张娟.中国对中东欧直接投资效率和潜力的实证研究[J].上海大学学报(社会科学版),2020,37(04):46-57.

[35] 刘作奎."双边+多边"理论:对中国—中东欧国家合作的新探索[J].中共中央党校(国家行政学院)学报,2022,26(02):129-136.

[36] 刘作奎.大变局下的"中国—中东欧国家合作"[J].国际问题研究,2020(02):65-78.

[37] 刘作奎.中东欧国家参与"一带一路"建设十年:进展与前景[J].世界社会主义研究,2023,8(05):56-65+118-119.

[38] 龙海雯,施本植.中国与中东欧国家贸易竞争性、互补性及贸易潜力研究——以"一带一路"为背景[J].广西社会科学,2016(02):78-84.

[39] 路征,彭志豪,高飞.中欧班列对中国—中东欧国家贸易结构的影响[J].地域研究与开发,2021(03):8-13.

[40] 罗琼,臧学英."一带一路"背景下中国与中东欧国家多元合

作问题［J］．国际经济合作，2017（09）：79－83．

［41］吕诚伦，王学凯．中国与"一带一路"沿线国家出口贸易研究——基于汇率变动、外贸依存度的视角［J］．财经理论与实践，2019，40（03）：113－118．

［42］吕红军．"16＋1"合作框架下中国与中东欧国家贸易数据多角度分析［J］．商业经济研究，2022（9）：149－152．

［43］吕越，陆毅，吴嵩博，等．"一带一路"倡议的对外投资促进效应——基于2005—2016年中国企业绿地投资的双重差分检验［J］．经济研究，2019，54（09）：187－202．

［44］马佳羽，韩兆洲．中国对"一带一路"沿线国家出口持续期及影响因素研究［J］．统计研究，2018（06）：31－42．

［45］马腾，李一杰，潘娴，等．中、美、俄与中东欧国家地缘经济关系的时空演变［J］．经济地理，2022，42（06）：1－12．

［46］潘文卿，陈晓，陈涛涛，顾凌骏．吸引外资影响对外投资吗？——基于全球层面数据的研究［J］．经济学报，2015，2（03）：18－40．

［47］潘颖，刘辉煌．中国对外直接投资与产业结构升级关系的实证研究［J］．统计与决策，2010，302（02）：102－104．

［48］潘雨晨，张宏．中国与"一带一路"沿线国家制造业耦合性的四维分析［J］．统计研究，2019，36（05）：69－84．

［49］裴长洪，杨志远．实现我国吸收外商直接投资的新跨越［J］．国际贸易，2011，357（09）：4－11．

［50］彭冬冬，林红．不同投资动因下东道国制度质量与中国对外直接投资——基于"一带一路"沿线国家数据的实证研究［J］．亚太经济，2018（02）：95－102＋151．

［51］齐结斌，王紫薇．浙江省与"一带一路"中东欧17国经贸合作现状、问题及对策［J］．浙江金融，2020（12）：29－35＋65．

［52］邱强．中国与中东欧国家数字经济合作研究［M］．北京：中国经济出版社，2021．

［53］曲如晓，刘霞．"一带一路"背景下中国与西亚贸易竞争性与互补性分析［J］．国际经济合作，2017（04）：60－66．

［54］曲如晓，杨修，李婧．中国与中东欧国家文化产品贸易发展与

对策研究 [J]. 国际贸易, 2019 (03): 81-90.

[55] 时宏远, 刘愫. 中日机电产品贸易的竞争性和互补性研究 [J]. 经济论坛, 2019 (12): 80-88.

[56] 宋黎磊. 中国—中东欧国家人文交流: 合作进程、影响因素与前景 [J]. 当代世界, 2020 (04): 17-21.

[57] 宋周莺, 虞洋. "一带一路" 沿线贸易便利化发展格局研究 [J]. 地理科学进展, 2020, 39 (03): 355-366.

[58] 孙琦. "一带一路" 倡议为中国—中东欧整体合作带来新的机遇 [J]. 学术交流, 2018 (06): 186-187.

[59] 孙艳. 新形势下中欧经贸关系发展及制约因素分析 [J]. 当代世界, 2018 (12): 59-63.

[60] 孙玉琴, 卫慧妮. "一带一路" 背景下中国与中东欧国家开展数字贸易的思考 [J]. 国际贸易, 2022 (01): 76-87.

[61] 谭婷, 刘胜题. 中国与中东欧国家机电产品贸易竞争性与互补性研究 [J]. 对外经贸实务, 2022 (06): 29-35.

[62] 唐晓彬, 崔茂生. "一带一路" 货物贸易网络结构动态变化及影响机制 [J]. 财经研究, 2020, 46 (07): 138-153.

[63] 田素华, 王璇. FDI双向流动和净流动影响因素研究——基于全球58个经济体的实证分析 [J]. 世界经济研究, 2017, 281 (07): 40-53+135-136.

[64] 田巍, 余淼杰. 企业生产率和企业"走出去"对外直接投资: 基于企业层面数据的实证研究 [J]. 经济学 (季刊), 2012 (02): 384-408.

[65] 佟家栋. 中国贸易收支顺差调整的可能性探讨 [J]. 国际贸易, 2007, 305 (05): 15-19.

[66] 王博君. 经济制度对中国对外直接投资的影响——以"一带一路"沿线国家数据为例 [J]. 湖南社会科学, 2019 (01): 110-119

[67] 王弘毅. 中东欧地区大国博弈新态势——兼论中国—中东欧国家合作面临的挑战与机遇 [J]. 国际展望, 2022, 14 (02): 78-98+152.

[68] 王灵桂. 务实创新引航中国—中东欧国家合作 [J]. 欧洲研究, 2022, 40 (01): 1-7.

[69] 王曼怡, 郭珺妍. "一带一路"沿线直接投资格局优化及对策研究 [J]. 国际贸易, 2020 (05): 43-51.

[70] 王薇. "一带一路"背景下中国与中东欧国家经贸关系研究 [J]. 现代管理科学, 2019 (12): 12-14.

[71] 王巍. 中东欧贸易便利化对中国与欧盟出口影响的比较 [J]. 学术交流, 2018 (06): 187.

[72] 王霞, 刘甜. 基础设施, 制度环境视角下中国对"一带一路"国家OFDI效率研究 [J]. 海南金融, 2020 (04): 40-48.

[73] 魏吉, 张海燕. 中国与中东欧各国进口贸易的潜力分析——基于时变随机前沿引力模型的实证研究 [J]. 区域经济评论, 2020 (03): 116-124.

[74] 乌东峰, 张雅, 黎芳. "一带一路"国家战略研究 [M]. 北京: 人民出版社, 2016.

[75] 吴白乙, 刘作奎. 中国—中东欧国家合作进展与评估报告 (2012—2020) [M]. 北京: 中国社会科学出版社, 2021.

[76] 吴沁. 中国与"一带一路"国家贸易潜力研究 [D]. 南京大学, 2016.

[77] 吴素梅, 李明超. 国际友好城市参与中国—中东欧合作研究 [J]. 上海对外经贸大学学报, 2018, 25 (02): 87-96.

[78] 项佐涛, 李家懿. 中东欧转轨三问——30年历程的回顾与反思 [J]. 当代世界与社会主义, 2019 (06): 83-91.

[79] 肖伶俐, 李敬. 网络分析视角下中国与中东欧国家的贸易竞争与贸易互补关系研究 [J]. 西南大学学报 (社会科学版), 2019 (06): 75-84+202.

[80] 忻红, 李振奇. 中国—中东欧国家科技创新能力及科技合作研究 [J]. 科技管理研究, 2021, 41 (09): 27-35.

[81] 徐刚. 中东欧国家政治转型的比较与评估——以克罗地亚民主化进程为例 [J]. 欧洲研究, 2021, 39 (04): 33-61+6.

[82] 徐金梦, 王兆华. 中国与"一带一路"沿线国家水产品贸易竞争性与互补性分析 [J]. 湖北农业科学, 2022, 61 (06): 165-170.

[83] 杨成玉, 陈虹. 中国OFDI对出口贸易转型升级的影响——基于中国—中东欧16国的实证分析 [J]. 国际商务 (对外经济贸易大学学

报），2016（06）：83-96.

[84] 杨逢珉，吴梦怡. 中国与其他"金砖国家"机电产品贸易竞争性和互补性研究[J]. 工业技术经济，2019（04）：133-143.

[85] 杨桔，祁春节."丝绸之路经济带"沿线国家对中国农产品出口贸易潜力研究——基于 TPI 与扩展的随机前沿引力模型的分析框架[J]. 国际贸易问题，2020（06）：127-142.

[86] 杨丽，王晓晓."一带一路"背景下我国与中东欧国家文化产业国际竞争力比较分析[J]. 经济与管理评论，2018，34（04）：149-161.

[87] 杨文龙，杜德斌，马亚华，等."一带一路"沿线国家贸易网络空间结构与邻近性[J]. 地理研究，2018，37（11）：2218-2235.

[88] 杨希燕，王笛. 中俄贸易互补性分析[J]. 世界经济研究，2005（07）：71-77.

[89] 姚鸟儿. 浙江与中东欧双边贸易效率及潜力研究——基于随机前沿引力模型估计[J]. 华东经济管理，2018，32（10）：14-21.

[90] 姚峪岩，张翼飞，金紫洋，等."一带一路"绿色贸易合作与竞争格局研究[J]. 世界地理研究，2021，30（04）：792-801.

[91] 叶夫根尼·坎迪拉罗夫，王永香. 中国—中东欧国家外交关系40年回顾：成就、挑战与展望——基于保加利亚的视角[J]. 西安交通大学学报（社会科学版），2018，38（06）：76-82.

[92] 袁勇."一带一路"背景下职业教育"走出去"的浙江样例[J]. 职业技术教育，2022，43（21）：62-67.

[93] 苑承丽."一带一路"背景下东南亚、中东欧国家投资环境比较研究[J]. 学术交流，2019（01）：189.

[94] 张海燕，徐蕾. 中国与中东欧国家科技创新合作的潜力与重点领域分析[J]. 区域经济评论，2021（06）：107-114.

[95] 张磊. 东北亚区域国家机电产品贸易竞争性与互补性研究——基于 HS 六位编码85章产品的数据[J]. 东北亚经济研究，2021（02）：86-98.

[96] 张令娟."一带一路"背景下的中国与欧盟经贸关系研究[J]. 价格月刊，2018（07）：59-63.

[97] 张滢. 中国与中东欧国家经贸金融合作中的障碍及完善策略

[J]. 对外经贸实务, 2017 (02): 57-60.

[98] 喆儒, 韦石榴. 中国与"一带一路"沿线中东欧国家的服务贸易效率与潜力研究 [J/OL]. 欧亚经济, 2024 (03): 66-94+130.

[99] 郑亚萍, 叶荣金. 中印高技术产品贸易竞争性与互补性研究 [J]. 合作经济与科技, 2022 (01): 96-98.

[100] 周丽, 黄原. 中国与东盟五国产业内贸易实证研究 [J]. 经济问题探索, 2010 (03): 143-148.

[101] 周念利. 基于引力模型的中国双边服务贸易流量与出口潜力研究 [J]. 数量经济技术经济研究, 2010, 27 (12): 67-79.

[102] 朱晓中. 中东欧地区的大国因素: 利益格局及其影响 [J]. 当代世界, 2020 (04): 10-16.

[103] 左云. 中国与欧亚经济联盟贸易关系研究——基于贸易竞争性、互补性及贸易联系紧密度 [J]. 东北财经大学学报, 2021 (06): 23-34.

[104] Alfaro, L., Charlton, A. Intra-industry foreign direct investment [J]. The American Economic Review, 2009 99 (5): 2096-2119.

[105] Alfaro, L., Kalem li-Ozean, S., Volosovyeh, V. Why doesn't capital flow from rich to poor countries? A empirical investment in investigation [J]. The Review of Economics and Statistics, 2008, 90 (2): 347-368.

[106] Balassa, B. Comparative Advantage, Trade policy and Economic Development [M]. New York: New York University Press, 1989.

[107] Barry F, Gorg H, McDowell A. Outward FDI and the investment development path of a late-industrializing economy: Evidence from Ireland [J]. Regional Studies, 2003, 37 (4): 341-349.

[108] Bitzer, J., Gorg, H. Foreign direct investment, competition and industry performance [J]. World Economy, 2010, 32 (2): 221-233.

[109] Blind, K., Jungmittag, A. Foreign direct investment, imports and innovations in the service industry [J]. Review of Industrial Organization, 2004, 25 (2): 205-227.

[110] Bofulin M, Raspor A, Stranjančević A, et al. Small destinations in large tourism market: the analysis of Western Balkan countries and the Chinese outbound tourism [J]. International Scientific Journal, 2016, 8: 130-

143.

[111] Buckley, P. J., Clegg, J., Wang, C. Is the Relationship between Inward FDI and Spillover Effects Linear? An Empirical Examination of the Case of China, Journal of international business studies, 38 (3), 447 – 459, 2007.

[112] Buthe, T., Milner, H. V. Politics of Foreign Direct Investment into Development Countries: Increasing FDI through International Trade Agreement? [J]. American Journal of Political Science, 2008, 52 (4): 741 – 762.

[113] Cantwell, J., Tolentino, PEE. Technological accumulation and third world multinationals [R]. paper presented at the annual meeting of the European International Business Association, Antwerp, 1990.

[114] Caves, R. E. Multinational Firms, Competition, and Productivity in Host-Country Markets [J] Economica, 1974, (41), 176 – 193.

[115] Chen J, Zhan W, Tong Z, et al. The effect of inward FDI on outward FDI over time in China: A contingent and dynamic perspective [J]. International Business Review, 2020, 29 (5): 101734.

[116] Corcoran, A., Gillanders, R. Foreign Direct Investment and the Ease of Doing Business [J]. Review of World Economics, 2015, (1): 103 – 126.

[117] Cowling, K., Tomlinson, P. R. The Japanese Model in Retrospective: Industrial Strategies, Corporate Japan and the 'Hollowing Out'of Japanese Industry [J]. Policy Studies, 2011, 32 (6), 569 – 583.

[118] Cresenzi, R., Gagliardi, L., Iammarino, S. Foreign multinationals and domestic innovation: intra-industry effects and firm heterogeneity [J]. Research policy, 2015, 44 (3): 596 – 609.

[119] Demir, F., Duan, Y. Bilateral FDI flows, productivity growth, and convergence: The North vs. The South [J]. World Development, 2018, 101: 235 – 249.

[120] Driffield N, Love J H., Intra-industry FDI, Uneven Development and Globalization: the Legacy of Stephen Hymer [J]. Contributions to Political Economy, 2005, 24 (1): 55 – 78.

[121] Dunning J H, Narula R. The investment development path revisited [M]. London: Routledge, 1996: 1-41.

[122] Dunning, J H. Explaining the international direct investment position of countries: Towards a dynamic or developmental approach [J]. Weltwirtschaftliches Archiv, 1981a, 117 (1): 30-64.

[123] Dunning, J H. The Eclectic Paradigm of International Production: A Restatement and Some Possible Extensions [J]. Journal of International Business Studies, 1988b, 19 (1): 1-31.

[124] Dunning, J H. The theory of international production [J]. The International Trade Journal, 1988a, 3 (1): 21-66.

[125] Dunning, J H. Toward an eclectic theory of international production: Some empirical tests [J]. Journal of International Business Studies, 1980, 11 (1): 9-31.

[126] Emery, R. The relation of exports and economic growth [J]. Kyklos, 1967, 20 (4): 470-486.

[127] Feder, G. Adoption of interrelated agricultural innovations: Complementarity and the impacts of risk, scale, and credit [J]. American Journal of Agricultural Economics, 1982, 64 (1): 94-101.

[128] Fujita, M., Thisse, J F. Does geographical agglomeration foster economic growth? and who gains and loses from it? [J]. Japanese Economic Review, 2003, 54 (2): 121-145.

[129] Gagliardi, L., Iammarino, S, Rodriguez-Pose A. Exposure to OFDI and regional labor markets: Evidence for routine and non-routine jobs in Great Britain [J]. Journal of Economic Geography, 2021, (04): 1-24.

[130] Girma, S., Gong, Y., Görg, H., Lancheros, S. Estimating Direct and Indirect Effects of Foreign Direct Investment on Firm Productivity in the Presence of Interactions between Firms [J]. Journal of International Economics, 2015, 95 (1): 157-169.

[131] Gu, Q., Lu, J W. Effects of inward investment on outward investment: The venture capital industry worldwide 1985—2007 [J]. Journal of International Business Studies, 2011, 42 (2): 263-284.

[132] Haftel, Y. Z. Ratification Counts: US Investment Treaties and FDI

Flows into Development Countries [J] Review of International Political Economy, 2010, 17 (2): 348 – 377.

[133] Hajdinjak S. Impact of tourism on economic growth in Croatia [J]. Enlightening Tourism. A Pathmaking Journal, 2014, 4 (1): 30 – 51.

[134] Hu H. Exploring the Mutualistic Win-win Mechanism of Industrial Transfer Between China and the Countries Along the Belt and Road [J]. Croatian International Relations Review, 2023, 29 (94): 43 – 83.

[135] Hu, A., Jefferson G. FDI impact and spillover: evidence from China's electronic and textile industries [J]. World economy, 2010, 25 (8): 1063 – 1076.

[136] Hu, Y F., Mino, K Z. Trade structure and belief-driven fluctuations in a global economy [J]. Journal of International Economics, 2013, (90): 414 – 424.

[137] Huang, Y., Yang, H. Identifying IFDI and OFDI productivity spatial spillovers: Evidence from China [J]. Emerging Markets Finance And Trade, 2020, 56 (SSI): 1124 – 1145.

[138] Iammarino, S. FDI and regional development policy [J]. Journal of International Business Policy, 2018, 1 (3): 157 – 183.

[139] Javorcik, B. S. Does Foreign Direct Investment Increase the Productivity of Domestic Firms? In Search of Spillovers through Backward Linkages [J]. The American Economic Review, 2004, 94 (3): 605 – 627.

[140] Jayasuriya, D. Improvements in the World Bank's Ease of Doing Business Rankings: Do they Translate into Greater Foreign Direct Investment Inflows? [J]. Policy Research Working Paper, 2011, 24 (3): 430 – 441.

[141] Jensen, N. Political Risk, Democratic Institutions, and FDI [J]. Journal of Politics, 2008, 70 (4): 1040.

[142] Jin, K. Industrial Structure and Capital Flows, The American Economic Review, 2012, 102 (5): 2111 – 2146.

[143] Johanson, J., Vahlne, J. The internationalization process of the firm—a model of knowledge development and increasing foreign market commitments [J]. Journal of international business studies, 1977, 8 (1): 23 – 32.

[144] Koistad, I., Wiig, A. What Determines Chinese outward FDI

[J]. Journal of World Business, 2012, 47 (1): 23 - 34.

[145] Kokko, A., Tansini, R., Zejan, M C. Local technological capability and productivity spillovers from FDI in the Uruguayan manufacturing sector [J]. Journal of development studies, 1996, 32 (4): 602 - 611.

[146] Koopman R, Wang Z, Wei S J. Tracing Value-added and Double Counting in Gross Exports [J]. The American Economic Review, 2014, 104 (2): 459 - 494.

[147] Kotarski K, Kos-Stanišić L. Levels of Sino-Croatian Economic Relations [J]. Politička misao: časopis za politologiju, 2016, 53 (4): 132 - 155.

[148] Leeg, G. The Effectiveness of international knowledge spillover channels [J]. European Economic Review, 2006, 50 (8): 2075 - 2088.

[149] Li, C., Liu, C., Zhao, J. The effects of inward and outward foreign direct investment on manufacturing export sophistication in China [J]. Applied Economics Letters, 2021, 28 (20): 1758 - 1766.

[150] Lipsey, R. E., Ramstetter, E., Blomström, M. Outward FDI and Parent Exports and Employment: Japan, the United States, and Sweden [J]. Global Economy Quarterly, 2000, 1 (4): 285 - 302.

[151] Liu, X., Luo, Y., Qiu, Z., Zhang R. FDI and Economic Development: Evidence from China's Regional Growth [J]. Emerging markets finance & trade, 2014, 50 (sup6): 87 - 106.

[152] Luo, Y., Xue, Q., Han, B. How Emerging Market Governments Promote Outward FDI: Experience from China [J]. Journal of World Business, 2010, 45 (1): 68 - 79.

[153] Ma, S., Xu, X., Lin, W. Chinese Industrial Outward FDI Location Choice in ASEAN countries [J] Sustainability, 2020, 12 (2): 674.

[154] Merale Fetahi-Vehapi, Luljeta Sadiku, Mihail Petkovski. Empirical Analysis of the Effects of Trade Openness on Economic Growth: An Evidence for South East European Countries [J]. Procedia Economics and Finance, 2015 (19): 17 - 26.

[155] Meyer, K. E., Ding, Y., Li, J., Zhang, H. Overcoming Distrust: How State-Owned Enterprises Adapt Their Foreign Entries to Institutional

Pressures Abroad [J]. Journal of international business studies, 2014, 45 (8): 1005 – 1028.

[156] Mijoč J. The creative industry in promoting the tradition of Croatian-Chinese cooperation: The Vilijun project [J]. International Journal of Research in Business and Social Science, 2020, 9 (4): 161 – 168.

[157] Mishra, A., Daly, K. Where Do Australians Invest? [J]. Australian Economic Review, 2006, 39 (1): 47 – 59.

[158] Mitrović D D. China in the Western East – and Beyond: Politics and Economics of the China Plus Sixteen Cooperation Framework [J]. Serbian Political Thought, 2014, 10 (2): 19 – 50.

[159] Ning, L., Wang, F. Does FDI Bring Environmental Knowledge Spillovers to Developing Countries? [J] Environmental and Resource Economics, 2018, 71 (2): 381 – 405.

[160] Osakwe, PN., Santos-Paulino, A U., Dogan, B. Trade dependence, liberalization, and exports diversification in developing countries [J]. Journal of African Trade, 2018, 5: 19 – 34.

[161] Patrick, K., Jeffrey, V., Pilja, PV. Agriculture in sub-Sahara Africa developing countries and the role of government: Economic perspectives [J]. African Journal of Agricultural, 2022, 18 (7): 493 – 509.

[162] Peng, M. W. Institutional Transitions and Strategic Choices, Academy of management review, 2003, 28 (2): 275 – 296.

[163] Porterie, B., Lichtenberg, F. Does foreign direct in-vestment transfer technology across borders? [J] The Review of Economics and Statistics, 2001, 83 (3): 490 – 497.

[164] Raspor A, Kobal T, Rodič B. Chinese tourists-are they an opportunity for the Slovene and Croatian tourist industry? [J]. Tourism and hospitality management, 2012, 18 (1): 111 – 125.

[165] Šabić S Š, Rumeau M. Relations between China and Croatia: Milestones, opportunities, limitations [J]. The role of China in Southeast Europe, 2022: 28.

[166] Shi, W., Sun, S. L., Pinkham, B. C. Peng, M. W. Domestic Alliance Network to Attract Foreign Partners: Evidence from International Joint

Ventures in China, Journal of international business studies, 2014, 45 (3): 338 – 362.

[167] Song L, Pavlićević D. China's multilayered multilateralism: A case study of China and central and Eastern Europe cooperation framework [J]. Chinese Political Science Review, 2019, 4: 277 – 302.

[168] Spencer, J. W. The Impact of Multinational Enterprise Strategy on Indigenous Enterprises: Horizontal Spillovers and Crowding out in Developing Countries, Academy of management review, 2008, 33 (2): 341 – 361.

[169] Szunomár Á, McCaleb A, Chen X. Economic relations between China and central and Eastern Europe: trade and investment issues [M]. London: Routledge, 2017.

[170] Vernon, R., International Investment and International Trade in the Product Cycle [J]. The Quarterly Journal of Economics, 1996, 80 (2): 190 – 207.

[171] Wang, C., Cun, J. Analyzing on the Impact Mechanism of Foreign Direct (FDI) to Energy Consumption [J]. Energy Procedia, 2019, 159: 515 – 520.

[172] Willmore, L. Tansnationals and foreign trade: Evidence from Brazil [J]. The Journal of Development Studies, 1992, 28 (08): 314 – 335.

[173] Wilson, J S., Mann, C L., Otsuki, T. Trade Facilitation and Economic Development: A New Approach to Quantifying the Impact [J]. The World Bank Economic Review 2003, 17 (3), 367 – 389.

[174] Yamakawa, Y., Peng, M., Deeds, D. What Drives New Ventures to Internationalize from Emerging to Developed Economies? [J]. Entrepreneurship Theory and Practice, 2008, 32 (1): 59 – 82.

[175] Yao, S., Wang, P., Zhang, J., et al. Dynamic relationship between China's inward and outward foreign direct investments [J]. China Economic Review, 2016, 40: 54 – 70.

[176] Zhang, K H. What Drives Export Competitiveness? The Role of FDI in Chinese Manufacturing [J]. Contemporary economic policy, 2015, 3 (33): 499 – 512.

[177] Zhao, M., Park, S. H., Zhou, N. Strategy and Social Adapta-

tion in Emerging Markets［J］. Journal of international business studies，2014，45（7）：842－861.

［178］Zhaolin Z. The China of today and relations between China and Croatia［J］. Croatian International Relations Review，2003，9（32）：95－98.

［179］Zuokui L. China-CEEC cooperation：China's building of a new type of international relations［J］. Croatian International Relations Review，2017，23（78）：19－34.

网站资料

http：//fad. zj. gov. cn/index. html（浙江省人民政府外事办公室）

http：//fec. mofcom. gov. cn/article/gbdqzn/

http：//fec. mofcom. gov. cn/article/gbdqzn/#（"走出去"公共服务平台）

http：//gdfs. customs. gov. cn/customs/syx/index. html（中国海关总署）

http：//www. indo. com

http：//www. nbut. edu. cn/

http：//www. shiyouflooring. com/

https：//croatia. eu/index. php/en/

https：//data. worldbank. org. cn/（世界银行数据库）

https：//dzs. gov. hr/en（克罗地亚统计局）

https：//gov. hr/en/free-zones/

https：//jtyst. zj. gov. cn/col/col1229327533/index. html

https：//mint. gov. hr

https：//mint. gov. hr/news-11455/croatia-strengthening-tourist-cooperation-with-zhejiang-province/8983

https：//mmpi. gov. hr

https：//oec. world/en/profile/bilateral-product/wood-products/reporter/hrv

https：//podaci. dzs. hr/en/statistics-in-line

https：//pps-galekovic. com

https：//pps-galekovic. com/

https：//tjj. zj. gov. cn/（浙江省统计局）

https：//total-croatia-news. com

https://total-croatia-news.com/news/business/chinese-tourist-agencies-to-organise-workshop-in-croatia/

https://total-croatia-news.com/news/croatian-free-zones-2/

https://total-croatia-news.com/news/travel/representatives-of-chinese-tour-agencies-scanning-croatia-for-best-destinations/

https://vlada.gov.hr/UserDocsImages/ZPPI/Invest%20in%20Croatia/Investment-Incentives-2022.pdf

https://www.ceicdata.com/en

https://www.diamondaircraft.com

https://www.diamondaircraft.com

https://www.flightglobal.com/a-shining-example/55395.article

https://www.halmed.hr/en/O-HALMED-u/Organizacijska-struktura/Ustrojstvene-jedinice-i-tijela/

https://www.jiuzhoupharma.com/CDMO.html

https://www.mfa.gov.cn/zwbd_673032/gzhd_673042/202310/t20231030_11170468.shtml

https://www.mofcom.gov.cn/（中国商务部）

https://www.stats.gov.cn/（中国国家统计局）

https://www.unizg.hr/

https://www.zjds.org.cn/1000w/42252.jhtml

后　　记

本书得以出版要感谢宁波大学中东欧经贸合作研究院 2022 年度自设课题的资助。本书从选题、框架、数据资料收集到结果分析，得到了领导、同事和团队成员的鼎力支持与帮助。其中，厉胜男和彭静意同学参与了本书第一篇的资料搜集工作，瞿浩天同学参与了第九章的资料搜集工作，陆凤莹同学参与了第二、第三篇的资料分析整理工作，胡丽娜、鲍子文和祁张辉同学参与了第三章、第四章和第十章的撰写工作。以上同学均为本书的写作付出了辛勤的汗水。

在本书写作过程中，作者参考了大量的文献资料，除参考文献注明之外，如有遗漏，敬请谅解。在此，谨向本书借鉴和吸收的海内外研究成果和文献资料的作者、门户平台网站以及出版社表示诚挚的谢意！

囿于时间、水平有限，本书难免存在疏漏和不足之处，恳请广大读者和专家给予批评指正。各位的宝贵意见不仅是鞭策，也是对我们未来研究的宝贵指导。

最后，要特别感谢中国财政经济出版社的周桂元编审，感谢他在出版过程中给予的大力支持和宝贵建议，保证了本书高质量地顺利出版。本书的出版标志着研究工作的一个新起点，我们期待这份成果能够为浙江省与克罗地亚的经贸合作发展提供有益的参考和启示。

作者

2024 年 8 月